对话经典

大家论艺

——中国21世纪艺术名家范例研究

郭兴华 ◎ 著 (美术学博士、书法学博士后)

首都经济贸易大学国学与艺术中心副主任兼秘书长
中国美术家协会美术教育委员会专家委员
北京老龄产业协会教育委员会主任
北京博士书画院执行院长
国学书法教育全国公益项目课程研发专家

21世纪艺术名家代表

首都经济贸易大学出版社
Capital University of Economics and Business Press
·北京·

图书在版编目（CIP）数据

大家论艺：中国21世纪艺术名家范例研究 / 郭兴华著. -- 北京：首都经济贸易大学出版社，2023.4
ISBN 978-7-5638-3441-9

Ⅰ.①大… Ⅱ.①郭… Ⅲ.①艺术家—访问记—中国—现代 Ⅳ.①K825.7

中国版本图书馆CIP数据核字（2022）第211903号

大家论艺——中国21世纪艺术名家范例研究
DAJIA LUNYI——ZHONGGUO 21 SHIJI YISHU MINGJIA FANLI YANJIU
郭兴华 著

责任编辑	胡 兰
封面设计	徐飞飞
出版发行	首都经济贸易大学出版社
地　　址	北京市朝阳区红庙（邮编100026）
电　　话	（010）65976483　65065761　65071505（传真）
网　　址	http://www.sjmcb.com
E-mail	publish@cueb.edu.cn
经　　销	全国新华书店
照　　排	北京砚祥志远激光照排技术有限公司
印　　刷	东港股份有限公司
成品尺寸	185毫米×260毫米　1/16
字　　数	722千字
印　　张	32.25
版　　次	2023年4月第1版　2023年4月第1次印刷
书　　号	ISBN 978-7-5638-3441-9
定　　价	268.00元

图书印装若有质量问题，本社负责调换
版权所有　侵权必究

序

面对面的艺术经验

  艺术家的文字是在艺术作品之外解读其艺术创作经验最重要的途径，它们较艺术作品更直接。就我的阅读经验而言，我一向喜欢读艺术家的随笔，这些文字往往给人清新自然之感，其中还不时流露出艺术家对艺术追求最真挚的内心感悟，这是一些纯粹理论文章所难有的。遗憾的是，不是每一个艺术家都擅长和乐意或者有时间用文字来表达自己的内在感受和经验，因此他们眼中关于我们这个时代的一些宝贵东西就容易被错过了。为了不给这个时代留下遗憾，《解放军美术书法》杂志特意开辟了这样一个访谈专栏，由郭兴华主持，邀请国内当代最重要的艺术家参与，用面对面的访谈形式来呈现艺术家们的创作经验，用一问一答的形式来阐释他们对于艺术追求的思考。

  对话作为一种文体，是人类自其文明早期起就擅长和喜欢采用的形式，如柏拉图的《理想国》、孔子的《论语》等，均是通过面对面对话的形式来阐释他们对于一些哲学元问题的思考，"道"在这样一问一答的过程中逐渐得到呈现，并通过这样一种直白的表达而流传下来。

  时至今日，这样的对话形式，在我看来，依然存在着较多的优点和好处。首先，对话是双向的，它融汇了采访者和采访对象双方的智慧，在某种程度上讲，采访者自身的认识高度和发问的出发点，往往决定了其对问题思考乃至对话的质量。兴华是这档栏目的主持人，作为艺术实践者和美术学博士后，他有着很好的艺术实践和理论素养，能从一个精准的专业的角度切入问题，引导对话深入展开。其次，他邀请的都是我们这个时代卓有成就的艺术家，他们本身就站在当代艺术的前沿进行思考，均能从自身的实践和经验出发来进一步回应对话中所涉及的问题，并将思考带入一个新的深度，而这或许是单向思考所难以达到的深度。最后，这些年我们的艺术理论研究深受西方学术话语的影响，尽管不能否定这种借鉴的价值，但这往往也容易将我们引离艺术本质而只关注空泛的思辨，让艺术理论研究逐渐远离其本来应该亲近的艺术实践者；让艺术理论以对话访谈形式呈现，则巧妙回避了面孔生涩的问题，而是以亲近的方式重新拥抱艺术实践者，让理论的关怀重新回归艺术本体。

此次，兴华将这些年在《解放军美术书法》杂志中刊发的采访文字遴选出来结集出版。从这些文字中，可以看出兴华的用心和细心；从艺术创作、艺术本体到美学思想的探讨，可以看出他理论建构的脉络。结集出版方便了更多的艺术实践者和艺术爱好者的学习，兴华与受访者在对话中相互激发灵感所产生的艺术碰撞将再次呈现出来，回馈更多的读者。

李 翔
中国美术家协会副主席
解放军艺术学院美术系主任

目录

001 　"铭刻"历史
　　　——版画家力群采访录

013 　铁笔金戈骋乾坤
　　　——书法家李铎访谈录

025 　诗画本一律　奇思与天工
　　　——画家林凡访谈录

040 　我们的希望在路上
　　　——油画家詹建俊访谈录

057 　丹青绘雪域　纯朴逸凡尘
　　　——油画家潘世勋访谈录

（按年龄排序）

001

072　**海的哲学**
　　——美术家 周永家 访谈录

086　**走自己的路**
　　——军旅艺术家 崔开玺 访谈录

101　**粉墨·意象**
　　——画家 张道兴 访谈录

113　**水韵彩艺　超旷空灵**
　　——画家 关维兴 访谈录

129　**明若日月　坚若金石**
　　——康成元 与他的书法艺术访谈录

CONTENTS

目 录

141　万殊归理
　　——美术家杨力舟、王迎春访谈录

156　生命的红飘带
　　——"红色经典"画家沈尧伊访谈录

171　心为净土　魂画西藏
　　——美术家韩书力的"四半"人生访谈录

187　笔墨中的光荣与梦想
　　——画家施大畏访谈录

201　亲历者与旁观者
　　——美术家陈坚访谈录

217　心性之中的自由
　　——画家唐勇力访谈录

235　正名与自觉
　　——书法家孔见访谈录

248　书路漫漫　古今求索
　　——张坤山的书法艺术人生

265　盛装书法　"式"在必行
　　——书法家刘洪彪访谈录

278　写心写意　东方意象
　　——美术家骆根兴访谈录

293　大道至简
　　——画家张志民访谈录

313　生熟之间
　　——美术家陈钰铭访谈录

325　画由心生
　　——美术家邵亚川访谈录

339　笔底人间　水墨精神
　　——画家袁武访谈录

357　触摸前沿艺术　探讨军旅美术创新之路
　　——与军旅画家邢俊勤座谈

371　触摸历史和人性的光辉
　　——雕塑家李象群访谈录

387　军人：我永远的身份
　　——画家张江舟访谈录

403　超以象外　自在化境
　　——画家李翔艺术访谈录

419　大山堂堂
　　——美术家王界山访谈录

433　在写实与意象之间
　　——油画家忻东旺访谈录

目 录

449　　**超越表象**
　　　　——美术家陈树东访谈录

463　　**传统与当代：以军旅美术艺术语言的探索为核心**
　　　　——军旅画家沈敬东访谈录

479　　**为中国美术立言**
　　　　——美术家吴长江访谈录

495　　**凝结瞬间　封存永恒**
　　　　——油画家曲直访谈录

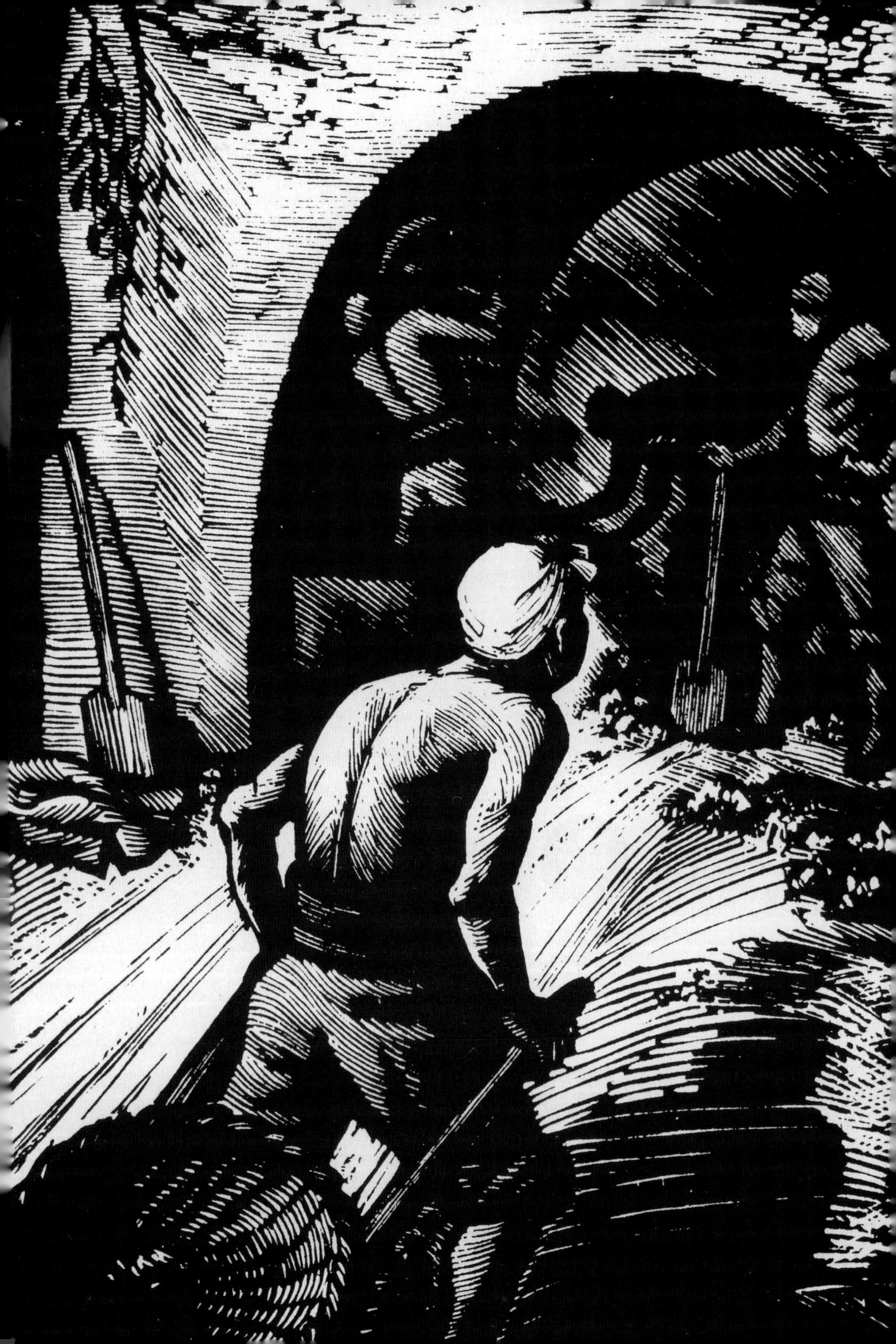

"铭刻"历史
——版画家力群采访录

采访手记：

非常荣幸力群先生能够接受采访，他是我们十分尊敬的版画家，一生都在追寻鲁迅先生的思想进行创作。今年正值新兴木刻版画运动发起 80 周年，他是当之无愧的历史见证人，我们很想听听他所经历的这段历史。

时间：2011 年 1 月 18 日

地点：北京香堂文化新村力群寓所

一、鲁迅先生与新兴版画

郭兴华（以下简称"郭"）："力群"是 20 世纪美术史中大家十分熟悉的名字，以至于大家几乎忘了您的本名，起这个笔名的缘由是什么呢？

力群：《最后一页》是太原的一个进步报刊，是《山西党讯》报的副刊。我经常在上面以"力群"的名字发表杂文、木刻版画作品，从此"力群"就成我的正式名字了。我本名郝丽春，改名的事在蹲国民党"反省院"时就曾经和刘萍若研究过。"力群"近似"丽春"的音，但没有"丽春"的女性味了，而增加了致力于服务群众的内涵。"丽春"是我童年时私塾老师给起的，不知为什么他给我起了个女人名字。况且"郝丽春"已被存入国民党监狱的档案中，不便再用了。

郭：您最著名的作品之一是《鲁迅像》，那么您当时见过鲁迅先生吗？

力群：没有，一直没有见过。有位日本女作家叫池田幸子，她问我，你愿意见鲁迅吗？我没有回答，我心里想，但我不敢见，见了人家说什么，人家忙得很。

郭：您的《鲁迅像》是照着鲁迅先生的画像刻的吗？

力群：是啊，还不能当面去写生，就找了一张感觉拍得不错的照片。你看，左上角是一把镰刀，表示鲁迅为人民而创作，下面是鲁迅以笔当枪在与"叭儿狗"斗争。

力群 《鲁迅像》 版画

力群　《帮助群众修理纺车》　版画

郭：鲁迅先生看到了您的作品，他是怎么评价的？

力群：我们把作品寄给鲁迅先生，他回信说："李桦诸君是能刻的，但自己们形成了一种型，陷在那里面。罗清桢细致，也颇自负，但我看他的构图有时出于拼凑，人物也很少生动的。郝君（力群）给我刻像，谢谢，他没有这些弊病，但他从展览会的作品上，我以为最好是不受影响。"鲁迅先生很喜欢这幅画，我很高兴。

郭：事实上，您在刻《鲁迅像》之前就已经开始了木刻创作，在杭州艺专时就和同学组织了"木铃木刻研究会"，并加入了左翼作家联盟，创作了《病》《拾垃圾的孩子们》《三个受难的青年》等反映现实的作品。您属于进步的一派，那么学校里有没有其他的声音呢？

力群：当时学校的情况还是比较复杂的，"木铃木刻研究会"成立的当年，曹白、叶洛和我三个人就被国民党逮捕了。开始

力群　《拾垃圾的孩子》　版画

是关在拘留所，由于惊吓过度，我三天没有吃下饭，三个月以后就被送到陆军监狱，那就是正式坐监牢了，最后又被送进了"反省院"。

郭：您在监狱里的生活什么样？

力群：房间很小，住六个人，都睡在地上。从监狱里出来后我就养成了个习惯，在马路上就不随便吐痰了，因为那就等于吐在自己的床上了。

在监狱里画画是不可能的了，我就看书。具体读了些什么我记不得了，但是鲁迅在《故乡》里说："我想，希望本是无所谓有，无所谓无的，这正如地上的路；其实地上本没有路，走的人多了，也便成了路。"这段话鼓舞了我，从此我就爱上了鲁迅的作品。

郭：鲁迅先生去世之后他的遗像是您给画的，那么，当时的情形是什么样的？

力群：那天早晨，我刚起床，就看到一辆银灰色的汽车停在我们的门口，接着是一阵紧急的拍门声。同房的同志都受惊了，以为来逮捕人。开门后，才看到来的是曹白和日本进步作家鹿地亘的夫人池田幸子，他们说鲁迅先生在清晨5点25分逝世了，要我马上去画遗像。我急忙带上纸和木炭条跳上汽车。

没想到那是我第一次，也是最后一次见到鲁迅先生。我含着眼泪，手是抖的，一上午画了4幅鲁迅先生遗容的速写，当时我都交给了鲁迅的家人。这4幅里数你现在手里拿的这幅是最好的。后来我儿子在香港一份杂志上看到后曾寄给过我，你手里这幅这就是根据他寄给我的那份杂志上的画放大后留下来的，没想到几十年后我又见到了它。

二、延安鲁艺的生活

郭：我看到过一张有关延安鲁艺的照片，您的斋号是"怀延斋"，延安的生活在您的脑海里一定留下了深刻的印象。

力群：是的，我到了延安，就被分配到鲁艺当教员。鲁艺是一个包括文学部、音乐部、美术部、戏剧部在内的革命文艺学府，我把它叫作"四部合唱"。我很喜欢这"四部合唱"，因为我经常能知道美术部之外其他三部的艺术活动情况，并向他们学习，也很方便欣赏他们的作品。例如《白毛女》这部歌剧，我就观看了最初的演出，而且还听到了教员们对它的评论。离开鲁艺后，就不同了，真是隔行如隔山了。

其实，对我影响最深的是延安文艺座谈会。我要求自己这一辈子的作品为工农兵所欣赏，就是因为在那之后我的思想变了，觉得被人民大众喜欢就是我最光荣的事情。

郭：可是在延安文艺座谈会之前，您的创作也是为大众的啊。

力群：是的，但是那个时候有个问题，就是受外国的影响很大，叫欧化风。延安的老百姓不喜欢我们的作品，说我们的作品是阴阳脸，就像照相一样，人的脸一面亮一面暗。中国的绘画如年画、人物画都不表现光。那次文艺座谈会之后，我们就下定决心要改，一些技术问题解决了，老百姓就喜欢了。

郭：是的，中国新兴版画也开始转变，艺术不仅要为劳苦大众服务，也要能为劳苦大众欣赏。我们看到您在延安时期后期的作品《丰衣足食图》完全是年画的形式了。我看到延安文

力群 《伐木（烧炭组之一）》 版画　　　　力群 《延安鲁艺校景》 版画　　　　力群 《采叶》 版画

艺座谈会的合影里您是坐在前排的，并且有很多我们敬重的老先生都在其中。

力群：大部分人都走了，我很怀念他们。延安文艺座谈会那天，毛主席和参会的一百多位文艺家一一握手，并询问大家姓名和工作单位，我们都有一种亲切和温暖之感。毛主席的讲话提到的文艺普及与提高的问题，一直是这几十余年来我的艺术行动指南。我感到自古以来有良心的艺术家总是力求自己的作品为大多数人欣赏，而不是所谓的"自我表现""孤芳自赏"。

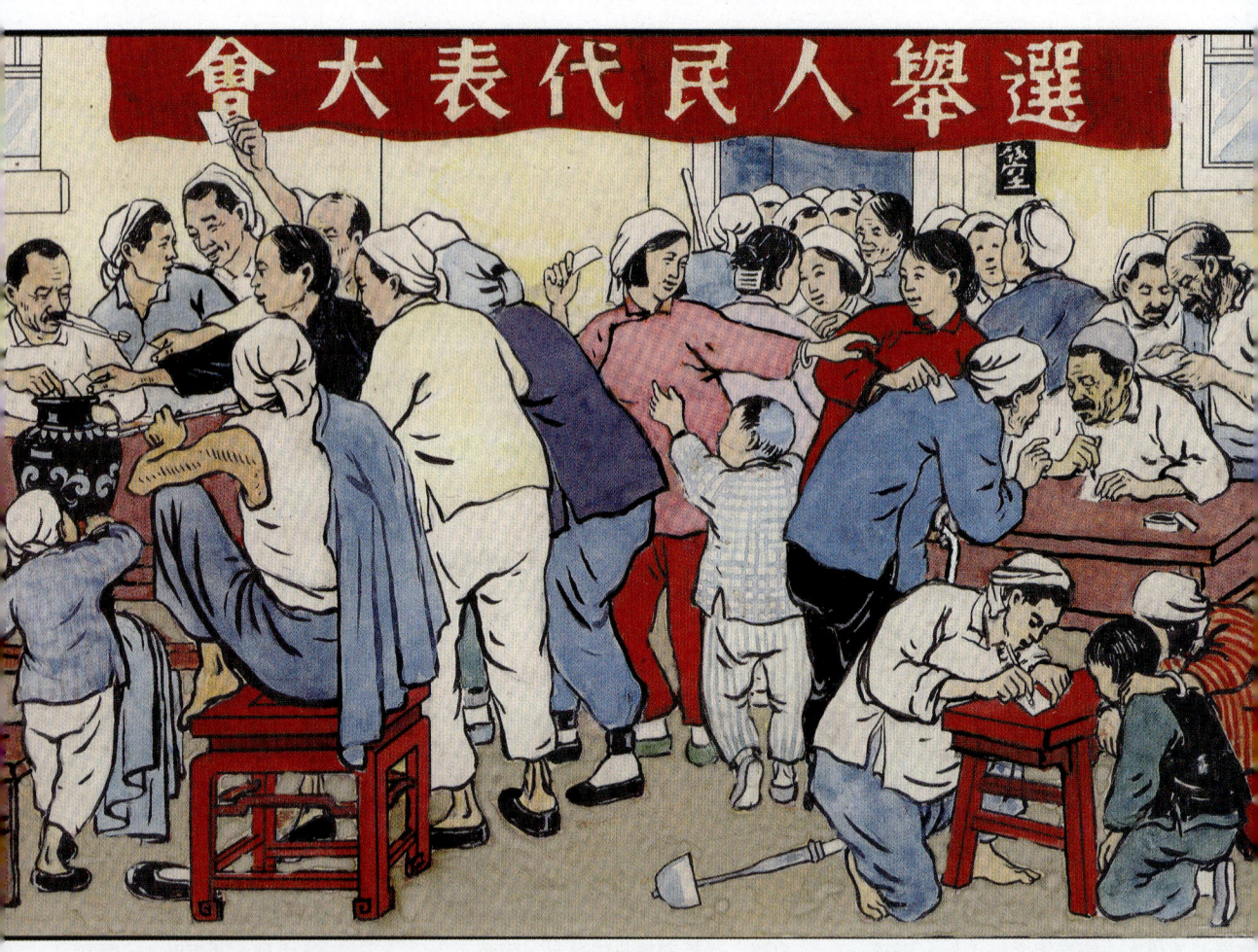

力群 《选举图》 石版年画

郭：延安的生活既朴素又丰富，您最深刻的印象是什么？

力群：我在延安学会了游泳和跳舞。对于跳舞，我也和一般同志一样，一开始是"看不惯"的。但毛主席、周（恩来）副主席也在跳了，这就不好再持反对的态度，于是就渐由"靠边站"进入了"试试看"。我要感谢我们美术系的一些女同志，她们几乎是有求必应，即使跳得不好踩了她们的脚，也彼此哈哈一笑了之。这样我终于学会了华尔兹、狐步舞，由"试试看"进入了"拼命干"。1949年后我在太原参加舞会，从晚7点跳到 12 点，至少也走 20 多里路。

最初反对跳舞，是出于一种偏见，认为那是公子少爷们的玩意儿，好像无产阶级和跳舞是冰炭不相容的。其实跳舞是一种很好的娱乐，既是轻快的运动，也是对于音乐最好的享受，更是脑力劳动之后一种很好的休息。我到了八十几岁还跳舞。但延安时代的跳舞可和现在不同，不论男女大多是穿草鞋、扎皮带，有的还打绑腿。这是延安舞会的特点，离不开艰苦的作风。有时毛主席也来鲁艺参加舞会，有时我们也举行化装舞会，今天回忆起来都感到是很愉快的。

三、深入民间体验生活

郭：1949 年之后，您担任了领导工作，但是依然深入乡间创作。您现在还创作版画作品吗？

力群：现在基本不创作版画了。在下乡以后有了感受才能创作，现在年岁太大出不去了，所以没有创作灵感了。以前一有机会我就争取下乡，比如《黎明》是最受群众欢迎的，就是在山西左权县画的柿子树，叶子没有了，柿子还满满地结在上面。还有《春夜》是侧面描写，我在创作这个作品的地方开了一年多的会。《雪后》是我在宁夏根据速写刻的。

郭：您这个时期的作品有很多风景和静物的作品，让人觉得特别清新。我非常喜欢您的作品《山葡萄》，用色很大胆。

力群：我告诉您，受当时艺术界政治空气的影响，我刻的《百合花》《瓜叶菊》引起了不小的争议，有人批评说共产党员画家怎么刻些花花草草。

其实多年来我在套色木刻的用色上很胆小，总是力图忠于风景和植物的固有色。但当我看了齐白石的中国花鸟画敢于把芙蓉的绿叶画成墨色，把水红色的荷花画成西洋红时，得到了启示，于是在创作《山葡萄》画稿时，就把绿叶画成群青蓝，配以红色的山葡萄果实，就感到新颖而富有创造性。我觉得山葡萄之间的大片黑色背景较空，就刻了些小点作为点缀，这种小点并不具体表现什么，仅仅是画面需要。后来我听到民歌中的"唉哟哟"时，就把这些小点叫"唉哟哟"了。

郭："唉哟哟"，挺有意思的说法，这有点像抽象的因素。我很喜欢您的这些花花草草，而且以今天的眼光来看也不过时。

力群：我反对美术上的抽象派，它让人不知所云，既不能反映生活，也不能揭示主题。然而写实的绘画创作中适当采用些抽象手法倒是可以的。

郭："文革"后，您的民间版画创作风格转向了以简约抒情的手法抒写生活和自然了，还有很多小动物的作品，比如《林间》《金鱼》等。

力群：是的，我从小就喜欢小松鼠，在我的家乡山西灵石，松鼠叫"毛圪狸"，我在陶瓷厂曾经设计过小松鼠的烟灰缸，畅销海外。《林间》的初稿画出后，钉在墙上，我的小姑娘阿霞看了说："爸爸，你画的松鼠不可爱！"我想也许是画得太写实的缘故吧，就进行了修改，并把松鼠的尾巴加以夸张。阿霞看了说："这回松鼠可爱了。"既然我的小姑娘批准了，我就一口气刻了出来。

郭：这些作品刀法统一，生动活泼。我看到您的书房里有墨竹的国画作品，现在您又重新捡起了杭州艺专时学的中国画吗？

力群：我画竹子已经好几年了，山西没有竹子，我就利用到西南去的机会认真观察、写生，了解它的生长规律，每天有精力的时候就画画国画。画家作画，实为概括展现其特征，以求彰显其神韵。

郭：真是非常佩服您，这么大的年纪还笔耕不辍。我们也期待着您的国画作品展尽快与我们见面，祝您身体健康！

力群 《三个受难的青年》 版画

濤濤悲素浪
辰清眺幸有
舟楫逐浮英

铁笔金戈骋乾坤
——书法家李铎访谈录

論書新語一則

輒有向余索詢學書之訣者余至无終南捷徑惟以已之體驗有八字不可或缺一曰興趣乃學書之動力也二曰勤奮此學書之保障也

采访手记：

　　见到李老我总是觉得既熟悉又亲切，因为在书法活动和一些公益活动中经常能见到他的身影。尽管李老年事已高，行动又不太方便，仍乐于提携后学。听说多年来常有慕名而至求教的学生，他都倾力相教，很多人至今都非常感动，并在博客中讲述了和李老的师生情谊。

时间：2011 年 7 月 4 日

地点：中国人民革命军事博物馆李铎工作室

一、南塘洗笔，中天临书

郭兴华（以下简称"郭"）：您取得了那么高的成就，还这么平易谦和，我想这和您寄情书法、修身养德有很大的关系，我们今天就想跟您讨教一些习书问道的心得。

李铎（以下简称"李"）：我只是个书法爱好者，但我真心地热爱书法，从 5 岁开始接触，始终不曾动摇，这会转化成无尽的动力，促使我不断地钻研。

郭：5 岁还是个孩子，一切都还在启蒙时期啊，您是怎么和书法结缘的呢？

李：我当时上的是"老学"私塾，先生要求读《三字经》《千字文》等老文章；还要学写毛笔字，那时还不能称为"书法"。一开始先生让我们用毛笔画圆圈，画得越圆越好。一个 5 岁的孩子刚拿毛笔哪里拿得稳，手抖得厉害，根本画不圆。但一个偶然的机会，我发现用笔头蘸了墨盖到纸上，这样的效果很好，于是就如法炮制，盖的满纸都是圆圈，当成作业交给了先生。我满以为先生会表扬我，没想到先生看完后非但没说好，反而

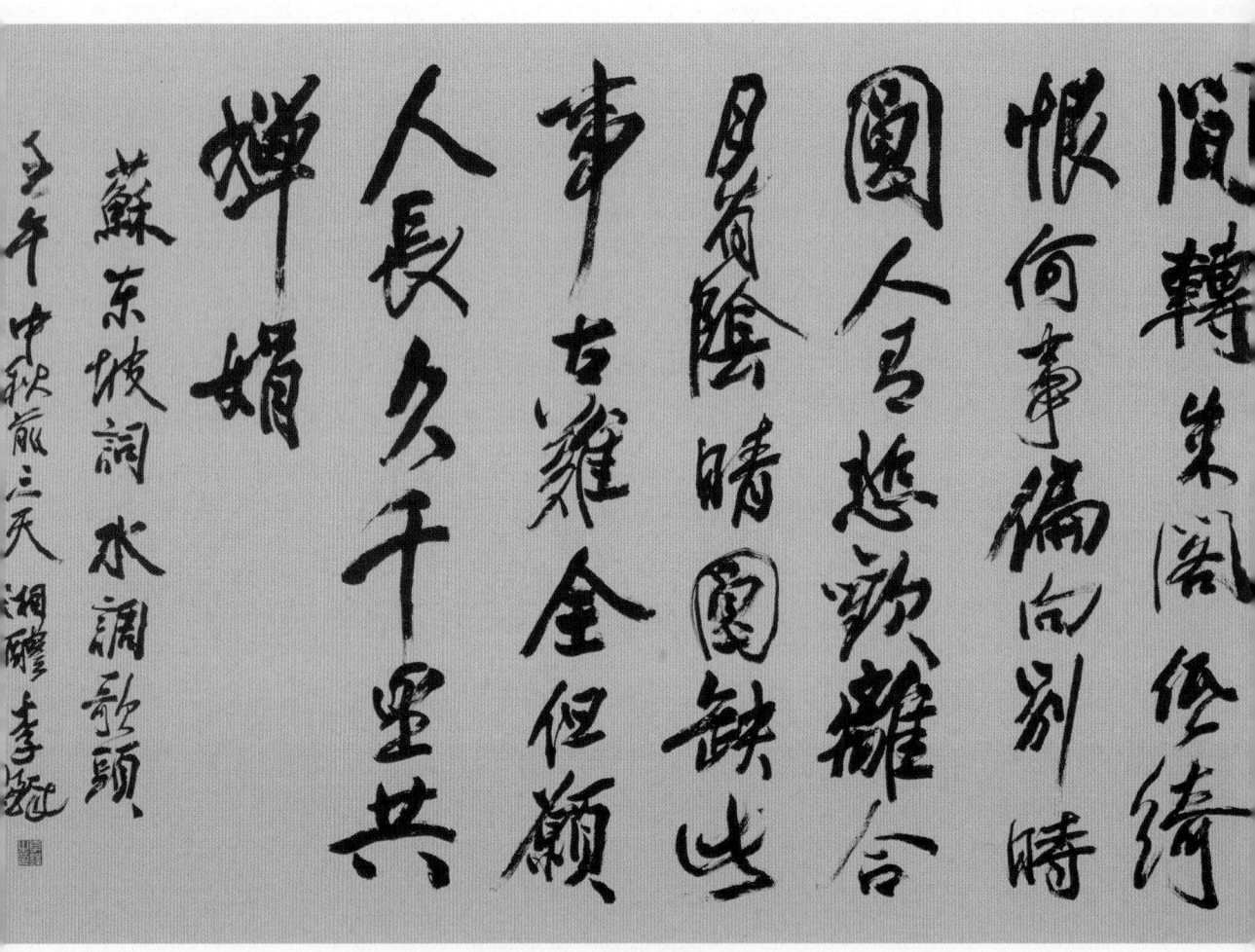

斥责我投机取巧，并用戒尺在我手心上敲了三下。敲得并不重，却使我铭记一生。从那时起，我脑中就被种下了一颗"种子"：做任何事都要踏实，不能取巧。到现在还是这样，要么就不办，要办就得认真，投机取巧是没有好结果的。后来，我更是将这个信念带到了书法的学习中。

  郭：练习书法的过程就是学习做人的过程，那三戒尺您受益终生啊。我体会到练习书法是极其严格、艰苦的事情，如笔法就特别有讲究，许多微妙之处真的很难把握。中国字中包含着大天地，是非下苦功夫不可的，您就是书坛有名的"勤学派""苦学派"。

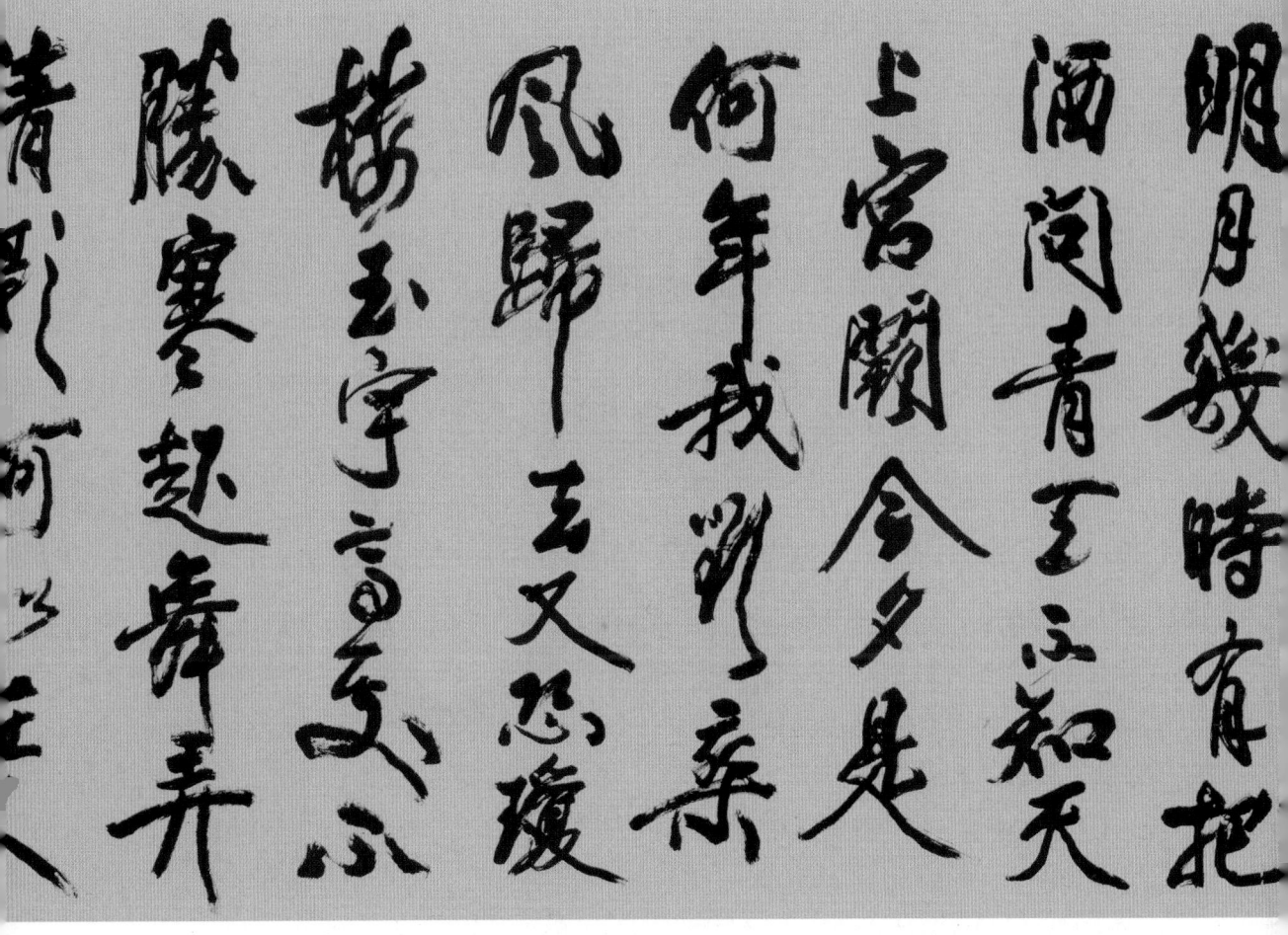

2002年李铎为人民大会堂书写巨作（此幅作品现悬挂于大会堂二楼大厅）

李：没有什么天才，过去和现在没有，将来也不会有，成为一名真正的书法家最重要的条件之一就是勤奋，非常勤奋。学习书法不需要什么条件，有桌子在桌子上写，没桌子在地上写，睡觉时就在被子上用手指写。我以前有一张桌子，我就经常蘸了水在上面写字，擦一下写一下，久而久之把漆都擦没了，那张桌子现在找不到了，要是能找回来，这也是一个我学习书法的见证了。

郭：我就见过我朋友拍的您在雪地上写书法的照片，很有趣。我认为榜书是最难写的，字一放大毛病就遮不住了，结体要紧，笔墨要活。更大一些的字，书写时还不容易看清全貌，

完全是凭感觉和经验，真是不容易。

李：写榜书是考验你是不是胸有成竹，这不仅体现在手的动作，而且要带动整个身体。学习古人要善于总结，总结结构、章法的规律，举一反三。我们不能盲从古人，古人也有照顾不周的地方，要注意辨别。

郭：是的，学到的东西要化为自己的才能运用自如。您认为习书之人要经过怎样的历练才能逐渐成熟？

李：我多年研习书法的心得是要"临、立、变、创"，这四者是紧密联系不可分的。总的来看，又可以分成两个阶段。"临"和"立"是第一阶段，是打基础，是对前人的继承。"临"是最重要的，但要注意选择，抓住一本帖不放，临深临透。一

1990年李铎为湖南张家界黄龙洞景区题写"绝世奇观"刻石

直临到把帖盖上,默着写,写出来以后也是基本差不多的程度就算可以了,越像越好,这需要很长时间,当然具体多长因人而异。第一个阶段叫作"真临",只有这样你才能够博采众长,像蜜蜂采蜜似的,是花就采,最后飞回来酿蜜。第二个阶段,就是变化、创新。在原来临帖的基础上,继续临,要多临,不是只抱着一本帖临,也不是越像越好,而是开始注重追求既像又不像。所谓"取其势,而用其意"。

二、书道犹兵,虎跃龙腾

郭:李老,您讲得非常精到。我曾经见过您于20世纪70年代末书写的郭沫若的词《水调歌头·粉碎"四人帮"》,很有味道。您若沿着这条路走下去,也会有很好的成就,但是您却在这个时候来了个"华丽转身",风格剧变,您不害怕失败吗?

李:书法的学习应该从"无我"到"有我",我喜欢郭沫若的字,一笔一画地认真临习,领悟其中的精髓,但那毕竟是别人,不是我自己。由"临"到"立",就是一个坎,我当时也很苦恼,也有人劝我不要乱改了。可是,我不信,我偏要走出自己的一条路才行,于是我慢慢摸索着将魏碑隶书的笔法融入行书当中,形成能够写我本心的笔墨。

郭:我记得特别清楚,20 世纪 90 年代最为轰动书坛的是您手书的《孙子兵法》,后来又刻成了碑,这真是一个了不起的巨大工程。这么长的内容,在章法上极难驾驭,要想获得气势贯通的效果是要有很深的积淀的。

李:我是一名军人,《孙子兵法》是一部世界性的"兵家圣典",研究、书写、传播这部经典之作是军人不可推卸的责任。书法中的章法如同阵地上的将帅排兵布阵,既要讲究小局

李铎的书法讲座备课稿

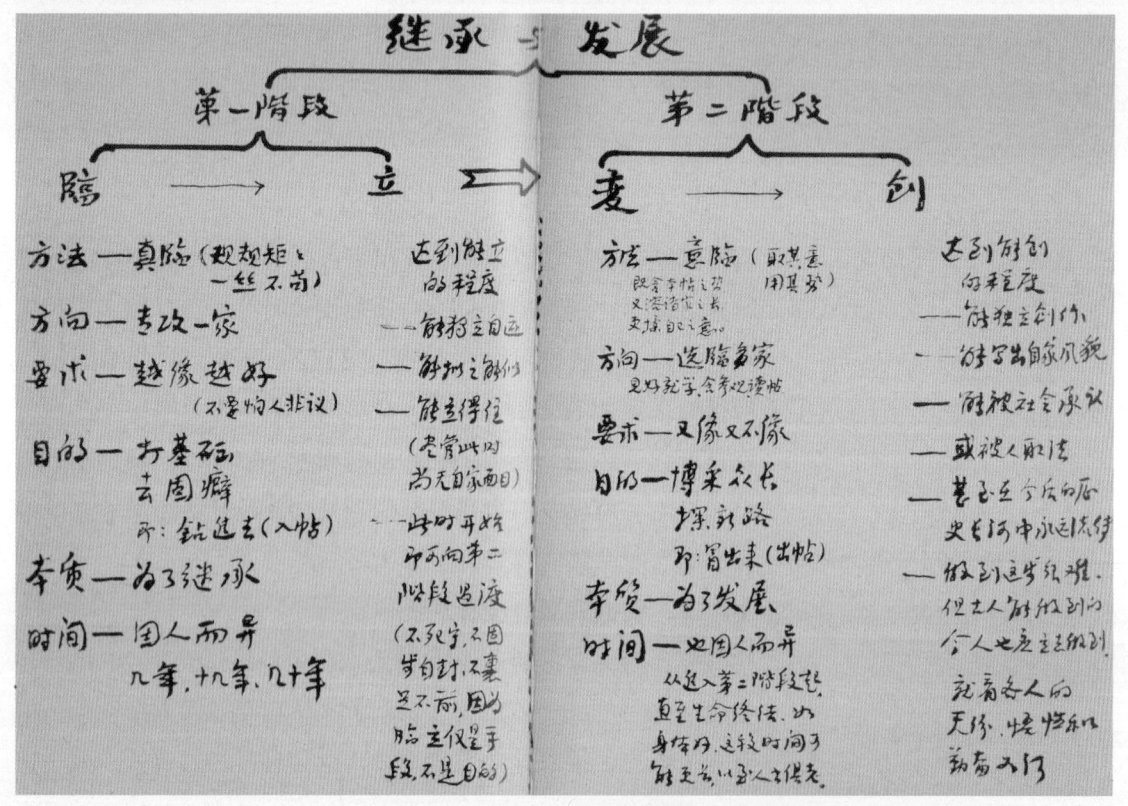

部的完备，又要照顾到其与全局的关系。一个字就是一个天地，也就是常说的"结构"。上字与下字要相互照应，一行字又要安置得宜，形态错落，节奏律动，行与行之间还要映带有致，归结到全篇要虚实相生，疏密结合。书法最讲"气势"，所谓"气韵生动"，就是一字中笔笔相生，一行中上下连带，通篇笔意和谐统一。这些还只是技术层面的考虑，一幅书法作品最终就是创作者自己的心灵迹化，所以平时不但要注意学习书作，还要加强个人修养，形成高格调的审美趣味。

要特别提到的是，当时在写这幅作品的时候，由于我视力不好，我的夫人李长华为了让我安心创作，在身边一字一句地给我念《孙子兵法》原文。我在晚年还能保持这么旺盛的创作精力，的的确确是与我夫人平时的悉心照顾分不开的。从某种程度上说，这么多年来我的许多作品，背后都有夫人的含辛茹苦和汗水滴洒。

郭："气"就是精气神，人要有自己的精神气质，字也要有自己的神采，古人说"书之妙道，神采为上"，您的书法看着就特别精神、挺拔。

李：我特别看重书写之前的"气"，就主观愿望来说，要彰显军魂之气、军势之气、军戎之气。一要突出军魂之气，"知己知彼，百战不殆"，把情况搞清楚之后，要运筹帷幄，决胜千里，这是兵法的魂；二要体现军势之气，军队是打仗的，是钢铁长城，无坚不摧；三要始终贯彻军戎之气，军人写书法就是要透出阳刚、雄强之美，这是军姿的外化。

郭：将帅之意，龙虎精神。部队的艺术家是一个具有独特气质的群体，自从穿上了这身军装就被灌注了大义凛然、豪情万丈的性格。

李：现在正值盛世，能够代表国家形象的一定是充满勃勃生机、积极向上的艺术形式。我们军人就要起到表率作用，尽己之力宣扬正气。

三、熔铸古今，气吞万象

郭：刚才您谈到学书的四个阶段"临、立、变、创"，但是我总觉得您在这个基础之上又往前走了一步。一个成熟的艺术家都会有独立的艺术风格，而能够传世的大家则要逾越物象，直指本心。

李：这就是中国文化最能打动人的地方，书法、绘画就是写心，是"心迹"。所有"斤斤计较"的技术都要转化为精神人格，艺术家要提高自己的学养，并且借鉴相关艺术门类的经验，丰富、滋养自己的实践。

郭：对，诗、书、画是相通的我知道您也是一位出色的诗人和画家。诗言志，书咏言，我特别喜欢您的这几句诗："凭窗几度怀乡远，老病仍依桌案边。索隐探幽三昧久，神游太古八荒天。"有气魄，真是壮志凌云。

李：这是我80岁时写的诗，这让我想起7岁那年，母亲找一个算命先生给我看生辰八字。那位先生看后吞吞吐吐、欲言又止："这孩子命苦啊！恐怕过不了18岁。"母亲十分害怕，问有没有办法。他神秘地告诉母亲："办法倒是有一个，许个愿，保佑这孩子平安度过18岁，编织一身麻衣（麻织的孝袍），供奉上去，以求显灵。"母亲就领着我，渡船过河，向"麻衣大仙"进香跪拜，许愿祈保。许愿必须还愿。母亲为了制作麻袍，开始了艰辛的劳作。母亲白天要干农活，晚上就借着微弱的灯光织麻线，我趴在小桌子上写作业（写大字）。母亲因积劳成疾，最终病倒了，家里又无钱医治，她年仅38岁就离开了人世。后来，家境更是每况愈下，麻袍的事也就搁下了。当年许下的愿至今也没还，而且永远也不会还了。这一晃几十年过去了，我活了好几个18岁。我是唯物主义者，不迷信，所以也没有去还愿，但现在想起当年的事却十分感慨。

郭：您是有福之人，一定长寿。现在，一些书家大都"厚古薄今"，认为临习今人书法是"取法乎下"，只有古人的书法才是上乘之作，您是怎么看这个问题的？

李：我觉得这是一种狭隘的看法，佳作不分古今，今人有今人的气息，古人有古人的特质，只要是能够为我所用的都应该广泛吸收。无论我在哪里看到好的书法作品，我都会停下来，细心揣摩，默默记下。有时学生辈的作品我也会临摹，正所谓见贤思齐，这些精彩的元素都应该被吸纳到我们的创作中，而不该被时代、身份、环境等外在因素所局限。

郭：您讲得对，我们往往被成见束缚住了手脚。在各个时代都存在"解放思想"的问题，书法要摆脱当代尴尬的境遇，就要挣脱各种形态的"枷锁"。

李：一个人的风格一旦形成就要"变"，要不断地超越自己。书法是中国几千年文化的精粹，然而积淀越厚，也就越容易变成一种负担，就面临"变"的问题，但是"变"不代表可以胡来。我始终强调"书中有法"，法度是书法不能丢弃的品质，这就要静下心来研究古今中外优秀的艺术作品，创造出属于我们当代人精神的书风。

郭：现在有许多人搞所谓的形式突破，比如说变体、丑书，用的也是毛笔、墨汁，但作品让人看不懂。

李：我也有所耳闻，有用头发写的，或者在一种很神秘的环境里写字，等等，在我看来，很多都是哗众取宠，不会有什么大发展的。学书法还是要扎扎实实的好，我们既不要溺古，也不要猎奇。写字和书法有联系，但不是一个概念。把字写好了，对方能看懂了，虽然还不能称之为书法，但相比那些让人看了半天看不懂的字，水平要高很多。我有一个理论，做一条水平线，水平线之上的表现形式叫书法，水平线以下的表现形式就是写字。在评价一幅作品究竟是否能称得上艺术时，要把写字和书法分开。

郭：那么，您是以什么作为标准进行区分的呢？

李：其实，这也是"仁者见仁，智者见智"。这不是数学定理，没有一个硬标准、死标准。我们评书法，主要就是看章法和气韵。章法又分大章法、小章法。从远处看一幅作品，觉得它章法很好，也就是整体面貌很好，那算是写得基本可以。然后再近距离看一看，如果用笔也不错，有笔韵，那这就算是一幅不错的书法作品了。如果远看结构松松散散的，前后不照应，近距离一看，用笔又没有什么特色，这个恐怕不能算书法。

郭：今天我们学到了很多，您的谈话一定能给很多书法爱好者带来很大启发，也希望您注意保重身体，永葆艺术创作的青春。谢谢！

绝壁秋风引泉
一九九一年夏
京西此兴画
二庆

诗画本一律 奇思与天工
——画家林凡访谈录

> 采访手记：
> 林老已经80多岁了，但还一直忙着画画，忙着办展览，忙着做学问，忙着为中国工笔画学会的点滴事务操心，实在是令人钦佩。他的人生经历和艺术成就可以说是独一无二、不可复制的，相信他的过去对我们这些后来的艺术实践者有着重要的启示。

采访时间：2011年5月24日
采访地点：林凡先生工作室

一、意境的感悟

郭兴华（以下简称"郭"）：林老您好！今天能够坐在这里与您交谈，真的非常荣幸！您的人生经历和艺术成就可以说是独一无二，不可复制的，相信您的过去将对我们这些艺术实践者有着重要的启示，所以我们非常想了解是什么样的机缘让您走上了艺术创作的道路。

林凡（以下简称"林"）：我没有上过正规的美术院校，绘画创作主要是依靠自学而成。我出生于湖南益阳，曾祖父是地道的农民，祖父靠着勤奋读书，取得了功名，做到五品官员，在当地有一定的影响力，但我的父亲39岁英年早逝，家道从此中落。值得庆幸的是，家中藏书丰富，我也因此养成了爱读书的习惯。我的父亲热衷于发展教育，曾在当地创办过第一所小学、第一所女子中学，所以对待孩子的教育也比较开明，如对我画画就十分支持。我4岁时，父亲送给我《芥子园画谱》《马骀画谱》，以及丹麦画家的简笔漫画册，这些书籍对于小时候的我真是很有启发。父亲是一位保守的国民党员，但与当时思想激进的周扬、周立波、周谷城交往密切，这三位周姓名人即后人所称的"益阳三周"。

林凡 谷音 国画

林凡 《春水方生》 国画

虽然从小对绘画感兴趣，但对我而言，是先从书法上开始下功夫的。湖南是有学书的传统和风尚的，怀素、欧阳询、何绍基、谭延闿，可以数出一系列湖湘书法名家来，至于我的书法学习是从当时书法名家黄自元开始的。祖父曾珍藏过一幅黄自元书写的楹联："万物静观皆自得，四时佳兴与人同。"姑妈出嫁，这幅书法也就成了陪嫁，姑父曾把此联刻于大门之上，不过后来姑父家道衰落，这对木门也就被卸下来变卖了，实在是可惜！我的叔叔特别喜欢书法，他曾经告诫我说，书法是敲门砖，练不好，像鸡脚叉叉的，找工作都找不着。受他的影响，我在书法练习上着实下了一些功夫。

我18岁参军，那个时候军队里有文化的很少，领导就派我这个高中毕业生到《解放军战士》杂志社当记者。当时我是先做文字记者又配制插图，完了才开始干编辑工作。实际上，我画部队题材画得特别多，但是完整创作的作品并不很多。我女儿最近从网上找到我在20世纪五六十年代绘制的插图就不少于600幅。当时的作品主要讲述战斗的故事，属于弘扬革命传统的题材。我画了几套比较好的插图，如《保卫延安》《黄继光》《刘胡兰》等，后经总政介绍加入了全国美协。

郭：您后来就一直在部队从事创作吗？

林：没有，1958年以前我在《解放军战士》杂志编辑部工作，当时画了不少插图，有点儿小名气。但后来，因为去东北采访的时候说了"不该说"的话，被说是反苏、反党、反社会主义，就被打成右派，下放山西，一待就是20年。可以说，我一生中最美好的时光是在山西度过的。

郭：在那个特殊的年代，因言获罪使很多人遭受了磨难。当时在山西也是从事绘画创作吗？现在您还保留着当年的作品吗？

林：被划成右派后，便去了山西的晋剧团工作，主要画一些布景、搞舞台设计，并帮助搞文物普查工作。山西的文化根基深厚，地面文物又是全国最为丰富的，这都对我的艺术创作十分有帮助。

当时主要是用水粉画进行创作的。但是这些画现在大都下落不明，只留了极少数在我手里。山西属黄土高原地貌，尤其是与河南、河北搭界的地方，沟沟坎坎，特别美。五代时期的荆浩、关仝都是常居于晋南的王屋山、太行山这些地方写生、作画。

当时在剧团，白天休息时，可以习字、画画、看书。有一年，中央文物局在山西找人复制古庙壁画，我便和潘絜兹、常沙娜等分别组成了三个临摹小组，分赴山西各地进行壁画复制和临摹。当时的条件不好，任务又十分重，但我还是十分高兴，因为我可以近距离地观察和研究诸如永乐宫、佛光寺、青龙寺等著名寺庙的壁画，这些经历也加深了我对祖国艺术的印象和理解。现在手里原作很少，只有几百幅印刷品。我准备今后将它们编进我的另一本画册《十年编辑和设计的纪录》里。

郭：20年的下放经历，让您感受到了生活的清苦和窘困，董辰生先生曾说："林凡坎坷的经历，磨掉了他自身和作品中的躁气。他的书画非常耐看，所表现的文化底蕴很深厚，很平和宁静，甚至有些禅意，这种境界是很难达到的。"可以看出，这段经历也对您一生的绘画影响很大。

林：山西很苦，但是也促使我很努力地去创作。那时候，抬不起头来，右派嘛，抬不起头就夹着尾巴努力工作，就得下功夫，要干得比别人好一点才行。现在回想起好多事情，就会把它们当成有趣的故事说。有一年过年的时候，家里没东西吃。过年了，家里一点肉没有怎么过年呀？于是就到一位在副食系统工作的朋友那里想办法，他说你写对联吧。我便自己编词，从早上10点写，一直写到晚上10点，一共写了98副。人家十分高兴，送了我半扇猪肉。在回家路上，走到一个巷子口，不想被红卫兵撞上了，说我这不是偷的就是抢的，要没收！旁边有一个小伙子认得我，悄悄附耳对为首的红卫兵说：这个人叫林凡，有点名气，别给他全没收，没收一半吧！还剩一半肉，带回家了，一称，还有二十多斤。后来我在各地举办的春联展、咏梨花联展、咏竹展都获得了成功，回想起来也和当年的"春联换猪肉"不无关系。

在山西的20年画了一些好画，但是不太多，因为画得比较好的，都送去展览了，再也回不来。所以在山西，一般展览上都有我的作品。这种经历已融入我的身心，在我的创作之中总是挥之难去，因为这些作品本身已经饱含着思考的特质。中国画对于情感再现的追求，使我的作品自然而然地流露出自己的气息。

诗画本一律　奇思与天工——画家林凡访谈录

林凡　《粉梅》　国画

郭：您当时经常去写生吗？我感觉您的画有一种特别高贵的感觉。在山水画的创作中，有时候我也希望自己能像南宋时期马远、夏圭一样创作那种"边角之景"。林老师的作品中的一些小草，或是一块巨石，应该也属于边角之景，但总觉得画面感特别有气度。

林：是的。我下放时居住在山西的壶关。我坐在一块巨大石头上，下面就是万丈悬崖，远处则是一望无际的河北大平原，特别好看。我非常喜欢旅行，经常到祖国的名山大川写生创作。我在绘制作品的时候是很严谨的，会考虑画面本身的很多东西，

林凡　《五月萍开》　国画

诸如怎样呈现水口忽忽往下流的感觉，山路怎么从这边进去，又怎样从那边出来，等等。我创作了一幅秋雁起飞形态的作品，画面上很多处直接喷洒了真金，这在传统中国画创作中是很少见的。中国的博物馆里的很多画都是画家信手几笔而成的，如萝卜、白菜、虾等。我们想想，达·芬奇的《蒙娜丽莎》就画了七年的时间。有人批评中国工笔画是制作派，我也一直承认工笔画是制作派，制作派就是制作派，一定要表现出功夫到家才能算了事，没有制作，工笔画就不可能是一件优秀的作品。这一点在国外诸多博物馆的藏画里可以得到印证，几乎没有作品是简单画两下就完成的，而是都先经过构思并绘制草图，然后再很仔细地依循创作技艺的规律和步骤完成作品。这和工笔画可以说有着相通的道理。

郭：这种制作必须在一种艺术审美和艺术思想的指导下进行，仅仅是艺术的技艺表现是没有意义的，而这又依赖于艺术家的学识和修养。薛永年先生曾经评价您的作品："林凡先生的工笔画很有代表性，是一个稳健的开拓派，他有比较深厚坚实的功底，有比较广泛的文化修养，是很讲究形式的艺术家，特别是对意境的追求，在他的作品中非常明显。"

林：你说得很有道理。我强调中国画的意境。中国画本身的审美理论和创作思想已经非常成熟。我创作的《飞崖一泻送寒香》，题句是："在一画之中，动静相参之道，亦若笔墨相随，亦若表里相彰，亦若文质相显映，亦若世间一切事物之对映与矛盾。此种哲学命意，皆存于一切艺术创作中。今作此飞瀑流漸下的梅花，亦含此意。细参之，确能别获灵犀，能深会此意者，始可与言艺。"可以说，中国画创作本身就是一种文思与哲思的融汇，制作过程本身即充满着中国传统文化之意象。

郭：您的构图也很独到。这种创想都是从哪里得来的呢？

林：来自诗，来自感情。很多时候，我的作品并非来自所谓真实之景，而是源于自我的一种心声，一种能寄托思想的梦境。我一直认为，中国画对诗、书、画、印四绝的追求是饱含深意的，尤其对于诗词的创作。诗词与绘画意趣的结合，是我在创作中所着意思考的问题。诗是一种表达感情的语言，而中国画能够表达诗词的意境，所以，很多人说能在我的画作之中读出诗的味道，这并非偶然的。

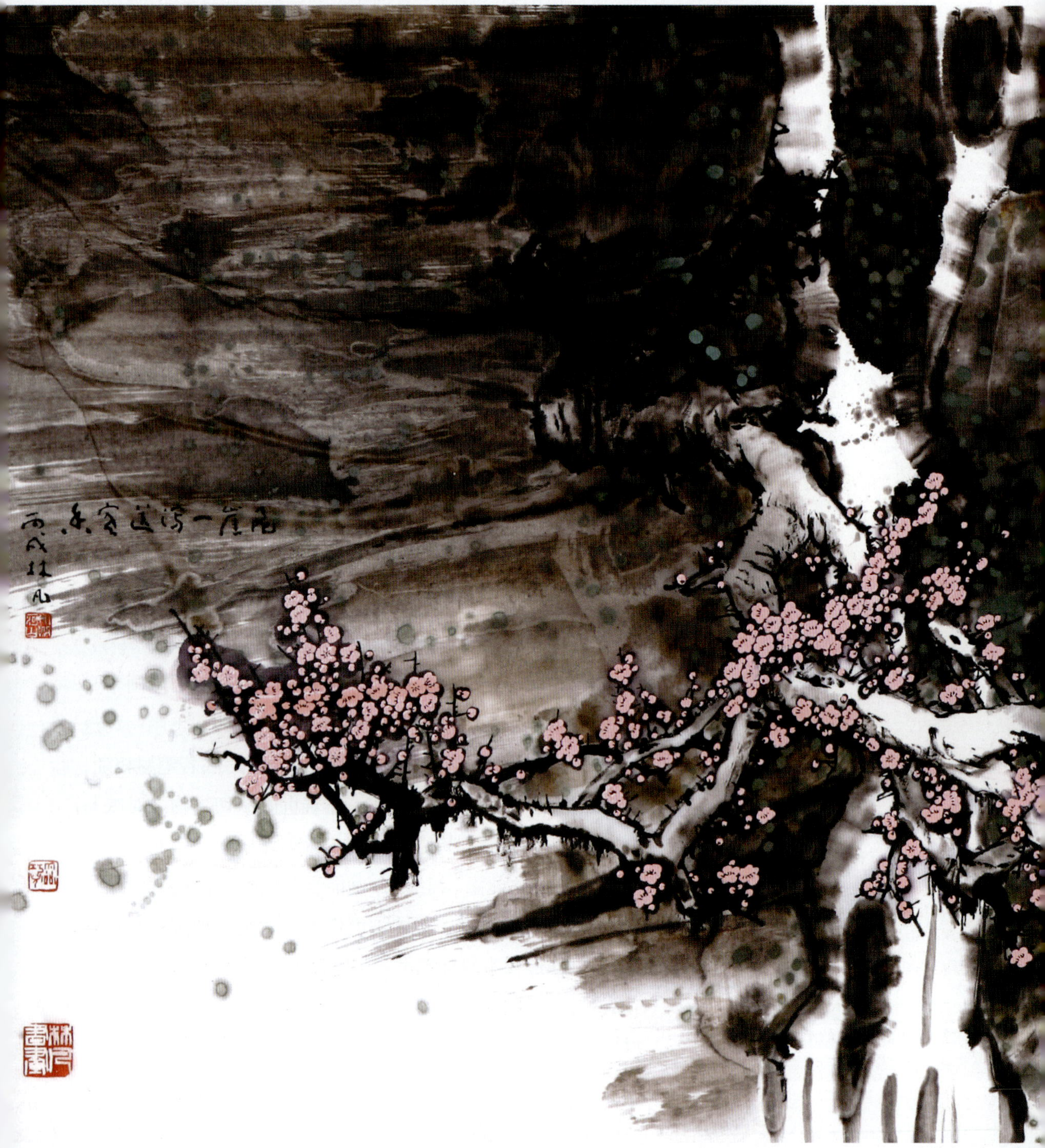

诗画本一律 奇思与天工——画家林凡访谈录

林凡 《飞崖一泻送寒香》 国画

二、关于诗词创作和绘画的关系

郭：李存葆曾评价说："艺术是融合体。书家、画家与写匠、画匠的作品，单论功力恐难分轩轾。书画之道，资贵聪颖，学尚浩渊。大家展笺能动墨横锦，摇笔散珠，皆得益于广博的学识。当今书坛画界，名公显士，不乏其人，然集诗书画三绝于一身者屈指可数，林先生即是其一。林凡先生的本色是诗人。"

林：我写过许多诗，大都在"文革"中被抄掉了。我写对联，我称之为"两行诗"。我这一辈子作了2 700多副对联，后来删掉了四分之三，只有600多副了。我很喜爱作画、作诗。我也经常写对联，有些人只是把它当作文学作品，我就不仅仅把它当作文学作品，更把它当作书法与文学作品以及装饰的组合体。一副好的对联，往往是一件综合性的艺术作品。明清时期的楹联大家都是自己书写，自己撰联，所以很有价值。

中国人会将诗学中很多具有象征意味的词句罗列出来，作为画梅之"题"，诸如疏影横斜、铁骨生春、凌霜照水、寒英破腊。这需要画家不断理解、体会，才能创作出诗词的这种境界。我不会将这些美的文学之"题"当成桎梏，扣在自己的头上，那是不行的。

我画梅最多，然而千梅千面，无一相类，但大多富有"凄美"之感。比如我作的《夕阳寒影》，乱草丛生，苔花如雨，整幅作品于清寒零落中显出一种萧瑟的感觉，因而显得"萧疏之玉，缱绻之至"（严岚评语）。我又以自作诗缀于其上，更增益了这种朦胧阳光下的寒苦之状："枯柳枯荷一万支，白门乌板最相思。夕阳寒影萧疏画，暮雨微吟缱绻诗。归时仿佛来时路，黄叶飘零绿叶池。凄清一颗秦淮月，点缀香君卖酒旗。"

相反，《雨后》一画，显得特别清新雅致。整株梅花映衬在白色的背景上，显得更为明丽，而题词就只有简单的14个字："门前风景雨来佳，看取梅花开未落。"我女儿对此的评语是："《雨后》一作，梅清石洁，谁不谙其清新挺秀之致！"

与《雨后》不同，《花间风雨》虽着墨多了，然花摧草折之状，仍有风雨披离之感。我的题词则把这种意境扩大到了整个天地宇宙之间："枕上湖山无际梦，花间风雨浩然衰。"风雨生于花间草际，然梦寐却充溢于湖山林海之间，形成浩然无际的哀苦！

《千林忆友》所题为我自己的自作诗："故国千林忆杜鹃，

林凡 《黄梅》 国画

虹桥柳老尚吹棉。一生鸣呃临唐帖,大哭滂沱吊楚渊。诗酒年年成积毁,歌吟夜夜作游仙。寒山冻水无姿态,画尽梅花又一年。"这是一种像陆游一样,把创作中的艰苦变而为创作现实中的喟叹!

《幽谷流香》题句是:"小绿作风寒浸月,翻翻吹透皂罗袍。含情乍试槐花水,逗趣初泥箸叶醪。万树新红花列阵,经宵宿醒笔如刀。灵娘说有陈王助,七步轻吟意兴豪。"这又是将灵感具象为创作后的兴奋和自我陶醉。加上画上的流泉,确有一种情感倾泻,仿佛在催促自己的想象奔腾。

《淡尽幽花瘦尽魂》题句曰:"廿年寒梦了无痕,淡尽幽花瘦尽魂。素蕊篱边太零落,绿云天际可温存。锦联字字留新句,云构团团寄故园。拄杖扶携虾子渡,江涛初静月黄昏。""香篆初园拍案凉,青灯诗卷小兰房。缺残未必非明月,暗淡何妨是太阳。镌刻灵魂真苦乐,皈依命运大行藏。勾留一世称佳境,海上云横古岸傍。"一画中题写了两首七律,两种心境糅成一体,在一幅作品中增加了思想的容量,扩大了画作的内涵。

三、关于工笔画的发展

郭:第八届工笔画展刚刚结束,我也看了,有一些画得不错,也很有意思。这个群体在逐步扩大,以您的个人创作经验,您对现在画工笔画和喜欢工笔画的年轻人有什么建议?

林:原来刘大为谈道,我们政策应当向工笔画倾斜,照顾工笔画的发展。现在看来,我们的政策应当向写意画倾斜,因为工笔画太多了。毕竟,我自己就是一个工笔画家,对于工笔画的发展状况也比较熟悉,算是有些发言权的。工笔画是一个能够直接表现形象、刻画生活、表现诸如色彩等媒材语言的绘画样式。中国艺术研究院的美术理论家牛克诚,潜心研究中国画的发展史,撰写了一本专著叫《色彩的中国绘画》。很多时候,我们都认为中国画就是黑白的水墨画,最能代表中国画的审美品格和精神气质,而牛克诚专注于研究中国绘画中的色彩,他梳理和发掘了色彩在中国画发展史中的位置和意义,最终获得了学界的充分肯定,并且获得了国家级的学术奖项。我很欣赏牛克诚在学术研究中的成果,就推荐他加入中国工笔画协会,我想他的研究对于中国工笔画的发展有着重要的价值。

年轻人若想要从事工笔画的创作,必须坚持基本艺术技艺以及审美观念的训练,也就是说,人品、学问和才情必须立于创作之先。这条道路尽管是充满坎坷和挑战的,然而若想要做出成绩也不是想象的那么难,只是成就有高低而已。很多人太注重画面本身的制作,尤其是年轻人有充沛的精力,这本身无可厚非,然而要想提升自身的创作境界,则绝不能够忽视文化修养。现在中国工笔画学会有六七百名会员,囊括各个地区各种画风的工笔画家,可以说,所涉及的绘画题材和形式语言都相当丰富,工笔画创作者所能参照的图式是多种多样的,然而想在这其中取得一种耳目一新的突破,确实比以往更有难度。

郭：林老，您不光对工笔画的创作有着重要的贡献，而且还精于鉴赏。最近您经过考证，让元代版本的《清明上河图》重现于世，这应该是中国美术发展史上的一件大事，也是您对工笔画发展的又一大贡献。

林：宋代张择端原创的《清明上河图》，忠实而深刻地描绘了北宋都城汴梁的城市生活，是研究宋代社会生活最好的历史素材和艺术珍品。这幅画流传有绪，它在流传中的各种故事和其于艺术上精美绝伦的品质，受到历代书画收藏者的珍视，因而出现了数不清的摹本和伪作。现在流存于世的各种《清明上河图》，据说有上百本之多。

我们提到的这幅《清明上河图》（工笔重彩，绢本，长688厘米，画上人物将近1 700人，完成于1350年前后）曾在香港佳士得拍卖过。我经过一年多的认真研究和考证，找出了该摹本中包含许多元代属性的真实证据，最后鉴定为它从未在任何文献著录过，从未经任何著名藏家公开宣示过，早于明代仇英摹本的元代晚期摹本。其艺术水准极高，是宋以后的最早工笔重彩摹本。现在，这件700多年前的绘画珍品，已在上海世博会上公开亮相，并经由上海集邮总公司印刷成卷筒式的邮品和邮折广泛发行。任何有价值的艺术品，都是无法被埋没的，它总会绽放出奇光异彩的。所以，我自认为这一年多的研究是值得的。

郭：非常感谢林老同我们分享了这么多宝贵的经验和思想，像您这个年龄依然奋斗在美术界，还在为我们这些年轻人做指导，为中国工笔画事业做很大的贡献，实在令人感佩。衷心地祝愿林老的艺术之树长青，继续为我们创作更多更好的作品！

我们的希望在路上
——油画家詹建俊访谈录

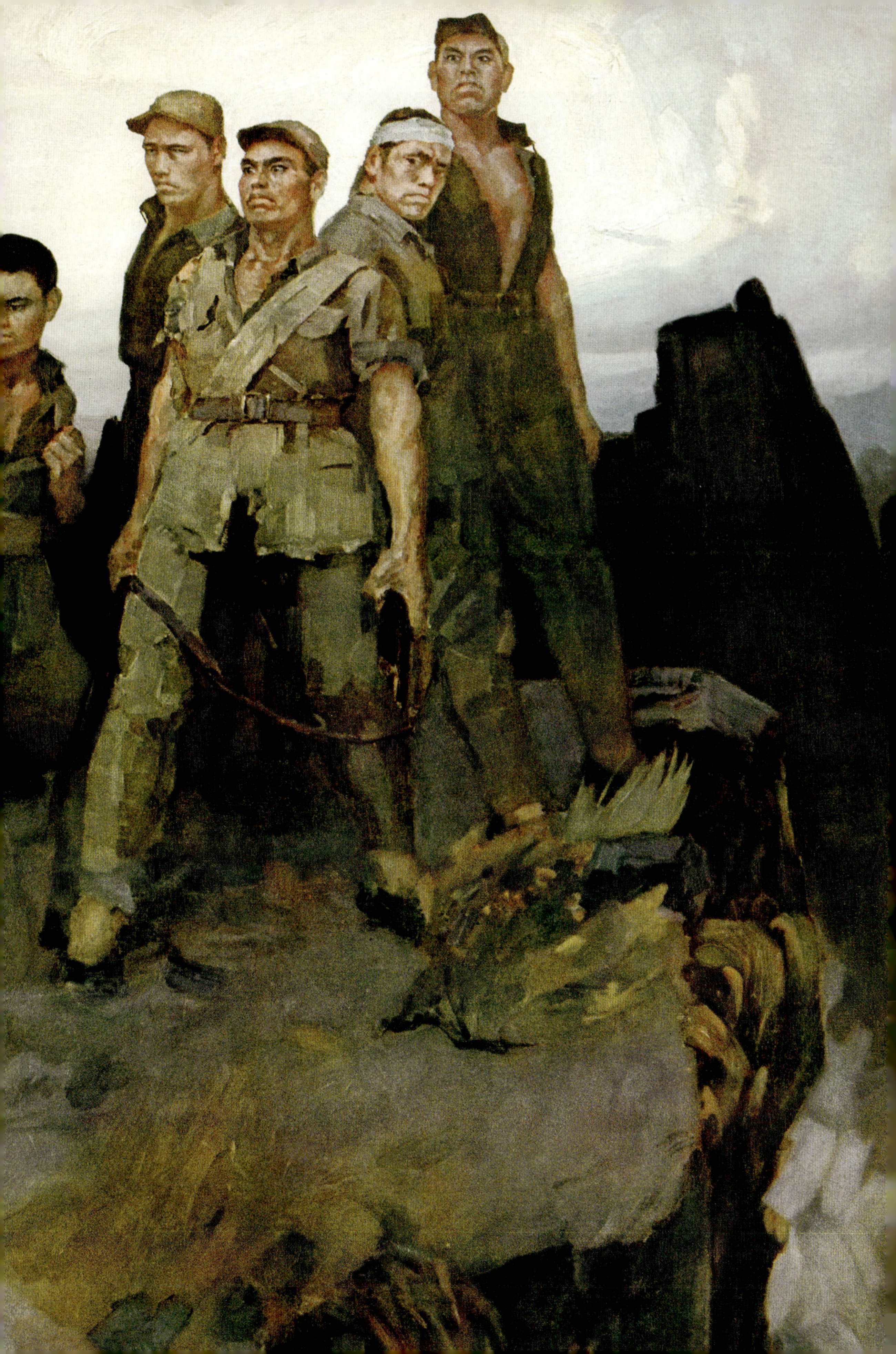

采访手记：

　　詹建俊先生对中国油画创作的发展起到了举足轻重的作用，他的代表作《狼牙山五壮士》以全新的面貌融合了中西方文化元素，具有里程碑式的意义，我们很想倾听一下他的心路历程。

时间：2011 年 7 月 6 日

访谈地点：詹建俊寓所

我们的希望在路上——油画家詹建俊访谈录

詹建俊 《起家》 油画

郭兴华（以下简称"郭"）：詹先生，您好，这是我们杂志第一次对您做专访。您是我国油画界德高望重的前辈，一直对我们部队的艺术创作有着很大的关注和支持，所以我们领导非常重视这次专访，曾和我就如何采访做过多次会晤与交流，叮嘱我务必把对您的专访做好。

詹建俊（以下简称"詹"）：我和你们部队的何孔德、高虹都是一代人，当时也在一起参与了很多活动，我们还是一个班的同学（同在马克西莫夫油画训练班，简称"马训班"）。

詹建俊 《飞雪》 油画

郭：我们对您的采访主要分这么几部分：第一，关于您的艺术成就。您的绘画作品在美术界有很大的影响，您的艺术创作之路也颇具传奇色彩，但是很多人可能了解得不是特别详细，我们想通过这次采访，向读者展示一个更为深入而全面的您。第二，关于您的绘画作品。您在不同时期的代表性作品均在社会上引起过极大的反响，某种程度上可以称之为新中国油画发展历程中的纪念碑，在艺术史的叙述范畴内，您的作品更是无法绕开的经典。在您创作这些经典作品的时候，前前后后应该发生过很多故事，这是我们的读者非常期望了解的。第三，关于您的学术思想。譬如您在主持油画学会期间，在学术创作方向上和对中国油画的发展有着哪些思考，这也是我们的读者所迫切想知道的。

一、习画之路

张涛（以下简称"张"）：您1955年毕业于中央美术学院彩墨系，师从蒋兆和、叶浅予等先生，而后在1957年又毕业于马克西莫夫油画培训班，从中国画转到油画的过程似乎很快，请您谈谈具体是怎样的一个经历促成了这样的转变。

詹：这还得从小时候讲起。我开始学画是在小学，当时我们住在今天北京西城一带，附近有一个老先生办的画社，叫雪庐画社。我业余时间就去那里学国画，大概一个礼拜去一两次。当时北京整体的文化氛围还是非常传统的，西方的话剧、音乐以及油画都不是很流行。雪庐画社的老先生们有画人物的，有画花鸟的，学生们愿意学就可以直接去报名，也不用经过什么考核。教学也很简单，就是给你他的作品让你临摹，临完之后告诉你哪些地方有什么问题、该如何画等等。后来我是1948年进的中央美院，那时候叫国立艺专。

牛继飞（以下简称"牛"）：您那时候入学需要接受什么样的考核？

詹：国立艺专的考试非常正规，和现在的做法相近，文化课、专业课、面试都有，考核也非常严格。录取的时候是发榜单，在校门口张榜。当时我报的是西画科。

郭：为什么报的是西画而不是国画？

詹：当时的考虑很简单。学了一段时间的国画，而油画只是看到一些图片和印刷品，感觉很新鲜，也算是好奇心驱使吧，因此就报了油画，但是在这之前从来没有画过素描什么的。家父一个朋友的儿子是国立艺专毕业的，帮我找来一个石膏像，教我怎么画素描，后来就去考试了，在西画科考了第三名，成绩还算是不错的。后来迎来了新中国成立，国立艺专更名为中央美术学院（以下简称"美院"）。那时候强调一专多能，强调艺术为人民服务，从社会需要出发，因此连环画、年画、雕塑、图案、美术字、国画、油画等我都有所学习。1953年本科毕业时，我们的毕业创作就是画一张年画。毕业以后，学校需要留下一批人才作为新生力量，因此就在本科生里面挑选了一批留下来，继续学习两年的研究生课程，我也在其中。在研究生的学习过程中我才开始有了专业的概念。第一年由董希文先生授课，专门画素描打基础。第二年开始分系，有版画系、雕塑系、彩墨系、绘画系。我被分到了彩墨系，因此我算是美院彩墨系的第一届研究生。在学习了一段时间后，学院组织了一个敦煌艺术考察团，到敦煌去考察临摹绘画。途经甘南，那是我第一次到藏族聚居区，印象非常深刻，感觉一切都很新鲜，其实直到现在我仍对藏族聚居区保持着非常大的兴趣。去敦煌深入考察回来没多久，油画训练班就成立了，文化部邀请的苏联专家（即马克西莫夫）也已到位，并开始组织全国专业团体，输送人才报考油画班。当时美院的通知下来，指定全校几个人去考，有冯法祀、侯一民、靳尚谊和我。当时的系主任叶浅予先生找我谈话，说学校想推荐我去报考训练班，问我同不同意。

诸葛英良（以下简称"诸葛"）：您当时是学国画的，为什么推荐您去学油画？

詹：可能是因为我们这些人基础比较好吧。当时都是服从分配，安排你去哪里就去哪里。因此之前安排我到国画系，我就去了国画系，现在又安排我去油画训练班，当然没有意见，而且非常高兴，就是这样的机缘进了油画训练班。到了马训班才算是真正学习油画专业了。油画的基础、一些基本规律，其实都是在马训班里才算是被真正纳入了正规的学习体系。之前徐悲鸿老师和其他老师也都教过，但是毕竟时间太短，也只是了解了一些油画的基本常识和方法。

郭：就是说还没有真正掌握油画的艺术规律？

詹：可以说是还没有真正地钻研进去，没有完全掌握油画艺术的基本规律。所以到了马训班以后，我们才真正掌握了油画艺术的科学规律和技法特点。大家在入学之前都是具有一定专业技术的，因此学习钻研起来很快就进入了正轨。

张：是否可以说马训班的经历对您的油画创作具有重要的意义？

詹：可以说这在我的油画的道路上是一个重要的转折。如果没有马训班，那我肯定是继续画国画，走国画艺术这条道路了。现在看来，马训班在当时基本满足了我开始要学油画的一些要求。我的学习经历——从学国画到学西画，其实是一个很自然的转变过程。我当初报的是西画，但被安排学国画，后来又被安排学西画，都是服从组织安排，是一个自然而然的过程。从20世纪50年代开始，美术学院贯彻的都是毛主席在延安文艺座谈会上所提倡的精神，即艺术要深入生活，要为人民服务，为工农兵服务，所以我们每年都要到农村，到工地，到部队去体验生活。教学和理论都讲革命，革命的现实主义，革命的浪漫主义。我们在那个时代成长起来的人，基本上就是在这样一种思想的熏陶和影响下长大的。

二、革命历史题材创作之路

郭：严格意义上来说，您的第一件油画作品是《起家》吧？

詹：要说规范的、学院化的创作可以这样说。其实早在上本科的时候，自己就曾经画过一幅油画，是在课余时间画的。当时是1950年，学校举行了一个创作竞赛，全院的学生都参加了，我就以开国大典为题材画了一幅作品，作品名叫《新中国的旗帜升起来了》。描绘的是升旗，前面是游行队伍游行的场景。这幅画后来还在院里得了一个奖。《起家》是在马训班接受正规训练后我的第一件作品。国家提倡开发边疆，很多年轻人都参加了支援边疆的活动。当时要开垦北大荒，全国组织垦荒队，由青年自愿报名，团中央来领队组织，我还参加了当时的动员大会，后来也去实地体验过生活。那里的生活条件非常艰苦，房子都是青年人自己盖的，我看了很受感动。后来创作了这幅作品，参加了马训班的毕业创作展，当时在莫斯科有一个国际美术竞赛，我的这幅作品还被选上参赛，得了一个铜奖。

张：这也是新中国成立之后中国的油画作品第一次在国际大型美术竞赛中获奖吧？

詹建俊　《黄河大合唱1》　油画

詹建俊 《黄河大合唱2》 油画

詹：是的。《人民日报》当时还为此登了一则消息。记得在1958年国庆节天安门游行中，游行队伍把我的这幅画放大做成一个牌子，抬着经过天安门广场接受检阅。

张：1959年您创作了《狼牙山五壮士》，好像当时这个创作还引起过一些争议，您为此还写了一篇名为《走弯路有感》的文章？

詹建俊　《飘动的红霞》　油画

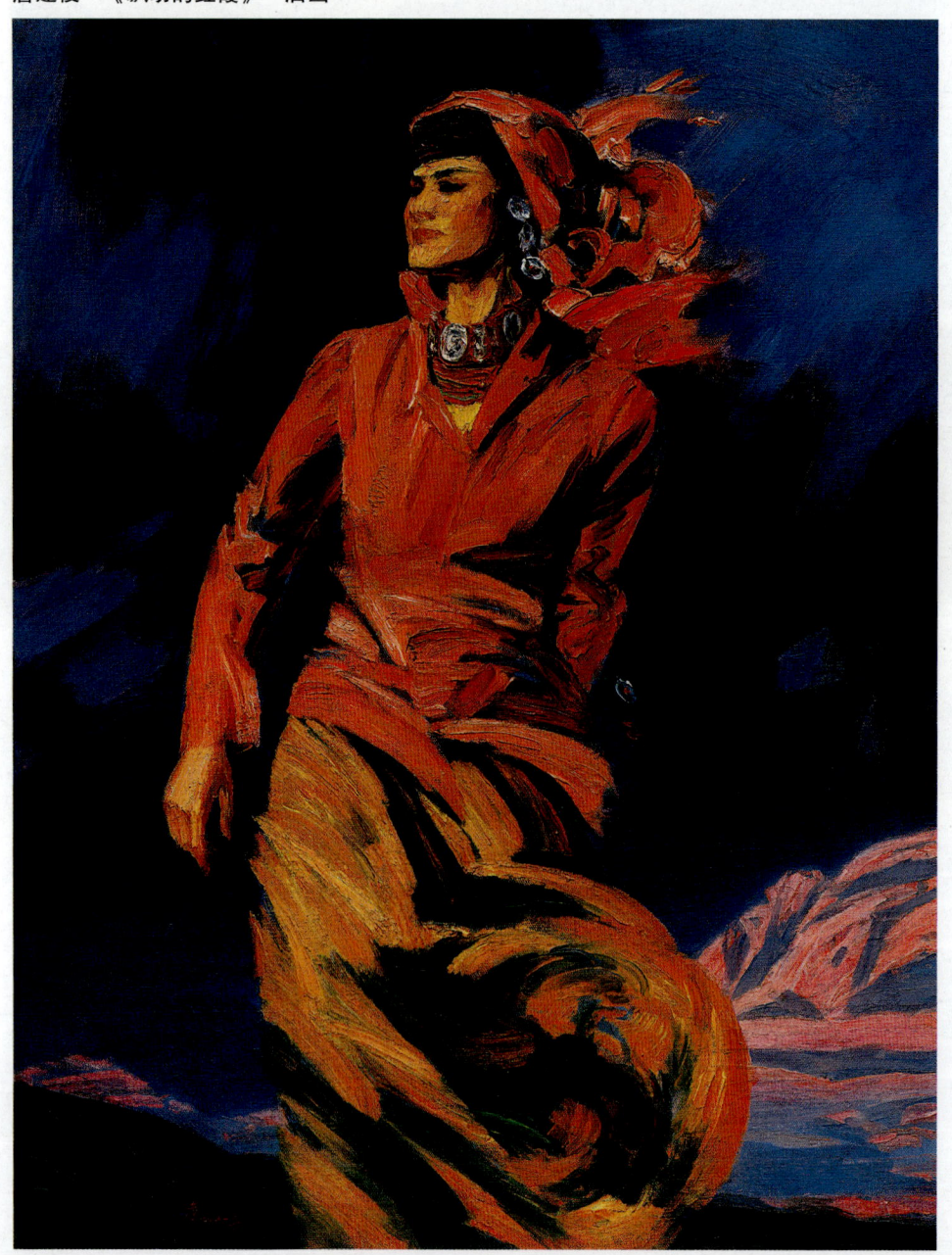

詹建俊 《潮》 油画

詹：《狼牙山五壮士》当时是为革命历史博物馆（即现在的国家博物馆）专门创作的。当时博物馆还未开馆，需要一批作品。博物馆的干部找到我们系主任联系创作事宜。我当时刚毕业成为学校教师，系主任找到我希望我接受这个任务，然后拿出一个历史画册名单，让我在名单中选一个主题进行创作，我就选了《狼牙山五壮士》。我在完成了初步的构思和构图后，

詹建俊 《高原的歌》 油画

一些参与审查的领导和专家提出意见，认为我的画有些歪曲英雄人物的形象。他们认为画英雄人物应该表现他们在英勇战斗，而我画的是他们要去跳崖，认为过于消极。这些意见让我感觉压力很大。于是我也曾努力去画成冲锋之类的场景，但是这并不符合我的感受和理解，于是还是坚持了自己的选择。最后审查的时候有领导支持了我的想法，说："苏联很多艺术作品也有这样处理画面的先例，为什么我们就不可以这样画呢？"画作因此才得以通过审查。我曾经去狼牙山实地考察过,也访问过在世的亲历者,感触很深,就想着画得更有力一些,将英雄人物表现得如大山一样屹立,因此我特意在构图中将人物同大山紧密结合,即"山人一体"。这样也更能反映英雄人物宁死不屈的革命精神。

诸葛:1961年您创作了《毛主席在农民运动讲习所》,1975年画了《好得很》,这些都是命题创作吧?在那个特殊的时代,进行创作时的自由度大吗?

詹:题材都是规定的题材,只给你规定了主题,至于你选择什么情节,选择什么场景,都是由你自己去决定,相对的自由度还是有的。当然,这些都是需要通过审核的,如果你的构想被否决了,那就得再换一个。

三、自我探索之路

张:1979年,您创作了《高原的歌》,包括80年代的一些作品,从绘画题材到绘画风格似乎都产生了一些变化,在这个时期,您在创作和技法方面有着怎样的思考和变化?

詹:这个时期"文革"已经结束,逐渐开始改革开放,文艺界的状况和以前也不一样了,创作的环境自由些了。过去的绘画,尤其是"文革"时期,都是规定完成的国家任务,而现在就可以画一些自己想画的东西,不一定是革命历史题材的。并且可以去各地采风和体验生活,接触的生活面更宽了,生活感触也就更加丰富。《高原的歌》就是在四川阿坝地区体验生活时,我看到了藏族群众的日常生活,看到了晨曦与晚霞,很感动,回来后就希望将藏族群众在草原上劳动的那种自然而愉悦的情感表达出来,包括草原上的生活状态,但是画面并非现实场景的原景再现,而是经过我综合思考之后主观创作出来的场景。后来的《帕米尔的冰山》也是由于有了切实的现实体验和艺术感触之后而创作的。

张:看您80年代的作品,如1984年的《潮》,1988年的《飞雪》,可以清晰地看到您在绘画创作中是一直在思考和探索的。尤其是《飞雪》这部作品,从技法层面讲在当时是相当前卫的。

詹:《飞雪》基本上是用刮刀完成的,利用油画颜料的厚涂肌理来表现形态,将中国传统的写意画法,与油画色彩的厚重感相结合,是带有探索性质的作品。当时还没有人探索油画材料的肌理问题。其实《飞雪》这幅作品的原作早在80年代初就画出来了，后被北京市的某机构收藏，但是因为保护措施做得很差，这张作品就在库房里面放坏了。后来我要去参加伊拉克的一个国际美展，去库房借画的时候发现那张画已经面目全非了，我就把它借了出来，重新临了一张，也就是1988年的这张《飞雪》。很多人不知道这段隐情，都以为这张就是原作。

其实关于油画语言的探索我是开始得比较早的，各种画法我都尝试过，譬如《石林湖》的质感是用极稀薄的颜料通过自然流淌的肌理表现出来的，《潭》是用油彩与沙子结合画出来的。现在一些年轻艺术家中有一种很不好的现象，就是当他们在创作中找到一种办法，创造出一种特色，往往就不敢动了，这种画法就成了他的商标，题材不变，技法也不变，只是在不停地重复自己，这其实有悖于一个艺术创作者的本质和精神。艺术创作和科学研究在某种程度上是很相似的，前路总是会遇到各种障碍，但必须保持一个进取的状态，需要在不断学习、研究、创作过程中充实、完善、提高自己。它不是你找到的所谓"灵丹妙药"，找到后就不动了，就可以包治百病。所以，应当根据艺术需要去合理地运用它们。画面需要粗犷，就可以画得很粗犷，画面需要细腻，就可以画得很细腻，这样才能增强艺术表现力。

郭：您曾经主持过中国油画学会工作多年，您也肯定未止于对油画艺术的思考，所以您对当代油画的创作现状有什么看法？或者说您对中国油画将来的发展方向，有着怎样的思考？

詹：这个问题要分角度看。毋庸置疑，油画的正宗发源地是欧洲，它代表着西方文化一个非常重要的成就。它是西方博物馆里的骄傲，有着非常厚重的历史积淀，所以我们要怀着谦虚的心态去学习，既然你是从事油画艺术的，你就应该朝着这个专业领域的最高成就而努力。值得欣慰的是，经过我们数代人的努力，现在国内许多油画家的水平严格说来已经很不错了，虽然还不能跟西方的油画大师相媲美，但是已经在国际油画界占有一席之地了。我们国内一些油画家集体去西方博物馆临摹大师原作时，西方人都很惊讶——中国的油画家居然临得这么好。所以就技术层面讲，我们已经掌握得非常不错了。但是同时要注意到，油画毕竟是西方文化发展的产物，我们如果始终亦步亦趋于西方的脚步，那也是有问题的。这就如同西方人唱中国歌曲，无论唱得多好，总是差那么点儿味道。从另外一个角度讲，我们也要从自己的国情出发，去探索适合自己文化发展脉络的油画语言，其实早在徐悲鸿时代就开始了这种自觉的探求。所以，在文化上我们要坚持自己的文化方向，在趣味上要坚持我们自己的文化趣味、艺术趣味。也就是说，西方油画的优秀传统我们要学习，同时也要学习如何利用我们本土的文化精神来进行油画创作。我们要研究油画艺术的本体，也要深刻研究中国文化，将二者进行融合，但这并非一个简单的概念，一个单一的方向，而是一条十分宽阔的发展道路。你从艺术、文化、技术中的任何一个层面融入，都能找到自己的特点。我有时候说，中国的油画家要比西方的油画家难，因为中西文化是截然不同的两种文化，这种融合并非简单的拼凑。我提倡中国油画要构建"中国学派"，使我们创作的作品，既有油画艺术的本体特点，又有鲜明的中国文化特色，能在国际领域立得住脚，同时能为中国老百姓所喜闻乐见，按照这个要求创作出来的作品才是好作品。当然，这就有赖于我们的艺术家披荆斩棘并坚持不懈地去努力和探索了。

郭：十分感谢詹先生今天能够接受我们的专访，耐心解答了我们的诸多问题。听了您的精彩阐述，我们受益匪浅。您已是八十岁高龄，依然热心于思考中国艺术的发展，并用实际行动践行着这种思考，这是值得我们每个人去学习的。再次感谢詹先生，祝您身体健康，继续创作出更多的优秀作品，谢谢！

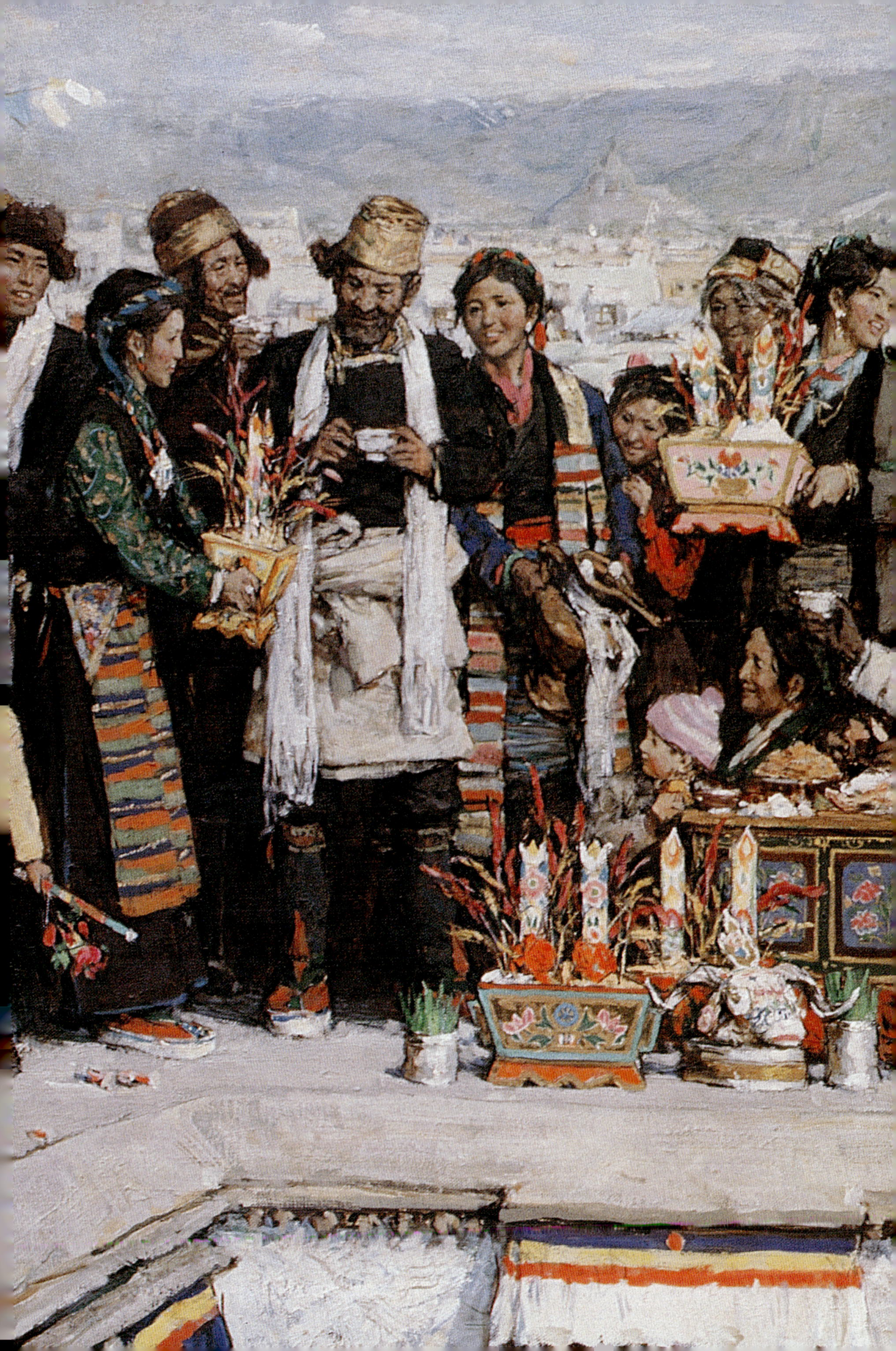

丹青绘雪域　纯朴逸凡尘
——油画家潘世勋访谈录

潘世勋 《芒康牧民》 油画

采访手记：

潘世勋先生作为一位几乎一生都奉献于西藏题材油画的艺术家，确实让我们这些晚辈十分钦佩。他的坚持精神是当下社会十分欠缺的，但是他现在的创作状况、构思以及他对当今中国油画界艺术创作的独特个人见解相对较少见诸报端，因此很多油画爱好者对他并不是很熟悉，我们很希望能听到他的声音。

时间：2011 年 5 月 30 日

地点：崇文门东花市富贵园小区潘世勋工作室

潘世勋 《归牧》 油画

一、军中岁月

郭兴华（以下简称"郭"）：您曾经历过军旅生涯的锤炼，我们很好奇这是否对您的艺术创作有着重要影响，因为当下艺术媒体对您的关注大多集中于您的西藏主题创作部分，对您早期的艺术创作似乎少有涉及，广大的艺术爱好者都很想了解。

潘世勋（以下简称"潘"）：从最后那个话题谈起吧！我1934年生于吉林市，1948年吉林解放时我14岁，刚上初中二年级。年底受党的教育我加入了"毛泽东思想青年团"，1949年"青年团"更名为"新青团"，即"共青团"前身。当时团员课外要参加很多社会活动——搞报刊、作宣传，还去工人夜校做文化教员。1950年我初中临近毕业，便响应"抗美援朝"号召报名参军了，先在东北军政大学学高射机枪，后又分配到抚顺的东北军区通讯学校学习通讯参谋。小时候体弱多病，经过半年多的摸爬滚打和严格军事训练，不但体格变结实了，而且得到了不怕苦、不怕死的精神锻炼，这大概是我后来多次去西藏而不以为苦，年近八旬尚能上高原的重要原因。我在抚顺通讯参谋训练队并未完成全部课程，因领导发现我会画几笔画，中途将我调到东北军区的政治部当宣传员，因此也就未能上朝鲜前线。

郭：现在的艺术媒体上看不到您青年时期的艺术创作，您考入中央美术学院之前的军队从艺经历不太为人知晓，不知道当时的军队宣传部门对像您这样的宣传员有什么特殊的培训，当时的军队艺术创作氛围又是怎么样的一个情况？

潘：没有什么特别培训。那时部队中连有中学文化的人都很少，写标语、编板报主要靠在实际工作中锻炼。那年赶上部队文化大扫盲，选我做文化教员，教机关战士包括一些营团级干部认字。我最早画的两套小连环画就是描写这次部队扫盲识字运动的。那时我还兼任图书管理员，这使我有机会读很多书。虽然我喜欢画画，但当时只是业余描摹一些报刊上的插图，不懂得写生更不会创作，现在回头看就是"瞎画"。1952年"三反""五反"运动时我曾试着画了两幅"抓老虎"（贪污分子）的宣传画，发表在军区的《前进报》上，因此被调到军区文化部刚成立的《东北战士》杂志社专职做美术员。以前东北军区的美术人才有高虹、凌春德等，1948年他们随四野（即中国人民解放军第四野战军）南下后，东北军区缺少美术人才，所以上调了几个人，如胡悌麟、李巍和我，都是未专业学过画的十七八岁的小兵，第二年又调来曾读过"国立艺专"的华克雄。《东北战士》是面对战士的文化月刊，在军区内部发行，当时各大军区各大兵种都有这样的刊物。黄胄当时在《西北战士》，江平、温勇雄（后改名高山）在《海军战士》，林凡、徐介城在中南军区的《战士生活》，他们的美术组组长就是孙滋溪。一直到1955年，部队搞正规化建设，实行军衔制，参照苏联红军的编制，就把各军区的几个"战士"期刊全都停了，统一

潘世勋 《背影的高原》 油画

成立《解放军战士》杂志。也就是这个时候,我转业去考中央美术学院。

在《东北战士》工作的三年中,虽然不要求完成大型创作,但我画了很多插图——宣传画、年画、连环画、漫画等,还有题花、图表,标题美术字也都是我手写的。我也参考地方刊物上优秀美术作品,如苏联《火星杂志》上的画、斯马林诺夫·杜宾斯基等人的文学插图,这些都曾是我模仿的对象。虽然那时我的绘画水平低但画数量可不少,粗略统计发表了三四百幅大小作品,加上美术字题花就有上千件了。画多了总会有提高,最后一年有几件作品还被选登在《解放军画报》《解放军战士》《漫画》等刊物上。

潘世勋 《果洛草场的两姐妹》 油画

另外，我提高绘画造型能力就是靠平时练速写的"土"办法，起初画得差，但熟能生巧，慢慢就像点样了，当然我也从叶浅予、黄胄发表的速写中学几手，身边没有老师只能偷艺嘛！有几次下部队采访也有了对人物的写生机会。记得一次去38军112师，住在班上，师部就要求我给每个人画张照片大小的画像寄回家里。战士的唯一要求就是画得像，画不像不认可，就这样从战士到连长、排长，我一气画了一百多张。我最初的写实能力就是这么锻炼出来的，也是从这时起养成了尊重生活真实的理念和坚持画生活速写的习惯。后来我去西藏写生和创作，很大程度靠的是在部队时磨炼出来的这点速写本事和创作能力。

郭：高虹老先生也这样讲，那个年代似乎还没有形成正规的素描速写概念。

二、西藏情结

郭：相信中央美术学院的学习经历肯定对您日后的艺术道路产生了很大的影响，同时在您求学的那个时期，中国美术界和美术教育界都发生了很多大事，比如确立苏联美术教育体系、油画民族化、成立马克西莫夫训练班、开展反右运动等等，您作为亲身经历者一定感触非凡。

潘：我考中央美术学院前既没画过油画也没画过正规素描，当时部队的刘俊仁在鲁美（即鲁迅美术学院）进修时辅导我画了一张石膏像——这就是我唯一的考前准备。我虽未上过高中，但靠自学看过不少书，如中外美术史我就背得很熟，文化课除两道外国史地题目之外其他都答及格了，当然得益于军队的美术工作经验，创作也考得不错，就被录取了。那年部队有很多人转业来考中央美术学院，如张德育、洪炉和孙滋溪都是一起考试的，因他们年纪偏大就被收在二年制的调干班，而我那年刚过20岁就被录取在油画系五年制本科。马克西莫夫除了亲自指导油画训练班之外，有空也来本科班这边看看。他曾对我的画有过一个评价，对我刺激很大，他说："这不是画画，这是刷墙。"这极大地激励了我在油画上更加努力，到一年级课堂作业结束下乡写生实习时已有不小进步。利用假期我创作了《方向》，第二年送去"全国青年美展"被评为一等奖，登在《美术》杂志的封面上。

反右运动对美院冲击很大，以江丰为首的党委及很多教授，包括二年级指导教师李宗津都被打成右派。三、四年级也没正规上课，赶上"大跃进"，搞城市壁画运动，下乡开门办学还"大炼钢铁"，等等，政治运动一个接一个。直到五年级上学期的时候，我进入了吴作人先生工作室，才得以正常地学习一段时间，收获很大。但下学期即1960年的春天，我被临时安排去了西藏。

郭：您是油画系出身，当时却未能留下著名的油画作品，《翻身曲》也是从西藏回京之后创作的。之后除了"文革"时期中断去藏，您去西藏的次数应该是同辈艺术家中最多的，而且您之后的艺术创作就和西藏牢牢地联系在一起。西藏在您的生命中留下了怎样的一种痕迹，让您对它念念不忘？

潘：1960年那次进藏的主要任务不是画画。当时国家成立首都人民慰问团，派出了一个剧组去西藏演《降龙伏虎》，主要人员由青年艺术剧院、民族歌舞团和中央歌舞团的演员组成。画画的只去了中央美术学院的两个年轻教员及四个毕业班学生，还有美术公司的一位老画家，共七个人。进藏主要任务就是慰问演出，因人手不够我们也得参加装台跑龙套。毕竟那时候西藏刚开始民主改革，社会还有点乱，组织上宣布纪律：休息时间不得私自上街。我都是偷跑出去才画了些速写。那次在西藏共待了六个月。头四个月就是演出，根本没机会画画。最后两个月安排我们到日喀则地区参加民主改革，以工作队员身份住在扎西坚赞村的贫苦农奴家中，与老百姓同吃同住同劳动。组织上考虑有高原反应，提出进藏干部可以不参加劳动，我因有部队锻炼的底子，就每天自愿参加半天劳动。和群众一起参加劳动很容易拉近与他们的距离，有机会真正接触下层社会生活和了解藏族人民的情感。反过来，藏族劳动人民的质朴和善良也教育了我。我觉得祖祖辈辈在这片高原上生活的人，在气候恶劣的环境下艰苦卓绝生存繁衍，很了不得；几年前解放军战士解放西藏的经历也影响了我，使我对他们充满敬佩之情。

郭：所以这一次西藏之行让您对西藏有了初步了解，但是没有时间正儿八经地创作，挺遗憾。

潘：其实1960年那次上西藏，虽然没有完成大幅的美术创作，但我还是偷偷画了一些速写，今天觉得这些纪实性的资料和素材可能比不成熟的创作更为珍贵。

潘世勋　《我们走在大路上》　油画

郭：虽然那时候您已经脱了军装，但一直觉得自己的军人精神气质没有丢，别人都觉得不行的事，您觉得自己可以坚持。

潘：我是比较能适应，包括高原的气候和藏族的饮食，因此，美院同去的人给我起了个"魔鬼"的外号。

1960年9月第一次进藏回京后，北京市筹办了一个美展，向我约稿。当时就剩四天时间，想完成油画是不可能的，我就画了一套素描组画《翻身曲》。主要画面中的人物除了那个吹笛子的，其余的形象都是我当年住的那个藏族人家庭中的成员，没有速写，全凭记忆画的，因为太熟悉所以画得很顺利。吹笛人是我一次去藏途中偶遇的，由于那里天气环境特殊，他当时把两个胳膊从领口伸出来吹奏笛子，这个动作不多见但很好看，很潇洒，我当时记在了笔记本上，后来正好用于《翻身曲》的构图中。《翻身曲》最初完成了四幅，发表后反响很好，第二年又补画了两幅。另外，北京邮票厂按重画的变体画发行了一套"西藏人民的新生"主题的纪念邮票。很多人都误以为这个组画是我的毕业创作，其实绘制该作品时同班同学都毕业走了，我也收到通知留校任教。

　　1963年我向美协（即中国美术家协会）申请再去西藏，得到蔡若虹、华君武以及领导的支持，这才是我第一次单纯以体验生活和画画为目的进藏。此次进藏前我读了大量有关西藏的书籍，做了在西藏生活一年的打算，并选择当时尚未正式通车的康藏路入藏。从成都到拉萨我整整走了15天才到。这次除了在拉萨和错那边境及纳木错牧区各待了一个多月外，还在萨迦县的麻不加乡住了五个月。此次进藏我的生活习惯包括饮食习惯可以说全面"藏化"，我坚信一方水土养一方人，我个人的经验也证明喝酥油茶吃风干生肉就能减少高原反应。我70岁后上西藏时依然想保持这种生活习惯，可惜这时很多地方已城市化，想吃生肉喝酥油茶已不容易。1963年那次我在西藏生活了近一年，一边画画一边学藏文，甚至产生过扎根西藏的念

潘世勋　《藏区写生》　油画

头,后来中央美术学院发电报催我回去参加"社教"便回京了。回京后,我用15天时间创作了《我们走在大路上》用于参加"第四届全国美展",其他创作计划还没来得及启动,"停课闹革命"就开始了。"文革"十年没有画画,直到1980年我才又重上高原。粗算起来,自1960年起,我已上青藏高原20来次,除了阿里地区我几乎把西藏都跑遍了。我曾在最艰苦的高海拔牧区待过,也在海拔5 400米边境哨所为战士画过肖像,应该算是在海拔最高地区写生的画家之一了。其实后来我进西藏的目的已不仅仅是画画了,而是出于一种莫名的情感,特别是"文革"结束后,总想去看看那里发生了什么变化。西藏同胞有一种排除万难的精神和自古相传的英雄气概,或许很多时候我正是冲着这股精神气概才进西藏的,有一份不能割舍的情结在里头。

三、对中国历史题材创作的看法

郭:后来您留中央美术学院任教之后,有没有创作过军事题材或者历史题材的作品?前两年国家重大历史题材创作如火如荼,但是好像您没有参加,这个来龙去脉还得您亲自才能说清楚。现在有的年轻学生回避或者说不主动参与历史题材的创作,这与您当年求学期间的情形截然不同,那时候历史题材是艺术家热衷于表现的艺术领域。创作一幅好的历史题材作品是不是真的那么困难呢?

潘:军事题材我画得是不太多,革命历史题材倒还有一些,比较集中有三次:第一次是1959年革命历史博物馆通过学院分配我画"毛泽东青年时代"。我当时很认真,不但采访了很多老革命,而且学毛主席当年"游学"的样子买了八双草鞋,走访了湘潭周边四个县。后来因为特殊原因,作品便一直被放在博物馆仓库中。第二次是接受1965年革命历史博物馆的历史画创作任务,主持人是王式廓。我画的"农村调查"两张草图得到了周扬的肯定,但还未上布"文革"便开始,最终不了了之。第三次是1969年韶山陈列馆约我画"伟大的进军"。为了画这幅画,我在井冈山和湘赣边界几个县跑了很久。这张画曾印刷出版过,但去年我看到原作已损坏得不成样子了。

历史画首先要求就是历史的真实感,但要画好历史很难,因为历史文献资料特别是图片和实物保存下来的很少,一些历史遗迹和革命圣地或因保存不善,或遭到破坏、重修,已很难

潘世勋 《海拔5300公尺的哨位》 油画

恢复历史原貌。不少所谓的"文物"都是请美工后做的,半真半假,井冈山黄洋界都搞成宾馆林立的旅游区了,现在的艺术家就算去体验生活,也不易找到多少原始形象的依据,哪能创作出精品啊!文学作品可以靠文字描述,但绘画必须靠形象,而历史的形象是不能凭空乱造的。设想列宾画《萨波罗什人》时如果没有亲自到顿河流域写生和搜集大量道具,能画得那么好吗?画军事题材也同样如此,缺少军旅生活的体验,画个炮、画个枪都画不准确,还谈什么真实与感人。

一件好的历史题材艺术作品,必须得做到真实,不能浮夸乱来,不能盲目大赞大颂,也不能听不懂行的人瞎指挥。"文革"时期有人画毛主席早年编写《湘江评论》的场景,一位极左的领导说:"毛主席就是灯塔,画面上还画灯干什么?"让人哭笑不得。画家如果要涉足历史题材,那就得真的具备一些必要的历史涵养,而且要尽可能多地搜集形象素材,才能富有创意并真实深刻地再现历史。我的那些西藏题材作品,就拿《我们走在大陆上》和《翻身曲》为例，现在看这两幅也能算是历史题材了，都是基于当年亲身的感受所以画起来自然顺利，现在要想再画类似作品，毕竟已很久不去就不那么容易了。去年国家举办的"重大历史题材美术创作工程"，有人建议我画"和平解放西藏"，我的构思可能与主办方的想法不完全一致，加之年龄大了创作大尺寸作品也确实力不从心，便没有参加。

革命历史题材美术作品中，我比较欣赏的是高虹画的《转战陕北》。该作品好在比较真实与自然，没有虚夸与造作，运用历史照片资料很恰当，画中的毛泽东既是杰出领导，也是普通的人，这样的领袖形象就让人信服。

历史题材的创作不容易，必须得到国家的支持，泛泛地号召是不行的，仅有拨款也是不够的，而是需要从长远考虑有计划地培养和创建一支专门的队伍。经现代美术教育培养出来的人才，并不是个个都适合画历史题材。过去欧洲人创作过许多优秀的历史画作，今天西方已很少人能画写实的历史作品了。

四、美术教育观念

郭：您在中央美术学院担任教职的时间不短，其间目睹了很多年轻艺术家的成长和崛起。一个年轻的艺术家要画好一幅创作，从一位艺术教师的角度来看，您觉得哪些训练途径必不可少？现在艺术界一派百花齐放的景象，现代艺术和当代艺术火得一塌糊涂，您却很少参与讨论，我们很想知道个中缘由。作为一名从部队走出来的艺术家，您的意见对当下部队的美术创作十分重要。

潘：总的来说，今天中国油画的多元发展，我是赞成的，年轻人学画先要想好走哪一"元"。如果走前卫道路另当别论，想走写实的和现实主义路线的艺术家，严格的写生训练必不可少，而且必须通过大量的训练才可打下坚实的基础。写生不能简单地理解成"画模特"，速写、构图能力也很重要。"写生"锻炼的就是艺术家敏锐的观察自然的能力。西方油画的起步就是依赖深入的观察与精到的写生，使绘画完成从概念表述到形象再现的提升。我见过很多有才华与创造力的年轻人，却不善于写生，多依赖照片作画，这会限制他们的长远发展。写生即使是粗糙的，也总会有出自你真切感受到的某些生活生动性，这才是创作最需要的东西。吴作人先生就说过，镜头中的形象

潘世勋　《深谷湍流》　油画

和真实的人是不一样的，过分依赖照片会给艺术创作带来很大的局限，会制约想象力，长此以往会削弱对自然的敏锐观察能力和深入生活的热情。我个人是注重生活体验的，我总觉得我有很多西藏题材的作品还是不够好，主要因为观察体会不深入，借用一位西方战地记者的话是"因为站得还不够近"。

1995年我去石渠，一位住在4 000多米高寒牧场的藏族人说我是"西家聂"，即安多藏语"老外"的意思。我说我是从北京来的，那藏族人说"不可能不可能，白头发的汉人现在都不来了"，我听了很震惊，因为几年前，美国有两个专家来考察西藏的牧业生产，一个老头快60岁了，还有一个女的将近50岁。西藏社会科学院安排了两辆汽车送他们下乡考察，送到半道路不通就把人撂在那儿。这俩人就雇了20匹牦牛驮着东西，去到人烟稀少的藏北草原待了一年零七个月。他们做了大量的科学考察，拍了1 000多张照片。后来，他们出了一本书，咱们国家翻译出版了缩写本，书中选用了几十张照片，光看那些照片就令我折服。外国人为了科学信念可以这样做，中国人为什么就不行呢？这也刺激了我，为了能继续画西藏，年龄不能成为阻止我上高原的理由。

当然，我这种绘画路子只能算是多元化中的一元。20世纪80年代我去法国进修了两年，对西方现代主义的一些大师还是很欣赏与敬重的，只是由于我舍不得抛弃大半生的西藏情结和长期积累的感受与素材，最后决定还是保持原来的理念与绘画风格。我对别人说我是"赶上现代主义的末班车了，因身上带的包袱太重没上车，只买张站台票就回来了"。今天青年人面临不同的选择，不一定都走我这条道路。

部队一直有一批优秀的美术人才，很多是从实际工作磨炼出来的有扎实创作功底的画家。现在的创作环境与物资保障比我们当年好得太多了，进修和提高艺术修养的机会与条件也不少。军中的年轻艺术家应该坚定信念，追随老一辈军旅艺术家像何孔德、高虹、黄胄等人的创作脚步，肯定能画出更新更好的作品来。

郭：非常感谢潘老同我们分享了这么多宝贵经验和思想，您对艺术的执着确实让我们这些后辈非常佩服。您一生求真、求纯、坚持心中的热爱，这并不是每个人都能达到的境界，您永远是我们这些后辈学习的楷模。

海的哲学
——美术家周永家访谈录

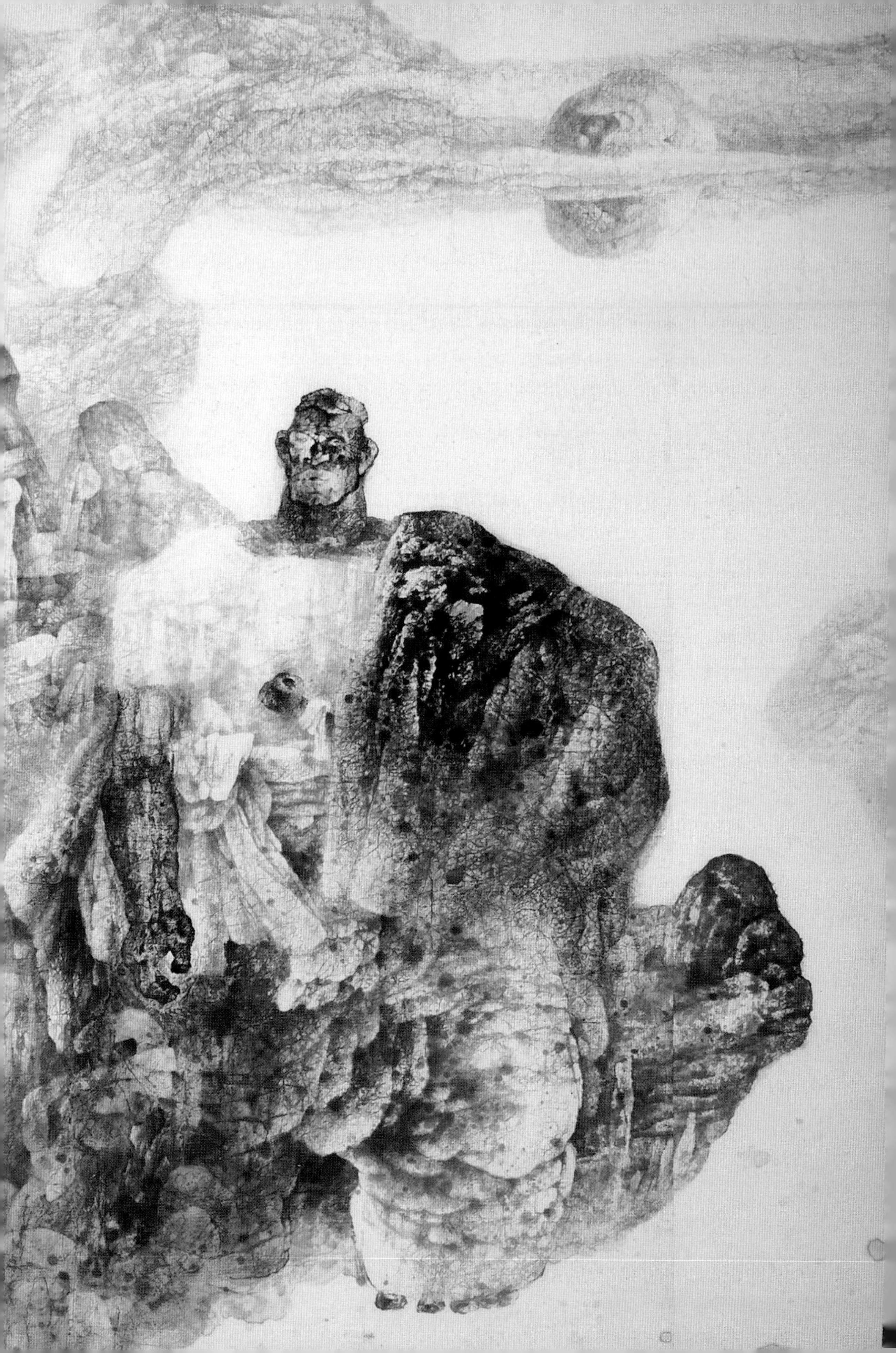

采访手记：

形式问题是艺术美学最富争议的问题之一。从古希腊开始，就出现了两种形式观念：一种是把形式视为现象，认为形式只是具体事物的外观；另一种则认为形式是本体，形式是事物的内在本质，是事物得以产生和存在的原因和根据。从19世纪后期开始，艺术作品被看作内容和形式的统一体这种观念逐渐被抛弃，艺术的本体是形式本体的观念推动了西方现代艺术走向抽象主义。我们姑且不拿西方的美学理论来将中国的艺术划分为抽象的或具象的，我们只针对中国画的当代形式来探讨，这方面周永家先生的画的确为我们提供了一个很好的路向，在形式本体的基础上，他又融入了中国传统思想的精华，将艺术的本体推向了对情本体的研讨。

时间：2011年11月2日
地点：北京培新宾馆

郭兴华（以下简称"郭"）：周老师，您好！我们都非常熟悉您，您的"大海礁石皴"为学术界所称道。您的画浑厚、凝重，既有现代感又元气淋漓，充满了思想和艺术的张力。在几十年的艺术道路上，您勤于思考，积累了丰富的经验，我们今天就是来跟您"取经"的，希望可以谈一谈您的艺术见解、艺术探索。

周永家（以下简称"周"）：谢谢！我一直是自学，我走的是实践路线，从一开始就进入创作状态，哪方面欠缺就在哪

周永家 《沧桑》 国画

方面补课,这样对于创作而言反而更加有的放矢。我所有的艺术体验也许不具有共性,但都是最切身的、最真实的,更确切地说都是自己慢慢摸索的。

一、艺术即创造

郭:周老师,我看了您的作品觉得特别有气势,而且在艺术语言上又有自己的体会和独到的见解,不拘泥于旧程式。作为一位有影响的老画家,您始终在求真求变的过程中进行艺术探索,非常值得钦佩,也给我们年轻人很大的鼓励。

周永家 《陕北农夫》 国画

周：说到底，什么是艺术？艺术就是创造，创造出与前人不同的艺术形式，这样才能不断丰富艺术史。艺术创造是具有人文精神的科学，它有如科学实验，总是在千百次的失败与教训中演进。我在创造"大海礁石皴"的过程中，经历了三十余个春秋的寻觅、探索、试验，踏遍万里海疆，另辟大海艺术的创造之路。但是撬开艺术之门是需要极大的勇气和力量的，我无数次在大海中漂泊，反复琢磨浪涌的纹脉，画了上千张礁岩写生稿，突然发现了斑斑驳驳的圆，真是"众里寻他千百度。蓦然回首，那人却在，灯火阑珊处"，这不正是我几十年所追求的大海艺术语言符号吗？

郭：艺术创新的过程就是自我发现、寻回自我的过程。创新之"新"，更多在于认识自我，避熟，避俗，避免成法。古人说"一人执掌一人之事"，说的就是艺术独创性的根本。一个人有一个人的性情，即我不可能被他人所取代，从一己的真性出发，新颖是人心灵的发现，强调的是个体生命的体验。

周：是的，创造不是哗众取宠，艺术是一种状态，是超越物我的束缚、对主体纯粹的观照。这方面诸多前辈大师为后人开创了一条虔敬于艺术的艰涩、孤独、寂寞之道，实现了主观艺术的个性化、形式艺术的风格化和空间艺术的建构化，给我们带来了陌生感、光明感和惊奇感，一切都焕发了新的生机。

郭：生生之谓易。中国艺术强调创造出一种生命形式，具有生命自身的丰富性和完整性。同时，中国艺术理论又强调于不变中求变，在复古中创新。

周：这就涉及传统与现代的问题。所谓"流水今日，明月前身"，天不变而道不变，天地中蕴含着永恒的精神，中国艺术就是以瞬间体悟永恒的。

郭：《易经》中讲"通变"，变不是在时间流动中的空间位移，变是在通的基础上实现的，变是通之变。只有打通古今、中西，才能在通中求变，变中求通。

那么，具体到您的创作，都是围绕着"海"展开的。大海给人一种高深莫测、无法把握的感觉，人类在大海面前更多有一种敬畏和无法驾驭之感。那么您是如何与海结缘的，并找到了一种有效的艺术述说方式，我觉得这是十分宝贵的艺术经验。

周：我1956年从师范学校毕业后便应征入伍，至今已经

50多年，从没有离开过大海。我喜欢大海的刚毅、豪放，我的性格也渐渐被它同化了。从美学上讲，人和自然是相互作用的，人在改造自然的同时也在改变着自身，即自然的人化和人化的自然。我的天地是大海，我的生命表达是绘画，它们同时在对我起作用，我们三者形成了有效的循环。什么是绘画作品中的"海性"，我认为这不只是说我们取象于大海，更重要的是感悟其中所透出的生命精神。

造型心理学告诉我们，自然界中并没有线条，线条是人对外在物象的概括所形成的心理形式，间接地传达人的直观体验。我可以画礁石，可以画人物，甚至可以不画任何具体的物象，我笔下的线条是经过滤化的，取法自然，向内汲取自然的神情妙意，向外将苍茫的自然抽象化、节奏化、纯净化。如何使地域形态转变为笔墨的文化观照方式，是一个画家必须探索的大课题。

二、艺术的时代性

郭：刚才也谈到您的绘画语言中"圆"的形式符号，如您的画作中特有的形体团块、肌理团块，形式感极强。

周：绘画中的圆合化一就是"画以笔取气，以墨取韵"的和谐体现。圆的哲学内涵决定了中国画的传统心理图式，在绘画中的有、无、虚、实结为一象，凝为一意，融为一境。圆即宇宙的因子，这种圆的符号，也就是"大海礁石皴"，人文地承接了大海艺术美学的观照。

郭：我想起阿恩海姆的《艺术与视知觉》里面讲，视觉对圆形是有优先把握的，依照的是简化原则。一个以中心为对称的圆形，绝不突出任何一个方向，可以说是一种最简单的视觉样式。经过对儿童绘画的分析，发现儿童画中多用各种圆形的组合来表现事物，圆圈并不代表圆形性，而是代表事物更为普遍的性质——"事物性"。我想，这也可以理解为一种本真性，因为儿童画中各种潜在的视觉规律更能代表我们人类最原始的意识，也是最真实的感受。您的作品中有非常明显的西方形式构成的特质，画面讲究大关系的处理。

周："圆"这个形式符号在中西的艺术心理学中都有它独特的地位，你刚才说的是一种科学的分析方式。圆在中国文化中是一个重要的精神原型，与中国人的宇宙意识、生命情调等具有密切的关系，也同样包含了中国艺术生命精神的重要消息。

海的哲学——美术家周永家访谈录

周永家　《陆战队员》　国画

周永家 《织海人》 国画

郭：是的，艺术生命生于圆又归于圆，比如：太极之圆标志着宇宙创化之元，是艺术生命产生的根源；圆满之圆体现了中国艺术推崇生命的整体感，重视充满圆融的生命情态；圆转之圆强调艺术生命运转不息的特征；大圆之圆则象征艺术生命所达到的最高境界。这种观念在传统中国画中会通过墨色的精微变化来体现，而您却选择了从色块的对比关系来突破。

周：当下，中国画已进入现代的构成形态，色墨的交融已成为当代艺术家实践的大趋势。我们必须借鉴古今中外的艺术经典，创造未来之新视觉的东方绘画艺术。

必须先明确一个事实，即传统中国画的色彩太弱，缺乏色彩规律的科学性。例如，以墨为主的淡彩、浅绛、青绿山水等，都是以随类赋色、表现客观媒体。这就给现代中国画的创造带来了一些困惑，所以，必须吸收民间壁画、西方绘画色彩，弥补我之不足。关于色彩艺术，西方人认为没有色彩就没有艺术，色彩的辉煌、斑斓足以给人的视觉带来极大的快慰和美感。因此，中国画的变革首先是色彩的创新，特别是如何解决色墨的冲突已成为一大难题。中国画的颜料分矿物、植物质两种，各自产生的效果也不同。矿物质不透明，覆盖力强，有沉着厚重之感；植物质透明、润泽、淡化。墨是中国画的基础。一幅好的画作在色彩上也应是佳品。那么，积色呢？我以为首先要确定冷暖调，再去运用冷暖色，控制好色彩的主次以及跳跃色，以及主墨的位置和墨的积累的主体协调性，所谓积累就是多遍的勾勒、皴擦、点染、泼泻，一直达到需要的效果为止，即对比强烈、虚幻莫测、酣畅淋漓的效果。

郭：西方的现代构成打破了时空限制，便于艺术家更主观地去处理整体的关系，增大画面的承载量。古典艺术通过影像传达意图，艺术在呈现自然的同时也在遮蔽自然。当然即使是写实风格的作品中再现和表现也会互相转化，但是现代主义的作品却真正使艺术创作获得了更自由的空间。中国画中"意象"的表达是主观的心灵迹化，与西方的抽象表现主义既有相通之处，又有其独特的文化内涵，您的画似乎使我看到了一种希望，一种可以和世界对话的可能性。

周：如何走向现代是中国画家要花大力气去琢磨的事情，是不是仅仅有"笔墨当随时代"就够了？人物画是不是只有具

周永家 《母子图》 国画

象写实和抽象表意两种方向,还是有一个中间的"灰色地带"?我们需要不断地用实践去验证。

郭:高妙的意境是中国画的最终诉求,这是极具中国味道的一种审美体验。我想只有解决了"意境的现代性发生"的问题,才能彻底将中国画的当下意义和艺术价值阐释清楚。

三、艺术的内美

郭:元代倪云林曾说,作画要"洗尽尘滓,独存孤迥"。我想古人不仅仅要去粗存精,而且更强调艺术家创作时的主观心态,在创作时要去除心中的杂念,纯洁自己的心灵,使自己的内心达到一种澄明和虚静的状态。我们现在一些艺术家被金钱等俗物绑架了,艺术气质也随之远去。您是我所认识的能够沉下来做事的好画家,每次看到您的作品都会为之一振,我感觉您始终都保持着严肃、理性的创作态度。

周永家 《水兵日记》 国画

周：画家一定要养"气"。《文心雕龙》里面就讲："才力居中，肇自血气；气以实志，志以定言。""言"是人的文化创造，需要由"志"来完成，无志则无言。"志"并非由知识积累而得，而是来自"气"——人的内在生命的支撑力量；通过"气"，和畅、澄净的生命世界才会有充盈之志，而幽暗的冲动则会影响人生命精神的深度。

郭：我读过您的一首诗："涌腾四海涛声旧，鸿波万顷主鲲鹏。吾叹创艺喜忧竟，大美之神歌永恒。五十春秋融顺律，雨后沧桑度月明。虔志化境知恩崇，直捣深潭浪岩中。"至大至刚，《易传》中提倡这种充实博大的人格，所谓"天行健，君子以自强不息"。古代君子修养的途径就是"大其心"，养气的过程也就是将内在世界"扩而充之"的过程。

周：你看毛主席的诗多么大气，全是站在宇宙的高度，"山，快马加鞭未下鞍。惊回首，离天三尺三""坐地日行八万里，巡天遥看一千河"，这个简直没法形容，手一挥，指挥千军万马。艺术就是要打破时空的限制，扩大艺术的容量。

郭：您对于"崇高"的美的喜爱，其实是您对自身使命的崇敬。这么多年，您在部队历练，上海岛、下舰艇、走渔村，从内地到海边，从大海到高原，您的大海艺术中也注入了对军事、政治美学的观照。

周：这种"崇高"的美是存在于自然界的，当你看到高山、瀑布、大河的时候，一定会赞美它的雄伟，你便立刻明白了人生的目的何在。在中国美学中，有更深层的含义，中国人讲的阳刚之美和阴柔之美，也就是壮美和优美。壮美使内容常常超越形式，优美则使内容和形式相互和谐。壮美的景观，由于压迫先给人以距离感，而后使得自我提升扩大，最后达到物我化合。也许是军人的天性，我以为艺术家有了大美的人格力量，才会有大爱的艺术精神。

郭：我可以体会到您所说的艺术作品审美价值的高低，主要取决于作者思想境界的高低。因此，最终还是归结到"画品出于人品"。

周：是的，人格的魅力在先天性的表象上为情，后天的学养上为理，即有智慧、伦理才能进入创造的情理之中。在艺术创造实践中，先要动情才能有艺术感觉，才能产生对艺术的虔

周永家 《海疆之夜》 国画

诚、执着，并能为艺术贡献自己的毕生精力，这是符合"大器晚成，大智若愚"之道的。从而在艺术创造的道路上才能甘于寂寞孤独，不为功名利禄所诱惑，才能以"劳其筋骨，饿其体肤"之志，去攀登艺术大美的巅峰。

郭：非常感谢您，也非常感动于您对艺术精神的持守，期待您更多富有新意的佳作，谢谢！

走自己的路
——军旅艺术家崔开玺访谈录

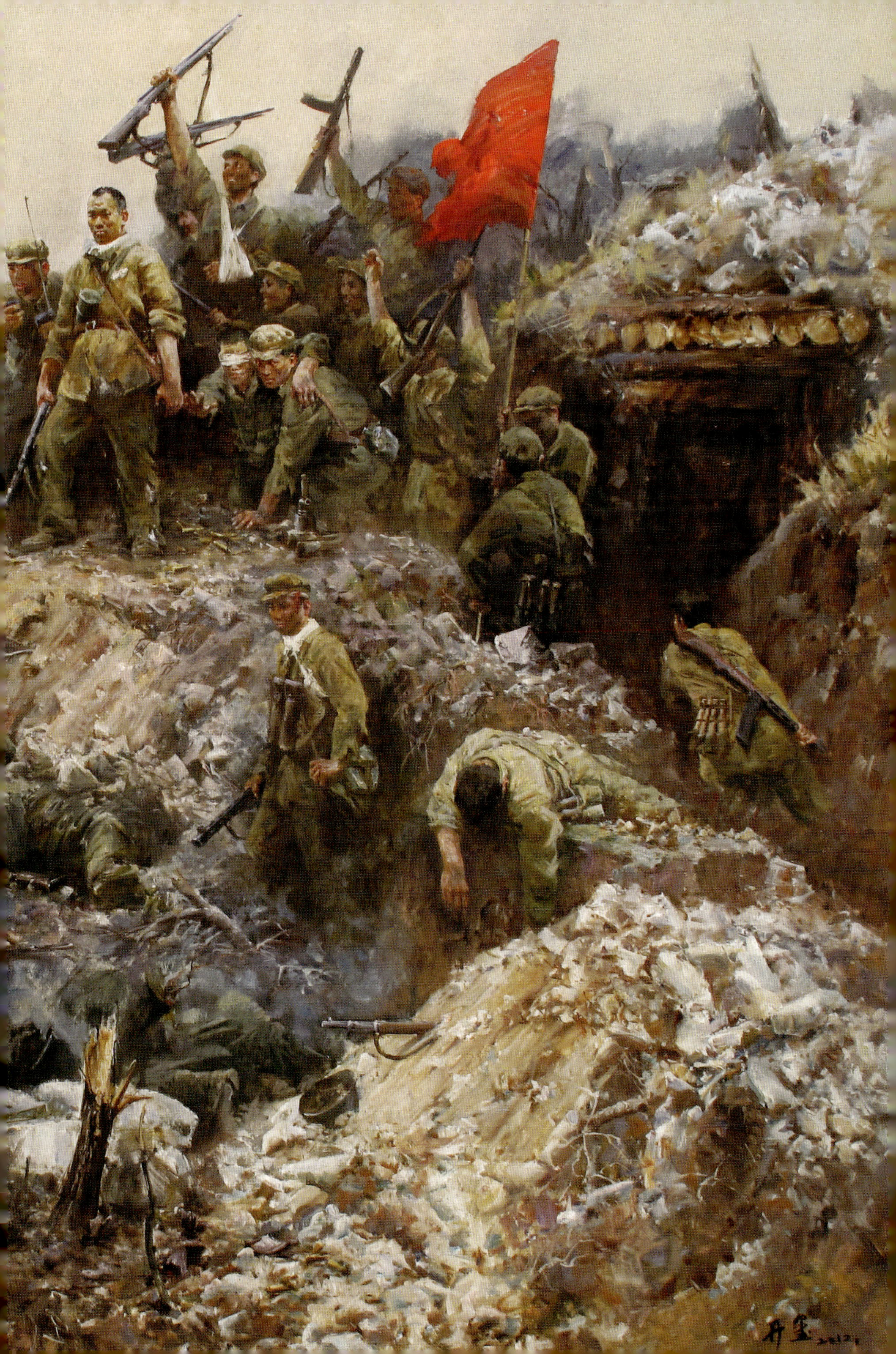

采访手记：

　　今天的访谈对象，是我们部队的著名油画家、解放军艺术学院教授崔开玺先生。崔开玺先生在艺坛勤奋耕耘数十年，代表作有《演习之后》《长征路上的贺龙与任弼时》《虎门沙角之战》等。1990年和1991年分别在北京和香港举办个展。1994年获国务院颁发的对国家有突出贡献奖，并享受政府特殊津贴。今天对崔先生所做的访谈，主要是想对他在人生经历、艺术创作、美术教育等诸多领域的实践进行梳理和总结，通过交流探讨的方式，使读者能够更加深入地了解崔先生的艺术与人生。

时间：2011年9月12日
地点：崔开玺先生工作室

崔开玺　《支援前线》　油画

一、人生路的苍茫与欣慰

郭兴华（以下简称"郭"）：您生于1935年，距离抗日战争全面爆发的时间很近，在您儿时的记忆里有哪些印象比较深刻的事情？

崔开玺（以下简称"崔"）：从我记事起，印象中就是一直在跟日本人打交道，因为我的家乡属于沦陷区，经常能够见到日本兵。那时候还要学日语，也就是所谓的奴化教育，因此非常痛恨日本侵略者。后来画了《噩梦》那幅作品，就是描绘日本兵投降时的场景。我父亲当时在邮局工作，那时候邮政系统经常在全国范围内调动，他先是从东北调到山东，后来我又跟随父亲去了安徽。

郭：那个时代的生活与学习一定非常艰辛与不易，您大概是从什么时候开始学习绘画的？

崔：记忆中，年幼时大多数时候就是自己凭着兴趣作画，具体几岁已经记不清了，只是单纯地喜欢绘画。我可能在绘画方面有些灵气，一些不喜欢上图画课的同学还请我代笔当枪手。

郭：您后来是怎样参军的？

崔：抗日战争结束后，我跟随父亲到了南京，后到了安徽芜湖，就在芜湖继续念书。参军是在1949年以后，当时全国抗美援朝的热情非常高涨，我自己还是团员，思想比较进步，也积极要求参军赴朝。开始校领导还不太愿意让我离开，后来在我的坚持下也就答应了，于是初中快毕业的时候我参军到了部队。我入伍之后是文化兵，在一个侦察营当文化教员。

郭：也就是说，您还在读书的时候就萌发了参军的意愿，而且在自己的坚持下理想最终变成了现实。那么，到部队后从事绘画实践的机会是不是比在学校的时候更多了？

崔：我其实一直都坚持着小时候的爱好，只要有空闲时间就画。在部队当了文化教员以后，画得当然更多了。当时要出黑板报，甚至还要比赛，每篇文章的小拼图都得自己画出来。这种自学状态一直持续到去中央美术学院上学之前。当时绘画以素描和水彩画居多，我在1955年之前还没有接触过油画，因为当时材料很难购得，也没有遇到专职教授油画的老师。

郭：您从参军到1963年进入中央美术学院之前一直都是在部队当文化教员？

崔开玺 《演习之后》 油画

崔：是的。当时经常出去写生，自己找一些美术类的书籍来看，怎么构思、怎么表现都是自己一个人在混沌中慢慢摸索。1955年调到了北京，机缘巧合，我和还在中央美术学院上学的朱乃正相识，同他很投缘，处得非常愉快，因此有一些画就会请他看看，包括我的第一张油画创作《演习之后》。这幅作品也成为我的所谓成名作，获得了天津市第二届美展的优秀作品奖。那时候评奖没有一、二等奖之分，总共选出10幅评为优秀。后来《人民日报》《美术》杂志都刊发过这幅作品。

郭：在部队当文化教员很多年，又是怎样的机缘让您后来进入中央美术学院学习的？

崔：我们是由部队选送到中央美术学院学习的。当时中央美术学院恰好有一个干部培训班，在那里学习了两年时间，这期间李天翔、林岗、艾中信等老师都给我们代过课。在中央美术学院的两年确实让自己受益匪浅，学习到了很多东西，从绘画技法到艺术视野均获得了极大的提高与拓展。

郭：从学校到部队，又从部队到学校，您的人生经历过几次大的转折。您是什么时候进入解放军艺术学院从教的？

崔：进入军艺（即中国人民解放军艺术学院）是1979年。当时军艺的美术系主任是黄丕星，他之前是军博（即中国人民革命军事博物馆）的创作室主任，经常请我们到军博作画，所

崔开玺 《秋猎图》 油画

以军艺工作恢复后他就邀请我们去学校执教。当时条件非常艰苦，全院只有两间办公室。

二、艺术天地的求索与坚持

郭：刚才在画室看到您的很多写生稿，画得非常精彩与细致，大家普遍觉得写生稿不求形似，大意能出也就足矣，而您却画得异常认真和深入，这种状况是不是同您一直坚持写生有着很大的关系？

崔：的确如此。我在1975年沿着长征路去写生，那一次经历真可谓是出生入死。6月份出发，目的就是想切身体会一下红军当年在这个季节过草地时是什么样的感受，行程大概4个月，《长征途中的贺龙与任弼时》就是在走完长征路之后创作的。

郭：20世纪50年代的中国，在经济、文化等诸多领域均受到苏联的很大影响，譬如马训班与契斯恰科夫体系。您的绘画当时受苏联的影响程度深吗？

崔：受苏联的影响当然很大，当时基本上看不到其他国家的美术作品，只有苏联的。这种影响的后果是，不仅仅绘画技法受到了影响，就是一些艺术观念时至今日也依然在影响着中国的美术界。比如说绘画要表现典型环境中的典型性格这种创作理念，即便到现在我自己还是非常信服的。后来去欧洲看了很多艺术品，包括世界四大博物馆的作品，眼界开阔了很多。虽然俄罗斯油画在技法上可能略显粗糙一些，但是它有自身的优点——反映生活！我也依然坚信"唯有从生活这个源泉之中才能寻觅到艺术创作的灵感"。

郭：您觉得绘画创作中的草稿习作重要吗？

崔：我觉得画草稿实际上是锤炼技法、练习色彩处理与画面掌控力的一个必要手段，而且在做大幅画面的创作时，草稿的锤炼打磨更是必不可少的程序。尽管绘画时要带着一种愉悦的情绪，但是如果画作要贡献社会，那还是要有一定的严肃性，这种严肃性就包括创作时的一种严谨而认真的态度。

崔开玺　《木兰秋狝》　油画

崔开玺　《千年荒滩运粮船》　油画

郭：请您谈谈《长征途中的贺龙与任弼时》这幅作品。我对这幅作品的印象非常深刻。您对人物的刻画非常生动，场景的选择也别出心裁。这幅作品是在怎样的契机下创作出来的？

崔：关于这幅画有很多小故事。一开始当我构思画面时，甚至请任弼时的儿子来给我当模特，他和任弼时几乎长得一模一样。他回忆，大概在他出生的时候，母亲的身体不是很好，营养补给不够，贺龙钓到鱼就给他们送去。他推荐我画这个故事，我认为这个建议非常好，但是艺术毕竟是一种视觉性的创造，我希望画得更加直接一些，于是就创作了《长征途中的贺龙与任弼时》这幅作品。

三、艺术观念的领悟与升华

郭：您在艺术探索的过程中，经历了这么多的风风雨雨，绘画技法也得到不断的锤炼和提高。我们知道，一个经得起历史考验的画家必定有与其所处之时代同步甚至超前的绘画观念孕育在其创作体验之中，这么多年您在绘画方面有着怎样的一些理念，随着时间的变迁又产生过哪些变化？

崔：观念肯定是在逐渐变化的，在早期的绘画创作中比

较侧重写实，后来随着阅历的增加和眼界的提高，逐渐认识到一味坚持写实还是不够的。对一个事物具有较深层次的理解认识之后，需要更深的概括和提炼来表现其主体特征，而并非一定要用全然写实的手法将其本身所具特质的方方面面均表现出来。我的作品《黄河》的主题，没有任何一个非常具体的写生地点能够与之相对应，它就是一个综合提炼的结果，是我内心深处所感触到的黄河，我觉得它就应该是如此，于是也就画成了这样。要将个人的体验和实践经验通过一种感触结合起来，再将它表现在画面之上，这样绘画才能体现出一种超越视觉表象而直达内心的穿透力。

郭：也就是说，要根据自己的认识，同时将写生中的一些印象融合起来，然后进行创作，才可能创作出一幅优秀的作品。

崔：的确如此，绘画还是要带有一些自己的理念和情感。现在我又有些新的体悟，就是感觉国画对我的油画创作有着很大影响。

郭：这种观念很新颖，请您具体谈谈。

崔：我觉得国画有很多值得借鉴的东西。一是它本身所具备的内在气质。国画讲究经营位置，讲究虚空，一个主体画出之后，其他地方留白，留给你自己想象与理解的空间。油画的画面就不能这样处理，但是可以借鉴国画的是，可将主题性的东西表达得深刻一些，把不重要的部分就尽量地减弱，从而形成一种强烈的对比效果和画面张力。二是国画的用笔。国画讲究惜墨如金，比如齐白石的虾，他的笔注意控制墨的层次，一笔上去层次分明且步步到位。油画也可以借鉴这种处理方式，尽管不太容易，但是可以尝试和试验。

郭：中国画的确有自己的一套系统化的艺术表达方式和美学理念，您现在也在油画创作中吸收了一些中国画的创作观念？

崔：是的。齐白石画得好就是因为他的画在似与不似之间。"似"就是写实写生的东西，尽量画得精致到位；"不似"并非指不像，而是指精神气质的差异。油画其实也应该做到这一点，我现在体会到其实中国画与油画在创作理念上还是有着很多相通之处的。

郭：您有这么多年的教学经历，说您的学生桃李满天下并

崔开玺　《晨曦中的鱼鹰》　油画

不夸张，您觉得教学实践对您的创作有影响吗？

崔：当然是有益的，教学相长。我喜欢同年轻人交朋友，年轻人有锐气、反应快、敏感，可以从他们身上学到很多东西，电脑就是我跟年轻人学会的。老年人和年轻人多交流并不是要你摆着架子去教育年轻人，其实有很多东西是可以向年轻人学习的。人要不断地通过各种途径充实自我，要不然是会落伍的。

郭：在这么多年的艺术创作中，您还有什么具体的艺术感悟？

崔：绘画创作还是要坚持走自己的路，不要盲目追求风尚，追赶潮流，那样容易迷失自我，我们要有一种自我的坚持。走你自己的路，寻找自己的感觉。现在有些画家喜欢跟风，风向一变他也变，这样变来变去你自己的位置又在哪里？在艺术创作中，始终要有一个清晰的自我定位与自我坚守。

郭：绘画创作的确要有个人的理念、个人的执着，在艺术修养的积淀中寻找自己的创作模式，其实我们部队画家在这方面还是有很大提升空间的。

崔开玺 登泰山而小天下 油画

崔：现在有些画家也很用功，下的气力不少，但是有时候并没有把功夫下到正确的地方。哪些是该表现的地方，哪些是该摒弃的地方，要有一个艺术角度的取舍与思考，这就是艺术修养的积累与艺术思维层面的问题。不要把我们的眼睛当作照相机，看到什么就是什么。要有自己的艺术感悟、艺术情趣，要将自己的艺术直觉体现在绘画创作之中。

郭：您怎么看待艺术批评和艺术创作之间的关系？

崔：艺术批评有它自身的价值，它具有引导性，能够将艺术创作同美术史联系起来。对具体的绘画创作进行一种批评，也许就会发现一些画者本身所没有关注到的东西，或是在自己的绘画中有体现但是自己并没有意识到的方面；反过来，艺术批评又会对我们的艺术创作产生新的启发。二者是相辅相成的，没有必要对立起来。

崔开玺　《冬猎》　油画

崔开玺 《皖南之春》 油画

郭：最后一个问题，您未来在绘画创作领域还有什么设想？

崔：其实到我这个年龄哪里还奢望什么设想，可到现在我的笔还没有停，也不想停，绘画已经变成我生活的一部分，如同钓鱼一样，重要的不是钓到鱼，而是钓鱼竿始终在自己手里握着，这样感觉就很舒服。要说到设想，当然是希望自己能画得更好一些。艺术如同一座你永远也无法攀到顶的高峰，所以手和心是永远不能停下来的。我只希望自己的下一张画画得更好一些，那样也就心满意足了。

郭：通过今天对您的访谈，我们受益匪浅。您成长于战争年代，人生经历和感悟比起我们这代人来说是更丰富和深沉的。难能可贵的是，您在面对并非坦途的生活环境时，始终坚持自己的艺术道路而不轻言放弃，数十年如一日追求与探索，使您最终形成了自己独特而绚丽的艺术风格。但是您并不因为成就显著而故步自封，始终秉持着谦逊包容的态度处世处艺，这种精神，是我们要虚心向学的。恰如您所言，只要能将下一张画画好就是自己现在的希望。我们真诚祝愿崔先生身体健康，佳作频出！

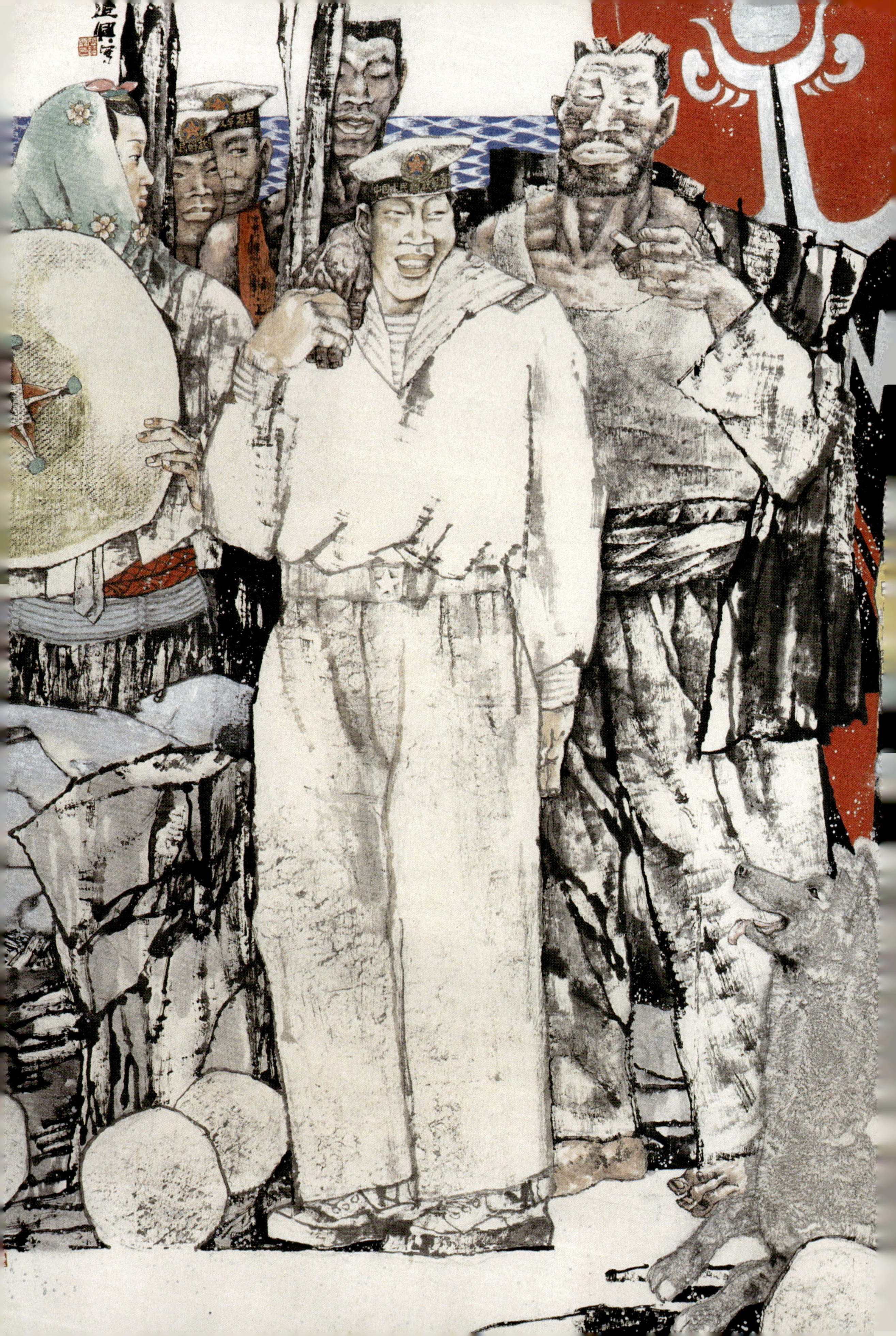

粉墨·意象
——画家张道兴访谈录

采访手记：

现代中国人物画是百年来中国画转型的重要试验基地。张道兴老师正是这一历史洪流的践行者。我非常欣赏张老师开放的艺术心态，当代艺术、前卫艺术、原始艺术都是他的创作养料，不故步自封，也不作茧自缚。谈话间，张老师还多次讲到中国画对于西方绘画的借鉴，他甚至并不避讳自己绘画中所谓"不伦不类的因素"。我知道，这些都只是表象，在骨子里，张老师始终坚守着中国画的立场。广泛的借鉴并不是要放弃特性，而是使个性更加丰富，转型是一个过程，并不需要先确认身份。

看来，我们还是要先解放手中的笔，解放我们自己。什么是"解放"，就是在自省的基础上勇敢地面对。

时间：2011年8月16日
地点：北京张道兴先生寓所

一、形色达意

郭兴华（以下简称"郭"）：相对于中国传统文人画来说，现代中国人物画创作的写实性占有相当大的比重。"写实绘画"具有叙事性的特征，形象上接近或比较接近视觉真实的绘画。您是现代中国人物画进程中的亲历者，您1984年的作品《脚踏着祖国的大地》虽然依旧是具象写实风格的绘画，但是已经具有"变形"的意味了。

张道兴（以下简称"张"）：20世纪80年代，中国社会经济、文化飞速发展，自然面貌和人们的精神面貌以及审美追求产生了巨大的变化。面对现实，中国画家产生了创新和个性释放的紧迫感。中国画、油画、版画等很多画种不约而同地走向了"变形"，这是艺术本身的一种内在需求。"变形"是艺术超越的一种表现，中国古代有，西方现代也有，都很好地把作者主观的意志表达了出来，既有趣又有味道。

张道兴 《步调一致》 国画

郭：新中国成立初期的中国人物画受到文艺大众化策略的影响，往往只停留在如实记录对象的层面，而忽略了艺术自身的规律。作为绘画本身，形象的塑造是构成画面最基本的因素。您的作品中的形象很特别，比如长长的脖子、厚厚的嘴唇等，那么，这些形象的来源是什么？

张：绘画中形象的来源常常并不能按成分准确地划分，我作品的形象有时并不一定按科学比例，而是根据画面需要做出适当的调整。

我很喜欢非洲木雕，第一次看到就被它们深深地吸引住了。这些木雕大多是表现"魂灵"的，我们有幸可以借此看到人类最原始的艺术创造力。木雕刻画的形象并不讲求所谓科学比例、透视，一切都是那么自由，胳膊垂到了脚边，脖子拉得跟头一样长，腿也缩得很短，艺术手法自由而独特，给人以强烈的视觉体验。我们为什么不能这么画画，只要变得舒服根本不用在乎比例。中国画的"好胃口"，一定可以消化这些。

郭：我感觉您是借径西方立体主义而关注非洲木雕的，这只是我的一种推断而已。我们可以通过非洲木雕看到人类原始的、本真的审美趣味，我所理解的非洲木雕是一种符号化的形式。

张：西方的构成元素对我有影响，但是我更强调笔墨构成，还得把笔墨放进来，笔墨是根本。

郭：中国的民间木版年画也很注意平面构成，装饰性很强。您的画有时并不太注重局部墨色的变化，而是以块面的方式来表现画面节奏，这就有点像版画的处理方式。

张：画画最终是要落实到纸上的，经营位置是要顾及起承转合的。概括地讲，画画就是画关系。我采用对人或景的封闭式构图可以使纵深的变成二维的、立体的变成平面的，这种构成形式来自民间木版年画和剪纸。

郭：您有一方名为"粉墨登场"的自治印，我觉得很有意思。在中国画中最难处理的是墨和色的搭配。墨的独立性非常强，稍不得当就会把颜色给压下去。您的画中用了粉红、粉绿、粉紫、黄、白等，巧妙地把这个问题给化解了。

张：确实，要想做到"色不碍墨，墨不掩色"很难。色法在中国画的历史上占有重要的位置，它的价值不仅仅是满足审

张道兴 《海上的风》 国画

美时尚的需要，更重要的是有着心理、情感、精神层面的意义。

我多用源自工笔与壁画的"勾填法"，并多借鉴民间木版年画及蔚县剪纸的色法，但不用他们传统的品色，而改用粉色，现在我的常用色是粉红、粉绿、黄、白等。粉色的泛用，是把不透明的粉色特质组合在透明的或半透明的水墨的黑、白、灰、飞白与点、线、面、体之间，这样一来，便把这些因素反衬得透明起来，生动起来，活跃起来。

对中国画传统的继承是不能动摇的。一是笔墨的继承，特别是文人画的笔墨成就，已成为中国画历史上最为辉煌的部分之一。二是色彩的继承，如我们的民间年画、玩具、彩瓷、彩塑，还有敦煌壁画、永乐宫壁画、庙堂画等的色彩，都具有中华民族的特色与象征意义。

二、黑白成像

郭：传统中国画的形式语言是黑与白的交响，而您的作品中还特别强调黑、白、灰三者的分布和结构关系。

张：我曾经刻了一方印"造黑造白造飞白"。如果在画面里应用好了这三个关系，就比较有味道了。若画面都是黑的，则沉闷不堪；都是白的，则淡而无味；都是灰白的，则直白平庸。所以画面上要处理好这三者的关系。

郭："飞白"是书法中的特殊用笔，由于笔在纸上的运行速度比较快，留下的墨迹丝丝露白，可以张扬个性，使作品显得灵动、飘逸。您这里是"引书入画"的具体体现，"飞白"对于笔的力度要求很高，处理不好就会显得轻飘。

张：锤炼笔墨是画家的功课，最有效的途径就是练习书法。我认为，书法有三种结构表现方式，一是"造白"，二是"造黑"，三是"造飞白"。这是书法的节奏表现，而在画里这三个元素也是不可缺少的。

郭：您的书法结体自由，方正奇俊。碑体多以方笔结字，帖学尚意，或许您的学书历程正是在碑与帖的转换中获益良多。

张：历史上很多优秀的书家都注重碑与帖的成功结合。在笔法上，方与圆、中锋和侧锋的结合；在结字上，调整内紧外松与外松内紧的结构关系。

现在不少年轻人急于追逐个性化，计较小得失，寻求小趣味。结字也出现了时尚效应，新样式一出，大家一窝蜂地追捧，长此以往，必然影响书法的发展。有后劲的书画家，一定在"线"上过关，提高线的质量；又必须研究笔法，笔法糊涂，线难明白。作字有本，才能真正展现高质量的书法个性。赵松雪说得好，"结字因时相传，用笔则千古不易"。

郭：个人理解，书法是抽象化的绘画。中国画的经营位置，书法中的章法布局，道理相通。

张道兴 《脚踏着祖国的大地》 国画

张道兴 《疾风》 国画

张：中国的书法把传统艺术真正推向了"大象无形"的地步。我们常常看书论中"为书之体，须入其形，若坐若行，若飞若动，若往若来，若卧若起，若愁若喜，若虫食木叶，若利剑长戈，若强弓硬矢，若水火，若云雾，若日月；纵横有可象者，方得谓之书也"。汉字来自自然形象而又有别于自然形象，抽象的线条作为艺术的材料，使每一个字、每一个笔画仿佛都成了有生命的个体，也被赋予了作者的情感。

三、思在意象

郭：现代中国人物画是一个中西语义的复合体，无论是传统派还是融合派，都没有办法阻挡这种发展趋势。笔墨与造型的区别展示了中西两个文化系统的差异性，笔墨是中国画特有的文化基因，而造型的思想来源是西方的科学理念，是引进西式美术教育和写实观念的过程中形成的体面结构方式。但是，我认为中国画家要有一个基本的文化立场，否则就会像无源之水，弄得没有了灵魂。

张：是的，你说的这个问题是很关键的。中国画体系虽然是一个大综合体，具有强大的向心力，可以把异质文化有效加以消化吸收，但是中国画（或者再扩大一点，即中国文化），是诗化的文化类型，很多时候是没有办法用数字标准来衡量的。可是，我们有我们的办法，就是"程式"，京剧、中国画里都强调程式。我们不要怕谈"程式"，也不完全是程式束缚住了我们的手脚。其实，程式就是一种规定性，没了它，这个艺术门类甚至没办法存在。

郭：中国最经常被抨击的对象就是中医，最让人把握不好的就是"什么什么少许"。这个"少许"是多少，我搞不懂，只能是经验。经验又可以上升为潜意识，潜意识就很了不得了，变成了身体的一部分。中医就是另外一种"科学"，跟西医是两回事，不能用一个标准来衡量。

张：所以中国文化的传承很讲究耳濡目染，是要"熏"，整个儿地沉浸在这样一个氛围里，体验着中国味道的"意象"性。具体到我个人的画，我强调轮廓、结构、体面、平面、起伏、明暗、节奏、有序、无序，还强调线的应用。通过形体的低位置的皴擦、低染，把部分的线消失在体面里面，以强化线与体的统一。然后，还要留住部分的线，以完成线自身的独立价值与其特殊

张道兴 《大秧歌》 国画

的书写意义的表现性。完成这些形象的造型手段的集结与应用，打造属于自己的中国画的意象性。

郭：言不尽意，意外生象。"象"是中国文化认识观和方法论的范畴，不同于西方的具象思维，又有别于抽象思维，是处于二者之间的独特思维方式。

张：意象是中国画的辩证思维方式，以老庄哲学为核心。"意象"思维把"意"，也就是人的意识，与"象"，即客观物象、宇宙万物，看作是互通共识的有机体，将事物人格化，寻求人与物的"感应"。"黑白成像""阴阳相生",倡导人与物共存、视天人合一为认识的完美境界。

郭:中国画的写意式造型观正是在此基础上创立的。遗憾的是,我们曾经走过弯路,绕了一大圈后,"蓦然回首,那人却在灯火阑珊处",才发现中国画写意的"不似之似"并非低级的。

张:以前我们强调写实技巧,也不能完全说是走弯路,尤其中国人物画有了很大的进步,初步实现了现代形态。中国画在选择"达意"的表现形式时,是以重"神"轻"形"为原则的,不注重物象的明暗体积,不追求物象的写实关系,而是确立"线"这一纯粹的"意象"符号,并赋予它丰富的情感内涵,从而形成了中国画与西洋画从形式到本质的区别。

郭:中国的艺术最终都会归结为一种哲学思考。历代优秀的中国画家其实都是杰出的哲学家,他们参天地之奥秘,并用自己的画笔建构自己独特的艺术哲学。

张:是的。中国画以其意象作用将万事万物归纳为一个共同体,一个由无数个性结构起来的共同体,由此而进展、推动、演化、调节着虚实,以求无过无不及。

郭:我在想,我们这样解释"意象"会不会有些言过其实了,毕竟它只是中国传统美学思想的一个方面。

张:意象应是有所为而有所不为,它的使命在于锻造艺术创作真正的自主、自立与自由。

郭:张老师,今天我们真是受益匪浅,感谢您!祝您身体健康,创作出更多、更有活力的艺术佳作,谢谢!

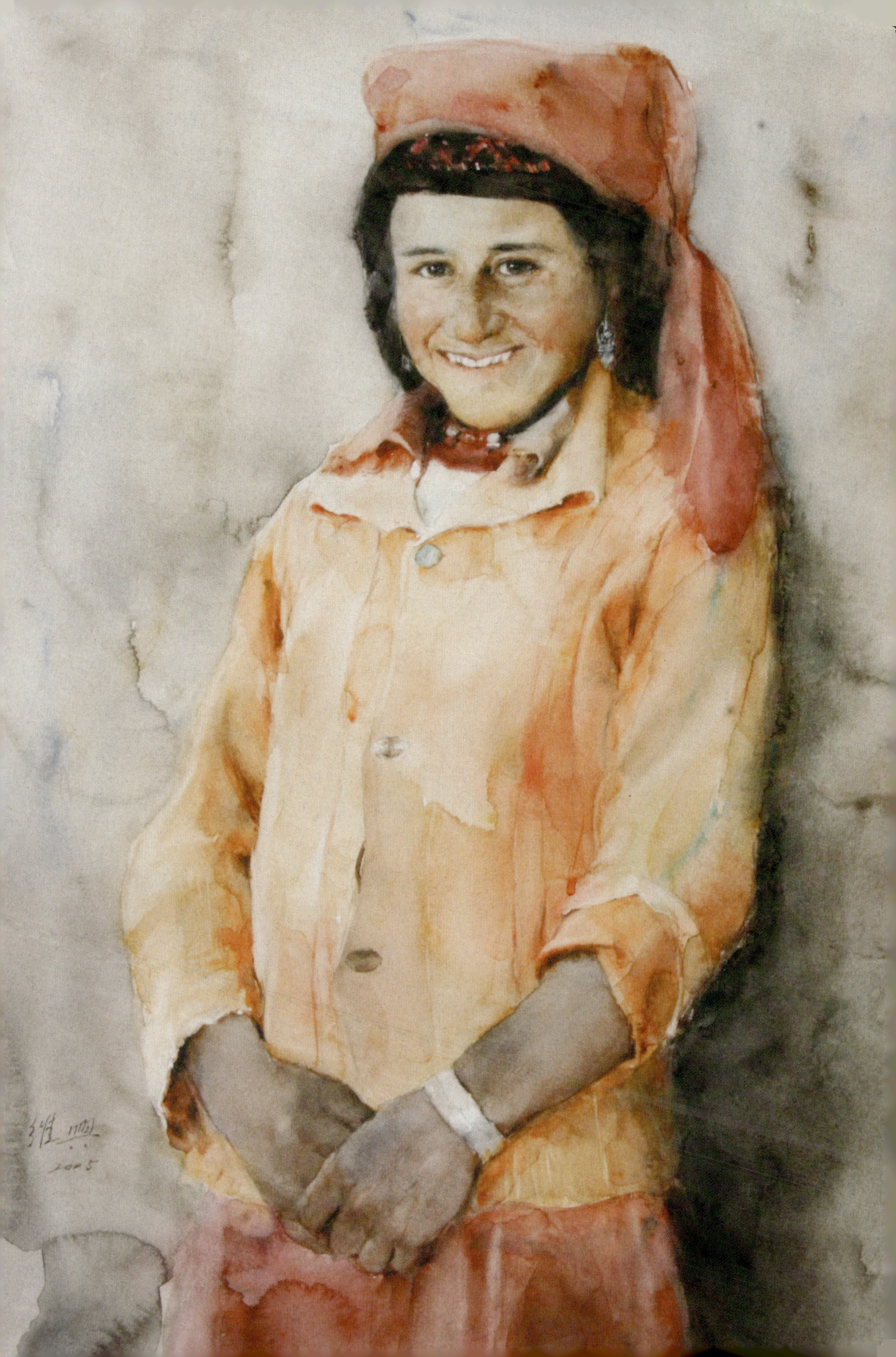
2005

水韵彩艺　超旷空灵
——画家关维兴访谈录

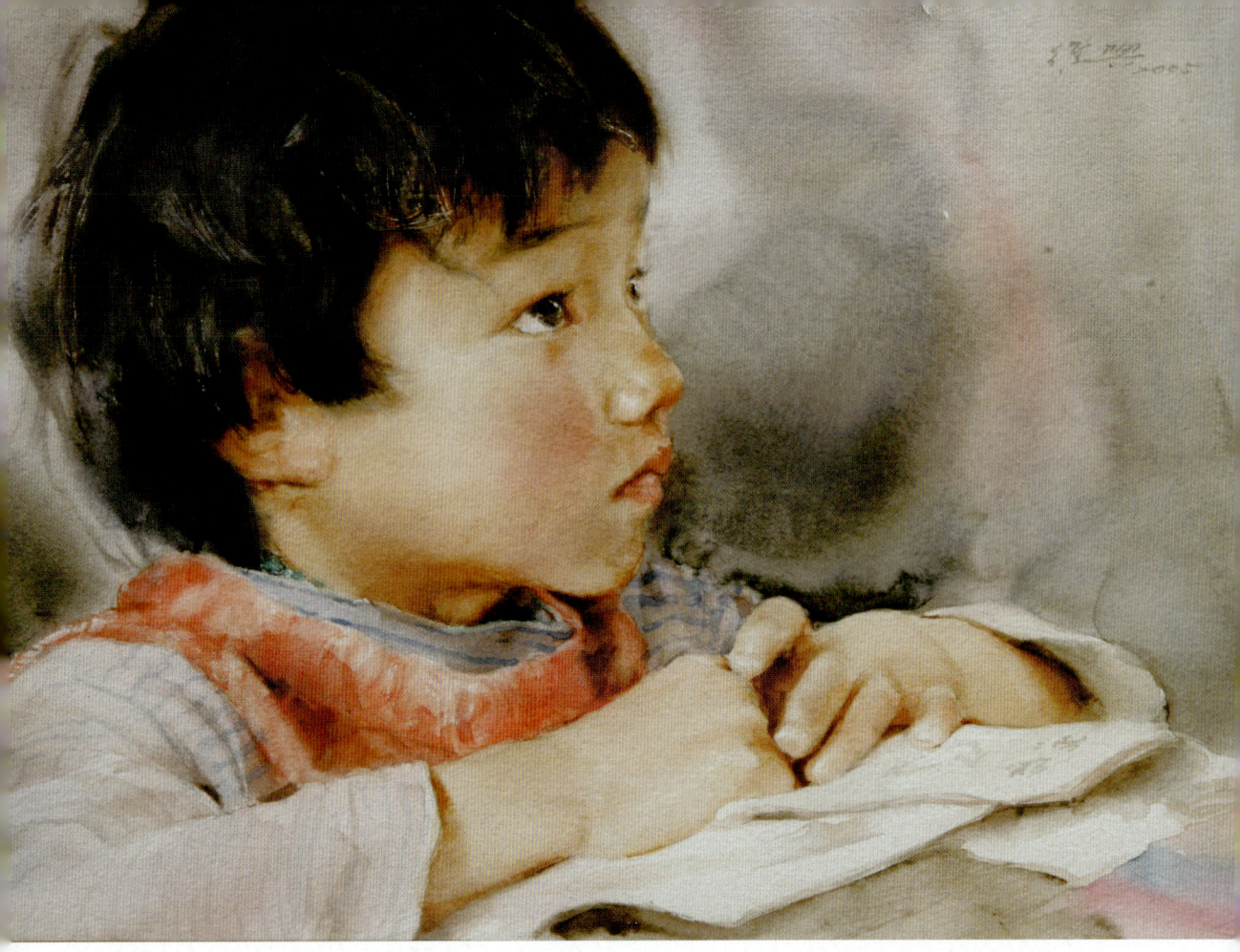

关维兴 《山村小学生》 水彩画

采访手记：

  水彩画在中国的发展已有百余年历史，在这一百多年中，有一位七旬的矍铄老人以其朴实、倔强的个性，以高度概括、苍劲雄厚和空灵现代感的画风，在水彩画艺坛上独树一帜，别开生面地展拓出一个新的境界，为中国水彩画史添上了浓墨重彩的一笔。他就是当代水彩艺术家——关维兴。

时间：2011年3月16日
地点：关维兴工作室

一、传神写心，发掘内美

郭兴华（以下简称"郭"）：关老师您好！非常荣幸有机会分享您的水彩艺术人生！今天主要想和您聊一聊您的艺术人生、水彩创作历程以及您对艺术的一些理解等。先从第一点说吧，就是您的学画经历。您目前的个性面貌应该说是一个画家一生修养和锻炼的集合，那么在这个学画历程当中，您自年幼起数十年来通过对生活环境的观察而形成的独特体悟，加之您求学经历的曲折与传奇，一定对您艺术创作起到了非常关键的作用。

关维兴（以下简称"关"）：不错。我 1940 年出生于吉林长白山一个小山村，父母既没有能力让我们读书受教育，也不能给我们以艺术熏陶，可是小小年纪的我却觉得把心灵中美好的感觉用图形展现出来是一种快乐和满足。于是我像一头小鹿，东奔西跑，用稚嫩的小手，握着干树枝或木炭块，这儿写写那儿画画。破旧的门板、残破的窗户纸、打谷场平滑的地面都是我作画的场所，经常弄得满身脏黑。每当吃了西瓜，一道道西瓜水流过沾满灰土的小肚囊，我的小肚子便成了一幅生动的水彩西瓜静物，惹得母亲又好气又好笑，只得带着我到村边小河去洗澡洗衣服。所以我母亲虽然不是艺术家，却是对我影响最大的人之一，是她给了我生命和爱心！

在我长达 9 年的专业学习生涯中，遇到的多位艺术家，对我都有很大的影响。1960 年，当我 20 岁的时候，罗马尼亚油画家尤金·博巴（Eugen Popa）教授，应邀到中国举办油画训练班，招收 14 名助教以上的中国学员。本来我这个本科一年级的学生是不够资格的，但他看了我的考试作品说我"很有天才"，破格收留了我。整整两年的学习，他给了我完整的西方油画理念，加深了我对绘画艺术的理解，引领我走上了真正的艺术之路。所以在艺术家当中，对我影响最大的是尤金·博巴教授。

郭：一个画家的成长确实离不开他所处的社会环境与时代背景，幸运的是，在人生的每个节点上会出现欣赏我们的伯乐，在亦师亦友的关系中促进我们的成长。《周易·系辞》曰："穷则变，变则通，通则久。"您取得现在的成就，不仅仅有您日积月累的刻苦创作，我想这更是一个渐悟、顿悟的过程，包括对过去的学习与总结，更有不断超越过去的自己，迎接更大挑战的决心。

关：超越自己，超越昨天的自己，恐怕是最大的挑战。挑战的艰难在于，当你刚刚悟到某些东西，可能生命结束的钟声就会敲响！我真的幻想着，能有80岁的经验，却有着1岁的年龄就好了！想要实现这个愿望就是最大的挑战；无法做到，则是最大的遗憾。

郭：关老，您在这几十年的创作中取得了很大的成绩。在水彩艺术进入中国的一百年里，水彩艺术的面貌在不断发展。如同中国人将本土的老庄哲学融入外来的佛家经典之中从而产生了举世闻名的禅宗那样，中国的水彩画家在接受西方人创造出的这个绘画形式的同时，自觉地用中华民族的审美意识和认知方式加以改造，形成了今天有别于西方水彩画面貌的具有中国气质的水彩画。

关维兴　《喜悦》　水彩画

关：确实是这样的。水彩画传入中国后，中国人将西方水彩画所使用的工具和技术加以改造，并与中国的社会现实、人文心态、自然感受和审美理念相结合，使它出现了新的面貌，而且其形式和内容也是十分协调的，水彩画逐渐转变为中国文化总体的一部分。

郭：您支持艺术的百花齐放，但实际上，可能有很多综合因素会限制艺术的发展。总的来说，我认为一幅优秀的艺术作品必须具备自己的语言，有自己的精、气、神。也就是说，好的水彩画应该是气韵生动的，入则震撼心灵，出则心旷神怡或发人深省。每个时代都要有自己的烙印，艺术家不可以亦步亦趋地模仿他人，而是要创作出独特的"立世价值"。

关：全国性的展览避免不了要受到一些非艺术因素的影响，比较理想的展出是举办个展。个展更能反映画家的个性。艺术要重视原创性，不应该做××第二。我常说对我影响最大的不是哪一个画家，而是两个雕塑家，一个是米开朗基罗，一个是罗丹。我不是雕塑家，即便我是雕塑家，我也不会成为他们第二，亦步亦趋地模仿他们，我认为那是没有意义的，但是，他们却教会了我如何去深刻思考。我就是研究了他们如何赋予泥土和石块生命，这是我学习他们最多的地方。但是还有另外一些特殊情况，如退休的老工人、老先生们，他们学画就是想学画得像，因为他们并不想当画家，而是需要一种生活的充实。

郭：这就是说，一件好的艺术作品在具备艺术的普遍价值之外，还必须要有艺术家自己的个性，努力拓宽绘画语言。其实，水彩画的造型语言是非常宽泛的。历史上有过许多像威廉、波宁顿、透纳这样擅长描写气势恢宏场景的古典主义水彩画家，也有像安德鲁、怀斯这样刻画极其精到、感人至深的当代现实主义水彩画家，他们都以严谨与生动并存的基调打动着人们的心灵。

关：多样的造型语言会使人耳目一新，画家应尝试不同的绘画语言如喷、吹、流、淌、洒、盖、拓、染、刮等，通过嫁接重构,很自然地将其他门类的艺术语言优势纳入水彩画之中。另外，水彩艺术家的个性语言也是和水质的多样性联系在一起的。水的特殊性是多样的，有透明、流动、渗透、水迹等等。这种多样性为水彩艺术语言的多样性提供了可能。

郭：在丰富水彩绘画语言的同时，画家的每一幅作品必须饱含艺术家的赤诚热爱之情，每一幅画作之下都有一个不为人知的故事，或幽默诙谐或幽怨哀伤。艺术家的生活总是充满了情趣。水彩画一旦与艺术家的人格、修养和个性联系起来，往往会形成风格上的极大差异。您的创作也是如此。您自幼生活在农村，长大后又加入部队，对人民大众饱含着浓厚的感情，所以您的作品更多地凸显了因那个时代人文生活所激发的对自然、社会和人生的种种复杂交织的心境和思绪，表现了画面意境中的精神厚度。

关：必须先有情感。风景画必须有意境，意境就是能打动人情绪的那种东西。如果无动于衷，只停留在画树像树，画云彩像云彩，是无法打动人的，这是一种静物。真正的意境是它的情趣，如鲜嫩的水果、薄薄的纸张和华丽的布纹等所蕴含的情感因素。如《鳏夫》，素材是抓拍的一个普通农民。我至今也不了解他的经历，他未必是个鳏夫，但他特有的凝视的目光，让我联想起了儿时在我们村庄，我熟悉的几位没有结过婚或丧妻的中年男子。在他们眼里往往会闪现出一种异样的目光，展示着一种莫名的渴望。于是，我运用了抓拍来的典型的外在表象，挖掘了我内心早已有的对此种类型人物的了解，将两者结合起来，创作出了我心目中的《鳏夫》。

郭：《易经》中的《贲卦第二十二》说："上九，白贲，无咎。"贲本来是斑纹华丽、灿烂的美，白贲则是绚烂又归于平淡。水彩画因其所使用的工具材料有别于其他画种，形成了具有独特风貌的水韵、笔韵、纸韵以及趣味之韵。关老，我看您处理画面和色彩对比关系的时候，非常松动、灵透，这是很多水彩画家所并不具备的一种能力。

关：水彩之所以难倒了那么多人，吓跑了那么多人，就因为它一放就空，一抠就僵，这似乎是没办法克服的一对矛盾。水彩画发展到今天，无论在表现技法还是表现内容上都已呈现出独立的审美特征与多元化的艺术取向。如果我们偏狭地用某种固有的模式来制约水彩画的艺术形式，那么就不利于强化水彩本体艺术的内涵，也不利于拓展水彩画的外延。水彩画的演变历程证实了水彩画是在内涵与外延双重取向的结合中求得存在与发展的，多元取向将赋予水彩画新的审美特征。

关维兴 《初看世界》 水彩画

关维兴　军事题材作品　水彩画

二、理性的沉思，情感的流露

郭：《周易·系辞》曰："一阴一阳之谓道。"我们中国用阴阳的方式来谈论色彩，受光也好，背光也好，色彩在水彩作品中的运用尤其重要。西方传统水彩画与中国水彩画，分别扎根于不同的文化根基中，受不同哲学思想、宗教信仰、生活习俗、自然环境、审美意识的影响各自走出了不同的发展道路。西方传统水彩画属写实绘画范畴，强调遵从"客观观察"，力求"再现现实"；中国传统水彩画崇尚"天人合一"，追求"墨趣""尚意"，属意象化表现性造型范畴。但从宏观的色彩运用上，中西方都是以冷暖对比来处理色彩的关系的。

关：色彩本身是世界上通用的，大家对色彩都有一种共识，色彩能够挑动你的情绪，运用得当也可以表现情绪。色彩有三个属性。第一个属性是自然属性，就是我们学习苏联、俄罗斯的。自然属性就是红的花、绿的叶，这个是最科学的一种属性。第二个属性叫作生理属性，即只有人的身体感官可以感觉到的色彩。第三个属性叫作心理属性，这个是最重要的，因为人在不同的情绪状态下，会喜欢不同种类的色彩。当你兴高采烈的时候，你很可能喜欢红黄、纯黑，就像舞台上表现中了状元以后，戴黑翅，穿金衣服、红袍这样，音乐也高八度。我们进入了艺术创作以后，就要借助这种色彩的气氛来烘托创作的内容，例如是激动人心的还是平和的、悲伤的。色彩是非常自由的，是由主观愿望来决定的，所以自印象派之后，至今现代艺术的作品全都以心理颜色为主。

郭：当代水彩画用笔与中国传统水墨画用笔有极为相像之处。且不说采用的工具类似，二者下笔皆注重笔笔到位，讲究对物象的精妙把握。只是水彩更讲究对客观视像的光影、体积、色彩、空间等造型因素的描绘，运用笔画水色的相互交融与叠加传达出西方绘画造型的精神理念。您用毛笔去画水彩画，这在西方人看来是很新鲜的，但真正和您创作有关系的恐怕就是中国人的这种元素。中国人的这种文化元素，使我们看到和国外画家的很多不同。中国水墨画对意境的追求是与中华民族传统的文化及美学思想联系在一起的。中国传统绘画与水彩画相结合的形式很多，例如对笔触的强调，用"皴法"来表现树木山石，追求某种空灵、虚无、淡泊的意境等。总的来说，中国的水彩画艺术与西方的水彩画艺术由于其内在的精神气质不同，而表现出迥然不同的美学特征。

关：不同的还是在中国的艺术血液里，对主题的理解、出发点以及处理跟国外画家不一样。比如我作画时虽然用了欧洲的颜料、材质，但是我抒发的还是一个中国人的情怀、中华民族的纯朴善良，这个看似抽象的概念在我心中却是具体的。像《乡情》这张画，外国人就做不到这一点，他没有经历过社会感染力的熏陶。在画面的组织结构上，用看戏的情节把人物组织在一起，形成一个临时的小社会，避免人物陷入单一的家庭组合关系。在视觉中心位置，设计一个小女孩依偎在老爷爷的怀里，明确地点出了人成长离不开他人保护的主题。

郭：西洋画重形色、表现写实、体现秩序与和谐，中国画重笔墨、泼发灵变，寄托博大的意韵神趣，把二者撷英取精地融入水彩画造型的语言之中，便打破了"小品"陈念，使传统的逸笔草草的风格转向轻快飘逸、雄浑博大的风格，又极力保持水彩画本体语言的亮丽、透畅与纯真，最大限度地构筑了水彩艺术语言多样化的审美新框架。您所讲的艺术要有中国情怀即艺术应该关注当代，关心当代人的生活（包括精神领域），这正与时代潮流不谋而合。每个艺术家都应该有自己的切入点和观察方式。有些人是入世的，有些人是出世的，无论是关注自身的内在世界，还是关注人文、山水、社会等外在世界，从大的意义上来讲是殊途同归的，这也是当今水彩画的大走向。

关：不错。说到未来水彩画大的趋势，那就是中国气派吧。现在我们已经称得上水彩大国了，我们画水彩的人比任何一个国家画水彩的人要多得多，但是大师级人物太少，水彩画强国还称不上，因为好多观念上我们还不如人家，所以要沉下心来搞艺术创作。新鲜东西常有，不光现在有，历史上任何时期都有新鲜东西出来，都有一种流行的东西出来，那么这个流行的东西就需要这些画家们自己体察一下，是不是顺历史潮流前进，是否为充满正能量的。

郭：没错，就是和时代合拍。首先是"当代性"的问题，艺术应该关注当代，即关注当代人的生活。我十分赞同林风眠先生提出的水彩画的"三性"主张，即民族性、时代性、个性，三者缺一不可。当下许多作品从技术上无可挑剔，但是很难看出时代感，缺乏对自己熟悉的生活的热爱与发掘。比如，当农民工、矿工题材作品在全国美展获大奖时，不少画家争相效仿，却对自己熟悉的生活视若无睹，这样的作品普遍存在。其次是艺术家的表达方式的问题，也就是艺术作品的个性问题。无论如何表达，都要遵循美的原则，真实表达艺术家的内心感受，伪艺术是对艺术的亵渎。

关：确实，提到当代，既令人振奋也令人担忧。我现在有一个思考，就是写实这个路子不改了，目前世界上水彩的形式是这样的。随着时代观念的改变，其他的画种都向现代艺术发展，甚至雕塑几乎找不到写实的了，除了做伟人的画像以外。油画也很少写实，有个别的照相写实，大部分都是现代的，像版画更没有写实的。唯独水彩这一块，在世界这几个大国比如美国、英国、法国的画家中，70%以上都是写实的画家。就像刚才你看的画，基本上都是写实的，而且随着时代的发展增添了一些新的内涵。我想今后中国的发展得顺其自然，不要强行给定一个标准，更不要削足适履，这个也是我的一个思考。

三、薪火相传，继往开来

郭：人们一提起水彩画就会自然地想到英国，因为在英国水彩画已成为一个独立的画种。您下一步要去英国举办自己的个人水彩画展览。

关：英国堪称水彩权威，是水彩的发祥地。也有人说发祥地是中国，但是实际形成水彩画种是在英国。英国最开始用水彩制作地图，这段是草是绿的，湖是蓝的，因为它透明好干，就运用水彩的这种特质，逐渐发展成一种画种。后来很受宫廷喜爱，就成了很高贵的画作。在英国，水彩画家和油画家是平起平坐的，油画家最高的绘画组织就是英国皇家水彩画协会。虽然现在可以说英国没有太出类拔萃的画家，但是它的历史很深厚。

郭：水彩画独特的绘画语言决定了一个水彩画家除了研究写实，一生都必须在水的灵动与色的斑斓间寻找灵感与创作源泉。一个优秀的画家不仅需要自如驾驭手中的画笔，更重要的是达到作品与观者的共鸣，更调动起观众的情感。关老，您的水彩画无疑是这方面的典例。您刚才讲到英国，在这全世界水彩最权威的地域去办个人画展是非常宏大的一个构想，这也表现出了您的自信。

关：我想还是可以成功的，我有这个自信，因为我的作品曾获得观众热情的评论和激动的泪水。这证明他们认可了作品的艺术价值。要知道，人们观赏绘画作品是不会轻易流泪的，这与阅读文学作品和观赏影视作品是不同的。然而我却收获了许多观众激动的泪水，尽管他们的国籍和民族都不相同，但都不约而同地成了我的知音。这说明我的作品用它特有的语言讲述的一切，观众听懂了，画家与观众真的没有了距离，完全沟通了，这确实是对我的最高奖赏！当然，当人们购藏我的作品时，这也是另一种很大的褒奖。

郭：您的作品确实充满着振奋人心的情感。水彩画是光与色的艺术，在色彩的丰富度上，我觉得确实已经超过了咱们目前国内的油画。您觉得您的作品如果和西方的油画，比如文艺复兴时期的作品相比的话，这种色彩的表现是怎样的一种状态？

关：我觉得色彩是现代的色彩，是一种现代人的感觉，不像古代古典的色彩。现代人和古代人的感觉不一样，他是那个时代的风采，我们是这个时代的风采，时代在前进，不能固守一个形式。

郭：我们国画常说笔墨当随时代，您的作为表现的题材也好，色彩的应用也好，画面的构成也好，都是当代的一部分体裁。如美国画家安德烈·怀斯用一种非常"传统"的蛋彩手法来绘制水彩画，但表现出来的却是一种现代气息很强的情感和氛围。

关：对，当代的。不同的职业会造就人物不同的外在形象和气质，如矿工、医生、渔民、芭蕾演员。他们不同的外在形象和气质，就是由他们不同的职业和环境造就的，在大街上茫茫的人海中很难发现他们的踪影，这要靠画家自己去寻找去发现。因此，我喜欢到海岛、矿山、牧场、农庄，与不同的人结交，发现最具代表性的形象。由于我出身农家，对农民情有独钟，所以农民的朴实、渔民的强悍、儿童的天真，便是我之首寻。

郭：您常年致力于教学的同时，还积极倡导中国水彩艺术的普及和发展，默默无闻地为美术教育事业和水彩事业辛勤耕耘，做出了卓越的贡献。从艺术上来讲，您的风景和肖像水彩

水韵彩艺　超旷空灵——画家关维兴访谈录

关维兴　《麦田前的小女孩》　水彩画

关维兴 蒙古写生 水彩画

画已尽善尽美，相信未来您的艺术创作会走向另一个巅峰，同时会为国家培养出更多更高水准的学生。

关：这两件工作都非常有意义，本应该都做好，但一个人的能力和精力毕竟是有限的。况且我不在院校任职，我也没有精力自己创办学校，没有条件大批地教授学生，但我会利用可能的机会和适当的方式为他人做些辅导和教授。我还是要把主要的精力放到完善我的创作上，尽量能为观众们奉献出更为优秀的作品，为人类留下永久的纪念，虽然这很难！

金石焦来周穆字

黄庭始自晋人書

寶物在庭其光耀月

高丈廈野有志凌雲

風和曠野寶馬春行

明若日月 坚若金石
——康成元与他的书法艺术访谈录

采访手记：

康成元将军的书法以碑书为基、以爨书名世，重视对传统渊源的继承、探索和创新，主张转益多师、融会贯通。他的书法作品醇厚朴茂、风格独特；其画亦师法造化、水墨酣畅、自出机杼，可以称得上是一名书画兼备的军旅艺术家。

时间：2011 年 5 月 24 日

地点：北京康成元工作室

一、不激不厉，游刃有余

郭兴华（以下简称"郭"）：康将军您好！非常感谢您接受我们的专访，也很高兴能和您一起从一位军人的角度来探讨书法艺术，以及您的身份对书法的影响。您也可以谈谈对书法的理解，对艺术本体的理解，因为不论从技术性还是艺术高度来讲书法都具有很强的专业性。您有一个堪称完美的军人履历，我觉得您的书法既有王右军的"不激不厉，而风规自远"，也有颜真卿的力沉势足、大气磅礴，不知您是何时开始钻研书法的？

康成元（以下简称"康"）：钻研谈不上，喜欢书法可以从小学说起，从描红、写大仿开始，老师在某个字上画个红圈，再发给一个小红五角星，那我就高兴得不得了！那个时候常临

康成元书法

的范本是《多宝塔碑》《玄秘塔碑》之类，当时就是想把字写得好看一点，也没有什么书法的概念。到了1958年工作的时候开始学写舒同先生的字。舒同先生是当时山东省委的第一任书记，山东的《大众日报》《山东画报》等报头题词都是他写的。我搜集了当时他所书写的题词来学习，就这样学了十几年，但遗憾的是没能有机会当面聆听舒同先生在书法艺术方面的教诲。

郭：舒同先生是中国书法事业的继承者和开拓者，是中国书法家协会的创始人和第一届主席。他的书法宽博端庄、圆劲婉通，尊法而求新变，终自成一家，不乏追随者。不过想要自出机杼，恐怕还是要先入古，那之后您是怎样转向魏碑的呢？

康：你说得很对，不能只学近人，一定要先入古。1987年，我加入书协之后接触到了启功先生、欧阳中石先生等名家。在他们的指点下，我明白了书法要先深入传统，再从传统中走出来。后来我先后尝试临习《张迁碑》《乙瑛碑》《曹全碑》等，直到海军机关的丁振来同志寄给我一本《爨宝子碑》的拓片，从此与小爨结下不解之缘，一练就是二十多年，到现在可以说书法算是刚刚入门了。

郭：您太谦虚了，您现在对《爨宝子碑》的学习应该是颇有建树了。在这些年中，您都做过哪些努力呢？

康：为了融会贯通，十多年来，我收集了与《爨宝子碑》有关的碑版资料十多种，还临了《爨龙颜碑》《嵩高灵庙碑》等碑版。特别是当我收集到了1993年岭南出版社版的《晋爨宝字碑》（该碑为李济深先生收藏并题过跋，称作初出土拓本）

胜日寻芳泗水滨　无边光景一时新　等闲识得东风面　万紫千红总是春

朱熹诗　长人书

康成元书法

以后，如获至宝，受益匪浅。

郭：《爨宝子碑》上承汉隶，下启南北朝诸碑，所以说您之前临习的各种汉隶碑帖也为学习《爨宝子碑》做了铺垫。六朝碑版之所以高妙，正是因为他们的楷书是从隶书转化而来的，结构多奇特，坚强如铁，具有高度的创造性。您已经探究《爨宝子碑》多年，那您对它有怎样的印象？

康：《爨宝子碑》在隶楷之间，是今天我们所能见到的由隶过渡到楷的典型，其用笔结构已具楷书雏形。形态丰茂浑厚、古拙方整、聚散有致，舒展的笔画如长枪大戟，收敛的笔画如君子藏器，隐而不发。康有为在《广艺舟双楫》中写道："宝子碑端朴，若古佛之容。"就是说它给我们的印象如古刹中的佛像，神采威严而厚重古朴。

郭：是的，这是静的力量。书法与佛学、道教，包括易经的最高境界都相通，实际上就是一种静水流深的状态。比如说佛学讲空，讲无，并不是没有，而是一种无限；道家讲无为而无不为，其实也是一种很静的状态，但是这种静里面凝聚着力量。

康：这是一种非常强大的气场，此碑乍看平静方整，但细察之则奇变多姿，令人叫绝。深入到单字看，结构大小错落，奇正相生，即使是水旁的三个点，也体现出用笔轻重、大小、造型的不同。其不稳而稳、造险破险之处，不落蹊径。这种状态正是中国传统美学中的方圆、巧拙、动静、舒敛等对立统一辩证规律的体现。

郭：您的分析很到位，书法里的用笔用线体现了人的生命美学，阴阳虚实的美学，外柔内刚的美学，以及中庸之道，这些在您的作品中也有所体现。所谓字如其人，说明您的秉性气质和人生态度也是如此。如果您在做人上体会不到这样的智慧、这样的美，在书法里面就达不到这个境界，充其量是个哗众取宠的演员。

康：我虽然无法同古今书法大家相比，但是起码要坚持这样的方向，即使可能我们一生都达不到，也把学习书法作为这一生用来提高个人修为、修养的兴趣爱好。我曾经算过一笔账：现在每年差不多有52个双休日，再加上三次长假，一年就有三分之一的时间，大约120多天归你个人支配，扣除加班和其他因素，也有100来天的个人支配时间。毫不夸张地说，我把这些时间都用在读书写字上了。

郭：您算的这个时间让我很惊讶，这说明这个时间里您都沉浸在书法的造诣里面，能够在中国美术馆举办个人展览也就不足为奇了。这不仅映射着一种对别人的鼓励，还有对自己的激励，不是把名利放在第一位去做这件事，而是兴趣所在。天才来自勤奋，勤奋来自兴趣，这个兴趣又来自什么呢？我觉得书法世界成为您个人的宇宙，您在里面能够体会到快乐，如鱼得水。可能在外人看来这是一件无聊的事情，但您是自得其乐的。

康：兴趣是最好的老师。书法以外，我也喜欢画画，我最初是学画画的，上小学时，曾拜民间艺人王振英学工笔画，但是近几十年很少画了。

二、大道归真，物我相忘

郭：我看到您的画笔墨也很好，虽然不画了，但是对书法也一定有很深的影响吧？

康：影响是肯定有的，因为书画同源嘛。当然在我看来书法更难，因为书法就是线条加结构，表现非常的微妙；画是具象的，有点、线、面，更容易被别人接受和理解，当然一样也很高深。但是有好的书法基本功，画画的时候，你的线条、表现力、构图、位置就很容易表现，像或不像是次要的，写意画不是像或不像的问题，是要看意境的。

郭：是的，书画有意境，诗更是这样。我们知道您仅用《爨宝子碑》中403个字，作诗60余首，而且没有碑以外的字，这是相当有难度的。从这些诗中可以读出，您练书法不仅仅从书法的法度上而言，而且将个人对祖国、对民族一种言志情怀都融入书法当中，"百年陈疾嗟痛哀，一朝高歌唱归来，朝乡同乐在九州，小平威仪震四海"，这诗读来慷慨激昂。您是什么时候开始想要做这件事的呢？

康：我最初用爨碑集字作诗是受了秦萼生先生的影响。每有所思，就尝试着用这些小爨集字凑成"半律"表达我的一点感悟。有关重大事件的看法，有关于为官、做人、做事的心得等，都是我在乘火车、下部队或是上下班路上琢磨出来的。"莫道自书岁岁同，惟有宝子金石鸣；晋人风流始能得，不忘振来小爨情。"

浮舟沧海

立马昆仑

壬辰初秋 岂凡人书

康成元书法

太嶽狠狠故州郡江山壞俾撫子民
西風烈烈野夢魘天嘑遘我大海軍

百年國恥甲午炮聲猶在耳萬里海疆釣魚島風雲又起余在海軍服役半個世紀深感國恥之痛深知海防之重感慨係之茲錄近作晉爨寶子碑集字一首以為誌時維壬辰初秋山民人

陳毅同志詩一首 壬辰初秋山民人書

郭：短短几行诗道出了您的小爨情，其实落到我们的中国哲学上就是"文以载道、书以载道"。您的诗词作品都是自己对书写以及做人做事之道的有感而发，最后以书法作品形式呈现出来。从对临、背临、意临，到用碑字作诗，从古人的智慧当中汲取营养和能量，最终变成个人的一种表达。从书画到诗文，中国的传统文化在您的笔下发挥得淋漓尽致，您一定是下了不小的功夫的。

康：中国传统文化博大精深，书法的道路还很远，需要不断地摸索。严格地说，我才刚刚入门，所以还是在继续学习和积累的过程中。如你所说，学书必须要静下来，与古人对话，不张扬、不急于求成。"书道斯事本平常，幽汗玄穹任张扬；天道通处人道通，何将羽毛举天上？"这是我学习书法的感受，也以集字作诗的形式予以表达。

郭：您对书法艺术的追求是很执着的，集字联、集字诗前人有过，但像您坚持这么久，集诗数量这么多，下功夫这么深却很是难得。

康：时间算起来是不短了，但还是业余爱好，集字诗也只是"副产品"。

郭：历史上很多名家的传世书作往往是这种"副产品"，因为"无意于佳乃佳"，对书法的态度当中也道出了您一些个人的生活状态。这种生活状态造就了您的书法艺术，也给众多书法爱好者更多的启示。尤其是 2004 年在中国美术馆的展览更是用事实说明了这一点，展出的书画作品被给予很高的评价。

康：我当时办这个展览的初衷就是用我个人的经历来证实部队是一所大学校，在这个学校里可以学军事、学政治、学文化；证明我们解放军高级领导干部是有文化、有素养的，解放军的队伍是培养人才的。我也想通过这个展览来表达利国利民利军的思想。现代社会，人们的时间和精力都有限，很少有机会常处静中，我们这些人有责任将书法这一瑰宝传承下去。

郭：我们每个人都有这个责任。21 世纪给我们更多的启示是回归，包括习主席这次在文艺座谈会上的讲话也很透彻，有对传统文化的尊重，对传统文化我们要再追溯，是很有深度的。

康成元书法

三、行文犹布阵，运笔是将军

郭：古往今来，涌现了许多武艺超群、文章秀毓，而且写得一手气壮山河的好字的将军。如东晋琅琊王右军，他非但辅佐会稽郡王，历战顽敌，而且善工书法，精研书艺，所作《兰亭序》为历代学书者追捧。时隔四百年，在兵荒马乱中，出现了另一位风格截然不同的将军——颜真卿，他一生忠义清廉、正气冲宇，为历代忠义之士所敬重。那么，您作为一名军人，您认为军人身份对您的书法有多少影响呢？

康：王羲之在《题卫夫人〈笔阵图〉后》说："夫纸者阵也，笔者刀稍也，墨者鍪甲也，水砚者城池也，心意者将军也……"书法创作就是一个"布阵"的过程，一幅作品的整体布局和安排，犹如战场上的兵力部署与行动，主要有字与字、行与行之间的呼应关系。王羲之就曾把毛笔比作领兵打仗的将军："笔是将军，故须持重。"下笔要像将军发布命令一样慎重，不可操之过急。

郭：从王右军的这一比喻中，可见毛笔的地位之高。由此可见，书法确实与军事有很多相通之处，书法中的笔势和书势大抵就是受《孙子兵法》中的"势"启发而来吧。

康：军人身份对书法的影响还表现在，习书强调要有"字外功"，有军事阅历的人具有得天独厚的条件，自然而然地会把军事辩证思维带进艺术辩证法中。军旅之人南征北战，经多识广，虽或许没有"读万卷书"，但做到了"行万里路"，胸中有一种特殊的正义、刚烈、豪迈的"书卷之气"。军人的这种气质会自然流露于书法创作当中，雄浑朴茂、神完气足、气象恢宏、苍茫劲健，给人以强烈的视觉冲击和震撼。

郭：我在您的作品中也看到了这样的气象，阳刚、大气是军人书风的代表。您选择了《爨宝子碑》这样一个书体，从笔法到结构，到整体的外线，都是一种很敦厚、大气的书体，这与您骨子里的军人气质是紧密联系的。军人书法不是只有刚性，还有个人修养和民族美学中外柔内刚的审美追求融入其中。您对中国传统书法艺术的审美追求怎么看？

康：现代书法蜕变巨大，有些人用西方的美学理念来诠释中国的书法，我认为是张冠李戴。书法抽象的点线中应该综合地体现出作者毕生的文学、艺术修养，以及作者本心所出的真情实感。王羲之《兰亭序》之所以被誉为"天下第一行书"，除了技巧上的精湛，还与它反映出了魏晋士大夫洒脱、清静、会心以远的特定趣味有密切关系。颜真卿也是，他的书法源于铭石之书，加上儒家的务实与刚正的性格，故每写一笔，都体现出一种实实在在的存在感，所谓充实之为美。

郭：欧阳修在《集古录》中赞："鲁公忠义之节，明若日月，而坚若金石，自可以光后世传无穷。"颜真卿书法更是笃志于一生，意尽秦汉之碑，势越晋唐之迹，外法自然，内效心灵，卓然成为有唐以来第一大家。所以说书家的品质和性格对其书法成就影响重大。从您的人生经历来看，您为官到这个程度，也不是一般人可以做到的。

康："朝任官吏称将相，清都紫府耀冠裳，绊人惟有名与利，荣枯相别自赦放"，对于为官，我是这样的感悟。我只是保持一个平常心，踏实做自己喜欢的事情。军旅生涯半个世纪里，军队这个大环境对我个人性格气质的塑造和养成，让我慢慢开始领悟生活和书法艺术的真谛。张怀瓘《书断》曰："艺成而下，德成而上……万事无情，胜寄在我，或视迹而合趣，或染翰而得人。"写字前还是要先做人。

郭：艺术品能够体现艺术家高尚的人格与独立不易的个性，是历代艺术大家所追求的目标。例如，柳公权"心正则笔正"，黄庭坚"学书须胸中有道义"，苏东坡"古之论书者，兼论其生平。苟非其人，虽工不贵也"。要写出好字先要有高尚的人格，而人格的修炼，主要在于心灵的净化，要胸襟旷达，超然物外，视功名、权势、富贵为身外之物，以静虚之心返璞归真。

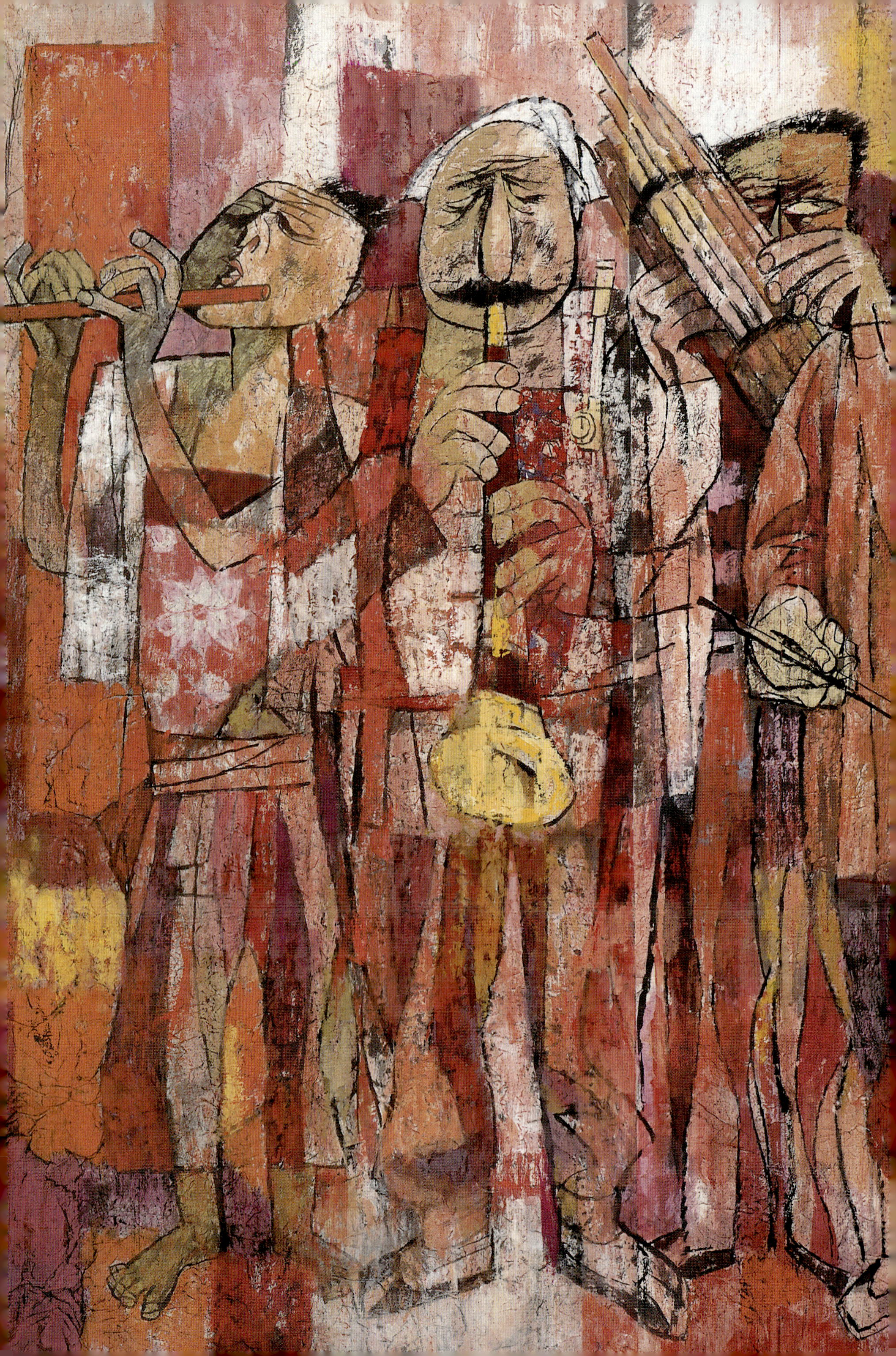

万殊归理
——美术家杨力舟、王迎春访谈录

采访手记：

中国画自古以来一直在"变"，近代以来，这种变化更加剧烈和急速。然而，"万变不离其宗"，这个"宗"就是中国画根本的艺术规律，就是"常理"。"常理之不可失"，就是画画要讲究物理、情理和画理。"法"可以变，某些审美趣味可以变，一些根本的理还是没有变，或者说没有根本的改变。

时间：2011年12月8日
地点：北京杨力舟、王迎春寓所

郭兴华（以下简称"郭"）：王老师，杨老师，二位老师好！非常荣幸也非常难得今天可以请到两位老师来我们的栏目做客。两位老师是我们美术界令人羡慕的"画坛伉俪"，合作的很多大画是新中国美术史中不可多得的佳作。

杨力舟（以下简称"杨"）：谢谢！我们的默契是长期磨合的结果，从上附中时就是同学，对艺术都特别执着，有共同的追求。从1984年我被调到文化部干行政工作开始，一直到2007年这么长一段时间，我们再没有合作过。直到2007年文化部、财政部联合实施重大历史题材美术创作工程，其中有关于太行山题材选题，由于之前我们有一起合作的基础，那里是我们的家乡，有一种特殊的感情，所以就承担了这个题材的任务。

一、中西融会

郭：《太行烽火》这幅作品在美术馆展览时我看到了，当时觉得两位老师肯定有很多新想法，就想哪天有机会见面一定要当面请教，没想到这么快就实现了。

王迎春、杨力舟 《挖山不止》 国画

杨力舟 《飞动的彩云》 国画

郭：有一种观点认为，中国现代人物画是中西融合的产物。笼统地讲，这是有道理的，徐蒋体系、新浙派人物画等不同派别，甚至像黄胄这样单个艺术家的探索，都没有跳出这个范畴，但是他们的价值就在于他们的个性，不可一概而论。确实，如果没有融合，当年这些画家不可能画出表现现实生活的现代人物画，但是，这仅仅还停留在一种感觉层面，缺少必要的学术反思和深度剖析。比如我们说北京人的语言特点时，只说这是中国话，话虽不错，但是等于没有回答；只有在细致区分了北京话与其他地方方言的区别时，才算是说到了点子上。

我想，因为有异质文化的冲击，才会有所谓融合的问题。这个异质，就是素描及整个西方绘画体系。无论是学习经历还是创作历程，两位老师都见证了、亲历了这条融合之路，我们也看到这么多年来您们所作的艰辛努力，像我们熟知的《挖山不止》《黄河在咆哮》，还有《太行铁壁》等等，都是新中国美术史中重要的艺术作品。

王迎春（以下简称"王"）：《挖山不止》这幅画入选了1973年的全国美展，在当时影响比较大。当年我们在太原的时候，被借调到大寨展览馆，对大寨的生活比较熟悉，耳濡目染。我们切身感受到，大寨精神是一种愚公移山的精神，于是以此为出发点，白天下地干活，收工之后连夜画素描稿。画中的陈永贵迎风冒雪，带领乡亲战天斗地，挖山不止。我们对陈永贵比较熟悉，早在1963年就给他画过像，那时他还没当全国劳模呢。为创作这幅作品，我们为陈永贵画像，并请他签名，老陈笑着说："我这两天刚学会写'陈永贵'这三个字，这会儿就用上了。"

杨：我们年轻时的实践受时代的影响，大多是画大画。这幅画有两米多高。我们认为绘画是要直接面对生活的，画具体的人，没有直观的感受是画不好的，这就是我们的创作经验。为什么总觉得"文革"时期画领袖的一些作品不够生动，就是因为光有对领袖崇拜的热情，却没有接触过，没有直观的感觉，只是概念。我们很珍惜陈永贵给我们提供的生活，就把他的名字写在了前面。在造型上素描起到很大的作用，如果没有结构线、运动线来把握形体，而只是小的笔触就软了，所以这张画的形体也是很好的。

王迎春、杨力舟 《黄河在咆哮》 国画

郭：《挖山不止》这幅作品以仰视的视角画了主要人物，突出了英雄人物形象。人物脚下的山石呈90度夹角，画面的几何结构呈现出极大的力度感，与山石的皴法共同营造了整幅画的大势。次要人物和环境则起到了烘托气氛的作用。把机械的形破一点，也帮助了主体势的体现；加之次要人物的眼神引导观众将目光集中在中心人物身上，也是一种势的渲染。这幅画并不是传统意义上的中国画构图方式，却极其成功地塑造了人物形象，在技术上有所突破。

王：中国画有中国画自身的特点，同样有其自身的局限。这幅画在笔墨造型方面掌握得不错。用线条、笔墨能够画得这么饱满，中心人物的脸画得这么结实，这在过去传统中国画里是很难做到的，所以在专业队伍里评价也比较高，好多水墨画教材就选用了这张画。

杨：我们两个人所受的都是美术学院的专业训练，虽然当时整个教育体系还在摸索当中，但是素描无疑是我们的必修基础课。应该说我们受蒋兆和先生影响多一点。蒋先生在《流民图》上表现得非常好。我们在学习和创作都有所比较，在处理《挖山不止》中的人物时，把形象、体量感和笔墨结合在了一起，不是简单地穿插素描关系，所以人物脸上的每一块肌肉，包括染的颜色都很结实。

王：中国人物画的发展经历了非常曲折艰辛的过程，我认为首先就是观念上的转变。什么是中国画？这个问题是一个既尖锐又亟待解答的问题，更是一个画家立场的问题。有些国画家认为，蒋先生那样的处理方式不像中国画，但是从传统程式中却找不到可用的办法。怎么办？只有一代又一代的画家不断地摸索，不断地试错，不断地调整。中国画中没有明暗，只有阴阳，用阴阳可以解释客观的明暗关系，也可以转化为画面的主观处理，更为自由。我们就是要努力找到契合点，直接用颜色把这种体面关系画出来，但明暗又不突出。

郭：艺术要反映生活。创作人物画时，传统的笔墨中没有太多可直接借鉴的程式，这是中国的画家必须面对的问题。西方素描被引进中国，"以西润中"成为中国画改造的大趋势。苏派素描、契斯恰科夫素描教学的译介对建立中国美术学院教学体系功不可没，在当时的历史条件下，根本顾不上从艺术的本体上过多地去考虑。事实上，大家都在走这条路，但却有技术和思维层次的区别。

杨：那个时候，利用明暗，并把它变成笔触，这个思路比较清晰。比如衣服和裤子都是这样的处理方式，明暗交界线抓住45度斜毛笔皴擦。大家也觉得，我们那时头脑清醒，使这张画在学术上有价值。画具体人物就有这个问题，一直到现在都存在这个问题，要把画画得深刻，要具象，要用大写意的手法，有很多复杂的技术上的转换。

王迎春、杨力舟　《太行烽火》　国画

二、形式突破

郭：回顾百年来中国现代人物画发展的进程，可以概括为解决了两个层次的矛盾，第一是表现内容和笔墨形式之间的矛盾，第二是艺术形式内部中西两大体系的矛盾。应该说，用笔墨塑造形象的问题在改革开放之前已经得到了有效的解决，那么，在新时期来临之时，当内容不再成为束缚艺术家的枷锁，形式问题也就是艺术的本体问题则应成为艺术家思考的重点。

二位老师是勤于思考敢于践行的人，大时代在转变，我们看到二位老师的作品也在不断地作出回应。比如1977年《黄河在咆哮》是二位老师的毕业创作，获得了叶浅予奖学金。当时是怎样的一种契机使得两位老师可以脱开旧有的写实风格，用如此有力的笔墨挥写这种博大豪放的民族精神的？

王：我们在美院学习了两年，第一是眼界开阔了，第二是思维活跃了。叶浅予先生是我们的导师，我们就向叶先生提出来，说我们想画大画。叶先生就说，艺术没有大小之分，怎么还有大画和小画呢。我说，我们觉得大画和小画的容量还是不一样，我们想试一试宣纸的承载力怎么样。叶先生也知道我们在西安美院读本科时受刘文西老师的影响，说可以试一试，就同意了。

杨：起初不是这个构思。那时我们晚上在学校看电视，正好在放钢琴协奏曲《黄河大合唱》，非常振奋。另外，我们出生在山西，学习在陕西，经常过黄河，有坐船、蹚水的体验。我们决定毕业创作就画冼星海的黄河大合唱，准备画三幅画，中间是黄河在咆哮，一边是黄河愤，一边是黄河怨。

王：后来侧重于发表中间这一幅，因为其中蕴含着和现实生活结合的一种寓意。"文革"中人人自危，人与人之间互相争斗，国家经济已经到了崩溃的边缘，我们对中华民族感到万分担忧。我们需要团结起来，只有团结一致才能渡过难关，才能渡过险滩。我们去黄河壶口体验生活时，老船工给我们讲，黄河对面的峭壁上有一座庙叫艄公庙，就是用来提醒船工，在黄河拐弯的地方一定要注意。艄公庙下面就是漩涡，如果大家劲不往一处使，很容易被漩涡给卷下去，所以大家一定要团结一致。联系到中国当时的状况，"文革"刚刚结束，派系的流毒还很严重，我们发自内心地呼唤全国上下要一心，重新搞好

杨力舟 《腾风万里》 国画

国家建设。黄河在咆哮，是一种呐喊，一种民族复兴的呼喊，而不仅仅是一张黄河大合唱的图示。

郭：我确实从黄河水的气势、夸张的人物表现等方面，感受到创作者饱满、债张的情绪，给人以磅礴大气之感。

杨：在构图气势的问题上，叶浅予先生还是高人一筹。我们一开始只注意到要突出人物，叶先生一看不行，要求重画。他说，你们是画人物的，要突出人物，这个可以理解，但是没有水，人物的力量怎么体现呢？一下就把我们给点醒了。

王：叶先生说，样板戏里的郭建光如果还没打枪，敌人就倒下来了，怎么能体现敌人的凶狠和我们的英雄勇敢呢。敌人也很顽强，也很凶恶，现在这个黄河就是"敌人"，我们要和黄河搏斗，必须要体现水的凶险。

杨：回去后，我们马上调整了构图，把水在画面中的比重加大，把人物缩小。水的力度用"S"形表现，使它有了透视关系。在技术上，借鉴了马远的水法，用勾线的方法。同时，通过颜色冷暖的变化，来增加空间感和层次感。人物正好把明暗减弱，也是以线为主，如果加强明暗，人物形象就太碎了。人物大多是半裸体的结构，是块面性质的，用颜色把它体现出来，这又是一种油画的感觉。

王：还有的老师说，黄河的岸哪儿去了？黄河水之于中华民族是一种意象，是一种精神的象征。水在画面中是有多种作用的，造势是最重要的。中国传统绘画教给我们计白当黑的手法，言有尽而意无穷。

郭：《太行铁壁》是第六届美展的金奖作品。绘画的形式很好地体现了主题，让人耳目一新。细细来分析这张作品，有很多可圈可点之处。《太行铁壁》是《挖山不止》的一种延续，我们在《挖山不止》中已经看到了西画构图的特点，在《太行铁壁》中可以看到这种尝试的深入。整幅画都是方硬的角，并把传统山水画的皴擦技法运用到了人物画创作中，是艺术语言再次取得突破性进展的力作。

王：自1975年始，我们有八九年的时间在太行山调查研究，体验，孕育。受朱德、彭德怀、邓小平等共和国元勋同老百姓关系亲密、军民携手并肩如铜墙铁壁共同抵御外侮的历史事实的启发；黄崖洞群峰壁立如雕塑似的形式感，为我们提供了绘

杨力舟 《鸿运骏马》 国画

画语言的图式，最终确立了以高山寓意不可战胜的人民力量的象征性构图。由将军和农民战士组成的群像，与雄伟的太行群山融为一体，创造了一种纪念碑式的视觉效果。

郭：以往此类题材往往是通过战争场面来表现，现在以群雕式的人物塑造出山体的效果，通过太行精神来映射伟大的革命精神，以象征和喻义的方式把这种精神体现得更加深刻。

三、不懈探索

郭：20世纪80年代，周思聪、卢沉开始了画风转变，以"变形"的视觉结构方式来超越写实的视觉规范。这种超越的基础，来源于西方现代主义绘画的观念和结构方式，来自对传统笔墨资源的重新整合与利用。不过，周思聪、卢沉的"开放与超越"的意义，更多地还体现在对写实的突破和对自我的突破上。所以，周、卢被认为是"最早对写实绘画发起挑战的写实高手"。我则认为，周、卢由"写实"转向"变形"这一现象，表达的是在新的开放性的社会文化环境中，"写实水墨"对自身存在问题的反思和修正。二位老师同样是写实绘画的高手，也在尝试利用西方现代绘画观念丰富中国画形式语言，《太行烽火》就是最好的例证。

杨：这个战场的局面完全是立体派构图的办法，如果把烟雾真实地画出来，这个画面是很乱的，所以要形成一种黑白的有一点装饰性的力度。这是拼贴的，层次很多，贴了很多，局部的烟雾很复杂。你近看以后，会有爆炸的感觉，燃烧的感觉；远看则是一个大的气氛，和这个号角是吻合的。所以在整体和局部是下了很大功夫的。

郭：立体派是富有理念的艺术流派，主要目的是追求一种在形式的排列组合中所产生的美感。它不是具象世界，而是画家心中的意象。《太行烽火》这幅画通过具象的人物刻画和意象表现的有机结合，创造一个新的绘画空间，使观者从感官视觉过渡到观念视觉，是绘画语言上又一次新的突破。

杨：当然，在创作中我们不能固守某一种原则，而是发动一切手段为主题服务。中国画论里很早就有"以一当十"的论述。这幅画表现日本人的残酷就用了一个形象的手法。在近现代人物画作品中也有很好的范例，比如作品《转战陕北》就堪称典范。作品通过毛主席一个人物形象，就把千军万马表现了出来。"以

王迎春　《慈母手中线》　国画

一当十，以少见多"是传统中国画的一种原则。在这种大型创作里面不能搞人海战术，你搞再多的人，特别是咱们中国画，很难把形象塑造得那么丰富，且容易雷同。用咱们国画的说法叫千人一面。黄胄先生画了很多生动的画面，但在人物塑造上也就那么几个人。在这方面，列宾·斯利科夫为什么得到全世界的认可，因为他塑造了很多丰富的人物形象。我们一直在这个方面想做点努力。

郭：我们看到，近些年来，很多中国人物画艺术家都在各个角度做出了不懈的努力，也取得了一些成果。对于传统中没有太多可借鉴的当代中国人物画创作而言，还是有很大的发展空间和可能，二位老师是成功的，对此有何感想？

王：成功不敢说，但是我觉得，在美术史上最重要的一点就是艺术发展的脉络，尤其是中国画。我一直认为我们中国传统的花鸟画、山水画发展得非常完善、非常成熟，已经达到了很高的一个水平。这对我们来说是一件幸事，有这么丰厚的技法和艺术语言能够供我们借鉴学习也是我们的福气。在世界上来说我们独树一帜，但是相对来说人物画就是比较薄弱的一个环节。流传下来的人物画表现技法、手法比较单一，就是勾线、平涂，甚至连造型问题也不能完全解决。所以，当时徐悲鸿才下决心把国外科学的造型引进中国。到现在我们把造型问题基本解决了，但是在表现手法、笔墨处理方面还有待丰富，是不是中国画表现人物就只能那么单线平涂呢？

20世纪五六十年代，蒋兆和、方增先等都在探索，这是由传统向现代化转型的过程。他们探索了一辈子，我们也是跟着他们的足迹继续探索。是不是中国人物画将来的面貌就是现在这个样子？是不是完善了？是不是达到了一种很成熟的状态？我认为还没有达到。西方现代艺术丢掉了最可贵的写实传统，而我们却接续了这个传统，这条路还在走，可能还要走几十年上百年，但是我们应该自信。不管怎么说，我们在传统基础上吸收了西方的东西，我们已经往前走了。

郭：二位老师一直认为自己还没有能力确立自己的创作风格，是不是基于这种原因？

杨：我们一直在努力，这或许是我们几代人的使命，我们自己也感到很神圣。尽管说我们在确定个人风格方面要晚一点，也是因为这个使命太重了，不是你一下子就可以把它固定下来的。当然功力方面的话，我可以一招鲜，吃遍天，但是从使命方面考虑，我们觉得还需要继续。

郭：的确，中国人物画的发展任重而道远，这种使命虽然沉重但是很有意义，希望二位老师在创作的研究和实践中取得更大的突破。

王：李可染先生说，以最大的功力打进去，以最大的勇气打出来。我们还要以最大的热情走出去，以最大的自信走回来。

生命的红飘带
——"红色经典"画家沈尧伊访谈录

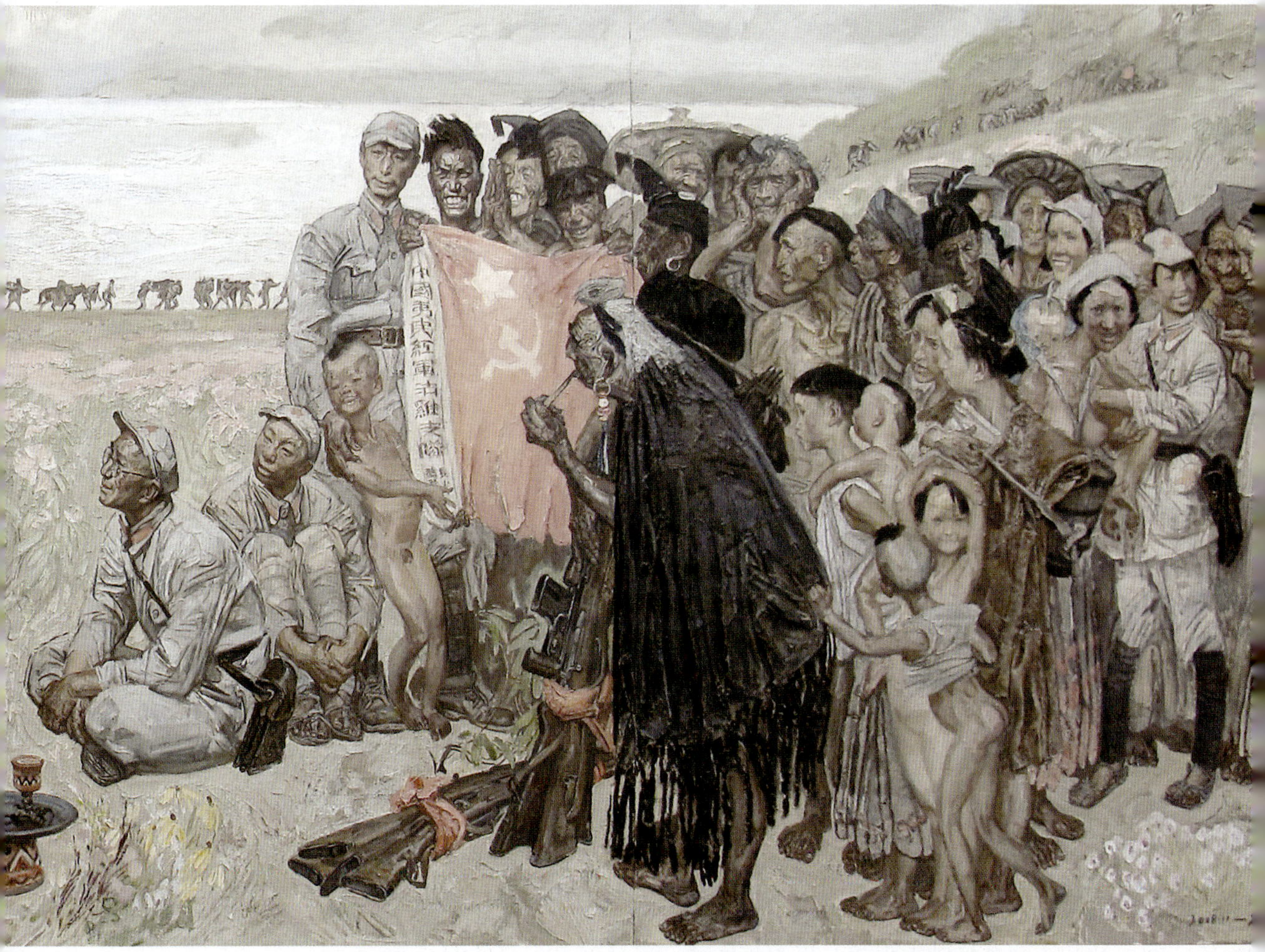

采访手记：

> 沈尧伊的连环画巨作《地球的红飘带》已经成为20世纪中国现实主义美术的代表，曾经引起美术界的轰动。他多年来笔耕不辍，还涉猎了其他媒材的创作，比如油画、版画，同样取得了十分丰硕的成果。此外，他还创作了一些风景小品，意趣盎然，丰富多彩，足见他对生活的热爱。

时间：2011年12月8日

地点：沈尧伊先生工作室

一、历史的真实，真实的历史

郭兴华（下文简称"郭"）：我们都非常喜欢您的连环画《地球的红飘带》，可以说这件作品曾经影响了一代人。从一些材料中，我们得知您曾经几次重走长征路，实在是了不起！虽然画家写生、采风是创作前的必需准备，但毕竟长征路并不好走，绝非儿戏，您当时怎么会有这么大的勇气去将之付诸行动呢？

沈尧伊（下文简称"沈"）：20世纪70年代我走了两次长征路，后来画"红飘带"去了两次，2005年我又专程去了一次，2006年去了趟彝族区，每次都是因不同的作品收集材料而去的。对于一个画家来说，创作前的写生是必需的，这是挺正常的事。其实，我一定要去长征路上走一走、看一看的原因，从根本上来说与我对历史的看法有关。我认为，历史是过去的现实，没有切实可靠的史实依据就没有意义，要把历史完整地展现出来，就必须真实。我愿意画历史题材画，喜欢研究历史，随着接触的史料和实物素材越来越多、越来越广泛，就逐渐有了自己的想法，也慢慢融入自己的创作中了。

1985年，正好赶上筹备纪念长征胜利50周年，许多历史资料渐渐浮出了水面。那时候老干部刚刚获得平反，社会的环境越来越宽松了，采访起来很方便。他们愿意说，也敢说，以前不能触碰的问题，例如长征中困难的、尴尬的境况，都可以进入公众的语境中了。我们以前讲到爬雪山过草地时，盲目地夸大了"人定胜天"的作用，仿佛长征时"山也乐，水也乐"，很轻松地就渡过了难关。细想起来，这并不是维护我们革命的正面形象，反而是将取得胜利的艰难过程简单化了。

郭：现在主流媒体的宣传越来越客观、越全面了，人们可以在更为开放的语境下思考中国革命的历程，反思以前的利弊得失。长征作为一种精神，应该为后人继承；作为一种历史的经验，更应该在研究的基础之上为后人所借鉴。红军走过了"无人区""不毛之地"，这些事件都是中国革命的宝贵财富。

沈：静下来想一想，整个长征过程没有一段是可以欢天喜地地过去的，从头到尾都是极其困苦的。现在我们一说西藏，就是蔚蓝的天空、不染凡尘的朝圣之地。在红军长征时，藏族聚居的那个地方，即便夏天也特别冷，再加上没有汉民，语言也不通，通过这些都可以想见红军当时的艰苦境况。

那个时候，汉族和少数民族的关系相当紧张，因为互相并不了解，所以心里都有戒备。比如彝族聚居区是禁地，汉族人几十年都不敢进去，就连大部队通过，也可能被打黑枪。后来我们的部队克服种种困难进去了，都是人嘛，只要真诚，总会人心换人心的。你们看到的这幅画，还有其他的一些，都表现了彝族兄弟和红军的深厚情谊。这些都要你自己设身处地地去体会，才能感受到。后来我慢慢地领会了，真实的东西最感人，才是深深打动我的。

郭：很多材料里确实都有这方面的记载，长征不仅要战胜自然环境，还要妥善地处理各方面的关系，不断宣传我们党的政策。我也读过一些关于彝族同胞和红军的故事，确实很感人。我们是否可以这样来理解，历史的真实是有力量的，尤其对于一个艺术家来讲，是一种创作的源泉。当时你看到了这种真实，然后又迫切地需要用一种自己的方式把它表达出来？

沈：对。我认为历史像一个立方体，每个面都是一个独立的平面，六个面加起来就组成一个立体的形态；而且这六个面还有很多中间面。很难说这些中间面是光明的，还是黑暗的。这些都是历史，把这些面都弄清楚了以后，你就了解了真正的历史。

恰好当时有个机会。1987年，出版社本来想搞个比较好的展览，后来因为一些原因没有弄成，但是他们知道我在画这个题材，就来找我。这时，主客观的要求刚好相吻合，我说我很想画这个内容，因为它很丰富，事件、情境、人物等方方面面都包括在其中了。有些生活的细节通过单幅作品，或者纯粹的架上绘画中不容易得到体现，但连环画就不同，它可以通过多幅连续的作品，从不同层面表现，所以我马上就答应了。我当时想用十年做出一个经典的作品，出版社当然不同意，最多给我三年时间。因为出版是有周期的，要是一等十年我们都得喝西北风去了。其实最后弄来弄去也有五年了，就等于一年出一本。当时我才40多岁，正是年富力强的时候，连续画了几年，把全部的精力都投入到这个画里边去了。

郭：按您当初的设想，十年创作一件作品，沈老师真是位执着的人，能够坚守自己的艺术信念，不为外界所干扰。即便五年创作一件作品现在也是无法想象的，有哪些艺术家愿意耗费自己五年的时间在一件作品中呢？

沈：其实我当时没有那么多想法，只有一个基本的信念，那就是真实。只要是当时的过来人说这个就是这样，对我来讲就是最高的评价。只要文学作品中写到的地方，画中要触及的地方，我都要亲自去，我一定要把当时真实的环境、道具以及各个方面，一一考证了才安心。虽然有的地方拆掉了，有的毁了，但是大环境还是可以参考的。然后通过采访，根据史学家比较可靠的材料把它复原，再拿给当地年纪大的老人证实。资料收集完了以后，我再把画的情节放进去。

郭：您的做法已经超越了绘画中简单写实的观念，而升华为一种对历史的忠诚。

沈：也许往大的方面来说是这样的。但实在地说，我采取的是一种负责的态度，只要我画到这一段，那就是我去过的，我可以保证它是真实的。当然也会反复琢磨对比一些历史照片，以使观众身临其境。我必须做到这一点，绝不能马虎。瞎编乱造就是对不住历史，这是凭良心做事情。

二、时代的思考，思考的时代

郭：沈老师，您并不是军旅画家，却一直钟情于军事题材的创作，且取得了丰硕的成果，您能不能具体谈一谈您是如何与这一题材结缘的？

沈：是的，我一直在做长征的题材，而且今年打算把它做完，其实我是对历史感兴趣。通过对历史材料的梳理，我发现红军长征过程中的图像资料非常少，受当时的条件所限，不可能有过多的影像资料保存下来。关于这段历史的记载除了实物、文字就是空白了，我就承担了部分再现历史图像的任务。对于我们的革命乃至今天的社会主义建设，长征都是非常重要的经验。如果仔细研究，从古今中外人类的军事转移史来看，长征是独一无二的，因为它成功地体现了一个有理想的、有团队意识的、克服万难的精神，即便在人类生存史上也是一件了不得的事情，所以我越来越觉得这是一个丰富的宝库，越关注越觉得有可以深挖的素材。

郭：我认为这已经不只是关于艺术创作中题材选择的问题了，而更体现了一种对社会的担当。

沈：这里有责任，也有个人的喜好。我也不全是画历史题材，风景啊、动物啊，等等，我都画，但是要把它们和现实生活、历史结合起来。我还画些关于生活的风俗画，都与历史形成相互的参照，你会发现现在与历史不是割裂的，而是有关联的。

在长征路上，我想的是历史，但是我看到的却是现实。比如，我在藏区看到两种房子，一种老房子是碉楼状的，高高的；另一种新房子很宽，有很大的阳台，这两种不同的房子完全是历史的痕迹。以前兵荒马乱，安全是第一位的，所以老房子是那个样子，彝族、羌族甚至汉族住的也是碉楼状的，里头大外头小，典型的防御工事，都是为了防土匪。这些事情很有趣，都是值得思索的东西。

郭：这么多年来，您一直坚持创作自己喜欢的主题，可是时代是不断变化的，您不担心落后于时代吗？您是怎么看待个人价值和时代需要之间的关系的？

沈：我觉得，艺术的根本还是用个性来评估的，通过你本人对历史的认识和表现来体现美的价值，我就是抱着这种想法去做的。一个艺术家的价值，不是你画了多么标新立异的题材，而是你用什么样的语言去表达，用什么样的心态去创作。现在，有些年轻人画了些以前不会入画、不能入画的素材，确实很聪明，很会抢人"眼球"，但那终究只是一些小情趣的表达，不能载入画史和历史。况且还有些不健康甚至不堪入目的因素在内，对当代既没有什么现实意义，又不能引起人们的反思，这样慢慢就会被历史所遗忘，这样的画也就没什么价值了。我们不能为了追赶潮流而放弃了自我，也不能因为一己的私欲而隔

161

绝了与时代的联系。

郭：您的这些以长征为基础的军事题材绘画，在市场的关注度上肯定有一些变化。当代艺术市场这么热，而我们军队画家这个群体，或是地方上进行军事题材、主题性绘画创作的画家，在市场上都不同程度地受到冷落。您怎么看这个问题？

沈：你看我这个钢结构的工作室，是我的心血，也了了我一辈子的愿望。我要画大画，就要有这么个大画室。以前没有条件，到处找地方画画，现在终于可以安心地做点自己喜欢的事了。当年画长征的时候，我把草图送上门去，人家给了四万块钱的劳务费，我拿去出了一本画册花了五万，自己还贴了不少钱，一直就是这么干的。人家说，你真是亏死了，这拿去拍卖不得上百万？我说，我这个人的脑瓜不是那么转的，我转不到那儿去。

宋庄这一块，可能除我以外，大多是做当代艺术的。年轻人不容易，压力大，物质上的积累也是必需的，这个我能理解。但是，人还是要有点信念的，我是个笨人，一辈子就只做了这么一件事。

张：现代社会中，创作和欣赏的方式都更加多元化，常常有人说我们军事题材绘画过时、创作语言模式化等等，您怎么看？

沈：军事题材本身是丰富的，就看你怎么理解、怎么认识了。我对当代艺术有过一些研究，觉得搞这些的人思路很开阔，利用了很多资源。但真正的现代或者当代艺术，应该是在保存人类最优秀的文化基础之上的，可以解放思想，但绝不能背弃过去。

三、艺术的生活，生活的艺术

郭：通过和您的交谈，我们觉得您是一位特别朴实、真诚的长者，您的画也非常真实、大气。

沈：我这个人本身，或者说我们那一代人都是很质朴的，比较喜欢朴素和雄浑的美。

郭：您的作品确实做得很深入，无论是技术，还是文献考察的深度上，都不是一般人所能达到的，当代的很多年轻人与您相比是过于浮躁了。您在建军80周年的那幅作品，与之前《遵义会议》那幅有很大差别，您在美术界已经是位具有很高影响力的长辈了，但是直到今天，还在艺术上不断探索创新，每次都给人眼前一亮的感觉，真是令人敬佩。

生命的红飘带——"红色经典"画家沈尧伊访谈录

沈尧伊 《地球的红飘带》（局部） 连环画

沈尧伊　《地球的红飘带》（局部）　连环画

沈：绘画中的不断尝试，对于艺术家来说再寻常不过了，我只是希望我的画能够一张比一张好就足够了。

画画是要下笨功夫的，来不得半点侥幸心理，就像长征一样，要脚踏实地、一步一个脚印地走完才成。现在我退休了，有时间细细地想些问题，琢磨琢磨以前没有研究透的事情了。画画是我的爱好，也是我的生活，每天画一点，也不用赶任务，挺舒服、挺愉快的。

郭：沈老师，我们看到您用不同媒材创作的作品，都非常精彩。您以前在中央美术学院李桦工作室学的是版画，那么您最早是从什么时候开始油画创作的呢？

沈：李桦先生是我的老师，是个为人特别好的老头，他的作品比较刚硬，比较清晰。那时候，他天天来画室手把着手告诉我们要如何去做，怎么在技法上把握，非常严谨，还把自己的书都拿到工作室，让我们随便翻阅。他的言传身教对我的影响挺大的，后来我自己当了老师，也是这么教我的学生的。

开始画油画是1975年的事了，也没跟别人学，就是自己通过创作琢磨的。《遵义会议》是1994年画的，在《地球的红飘带》画完以后。我认为，连环画虽然有很强的叙事性，但是艺术语言相对单薄，而油画在表达空间、场景、人物等技术方面又具有优势，且单幅画作能够更加集中地表现冲突和矛盾。凡是跟画画有关的事情我都愿意去体验，于是马上就进入到油画创作的阶段。

郭：我发现，这些年您在空间和技术上做了相应的调整，笔法上也有了很大的变化，加入了一些中国画的写意元素。

沈：实际上，一方面我希望我的画要有意境，有真实的感觉；另一方面，希望绘画与现实结合得贴切、协调些，比如线条、色彩要表现空间。我画油画最重要的原因是，油画表现历史更充分，版画的语言虽然清楚，但是比较少，国画则不适合表现具体场景。于是，这里面出现了一个矛盾，油画各因素的表达太过充分就会像照片一样，很没有意思，所以很难做到既要有语言又要充分。恰恰是这个矛盾给画家留下了创作空间。我们回头看看美术史，在摄影技术出现以后，西方马上就产生了印象主义、抽象主义，一直到后现代主义，它的观念概括地讲就是逐渐地脱离了写实主义。当然，现实主义是沿着另外一条路在走，也在不断加强自身的语言和个性。

沈尧伊　《地球的红飘带》（局部）　连环画

　　摄影的出现，确实是艺术史上的大事，绘画受到极大冲击，毫不夸张地说差点被颠覆，这就要求画家的画要和影像拉开距离。油画是全因素的画种，有个性、风格语言，而且有技术，但没必要画得跟照片一样。

　　很多人说，从现代主义走到抽象、后现代，走到了绝路，艺术都理性化了，可是艺术能理性吗？所以艺术也被否定了。

路不能走绝，现实主义并不是所谓的"写实主义"。历史题材毕竟还是有一定的限制，不能过分强调抽象，但必须有抽象的语言，否则就没了个性。

郭：我可不可以这样理解，您虽然画油画，但骨子里还是非常注重中国传统的。您的版画也是一样，注重线条，注重写实与抽象之间的区别和联系，就如同中国道家思想中若即若离非即非离的境界。

郭：对，齐白石也说似与不似之间，关键是要把握好这个度。

沈：是，我们中国的学问里头就不走极端。我现在特别担心的就是，当今整个美术界受影像的影响太大了，很多作品一看就是照片的翻版。这实在是没有办法的事，影像太发达了，我也借鉴照片，但一定要和它拉开距离，不拉开距离画家就没有存在的必要了。

郭：画照片、画成照片一样，已经成了现在美术界的一种普遍的创作模式了。和摄影作品拉开距离，实际上就是加强绘画的生存力度。

沈：我给学生看画的时候，有好几次都发火了。我说，你们就懒到这种地步了？大街上到处是生活，你怎么就不用眼睛去看，哪怕是画一堆草也是好的，干吗要从网上弄几张照片糊弄自己！我倒不是完全反对用照片，但只能是个参考，一定要从生活中汲取营养。

郭：也许在我们走了很远之后，忘了我们的起点是写生。写生可以使我们细致入微地观察生活，丰富自身的体悟，并开启我们艺术想象的空间。正所谓"外师造化，中得心源"，艺术来源于自然，艺术家通过对自然的加工、提炼、升华，才能创造出富于表现力的艺术形象。

沈：现在的学生不像我们当年，我们那时就因为喜欢，不知道什么是累，不停地画。我跟你们讲，这个很重要，一定要随时随地地画，等车的时候画一点，坐上了车再画一点，其实这不光是练手，还是练眼睛。

我画的是历史题材，我画的更是现代人的历史活动，不抓住现代人活生生的特征，你又从何理解历史形象的特征呢？认识一种事物最重要的方法就是认识相近或相反事物之间的区别和联系，这样才能抓住这种事物的特点。

沈尧伊 《地球的红飘带》（局部） 连环画

郭：当代艺术过于注重感官的刺激、视觉的冲击力了，而忘记了技术的依托。绘画不只是追求一种视觉效果，还有很多值得细细品味的东西。刚才您讲了，从构图、素材的严谨到创作中每个形象的揣摩，我们不能否定照片中塑造的形象，但绘画中蕴含着道家"超越感官直指心灵"的境界，艺术是需要品味的，是要达到心灵的契合的。您的画不仅具有强烈的视觉张力，而且能与观众进行很好的交流，给观众留下很多回味的空间。我认为，只有这样的艺术才会长远。

沈：我们过去不谈冲击力的问题，这是可以随着时代变化，逐渐吸收的。以前，我到国外去看印象派的画作，看似不起眼的一幅画，却很有味道，非常淡雅，摆在房间里，散发着这个作品产生的时代的味道。可不是像我们这里展览的感觉，恨不得把一切都说透，尤其是现在的一些作品更是恨不得吓你一跳才算成功。所以我们常常认为名画一定是非常辉煌的，但实际上恰恰相反，它就是那么幽幽的、淡淡的，在一个非常安静的空间里摆放着。我有时去美术馆看画，黑洞洞的屋子里，几盏灯把画照得亮晶晶的，那不对，那怎么看画，灯光没有强化画的感觉，反而模糊了画的性格。不如就那么坦诚地面对面，像朋友间对话一样，很平和的，互相诉说自己内心的故事。

郭：艺术欣赏并不是要强迫人来看，而是要观众主动期待去交流、沟通的。实际上，这和中国画的意境是相通的。就像中国的茶，初尝一口，没有强烈的感觉，但是慢慢地，茶的香气就会渗透到整个身体里。也可以说，这种香味就是艺术作品的"格调"，朴素又很有气魄。很多成功的艺术家都在寻求这种艺术境界和人生境界。那么，结合您这么多年的艺术实践，您能不能给我们传授一些经验？

沈：对于我们画画的人来说，最聪明的方法就是"滚雪球"。一个人的能力有限，只能把握住一样东西，可能别人觉得不起眼，但你一定要坚持做下去，不管外头怎么变化。我对历史题材的把握，几乎都是靠滚雪球的方式，围绕我自己的思路来展开的。

郭：对，这是个巧办法，通俗易懂，像滚雪球一样越滚越大。其实这是积淀的过程，而不是今天看到装置艺术挣钱，就跟风去做装置，明天听说风又刮回来了，红色经典题材成了艺术市场的新宠，就又换回来，艺术创作的方向摇摆不定。

您下一步还有什么创作计划呢？

沈：就像之前说的，我现在对自己的要求就是每一张画都能有点进步。如果有人来看我的画，说这一张比上一张好一点，我就会很高兴。对于年轻人来说进步快很容易，但是对于我这个岁数来说，每张画能够进一小步就很好了。

高瞻遠矚

心为净土 魂画西藏
——美术家韩书力的『四半』人生访谈录

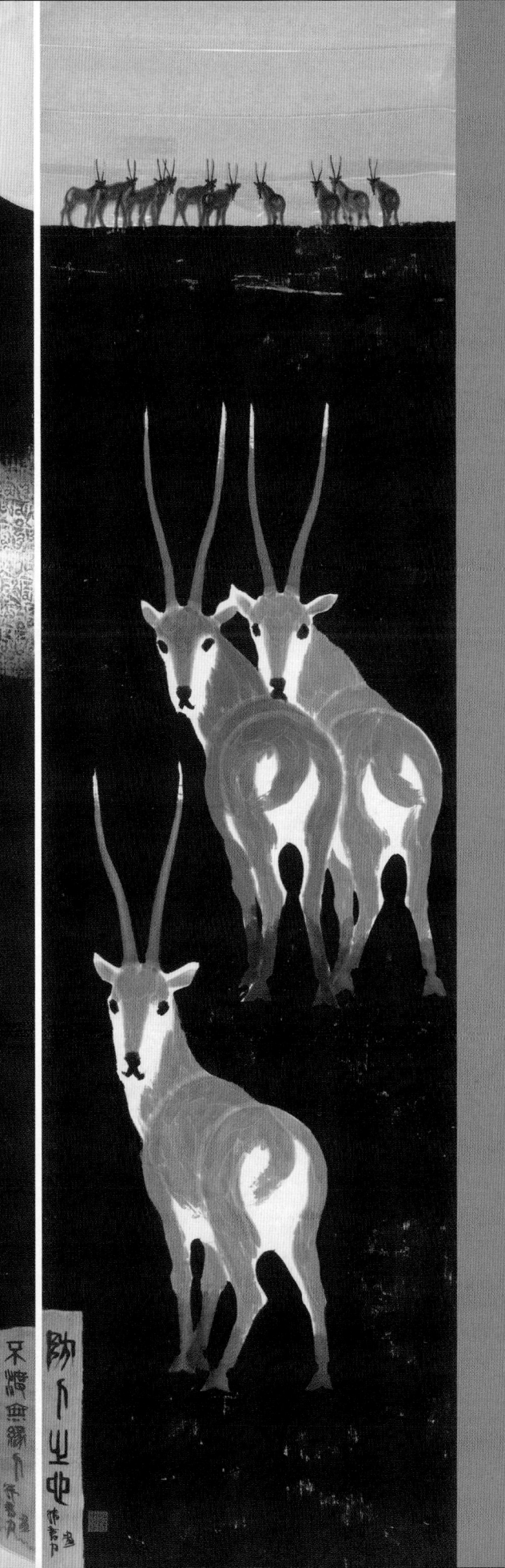

韩书力 《五彩路》 国画

采访手记：

  在西藏，艺术的容量及强度远远超过其他任何地方，这就决定了它的形式。西藏艺术中关于人类艺术的艺术态度，是一种半透明的超凡真实的一个世俗复本，它表现了一种奇迹般虔诚的机敏和宗教神学上的复杂事物。西藏艺术喜好用圆满的、圆润流畅的线条以及复杂的语言去表述一个简单事物，那种填满空白空间的欲望，同一节奏的错综缠绕和装饰形式的无限重复，以及繁密的装饰为西藏艺术注入了一丝暗淡的巴洛克风格和一丝神秘的宗教感。韩书力老师被誉为"雪域高原的苦恋者""西藏绘画新流派的开路先锋"。30多年来，韩老师把自己的全部身心投入到了这片高天厚土之中，如痴如醉地汲取雪域高原的丰富营养，无怨无悔。在这里，记载着他的青春、他的梦想和他的人生信仰。

时间：2012 年 5 月 19 日

地点：北京韩书力寓所

  郭兴华（下文简称"郭"）：韩老师，您好，非常感谢您愿意和我们一起分享您传奇的艺术生涯。我们知道，作为政协委员，您一再为保护少数民族文化进言献策，反复强调文化是一个民族存在的标志，而少数民族文化遗产是其重要组成部分。您曾经以"准西藏人"自居，又被誉为西藏画派"部落酋长"，可见您对西藏和西藏艺术的赤子情怀。然而，对我们绝大部分人来说，藏族文化是神秘瑰丽却又遥不可及的，学界对藏族绘画艺术的研究更是鲜有涉足。您进藏从事绘画创作 40 年，自称是"半藏半汉半僧半俗"的"四半"人物。今天，我就想跟您聊一聊您的藏族绘画，您对汉藏艺术融合的探索以及您"四半"人生的独特感悟。

  韩书力（下文简称"韩"）：好的。非常感谢你们对藏族文化的喜爱和关注。我在西藏的这些年里，确实经历了很多、收获了很多,曾一度为雪域文明迷醉痴狂,也曾经对她的文化磁力反思顾盼。对于我来说,西藏像一个母亲。在她的凝视中,我的创作理念和美学思想得到不断成长变化。不敢说有什么探索成果,但是我确实一如既往用真诚在坚持创作。

一、藏地情深

郭:跟您谈话中,我能感觉到您对藏文化的一往情深。情传画中,所以在了解您的创作经历之前,我想先了解您看西藏的视角,毕竟对绝大部分人来说,西藏是个非常神秘的地方。您在北京成长,在没有到达这方圣土之前,是如何幻想和憧憬它的?

韩:在20世纪80年代之前,去一趟西藏很麻烦。所以,当时的西藏对我来说神秘、遥远而又心向往之。我想象中,那片净土梵天应该是明媚的,有淳朴清澈的民族风情,四处飞扬着柴旦卓玛悠远深情的歌声。

我第一次去西藏是在1973年。一开机舱门,那雪花真的是大如席呀,伴着冷风就卷进来了。当时真的是进藏难、出藏难、在藏也难。当时去的目的就是到我第一个单位——西藏革

韩书力 山水创作 国画

命展览馆办"西藏自治区成立10周年成就展"。当时的西藏，从封建农奴制经过民主改革，然后和全国各省一样跨入了社会主义的康庄大道，在社会和经济各方面都有很大的进步。当时发现，藏地的民风真的是热情淳朴，和凛冽的气候形成鲜明对比，和早年我心中那理想的概念美相差无几。

来到西藏后，进一步印证了我之前的许多憧憬。在到达西藏一周之后我就开始深入生活，去过3个地区17个县，到过山沟、牧区、农区、寺院，还深入到点，和农牧民同吃同住，人家劳动我们画画。虽然生活上有些不习惯，但是这不妨碍我们在短短半年内通过速写积累了大量素材。

郭：听您的描述，在西藏的那段生活一定过得非常艰苦。

韩：确实是。那时才真正体会到有钱买不到东西是什么感觉。一旦过了县招待所的开饭时间，就什么吃的都买不到了。当时我特别想买一把勺子，但是我走遍17个县甚至到日喀则地区的人民商场都买不到。虽然条件这么艰苦，但我还是充满理想地坚持下来了。

当时，我的目标很明确，就是为了画画而来，为了追求西

藏独有的高原之美以及人文美而来。出于对西藏的热爱，我决定留在西藏。在经过各方面考察合格后，我成功地留在了西藏展览馆。不过，工作到1980年组织上又让我考研回到中央美术学院继续深造。其实我并不想离开西藏，但在那个特殊的年代、特殊的政治环境，虽然没有系统的大学的课程，但对于我来说，主要是为了回学校补中国美术史和世界美术史的课程。尽管我学的是绘画专业，但一直是处于实践状态，在理论方面还有所欠缺。

郭：当时您的硕士毕业创作是连环画《邦锦美朵》。那真是个感人的故事。小女奴纳姆为拯救同伴和苦难中的乡亲而自我牺牲的勇敢让人印象深刻。您是不是想通过这个故事表达藏文化中的某种精神内涵？

韩：是的。藏族群众是非常善良、勤劳、友善和质朴的。你知道，藏地冬天特别冷，我作画的时候，有时会为了一个好的角度席地而坐，画完后肚子就很难受。不知怎么被当地老百姓知道了，每次他们围观的时候，就会给我递上一个用太阳晒热的石片，让我坐在那里。他们无求于我，但是却那么质朴和善良，很让我感动。

郭：我曾采访过潘世勋先生，他也是对西藏特别钟情，但是您跟他还不一样，因为他是生活一段又回来，往来于都市与西藏之间，自然感受不同。您则在西藏生活了40年，您的关注点和其他画西藏题材的画家有什么不同？

韩：潘老师是我的前辈，也是我的老师，我同潘先生不可相提并论。用吴作人先生的观点，我是"嫁"给西藏文化了，我的关注点自然和别人有所差异。因为不同的艺术家对西藏的观察过程决定了他个人的意识，进而决定了他孕育的果实。我是西藏人在看西藏，是西藏人在回望西藏的历史，包括它的革命历程，包括它走过的那些艰苦曲折的路。我是西藏人在顾盼两边，这两边就是西藏文化圈和中原的汉地文化圈，在这两个圈里穿梭。我的角度不一样，过程不一样，结果肯定是不一样的。但是在我看来，不是说都像我这样和西藏这个民族整天零距离地生活在一起才是好的。每个人有每个人的角度，每个人有每个人的关注面，每个人有每个人的文化背景，我觉得只要真正地在画西藏，这就是好的。

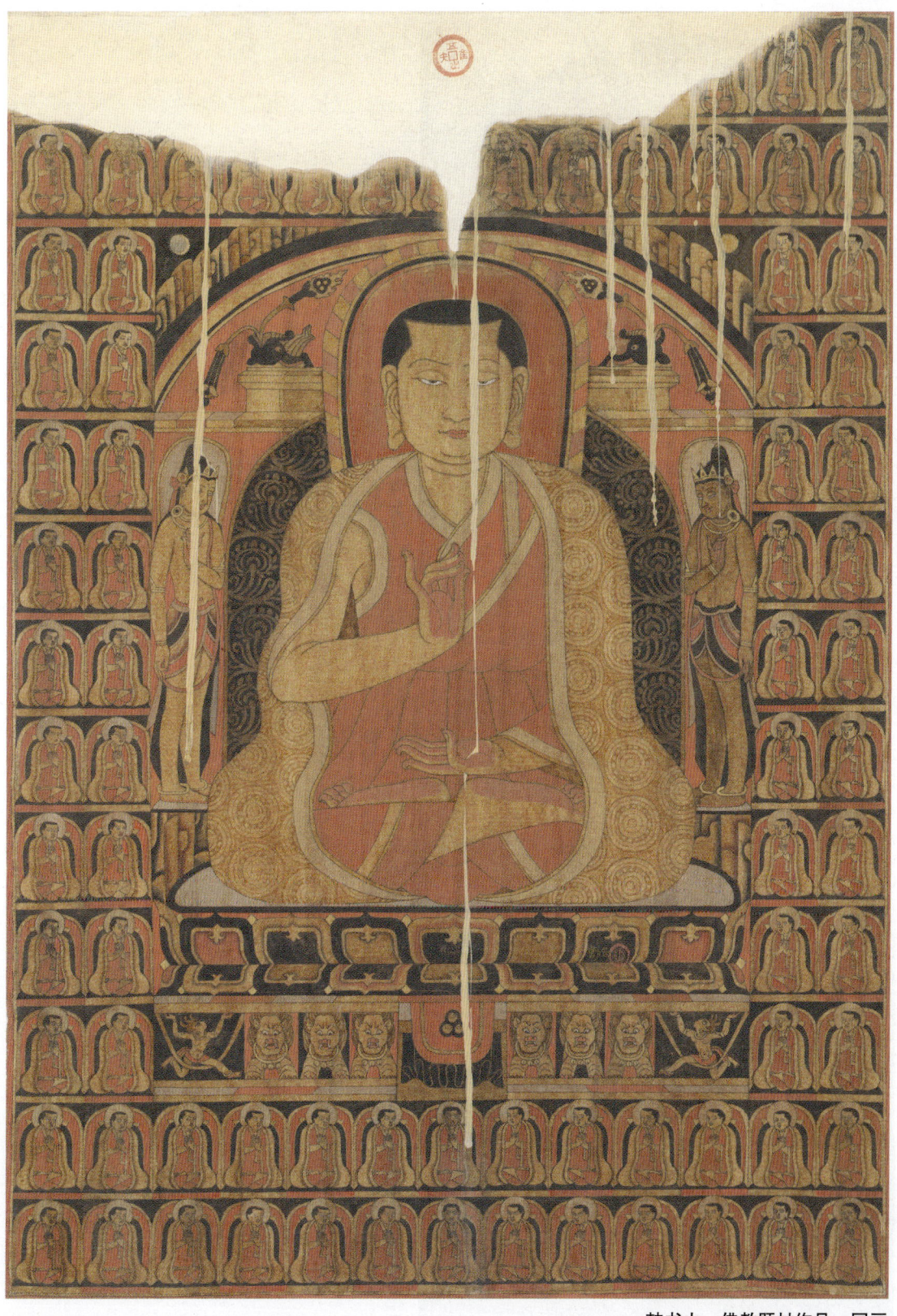

心为净土 魂画西藏——美术家韩书力的"四半"人生访谈录

韩书力 佛教题材作品 国画

韩书力 佛教题材作品 国画

二、宗教与绘画

郭：经幡、玛尼堆、转经筒是西藏最典型的文化符号。可见，藏传佛教在藏文化中占有举足轻重的地位。您在藏地生活了这么多年，自称"半僧"，对藏传佛教的哲学思想和价值体系一定有些独到的见解或感受吧。

韩：佛教理念能让我看明白或者解读明白一些事情。首先，生而为人，我们得父母恩；其次，我喜欢画画又从事这个行业，这叫得行当恩；最后，我的艺术嫁接到西藏文化这棵树上，能够多少形成一点自己的东西，有一点成就感，这也是西藏于我有恩的。

郭：您曾撰文说，西藏生活的历练使您懂得了"善取不如善舍"。我们知道，"取舍"是一个非常重要的文化概念，在许多宗教和哲学流派中都有讨论。在艺术中，好的绘画作品，一定是荃于理性、成于思考、善于取舍的。请您深入谈谈您对这一精神的体悟，以及在创作时是如何践行这一哲理的。

韩：取舍，是为人处世的至高境界。取舍既是一种处世的哲学，也是一种做人做事的艺术，更是形成我个人风格的一种方式。人生短暂，取舍很重要，取快乐舍痛苦，做你想做的事最重要。30年前我有幸看到了天葬，感受颇深。人就是这样赤裸裸地来，赤裸裸地走，生而为人就已经是三生有幸了，所以做人还要学会感恩。感恩生命中对你有恩的人，感恩你所从事的行当，感恩生命中的种种经历。

对取舍的思考体现在我的创作中，就是"取"藏地文化和中原文化可能圆融的精髓，而舍掉那些过于个性化的题材。"取"造就了创作视角的多样性，"舍"保证了艺术本身的单纯化。比如我的藏宣纸水墨，就是取了藏地特有的纸与水墨形象和文人情节画相结合。这种纸和宣纸不同，它不洇，有点儿油盐不进的感觉。但一旦你掌握了它，就能和宣纸取长补短。再比如说，有人把我的一些作品称作"黑画艺术"。我画黑底子并不是为了标新立异，你们要去过西藏就知道了。西藏寺庙都有一个密宗殿，密宗殿的壁画都是红底子、藏青底子、纯黑底子，然后用白线和金线勾勒造型，那种造型很有震慑力，再加上那样的背景色，视觉效果是非常令人震撼的。马丽华老师说我的这些画是现代的构成、传统的技法、东方的意境，我自然是不敢当的。

但是这确实是我追求的目标,是我在有取有舍的创作过程中遵循的一个基本理念和原则。

郭:不仅是藏传佛教思想,而且它独具特色的艺术形式唐卡对您的影响同样是非常深远的。有人说唐卡是藏民族的百科全书,对藏族的历史、政治、文化等诸多领域都有表现。但是,对绝大多数人来说,唐卡还是像西藏一样充满了神秘感。我知道作为西藏文联主席、美协主席、西藏书画院院长,您一直致力于推进这种艺术形式的发展与改革。请您为我们介绍一下唐卡以及您正在从事的保护、推广唐卡工作。

韩:唐卡也叫唐嘎,是藏文音译,是用彩缎装裱后悬挂供奉的宗教卷轴画。唐卡本来的功能是为了方便信教群众的供奉,它可以卷,携带方便。它的内容包含很广,除了藏传佛教和本

韩书力　《金戈铁马》　国画

教故事外，还涉及藏医藏药、天文历算、社会生活等很多方面。但是由于西藏特殊的宗教文化环境，纯欣赏性的唐卡并不存在。唐卡的画师，首先一定是虔诚的佛教信徒，其次才是社会分工意义上的画匠、画师。绘制唐卡的过程，首要之义是宗教上的礼佛与供奉，而后才是安身立命、养家糊口的谋生手段。所以，它不可能像文人画那样抒情。但是，唐卡也不完全是对宗教仪轨的亦步亦趋，不是因循守旧，它在大的方面会符合宗教造像仪轨的规定，同时有自己独特的风貌。它有些精神和文人画是类似的，这些精神的张扬成就西藏绘画、西藏画家那种本真的性情。

其实，唐卡本身一直存在着地缘交融性。比如，喜马拉雅山脉地区的唐卡，明显地趋近于印度东北与尼泊尔的佛教实修法门艺术；阿里高原的唐卡则呈现出我国本土与波斯高原细密画和于阗风格壁画兼收并蓄的样式，尤其是画中人物轻浅紧身的衣褶处理，使人很容易想到"曹衣出水"；唐古拉与横断山地区的唐卡，又渗透着中原汉地工笔重彩与浅绛罩染相结合的传统画法。所以唐卡也是包含很多艺术支脉的，是兼容并蓄的。我的工作，就是在内容、形式、题材上继续推进它的吸收和借鉴过程，使之既具有西藏特色，又能为更多的人欣赏和懂得。

三、汉藏文化的融合

郭：说到对唐卡的保护和推广工作时您提到了"兼容并蓄"这个词，这也是我从您的作品中读到的一个创作的主导思想。从您刚才举的例子中，我们也确实看到了您在这方面的努力——比如您的藏宣纸画和"黑画艺术"。您能不能具体谈一谈，都有哪些创作是您对藏汉文化交融的尝试？

韩：的确，我在西藏的40年里，从文化的角度讲，一直致力于两件事：一是画面表现上的藏汉结合，就是把中原文人画的气息、气韵和西藏艺术的那种神秘、整练、辉灿相融合。比如布面重彩，是对唐卡的形式、材质、表现手法的直接借用，但其所反映的主题和构想，则是我对社会、对西藏、对汉地很多现象的理解、反思或者追问，是对现代文化情感和宗教哲学思辨的一种个人化的表达。二是创作材料上的藏汉结合——水墨、唐卡、藏宣纸、织锦丝绸、瓷器、金铜铸、玛尼石刻的融合。这是一个相当漫长的摸索过程，要经历不断的尝试。比如说，在20年前，我认为水墨和布面重彩是很难融合在一起的，后来经过实践我发现它们并不矛盾，因为水墨是表现派的，所以它可以被转移到相当繁复的布面重彩上。

郭：不同的创作材料和绘画内容最终呈现为不同的艺术形式，我记得有一位叫阿多尔诺的美学家曾说，形式是艺术作品中全部的逻辑要素，是艺术作品中的连贯性和一致性。可见形式美是因画家而异的，它代表了一个画家的艺术修养，也是我们解读绘画时重点关注的一个方面。我知道，虽然您的作品流传甚广，但是对其解读是存在很多偏颇的，可能也是因为藏地符号对我们来说比较陌生的缘故。请您为我们解释一下您绘画作品中主要采用的一些表现形式。

韩书力　佛教题材作品　国画

韩书力　《道可道非常道》　国画

韩：对我作品表现形式的误读确实存在。比如《破壁》，这是一幅写生作品。我们知道西藏寺院是当地文化的集合地，印经院的外院墙一方面受到风霜雨雪的侵蚀破坏，另一方面是人为的破坏。每次我面对这些破壁，总是想到周恩来早年在日本留学时的一首诗，"大江歌罢掉头东，邃密群科济世穷。面壁十年图破壁，难酬蹈海亦英雄"。这是我创作的灵感源头，《破壁》所寄寓的其实是我的报国情感。另外，"破壁"既包括印经院那个自然存在的墙，也包含那种面壁十年的刻苦精神。据说我国禅宗初祖菩提达摩寓止于嵩山少林寺，曾面壁而坐，终日默然，静修九年。所以这并不是一个特殊的宗教符号，而是一个很容易理解的、兢兢业业、报效国家的普通符号。

另一幅画《手足》，是我对佛与众生的一种理解。有相当多的藏族同胞，他们一生最大的愿望就是能够到布达拉宫的大昭寺去朝拜。他们为了这个目标可以吃很多苦，他们到拉萨的路上，相当多的人都是三拜五叩，五体投地。这个足就是佛足，手就是每日转经的手，这是一个精神层面的理想符号。所以有人将其释义为"手足情"是不准确的。

郭：的确，我一直觉得这幅画在形式上不仅仅是表现一种手足情谊，这其中隐藏着一种强烈的形式感。我记得《易经》中曾经论述过这种左右开合的关系。经您解释，这里面确实包含着一种信仰，或者说是一种理念。

韩：对，但是我想在审美上给它升华一下，而非仅仅拘泥于宗教的阐释方式。

在表现中原文化与藏地文化结合的作品中，还有一幅作品比较具有代表性。为了歌颂党领导解放军在解放西藏的运动中所付出的汗马功劳，我曾创作过一幅名叫《汗马图》的作品，它表达的是一位在边疆生活了几十年的画家的边塞情怀。这幅作品非常能代表我的人生信仰。我相信少数民族艺术是中华民族文化的活力所在，是我们的民族文化区别于其他民族文化的重要标志。我立足西藏艺术，但一直致力于中华民族文化的继承与发展。归根到底还是那一句：文化，是我们民族存在的标志。

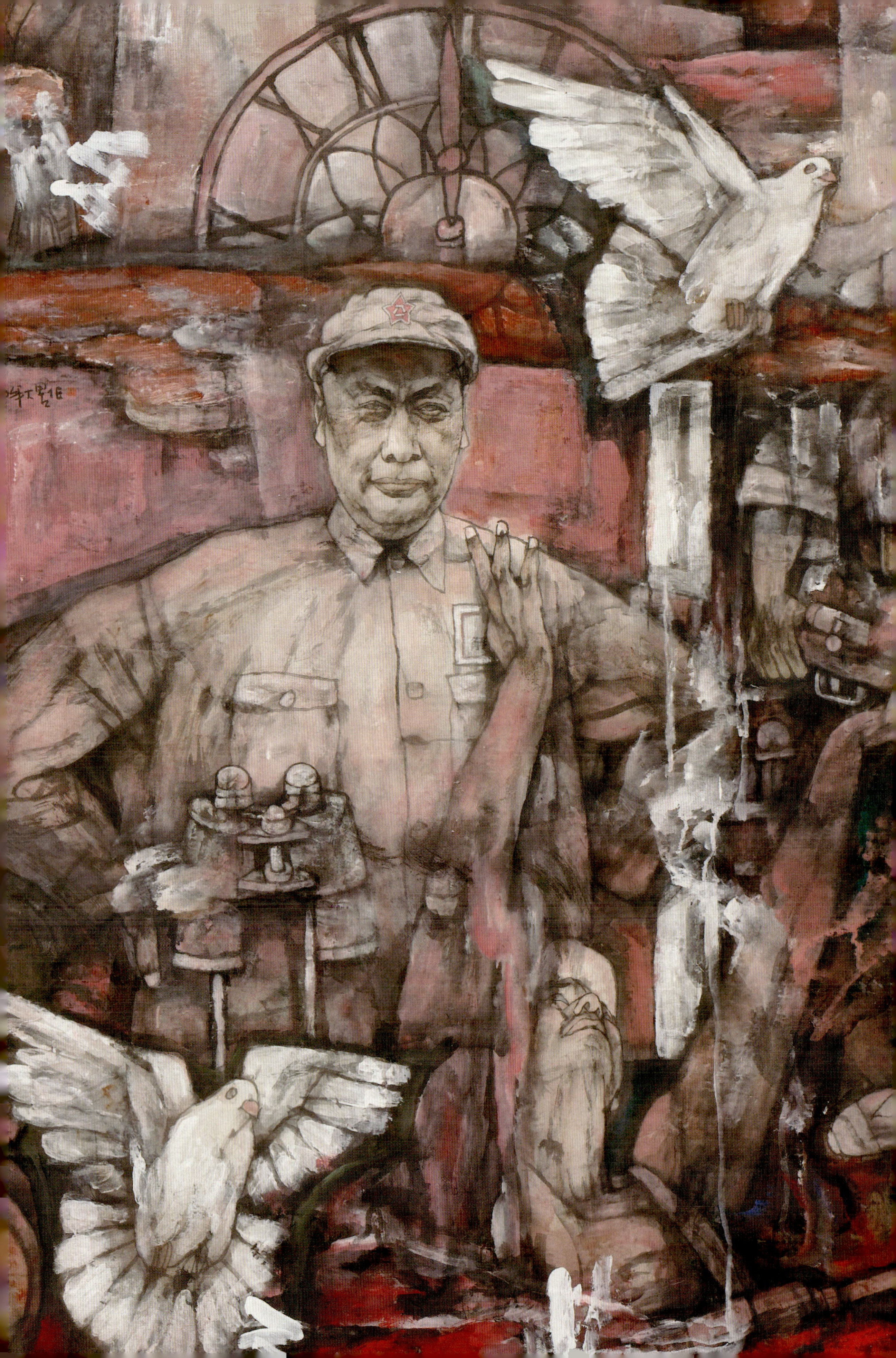

笔墨中的光荣与梦想
——画家施大畏访谈录

施大畏 《洗礼·记上海第三次工人武装起义》 国画

采访手记：

在当代社会中，水墨艺术正在形成一种从感性探索趋向理性归纳的独特建构。作为一名在中国水墨艺术领域勤奋探索多年的画家，施大畏在直面生活、感受现实的基础上，以极富思想力度的视觉语言，表达了自己深刻的文化之思，特别是对人的关切。当下图像时代最需要的，就是符合社会价值和文化语境的、具有探索与重塑价值的艺术创作。施大畏在创作中立足于当代文化的立场，不仅再现了中国传统人文绘画的精神，也彰显出当代文化语境下的人文关怀，丰富了水墨艺术的表现魅力，体现出其创作的自我建树和学术风貌。

时间：2011年12月8日

地点：北京国家会议中心

施大畏　《勇士NO.7》　国画

郭兴华（以下简称"郭"）：施老师您好，非常高兴您来我们栏目做客！多年来，您在艺术上成就有目共睹，称得上是当代水墨艺术创作的领军人物；"植根生活，放眼未来"，时代性、思想性和创新性都是您作品的重要特征。同时，您还担任上海市美术家协会主席和中国美术家协会副主席，并当选全国政协委员，时代赋予了您更多的责任，所以我们也特别想听听您对文化建设的见解。作为一个地方画家，您创作了大量军事题材的绘画，这是基于怎样的考量？对于中国人物画的发展和目前所面临的困境，您有哪些思考？此外，您下一步的打算是什么，如在创作作品和思想上又有哪些思考？期待与您深入交流。

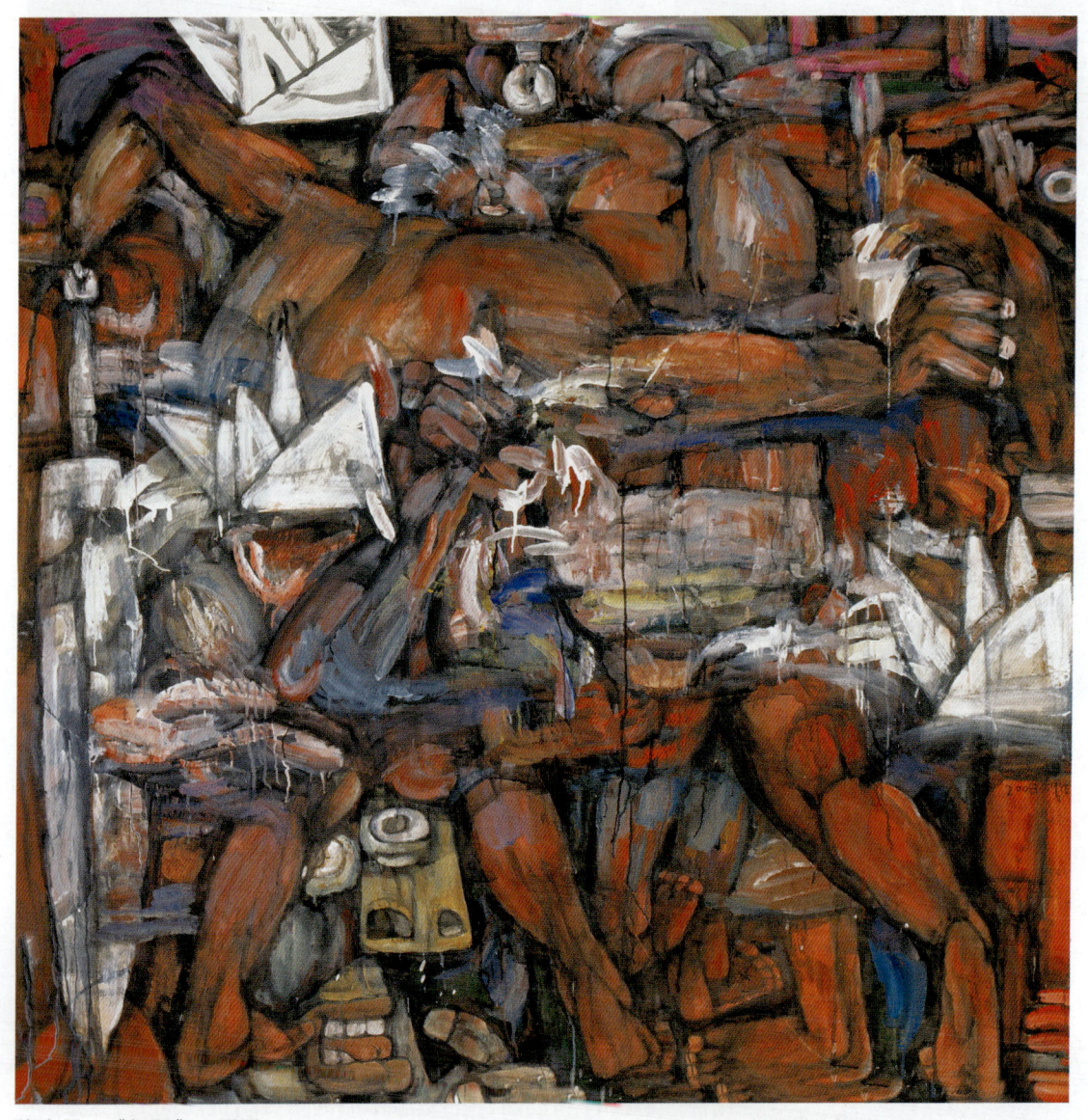

施大畏 《极限》 国画

一、责任与担当

郭：文化是一个国家得以立身于世的基础，一个国家文化的核心价值与核心价值观，能够体现一种文明的特色，也是与其他文明的区别特征。文化力量的强弱还是一个国家文明水平的重要标志。作为一名美术家，在当今时代，我们应该如何理解和践行核心价值观？

施大畏（以下简称"施"）：我记得雨果说过，他从生活的振荡和裂缝中得到了一种启迪，得到了一种勇气。画家也是如此，就是我们在创作、践行艺术当中作品怎么落地的问题。其实不管是哪类艺术家，都要把自己的作品落地才能去感动观众，但在感动观众之前应该先感动自己。社会发展到今天，谈社会主义核心价值观，是时代的必然，是人民的需要，而不是强加的概念。要树立核心价值观，必须用文化产品来说话。作为文化工作者，必须通过作品将我们的核心价值观和文化理念放到世界的平台上平等对话，在世界的格局下用中国的理论讲清楚中国的故事。文化人要有担当，创作出既喜闻乐见又顶天立地的作品。

郭：这是一种精神层面的需求。其实我们从古今中外都可以看到，很多伟大的作品都是靠一种精神的支撑，变成了一种信仰。

施：对，我就想，我们今天这么好的条件、这么好的环境，在什么都有的情况下，我们的艺术家是不是也可以静下心来想一想。我觉得我们现在不是经济上的问题，而是经济建设同精神文明建设的协调与统一的问题。我们是搞文化建设的，我们承担的责任就在这里面，即用什么样的作品去启发别人。

郭：透过历史，我们可以看到，一种价值观的演变，背后反映的是一个民族、一种文化的演变。遗憾的是，在以往很长一段时间里，信仰也就是价值观方面的缺失是我们社会中的一个严重问题。

施：不管哪个国家、哪种艺术样式，都是独一无二的。所以我一直琢磨靳尚谊先生所谈农耕社会到工业社会的飞速发展使我们有着某种缺失这个问题。我认为我们现在在文化方面真的要补课，这是最重要的一块，如果你不补的话，你会产生心灵的空虚、精神的缺失，同时也会失去自己的信念。

施大畏 《布老虎》 国画

一个国家中，如果说法律、信仰、道德支撑整个社会，那么我们艺术家就在这三点当中表达我们对这个社会的认知。当这三点缺失了，你说我们的作品到底有没有一个感召力？没有，这是我们现在艺术创作中最大的问题。

郭：在您的创作中，军事题材作品占有相当大的比重，我想这应该有您深厚的个人情结在里面，同时也是对军人特质的理解与您创作的精神相契合，即喜欢一种博大的东西、一种精神支撑的东西，因为在您的作品中充溢着一种自强不息的精神。

施：我总觉得应该画自己所喜欢的画，我会用心去画，在画里渗透我的追求、我的思想、我的情感。为什么我会画部队题材的作品？因为部队一直在感动我。我特别钟爱军事题材，我崇拜军人（可惜没当过兵）。另外，这也是自己的一种爱好。因为爱好所以会去研究、会去感动，这个也变成我自己的一个创作主题，画了很多部队题材的作品。我觉得军队给我最大的感受是，只要穿着军装就有一种责任在里面。

中国水墨画擅长表现文人雅趣、小桥流水，以抒发济国安邦之志，而从军事、历史中取材，再现历史的宏大悲壮，以激励人生，这是一个新的课题。我想精选历史的切面，以悲壮为伏线，连成一部史诗，也许这样的作品会更符合我的气质和个性。中国水墨画的语言是极为丰富的，在创作中发掘它本身的深度和广度并加以发展，是我们这一代中国画家所面临的新的研究任务。

郭：我记得有一部电影，叫《海上钢琴师》，讲述主角从未到过陆地，他一生都向往着陆地，所以他的精神、情感都在幻想着陆地。

施：其实我们更主要面对的不是艺术技巧的问题，不是创作条件的问题，也不是有没有能力的问题，而是精神层面的需求。所以，我感谢国家重大历史题材工程，它让艺术家能有机会去研究这个问题、去画这批东西。这100张画不一定张张是好画，但500年以后每张是了不起的好画，因为它记录了这个时代对历史事件的认识，那时技术已经下到第二位了，精神是第一位的。

郭：其实您的作品我基本上都很熟悉，因为这些年我也一直在关注。我觉得您的作品所投射出来的东西，不仅仅是一个

施大畏　《离骚》　国画

技巧的层面，而是承载着一种精神含量的东西，同时已经把它从形而下上升到形而上的一种思考。

施：当然这也是所有画家共同追求的方向。这里面所投射的是一个文化价值认同的问题，还有它的精神性、它的追求，以及能否得到全世界文化的认同。它甚至已经不是简单局限在某个群体之内，而是整个人类一种崇高的精神，一种自强不息的精神，人在危难或低谷之时，甚至在濒临死亡之时的一种精神性，所以才能够更显出它的伟大、它精神的博大，才能有助于在作品和观者之间或者与自己的心灵之间达成一种沟通，所以它才震撼。

二、艺术发展的文化空间

郭：我前段时间刚写了一篇文章，说我们可以把21世纪定义为一种回归，这种回归不是一种复古，而是我们更加理性地、更加能够透彻地认识到中西方的差别以及对西方文化理念或者美学理念的吸收和融合。虽然更加理智了，但是这种理智往下怎么走还有待考量。

施：其实我最近一直在想，今天全球化的状态之下该如何发展文化，中国人不能把自己封闭起来，这是第一条。第二条，要开放。四大发明是中国发明的，但是发明以后科学成果的延伸却大都是"老外"干的，他们把这些发明变成一种理性的、科学的延伸，但我们没做到。因此，一个伟大的民族，除了知道自己的了不起以外，更需要知道我们还缺什么。其实现在，我们有些画家还真不知道自己缺什么。

郭：没错，我觉得从您身上，看到了一个艺术家视艺术如信仰的纯粹。当然这不是轻轻松松可以具备的，需要我们整个社会共同去践行。古人云：仓廪实而知礼节。有的人可能还达不到这个境界，但是作为一个文化的创造者、传承者，我们必须得有这样的认识。

我们现在还没有，或者我们还没有看到足够多的好作品让我们觉得能够代表这个时代、能够代表中华文化与西方进行碰撞交流，以表明我们走向了一个高度。

施：这可能是因为我们缺少勇气，有负担。雨果曾说，灵智的竞争是美的声音。还说我们不能超越天才，但我们可以跟他并驾齐驱。怎么并驾齐驱？就是我和他做的不一样，这就是艺术的革命性。现在存在一个很大的问题，中国一直在形而下里面徘徊、纠结，而没有在形而上的层面去思考中国文化的传统和精髓到底在什么地方，在今天的国际语境当中它的科学支撑又是什么。

欧洲的艺术一直跟它的社会、生产力的发展以及时代变迁是同步的，没有把自己的艺术放在一个小框架里面；而中国的绘画往往就是士大夫把玩的东西，而不具有像德拉克洛瓦以自由唤醒人民的这样一种社会功能。绘画创作的目的是什么？我们中国人没找到，从来没找到，到今天还模糊。到底是休闲的，是娱乐性的，还是唤醒人类梦想追求的？

郭：经历了几代人深入的研究，我总觉得中国水墨人物画之中的矛盾非常之多，其实这个现象，可能是我们当今美术界所面临的一个尴尬、一个困惑，不知您对这个问题有何思考。

施：我觉得这个首先是个人爱好，因为艺术样式是多元的，人人都可以用不同的形式表达他对生活的认知，凡·高可以画他的向日葵、德拉克洛瓦可以画他的历史画，这都可以，重要的是接地气，因为过去已经过去了。我认为，是不是表达了真正的情感最重要，无论是历史的，还是生活的，甚至是个人爱好的，总之，真诚、真实才是最伟大的。

关于技术，比如线条、笔墨，我相信再过 50 年，我们今天谈的问题或许已经被淘汰，或许更加被重视，在历史发展过程中，我们每个人走的路可能不重要，重要的是在整个历史轨迹中，这个社会需要什么，我们应该怎么应对它、怎么发展它。在发展当中才有可能传承，模仿不是传承。

每到一个新时期，作品要呈现的内容和主题会有所不同，你要思考你的绘画作品在当今的一种文化现象中该怎么呈现，得研究这个问题，其他的都是其次。我实实在在地说心里话，中国画家不要躺在祖宗的伟业上却忘了自己的使命，能勇于"破""立"，是最重要的、最革命性的。

郭：您说得特别对，我觉得在两个方向上都还没有做到位，我们既对传统没有研究到位，又对西方没有研究到位，在这种情况下很多东西是立不住的。施老师您读过很多书，做过很多深入的、形而上的思考，很多人不具备您这样的思考。刚才我们谈到了，这是貌似繁荣的一种状态下所呈现出来的一种东西，有的画家画卖得很好，但真正地把艺术作为信仰，能够这么多年如一日地去追求的人真不多。

施：其实我在思考，现在我们这么幸运的一代人，在各方面条件都很成熟的情况下，自己要为自己设立一个目标，自己到底想做什么事情，这很重要。人的一生很短，如果没目标的话，昙花一现；有目标的话，通过探索，可能会留下一些痕迹。

我在想，我们今天一直讲传承传统文化，什么是传统文化？鲁迅《故事新编》里讲了很多中国古代神话，为什么鲁迅会把古代神话作为一个课题？他就想告诉我们，中国传统文化的哲学思想就在我们最早的《山海经》的神话故事里面。其实这个文化、语言，都是从一个原点出发的，古希腊的神化奠定了西方哲学思想，中国的古代神话也奠定了中国的哲学思想。

三、艺术创作与文化反思

郭：我发现关于东西文化的对比，您有一个质的变化：很多人做研究，都是讲东西方文化的不同，而你一直在讲东西文化的共性。其实可以看出您对待中国艺术的态度，那就是应该把我们的文化艺术放在世界人类文明交流平台上，进行公正、平等、理性的对话，而不仅仅是举办几个展览。

施：所以，在整个全球化格局下，中国怎么面对自己，怎么找准自己的位置，怎么在整个文明史上找到我们中国文化样式的合理性、理论支撑的合理性。一定要反思什么是中国传统，怎么发展中国传统。欧洲打破了城邦文化，日本明治维新打破了幕府文化，很快就发展起来了，现在我们其实还停留在部落文化的一种状态下。我们要打破我们部落文化的一种约束。

比如海派文化，我一直说不要停留在地域文化特点上讲"海派"，必须讲上海这个城市曾经在中国文化发展当中起过什么作用。它是工业文明、新文化运动的发祥地，是革命的摇篮，所以会产生很多很多文化现象。上海因为开埠早，它对西方文化有一种自然的敏感，产生出革命性，并对东南西北文化有一种融合，从而产生了一种特定的文化现象，所以上海文化的特点就是带有创新性、革命性。从这个角度去讲上海文化的话，你对中国传统文化的研究就透了。

郭：您讲的这个反思，可能不仅仅是反思从改革开放至今的30多年，可能要往前推100年，甚至更长。比如从晚清以来，西方文化的融入对中国传统文化的冲击是最厉害的，所以我们要反思更长时间。

施：我有一次在从英国回来的路上看了一篇讲元代的文章，元朝90多年的历史，很繁荣，这个繁荣就像一块打碎的玻璃，互相折射，它没有一个核心。赵孟頫这批文人支撑了80多年文明的延续，但没发展，所以繁荣不一定是发展。其实我们现在要讲发展，发展是放第一位的、大发展、大繁荣。发展是什么？我觉得今天已经不存在技术方面的问题了，抽象的、具象的、传统笔墨的、不传统的、跨界的，我觉得都允许存在，但最重要的是能感动人。

郭：从您的作品中可以感知您努力在寻找某种突破。您一直在体验生活，加深对社会生活的感悟，加深对作品中诸多人物命运及生存环境的观照与思索，正是因为有这样的艺术观念与实践，才使您的作品具有强烈的艺术穿透力和张力，能够表现出艺术对象复杂而丰富的内涵。

施大畏 《高原的云》 国画

施：其实对我来说，画那么多年，虽有些成就，但最可怕的也是随之而来的保守。有时候自己放不开了，自己给自己套上了。所以我在想，我的目标就是，还要往前走，在题材方面可能要拓宽一点，比如现在我就在画历史神话故事。

郭：其实有的时候就需要战胜自我。今天中国的文化式样已与世界同行，但中国艺术走向世界，就要解决"在什么语境下讲什么故事"的问题，这是一个宏观层面的、战略性的问题。要找准中华文化的精髓，并进行有效的阐释。

施：也就是那句话，我可以被毁灭，但不能被打倒。不想被打倒你自己就要强大。把自己的成就想得小一点，把自己的危机看得大一点，虽然这样可能对自己的挑战会多一点，但思考问题就会客观一点，视野就宽一点。因为我们在多媒体的时代里面不缺信息，缺少的是对自己的分析、判断和一个目标。如果这个问题解决了，我想我们中国画真的有一天会走出去。现在还没走好，虽然到处办展览，我觉得还没成功。为什么我刚才讲三个现象，困惑的三个现象，这是我们目前存在的问题。为什么我们走不出去，那就是个人大于社会、个人大于集体、技术大于精神。

最根本的问题，是我们没有理性思考。面对庞大的、了不起的中国传统文化，我们没有一个完整的、理性的思考，这是一个很大的缺失，现在到了一个大家必须思考的时代，只有这样才能得到新的发展。我是一个英雄主义崇拜者，不管是成功者还是失败者，只要能够体现永不服输的英雄气质我都心生敬意。英雄主义是一个民族的精神财富，世界上伟大的民族历来就有英雄主义的情结与梦想，尤其是在民族遭受重大灾变及面临危亡或努力实现伟大复兴之际，这种精神就构成了推动整个民族前行的强大动力。

郭：今天的采访让我们受益匪浅，从您身上我们学到了很多东西。一个画家能做这样深入的思考，而且带有一种责任意识，实在令我们敬佩，其实这也是跟您的作品合为一体的。通过今天的谈话，我更能体会您的作品中的厚重与大气了。在人心浮躁的当下，我们需要在优秀的艺术作品中寻找真善美，寻找艺术的出发点，成就光荣与梦想。非常感谢您能接受我们的采访，期待您的艺术之树常青，结出更丰硕的果实！

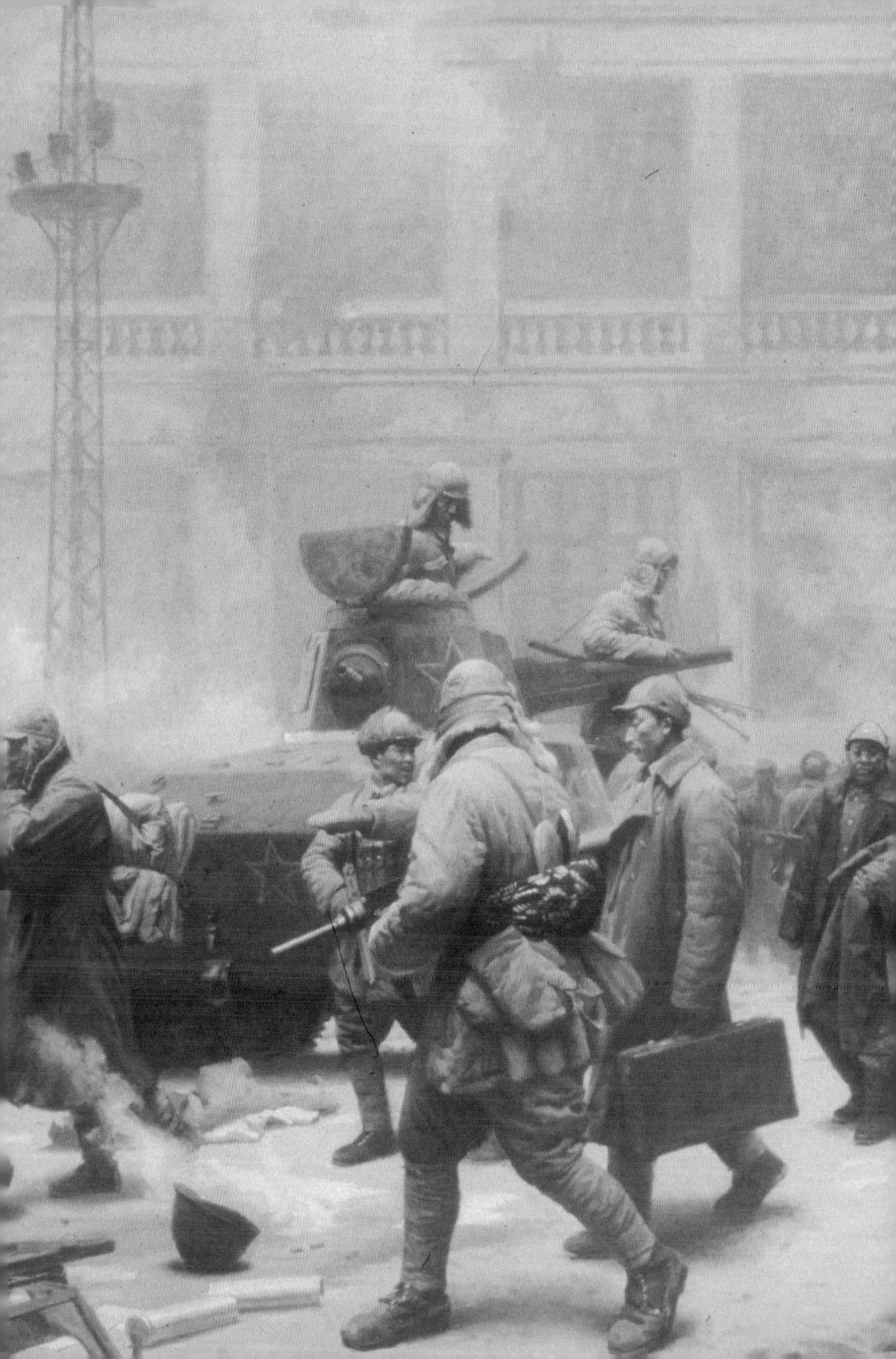

亲历者与旁观者
——美术家陈坚访谈录

陈坚　《跨向大上海》（局部）　油画

采访手记：
　　陈坚先生是全军主题性创作和军事题材美术创作的代表性人物，他创作了大量的主题性美术作品，尤其是在历史性题材的创作中，他对历史的真实性和艺术创作的表现手法有深入的研究。对话旨在展示他艺术思考的精微之处。

时间：2011年11月26日
地点：西直门宾馆

一、尊重历史

郭兴华（以下简称"郭"）：陈老师的作品《公元一千九百四十五年九月九日九时·南京》（以下简称《公元》）艺术地再现了日本受降的历史瞬间，荣获了第十届全国美展油画金奖，为美术界所称道，这也是美术史上值得深入研究的一幅作品。

陈坚（以下简称"陈"）：不敢当，不过我确实在这幅作品上投入了非常大的精力，从构思到完成花了十几年时间，几易其稿，可以说这是我当时对于历史和艺术思考的成果。

郭：历史题材画是一种非常严肃的绘画形式，从语义上拆解，它首先是关于"历史"的。历史是一种已经发生了的客观存在，这是我们无法改变的。常常听艺术家们说要尊重历史，那么这里的"尊重"又是在什么层面上来说的呢？

陈：尊重历史不仅仅是翻翻历史书，到原地去考察这些，这些只是最基本的工作，我们要在精神上去体会当时的情境，感受人当时的情感，再以当代人的视角去审视、去思考。有些人可能认为，我把这个场景还原得跟照片上和文献上记载的一样，但是这只是对历史题材画最最基础的要求，画家一定要画出自己的立场，关于道德的、国家的、情感的，还有艺术的品位。

郭：近现代历史研究的难度在于，由于时间的切近，会牵涉到很多具有感情色彩的人和事，而难以客观真实；写实的现实主义作品，又会受制于具象表达的严谨性而不够挥洒、轻松。您却在自己的作品中很好地调和了多组矛盾，实属难能可贵。日本投降，是中华民族伟大而辉煌的时刻，您的作品不但还原了当时的场景，也填补了美术史的空白。

陈：我在部队第一次跟老画家合作是《淮海大战》。那个年代都十分重视历史画创作，所以潜移默化地对此比较敏感，特别感兴趣，平时对这方面的创作素材、资料也特别关注。画《公元》这幅画的想法比较早。我被调到南京军区以后，军区大礼堂就是中国战区受降大典的旧址，我以前的画室就在大礼堂侧楼里，都是连着的。这是民国建筑。20世纪70年代初来军区我第一次见这幢楼就觉得不简单，这可能也是一种直觉吧。后来，我到北京搞展览，在北京王府井书店买了些书，其中就有一本书——《中外记者笔下的第二次世界大战》，记录了日本投降这一历史时刻。我惊讶地发现，书中照片上的签字仪式所在地是那么熟悉，原来就在我身边。我回到画室，常常想这里到底发生过怎样的事情，于是四处搜寻相关文字记录和老照片，认真考证每个细节，揣摩历史人物的神态和心理。

郭：一件成功的作品往往需要很长时间的酝酿和积累过程，急不来。尤其像历史研究一样的作品更是不能急功近利。

陈：是，这颗种子种下去是1987年，其间我不断地查找补充材料，中间画画停停，到2003年完成。画历史画，光有生活还不够，更要有历史知识的储备，"后勤"要跟得上。

郭：所以，我们的美术家，尤其是部队的美术家有责任尽一己之力，让近现代史进入美术史，让美术史进入近现代史，这是一种严峻的双重挑战。

陈坚 《我是一个兵系列·出击之前》 油画

陈坚 《我是一个兵系列·憩》 油画

陈：有些画从技巧上看也许还可以，但是在历史事件的细节处理上就很勉强，这明显与画家平日里的修养和历史知识储备有关。比如，我画日本投降的画，里边涉及一些服装和道具的形象，我收集到该事件的一些历史照片，只能去感觉它所提供的那种角度的形象，而这种形象往往用到画面里就"不完整""不够用"。画中日军穿的皮靴，从当时照片上看不全，只能模糊地感觉到鞋上有条袢儿，根据经验和有关常识我知道这个皮靴是挂有马刺的。要想画好历史题材画，必须考证出确凿的证据，有时要跳出资料的局限，扩大范围多绕几个弯去寻找。恰好我平时收集的创作资料中有一本书——《溥仪画传》，其中有他在伪满洲国期间到日本访问时的照片，照片上很多日本陆军军官，穿的皮靴都是带马刺的。因为日本当时军队的装备机械化程度还不是很高，陆军官佐骑马比较多，所以除海军外日本军官穿皮靴带马刺也就很普遍了，这样解决了如何画日军马靴的问题。

郭：对于画家而言，这些不仅是构成画面的形式符号，还是历史事件本身。刚才听了您的讲述，我甚至以为，您所做的工作都不是简单的收集资料，而是情感的投入，再落实到技巧，以及修养、能力等综合因素。

陈：这和演戏一样，要进入角色，你如果老徘徊在外围的话，肯定演不好。

二、反思历史

郭：陈寅恪先生曾说，对于古人之学说，应具了解之同情，方可下笔。前人有前人的情景，后人有后人的立场，人人都可以作"事后诸葛亮"，但是当局者却往往无法拨开迷雾。

陈：这个问题要辩证地看，当局者是有人生体验的，这就是"切肤之痛"。何孔德先生那一辈能画好历史画或者军事题材画，主要在于他们亲身经历过那个时代，所以能够真实地把它反映出来。但也正是因为对战斗生活的细节还原要求过高，有时会显得他们的视角受局限一点。我们则是站在局外的旁观者，所以客观上退得就远一点，视角也更开阔一点，冷静一点，但如何表现历史的鲜活性，往往就是现在画家的苦恼。

郭：当局者与旁观者是不同的身份，一代人会有一代人的世界观和认识论。历史会随着时间慢慢沉淀下来，隔开一段距离反而给反思留出了适当的时间和空间。

陈：每一代人经历的都是历史的局部，这是无法回避的事实。历史画的难度更在于要在限制中拓展，在题材框定下表现艺术的自由，如同"戴着镣铐跳舞"，无数的矛盾使得画家要投入更多的精力去试错，费尽心思。

郭：您的《公元》之所以得到各界的积极评价，是因为您从个人的历史观、绘画观甚至社会价值观上都进行过反复的思考。所以说画画不是简单的个人即兴抒写，更肩负着社会的担当和艺术的担当。

陈：画画既要下苦功夫，又要用巧劲儿。宏大的场面固然可以烘托气氛，但历史的瞬间也是要有选择的，这就是作为后代对前辈的反思，也是画家切入、解释历史的角度。

郭：绘画具有瞬间延展性。绘画艺术的语言是线条、色彩和形体块面，由它们构成的画面是凝固的静物形态。绘画以这种瞬间的凝固不动的形象来表现丰富的内涵。绘画表现动作时必须"寓动于静"，也就是选取动作发展的某一瞬间，而最佳的瞬间应当是最能让想象自由活动、能使人想象出更多的东西来的那一刻。

陈：这就是绘画作品中最能打动人的那一刻，也是绘画艺术的审美特征，是凝固的永恒。

郭：中国古代历史题材绘画被称为"故实画"，"故实"者，故事之是者，故帝王"从政咨于故实"，以故实画为兴废之鉴诫。如果将《女史箴图》《韩熙载夜宴图》《采薇图》《南巡图》等作品连缀起来，无疑是一宏大历史叙事陈列，亦堪称古代历史教育之形象教材。

陈：绘画的社会功能是我们应该重视的，现在都在讲要注意艺术本体，有人认为画自己想画的画就是回归艺术本身，但是画家要有责任感，要有社会的、历史的担当，我们部队的画家尤其如此。由于当时条件所限，很多精彩的、难忘的历史瞬间没有图片资料，那么我们是不是应该为此做些努力。再比如，即使大家耳熟能详的历史事件，我们是不是还可以使画面更加有深度和力度，投入更加博大的历史关怀，这些都是可以继续探讨的。

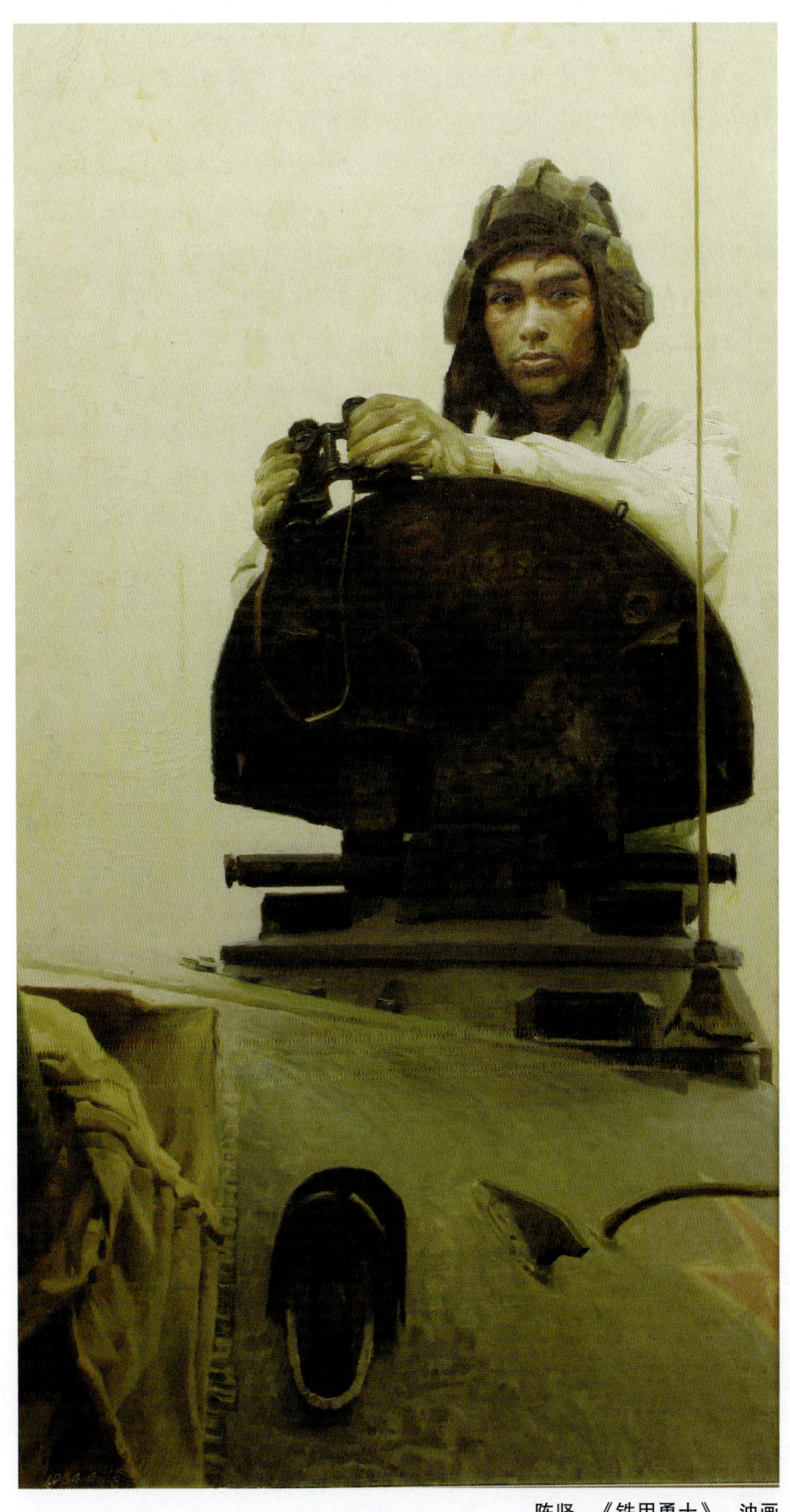

陈坚 《铁甲勇士》 油画

三、表现与再现

郭："表现而不废再现"的前提条件既有对艺术技巧的要求，但更强调情感的积累，我想您也一定对此有深入的思考。

陈：对于画家，真实的、深刻的感受是创作的基本动力。我在部队以从事军事绘画为主，画家就要身临其境。比如，我曾在教导队集训，军事理论、个人军事、战略战术等等，样样都是有板有眼的。1979年，总政组织南京军区几个艺术家到广西前线采访，我参加了。跑了许多作战部队、医院，看了伤员，闻了硝烟，几乎是零距离接触到了战争。看到角落里堆积着用黑雨布裹着的烈士遗物，那些痛苦、惨烈的场景，我被猛烈地触动了。那些场景和当时的体验永久地印刻在我心中。所以，我常常对调到专业岗位搞创作的年轻人说，如果在你的脑海中有挥之不去的官兵形象，你就具备了从事军事题材创作的先决条件。如果做不到这些，证明你体验的深度不够、不达标，就还要再去体验。

郭：人的感受对于再现事物有直接的影响，艺术作品中的形象凝聚了主客观双重的特质。朱光潜先生在《文艺心理学》中也提到，美不仅在心，亦不仅在物，而在心与物的关系上。艺术形象就是主客双方的统一。

陈：总政曾经举办过全军（济南）美术创作班，参加这个班让我真正见了世面。学习创作就好像是飞行学员练习驾驶初级教练机。以前都是自己临摹，画画玩一玩。在这次创作班上专门从军事博物馆的藏品里面调了好几幅名画运到济南，包括何孔德先生的《出击之前》，陈列在一个楼里，布置得像美术馆一样，规定开放时间去看。创作班的老先生们人品好，画品好，都特别勤奋。我们报到那天看到何孔德先生带头作油画写生，把招待所的环境给画了出来，当时我们都围着看。画家要把画画变成生活的常态，要练眼睛、练手的准确性。我在中央美院进修期间，在首钢劳动的时候，潘世勋老师讲了一句话，我至今记忆犹新，"画画就像炼钢工人炼钢，是熟练工，绘画中就这么多道理，关键是要经常画，要熟练"。

郭：这就是艺术的生活化，生活的艺术化。画家看世界，应该是考虑如何能成为一张画，而不是把对象一模一样地画出来。

陈：1974年我参加了中央美院进修班。进修班师资力量很强，都是专家，师生生活教学都在一起。但那时毕竟还在"文革"期间，属开门办学，教学课程设置没有现在这么规范，不画人体，也不能画人体，我是在2000年咱们总政办的素描班上才第一次画人体。总听老师说，要在衣纹里边感觉到有形体，但是我根本不知道人体的具体结构是什么样子的。搞创作时画的人都是穿着衣服的，要想把人画得形准，只能先自己琢磨，通过衣纹理解里面的人体结构。特别是在油画里，形体之间的体面关系是什么样的，先画外表再理解内在，先画真人，后画石膏。我是倒着学的。

这个班大约持续了一年半，老先生们和我们一起下工厂，到部队。我们可以到美院图书馆看画册，看美院老师留学时临摹的世界名画，还有一些原作。以前看到的都是印刷品，看了

陈坚　《坦克驾驶员》　油画

陈坚 《出击》 油画

之后才恍然大悟，噢，原来是这么回事。

这段经历对我来说非常重要，学习绘画再也不像在"军训"了，而可以直接体验到学院的教育，开始根据创作的需要有目的地去学习。比如王华祥先生所倡导的那种素描，大部分我能接受，在油画中的运用，它应是"油画素描"，就是素描和油画的关系。不能运用颜色来画素描，颜色要在画面物象的体面和空间变化中进行自身的冷暖变化。要根据颜色自身的运用规律，让它从颜色"升华"成色彩，它对形体的塑造同样至关重要，最终还是要用色彩来说话。

郭：在油画中，要用颜色来塑造形体，油画的魅力也正是如此。我知道这种魅力同样来自严谨和艰苦的磨炼。

陈：1977年，参加建军50周年全军美展，我跟着几个老前辈一起画《淮海大战》。画幅很大，长4米、宽1.8米，这也是我早期艺术创作历程中比较重要的一幅。在画面构成、构思和立意方面，我还在学习，老前辈们把画面组织好，然后我来具体实施。绘制中在画面的某个细节处理上采用了我的一点构思，当时我觉得还是有一点成就感的。我想通过画模特来确定人物形象，但是那时没有条件，只好自己穿上衣服照着镜子画。先画一张素描，再画一张油画。所有制作程序都是按照规范来的，先勾草图，再放大为一比一的完整素描稿，再考虑黑白关系怎么处理，就像国画的过稿一样，画到画布上。

郭：每个成功的画家都离不开个人的敬业精神，还有前辈们的关心与指引，对我们来说就是对传统的学习。

陈：我们这一代人都是何孔德先生的粉丝，都学他的那种绘画手法，因为他的画风有力量，很大气，写实能力特强，特别是表现战争题材的画。后来到中央美院学习了之后，对造型、绘画有了更高的认识。记得有位教解剖的老师，教学很认真，人体解剖很熟，当时很多医学院的解剖图都是他画的。他告诉我们，你们现在学的课时太短，不要一个一个局部地记，只需要分辨出人体运动的几个关键部位就可以了。随后他用圆珠笔在自己身上标出那几个要特别注意的部位。这一套简单的办法很管用，在我以后的创作绘画中一直保持着这样的认识，取得了很好的效果。这堂解剖课使我认识到艺术创作中对素材和模特使用中取舍的重要性。

现在我们常常借助照片，其实只要用到七成就够了，很多元素需要重新组织。照片里关系虽然很清楚，但是画面有画面的关系，有自己创作所需的关系，不能生搬硬套，选取一些元素就可以了。

郭：这样我就理解了您运用照片资料与创作自由之间的联系了，南京受降这样大场面的新闻照片显然在那个礼堂里没有拍摄的条件，但您的《公元》对历史的还原还是让人感到那么真切。

陈：其实，《公元》这幅作品对画面的处理要求很高。画中有很多人，又有很多道具，还有桌椅，这些都要靠严格的透视关系来体现。控制不好就会使物象有的腾空不着地，有的下半截埋下去了，就不在一个平面上了。这幅画的透视从中心往上下两边分，越往远处距离越短，即"透视缩短"。绘制时运用在美院学的透视法，用线条计算出等距离的透视缩减人物、人群的透视。我就是这样一点点校正整幅画中的透视关系。

郭：精于计算，精于解剖，精于色彩，精于透视，这些全是表现造型的基础。

陈坚 《岱山脚下车场日》 油画

陈：写实是个非常难的表现手法，从绘画语言到形式的构成有框框条条，互相制约，互相搅在一起。我们先不说表现大场面，就是两三个人组合的关系也很复杂。

郭：所以，写实是一种高品位的艺术语言，不是像学生一样如实写生，这里头是有难度的。大尺度的全景画是要走着看的，整体的把握非常重要。

陈：首先就是画面的形式感，整体的形式组合要全部映入观者的眼睛里边，在画面结构上有自己特殊的处理。好多环节都要关注，这个绷紧的弦要贯穿创作的全过程。我们搞创作往往有两种：一种是先有素材，叫看菜吃饭，有什么原料就烧什么菜；历史画创作是另外一种，往往没有"菜"，而是先设计好现有的主题，并围绕这个主题去搜集素材，靠这些素材来完成创作。

郭：这么多人物，这么大的场面您当时是怎么把握的？

陈：大场面的创作必定有数个中心故事或情节，其中有第一主角、第二主角、第三主角和群众演员等，他们各自独立而又能构成一个有机的整体，这是大场面画面的复杂性。还有一个就是画面前后空间的把握，具体的处理方法只能自己琢磨，在勾轮廓的时候，我先从近处的大的形象开始。在同一个层次上的形象东一处西一处地勾完，然后画第二层次中的形象。依次类推，直至完成整幅画的轮廓。而上颜色铺色调则先从远景后面往前画，让整幅大的空间关系先出现。这样空间就形成一个参照坐标，其他局部同它对比着画。

在具体绘制过程中要会确立画中的各种对比关系及参照坐标，它们是空间透视的、色彩冷暖的，同它们对比着一点点地深入画下去。这些被确立的参照坐标会随着绘制的逐步深入而不断交替，不断更换。以上的方法没有人教我，是实践的结果，也许其他画家也有这样的经验。

郭：任何一幅杰出的作品的背后总是掩藏着多少思考和艰辛的劳动，我相信在整个创作过程中还有着许多其他一时难以说清的体会和细节，但也正是这样的创作实践使我们对绘画的理解更加深刻，也对时代的要求做出了真诚的回答。

谢谢您能接受采访，令读者通过您的讲述对您的作品有了更加全面的了解。

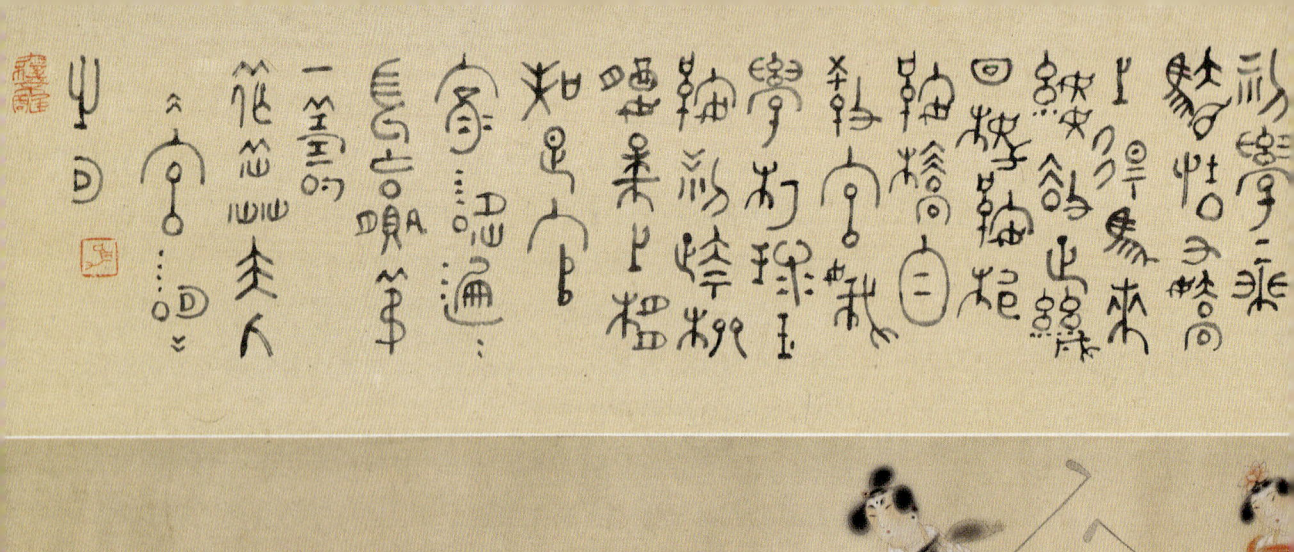

秋鸞乘馬怕人扶,
上得鞍來怒氣粗。
绣袋盛毬金縷䌫,
畫裙微露繡羅襦。
鞦韆別有平原戴,
學打娘娘玉樓擡。
唱菜上棚知是賽,
寄喧馬鬧遍通衢。
一畫敛敛吾人
甲山田

心性之中的自由
——画家唐勇力访谈录

唐勇力 《敦煌之梦·绿色希望》 国画

采访手记：

　　唐勇力是中国工笔人物画的领军人物，兼擅写意人物画。此次采访中，他首先回顾和梳理了过往的艺术成就，同时介绍了创作现状和创作思想；他更谈到了未来的创作设想，包括在教学方面的思考。在这之中，他目前的创作思想、创作状态、创作取向对我们也极具启发性。

时间：2011年4月26日
地点：中央美术学院唐勇力工作室

　　郭兴华（以下简称"郭"）：唐老师的作品我们都很熟悉，这么多年我们看着您的作品长大，也就很想请您谈一谈您从最初的那种模式如何过渡到现在；您觉得在自己的创作道路上，是不是有一种跨越性比较大的东西，能够作为自己创作的转折点？我想这个会给很多人带来很好的启发。因为每一位艺术家的成功都是其一个较为鲜明的个性体征的体现，这其中包含了很多思考，也是一个水到渠成的过程，但是这之前必须有很长时间的积淀，然后可能在某一个时期某一张作品中得以体现。

　　唐勇力（以下简称"唐"）：一个艺术家走过几十年，在艺术的探索过程当中肯定会有思考，而且这种思考总是伴随着创作过程，不断进行调整。例如，我个人的艺术创作过程，其实与时代的发展、审美，包括时代美术的大潮的进展，都是同步的。20世纪70年代，在我20多岁的时候，创作观念完全是受到那个时代高大全、红光亮的影响，所以视野很窄。那个时候图书馆和书店里全部都是红色宣传图式，真正的艺术品是看不到的，国外的艺术品更难看得到。我当时也是一样在画一些工业学大

唐勇力 《敦煌之梦·长者》 国画

庆、农业学大寨、大批判之类的题材。因为画得好，我就被抽调到展览馆搞展览。对于我们这一代人来讲，是时代的大潮推着我们走，我们没有一个完全由自己提出的人生计划，可以说没有这个概念。诸如对艺术创作有思想、有想法，是80年代以后的事情。那时起随着改革开放，西方的艺术被介绍进来，包括美术学院的老师才首次看到各种各样的艺术形式。那个时候出国也是非常困难的，有出去的人带回来很多先进的信息，包括一些最新的画册。也是在那个时候思想开始转变，就开始有一个追求了——但那个时候的追求实际上没有经过研究，只有一个感性的判断。例如"85新潮美术"，虽然心理上可以接受，但未经过理论研究，完全是凭感觉，认为西方的东西好。实际上，他们对于这股新思潮，包括一些年轻人搞的"85新潮美术"，到底有多少清晰的判断、有多深的研究，都要经过若干年之后才能得出结论。面对被介绍进来的西方的艺术，我们也无法马上判断出哪些艺术是好的。"85新潮美术"时期的那些青年学生，包括我们那一代都受到了很大的冲击，认为这些从来没有看到的新形式、新画法、新追求、新观念，很新鲜很好。

　　郭：那么当时您的创作思想是怎么转变的？

　　唐：那个时候就有一种逆反心理，就觉得传统的绘画、传统的观念太古老，没意思。实际上自己也没有对传统进行更深

唐勇力　《敦煌之梦·西部印象》　国画

入的研究，可以说没有理解，于是就认为它不好；经过这几十年我们再来看，传统绘画真的非常好，那还不是一般的好。中国画与西方艺术是两个不同的模块，谁都不能替代谁。"85新潮美术"时期，我正在浙江美术学院（以下简称"浙美"）读研究生，从这个时期开始，我开始转向对传统的研究和探索，研究"传统"与"现代"的课题。浙美的教学并不保守，实际上是允许传统与现代两者有各自存在与发展的空间。浙美的教学传统是：传统就是传统，现代就是现代，不混在一起。这跟中央美术学院的区别就在于，中央美术学院是混在一起的，传统里有现代，现代里有传统，就叫中西融合。浙美两边分得很清楚，教学的时候非常传统，毕业创作的时候学生往往又非常现代。我们可以看到，"85新潮美术"的主要参与者出在浙江，而不是北京。浙江本身是一个在艺术方面非常传统的地方，然而越是传统，反弹却越大，于是形成了两个"极端"。我在浙江学习工作了15年，使我有一个很重要的学术思想，就是必须坚持两手都要抓：一方面注重对传统的学习，包括笔墨，传统的文化、理论、画风、笔法，尤其对"六法"的认识要往深里走；另一方面就是要学习西方艺术中最先进的形式、美术观念，包括一些新的结构因素、先进的思想，最终实现"以中为体，以西为用"。这也是我现在创作的基本方向。

现在，我尤其追求中国传统工笔画的写意性。写意是中国两千多年来总体的美学思想，"六法"中的"气韵生动"是中国画在绘画形式上追求的一个主体目标。在我看来，西方现代绘画中的表现主义，强调主观表现，实际上和中国的写意是相通的。我们的写意就像郑板桥所言，"眼中之竹""胸中之竹""笔中之竹"是不一样的。眼睛看到的竹子、自己想象的竹子和最后画出来的竹子都是不一样的，它是三个阶段。西方的表现主义实际上也是这样主观性的：艺术家发现了事物的本质，按照自己的观念、理论将其从物象中抽离出来，但是落实在画上，就又会变成另外一种东西；所以艺术家想象的、抽象出的那个意象和画的也是不一样的。东西方艺术的审美核心实际上在某些方面是相通的，但表现的形式、语言是不一样的。

一、写意性工笔画

郭：这样看来，浙江美术学院的学术氛围，对于您创作观念的形成有着至关重要的意义。

唐：对。正像前面所说，诸如我对"六法"的理解，"气韵生动""骨法用笔"等观念对中国画创作有着非常重要的意义。现在我的理解也越来越深刻，这些观念对我绘画的指导性也越来越强。中国画与西方绘画最大的不同之处，就在于中国画追求气韵。西方绘画里的气韵是最不容易体现出来的，因为它更多是色彩构成的东西，追求有意味的形式。我理解"气韵"源于老庄思想，它与西方美学有很大的区别，气韵生动属于体验性的，最终落实于笔墨。中国画的表现媒介是水，而西方绘画是油，这两者很不一样。水乃万物之源、生命之源，能通万物之灵，水作为中国绘画的媒介物体现气韵生动，体现生气、

唐勇力　《木兰诗之二》　国画

生机、生命也就是自然而然的了。再者，水的气韵生动要靠"骨法用笔"：一个是运笔的力度，另一个是线，骨即是线。中国绘画是以线，即石涛讲的"一笔生万笔"生发出来的一种骨法用笔。所以说"气韵生动"和"骨法用笔"这两个是不能脱离的，就像易之阴阳、天人合一，是中国最传统绘画里面两个基本的核心理论。"应物象形""随类赋彩""经营位置""传移摹写"等属于技术层面，但仍有理论的审美观念层面。"随类赋彩"是随类而非随象；"应物象形"是"应物"而"象形"，"应"有多种，有感应有顺应等，中国的"应物象形"仍是写意性质的，并不是西方照相式的写实。因此，"六法"对于我们现在的中国画创作仍具有现实的指导意义。在我 30 多年来的创作实践当中，主要研究了两个课题：工笔的写意性、写意性的工笔。工笔的写意性是一个理论性的课题，写意性的工笔是一个实践性的课题。

郭：是不是说，您的创作在用水用墨上追求写意，尽量体现一种写意性的审美感受？

唐：应该说我想要体现出来的，是一种写意性思想指导下的"写意性的工笔画"。如果从实践的角度上来认识的话，就是与传统的绘画技法相比是有推进的，推进到一个新的领域，具有随意性、随机性、应变性。比如我的作品之中的虚染法、脱落法，都是基于随机、随应、随性、随意，并没有固定的程序性。因为依赖于情感作画，随机、随意性的东西自然而然就出现了，但如果要遵循程序性的东西，按照机械的程序，就抑制了人的情感、压抑了人的情感——情感不可能顺应程序走，情感是在不断变化的。我这么多年来研究工笔的写意性，结合理论体系的完善和实践探索，应该说取得了一定的成果，能够做到完整性和体系性。

二、线性素描、虚染法、脱落法

郭：您曾提出基础教学当中的"线性素描"概念，您对它是怎么定义的？

唐：最核心的一点，现代人物画就是靠素描造出来的。素描有很多种，我提出中国画的素描是"线性素描"，这是我经过 20 多年时间才总结出来的一个概念。线性素描研究的成果，应该说不是我一个人完成的，在我之前已有很多画家进行了中

心性之中的自由——画家唐勇力访谈录

唐勇力 《老农》 国画

唐勇力 《敦煌之梦·永远的祈祷》 国画

国人物画基础教学的探索。在前人探索的基础上，我进行了归纳、总结，并提出了"线性素描"的概念。早期中国人物画基础教学缺乏一个思想体系的指导，只是凭着画家的实践感觉教学。比如最早的人物画的基础训练，先画石膏素描，再过渡到人物素描上去，都是依赖光线的明暗进行素描。新中国成立初期，周思聪和卢沉是画苏联契斯恰科夫式体系影响的光影素描，那个时候，不管你画什么画的，都是以光影素描的训练方法来打基础的。

郭：其实一直到现在，这种状况也没有大的改变。

唐：当时的中国画基础教学也是用光影素描，后来有人提出光影素描不能够进入到国画里面去，要画一些适合中国画的素描，但什么样的素描适合中国画不得而知。大家完全凭着自己的感觉去探索，不同的学校就有了不同的追求方向。浙江美术学院受到了罗马尼亚画家博巴和德国素描风格的影响，即有明暗但不完全靠光影——欧洲的素描是平光的，但它仍然有明暗，并且明暗当中有线的成分在里面，比如安格尔的作品。这个时期有方增先等一些"浙派"的人物画创作。方增先 20 世纪 80 年代提出了"结构素描"的概念，用炭笔、木炭条画素描，而不用铅笔画精细性的素描，要求抓住对象的结构，然后是大色调，这与工具、材料的选择有关系。方增先的中国人物画基础教学排除了光影素描，但也有一个问题，就是不能完全深入地去刻画对象。而且结构素描本身是一个技术概念，而不是一个思想概念。北方的蒋兆和提出了"速写性素描"的概念，但没有提出自己的理论，只是凭着线，凭着自己的感觉和天赋，有些很接近于素描，这也形成中国画基础教学的一个形式面貌。中央美术学院则有周思聪和卢沉的速写和素描。周思聪曾经下到煤矿画了一些矿工的素描，后来也画了一些人体，包括到大凉山画了一批速写。他开始用线和面相结合的画法，以线为主，虽有明暗，但减到最少，这与他们长期拿毛笔画画，与他们自己的悟性有关系。排除了光影，素描就开始出现了线性的感觉。但这只不过是实践当中的一种探索，没有形成理论，也没有形成教学的课题。不少人画的素描都有这种线性，但是没有总结出中国人物画的基础教学到底应该是一个什么样的理论体系。另外，西安美术学院也有人提出"写意素描"的概念，但没有真正地恰如其分地把这个概念表达准确。

我在20世纪90年代开始探究这个问题,并提出"线性素描"的概念,理论框架主要包含三个方面:认识方法、观察方法和表现方法。中国传统画论秉持一种"游观"的思维方法,即转着观看物象,并不固定在一个点上。这种特殊的观察方式有利于线性的表现,也使创作者在认识上提高对对象的理解。所以我在观察方法和认识方法上,都做了比较多的论述,最后落实到表现方法,即技法上,技法也是和线相结合的。我将很多传统的因素归纳到一起,形成各种特殊的视觉效果,并且分析各形式的美学思想,应该说基本完成了线性素描的理论架构。

郭:您在中国画基础教学方面,自始至终贯穿这种线性素描的思想。

唐:对,现在我们中央美术学院的素描教学课程就叫线性素描。我们从理论和实践两方面,基本上完成了线性速描的建构,所以学生们入学前即使受的是光影素描的训练,入学以后转入线性素描也非常的顺利。线性素描并不是完全像我们所说的白描,其一定是要有结构、形体、质感的辅助色调,但不是有色调地画光影、空间、深度、质感,而是体现对人物最深入的理解。学生入学以后不画全因素素描,而仅用线性素描作为基本功训练又是不行的,因为不能对人进行很深入的了解。创作者必须深入地认识和理解人,才能够表现出人的生命感。

从自身的创作角度而言,我是在这两个课题的基础上完成了个人风格的转换。"敦煌之梦"系列就是我从壁画中吸收传统的绘画技法体系所形成的一种面貌。中国传统绘画有三大块:壁画、院体绘画和文人画。壁画是比较古老的,与宗教文化相关;院体绘画为宫廷服务;文人画完全是创作者主观情感的表达和抒发。文人画是用水墨语言的表达形式来体现自我,代表着中国传统绘画的精神意象,契合了中国艺术哲学思想的质地,应该说是目前主流的表现形式。

郭:能不能这样理解,您的绘画是融入了壁画的语言,然后再结合着文人画的思想,形成了自身的风格和特点?

唐:我的作品中还包含着宫廷绘画的严谨和严肃,与文人画的自由、传统宗教壁画的深刻融合在一起。人在艺术生涯当中,是不断递进的。比如我最早的学习过程当中,写意也画,

心性之中的自由——画家唐勇力访谈录

唐勇力 《木兰诗之九》 国画

唐勇力 《敦煌之梦·悠悠岁月》 国画

唐勇力　《藏族青年》　素描　　　　　　　　唐勇力　《苗族老人》　素描

工笔也画，什么都进行了尝试。我到了浙江美术学院以后，开始进入工笔画的创造研究阶段。后来发现工笔画传统的方法都很死板，我就自然而然接受了写意画、文人画的思想，把工笔画画得随意一点，就非常生动。工笔总得要起稿子，勾线要非常严谨，粗细一致；染颜色还得一步步地染，保证染得要均匀。可以说，这些技法没有任何的随意性，程序性太强。我想能不能在严谨当中随意一点，就创造了"虚染法"。中国传统的染法是沿着线染的，不能越界，平罩时要非常均匀。虚染法是染的时候可以出界，把边界都染成虚的，边界都慢慢看不见了。虚与实的区别就是边线，哪怕染得再浅，边界如果是清楚的，那就是实的；染得再重，边界是看不见的，那就是虚的。边线是实的，颜色是虚的，形成虚和实互补，这个颜色就会很生动。因为是虚的颜色，创作者就可以自己掌控虚的位置，在画面中保留实的线。后来的"脱落法"就是在虚染法的基础上，模仿敦煌壁画脱落的视觉效果而产生的一种自由整理的肌理。当然这种视觉效果不是终极的目的，而是追求一种画面的自由感。

郭：其实您内心还是要追求画面上的突破，一种心性之中的自由。

唐勇力　《木兰诗之十三》　国画

唐：我在画的过程当中，可以随意地处理画面的深与浅、颜色的浓与淡，这样就不会像传统技法程序要求的严谨、不出纰漏、细致，在整个绘画过程当中享受自由，画面最后的效果也是这样的感觉。既然过程是自由的，那作品肯定也是自由的。

我今后的创作依然会按照现在这个绘画体系继续推进，完成数幅能够更加完整体现我的学术思想的作品，用更多的作品来印证我的这些学术思想，二者互应、互补。我再给自己十年的时间，尽心力搞创作，使这些新作品达到更加完善、更加完美的境界。

三、美术教育思想

郭：您一直在关注中国画的教学体系。我觉得作为一个大学的老师，或者说作为一个在创作上取得了丰硕成果的艺术家，能全身心地投入到教学之中相当难得。

唐：我30多年从事艺术创作的同时，一直都没有离开教学实践。我的思想、创作、教学实践都是连在一起的，我的创作也是为了印证教学实践。

郭：刚才您谈到"线性素描""脱落法""虚染法"，这都是您自己的一种创造，当然其中集合了很多人的智慧，您进行了一个系统化的总结实践过程。我觉得现在有这么一种现象，很多老师培养学生，结果学生的作品与老师的都普遍相似。比如您有您的个性，有与别人截然不同的面貌，但您的学生在学习的时候，会不会学出来也是您这种风格？从另外一个角度讲，您在培养学生的过程当中，对于如何让学生形成自己的一个风格，或者说对一个学生个性的塑造，您是怎么做的？

唐：学生模仿老师，现在存在，过去也存在。我教了这么多学生，应该说没有一个学生像我的，但是我的学生都能够从我身上体会到我的创作思想和我的艺术观念。他们在绘画上得到一个启发，绘画能力也有很大的提高，但是又能够各具面貌，形成自己独特的风格。首先一点，每个人的技法都是自己的生命体验，是很富有个性风格的。你学我的，模仿得再像也不是你的体验，所以你永远不会是我。老师应该教授学生借鉴和吸收，转益多师，最后变成自己的东西。一定要让学生开拓自己，要对"造型"有认识、有理解，只有如此，才能有好的创作。学生应该坚持研究"造型"，一辈子坚持不懈地画素描，因为这是认识对象、研究对象最好的形式。我一直督促自己的学生要认识到，绘画创作是一个长期的过程，是在一点一滴的积累当中去实现飞跃的。只有经过多年的积累，才会在某一个时刻突然迸发出火花。我教学生也是这样，要特别注意发现学生的火花。有的时候，一个星星之火就成了一个大光，形成一个大的气候。严格说，老师要会教，学生要会学，这两者是相辅相成的。

水伏波山登髙而望则诸山皆不及此山，三姑峰尤奇，江山美桂林城人醉言峰尤奇奇峰皆吾所爱者的奇皆岩岩不一般水美桂林江湖水最潇湘桃花江两江四湖漂柏鳌江不一般宜室宜家桂林人不愿作神仙室宜家桂林人不愿作神仙

二〇〇五年春 孔凡生书

正名与自觉

——书法家孔见访谈录

采访手记：

　　书法是中国特有的艺术，西方没有与之对应的艺术门类。20世纪之初，中国引进西学，但无法用来自西方的论说体系来解读传统的中国艺术。在全球化语境的今天，这种尴尬越来越凸现出来。孔见先生作为一位有历史责任感的军旅书法家，大胆地参与了中国书法理论的建构工作，提出了自己的主张。他为中国传统文化正名的苦心，得到学界的一致赞赏。

时间：2013年1月1日

地点：五洲风情大酒店

孔见行书

郭兴华（以下简称"郭"）：孔将军好！非常荣幸今天您能够来我们的栏目做客。在部队，您曾上前线统兵作战；同时，您又是一位资深的军事理论研究者和卓有建树的书法理论家，可谓文武双全啊。我认真拜读过您的大作《中国书法艺术通论》。您条分缕析，娓娓道来，非常令人钦佩。

孔见（以下简称"孔"）：过誉了。作为军人领兵打仗，赢得胜利是我责无旁贷的天职。受家学的影响，我自幼酷爱书法，多年来，在学习的过程中，有不少心得和思考。原来想等退休之后再细细整理，谁知，2007年我在报上看到一篇文章，文中批评军队书法"整体上存在着理论匮乏、批评失衡的现

静坐得幽趣

清游快崎生

孔见行书

孔见草书

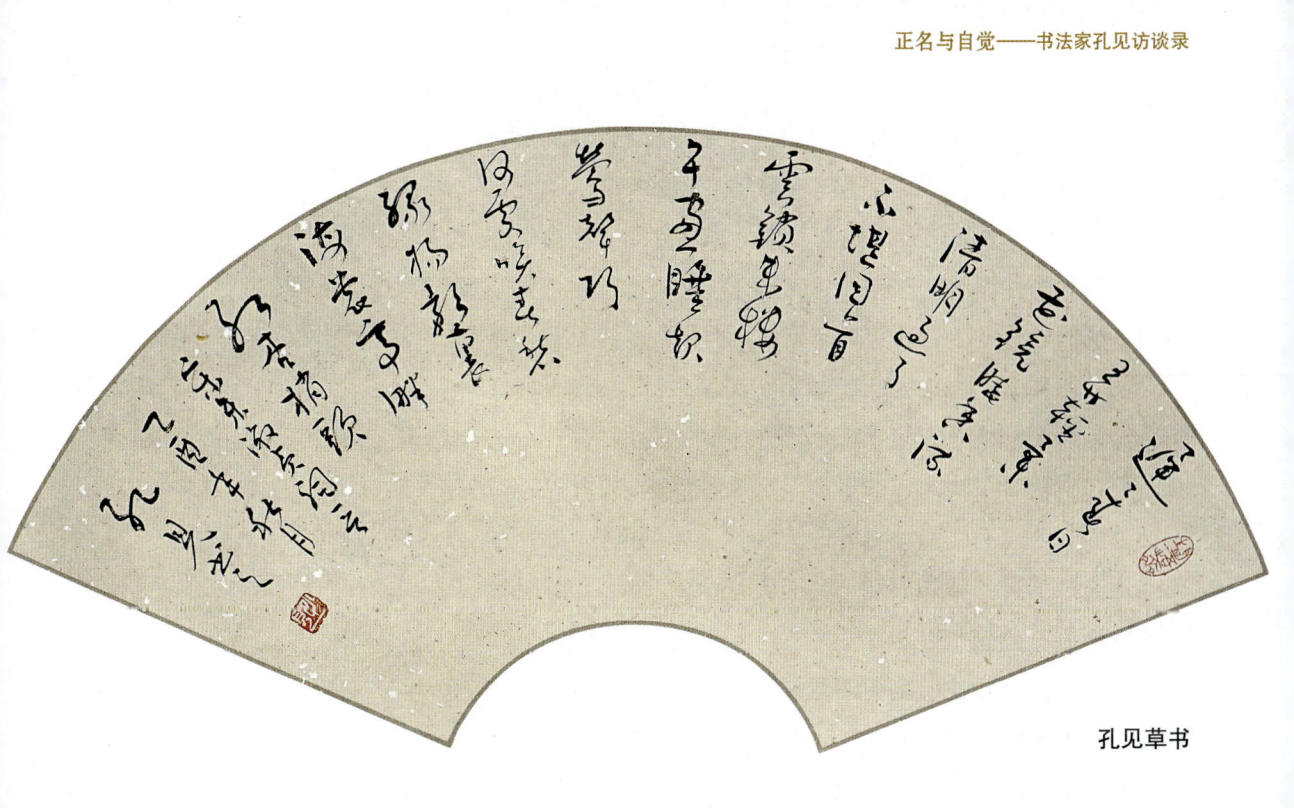

象……"。我心里不服气，于是动了为军旅书法争光的念头。这本书从初稿到付梓出版一气呵成，使我多年来零散的认识和体会得以系统化呈现。

郭：您真是太谦虚了。今天我们就想跟您请教一些关于现代书法理论建构的问题，还有您研习书法的心得。

一、定位之忧

郭：清末废除科举后，"新学"日益代替私塾，大批留学生、出国考察者等带回了欧洲实用的书写工具。书法随之与实用分离，日渐成为与绘画一样的视觉艺术。

孔：20世纪初，知识阶层急切地欲从欧洲、日本寻得救国良药，厌弃"国故"，视书法为无用的"小艺"。尤其是辛亥革命之后，年轻的一代就少有潜心于书法的人了，至多也就是以书法自娱而已。

郭：但是，我们却常常忽略了一点，虽然善书者越来越少，但是书法思想却焕然一新。西方美学的输入，使一些学者从全新的角度去审视书法，蔡元培以书法作为美育的手段，康有为的门生梁启超也用全新的观点阐释书法。

孔：是的，后来又有朱光潜、宗白华等人的书法美学理论，奠定了现代书法美学的基础。这些新学与中国传统的书学理论不同，虽然少有洋洋洒洒的鸿篇大著，但是却令人耳目一新。

郭：西方文艺方法固然提供书法美学系统化、学科化的契机，然而若完全把西方艺术理论当作未来走向的依据，一味地截断传统文化对书法内容的呈现，那么往后的书法作品将先行感动外国人，或是仅感动具有西方理论基础的国人，而大部分国人却无法深入其精神内涵，甚至无法受到感动。如此一来，书法将沦为视觉艺术的边缘门类。

孔：所以需要我们去细细甄别，既要有宏大叙事方式来架构我们自己民族的理论体系，又要从局部去解构。

郭：中国对"艺术"的定义极为广泛和不确定，西方美术史中又没有可以对应的名词，因此，书法的"美术"或"艺术"定位的确立，使书法美学家非常困惑。

孔：在全球一体化的大趋势下，这其实是所有中国传统艺术的尴尬。中国汉字之所以会发展成为一门艺术，启功先生的诗或可以说明问题，"世人那得知其故，墨水池头日几临。可望难追仙迹远，长松万仞石千寻"。这首诗使我们看到了中国书法艺术遥远的历史和原因。中国书法艺术是伴随着中华文明的步伐前进的，它的产生和发展，与中华民族从蛮荒走向文明与辉煌的历程中诸多社会历史因素有着密切的联系。

郭：中国的文学、诗词、绘画等文艺内容虽迥异于西方，但是这些门类却是西方长久以来认定的文艺范畴，于是书法美学家就将书法的特质与其他文学艺术相互贯通，以此作为确认书法艺术地位的捷径。

孔：可以说这是书法留给当代人的难题。我尤其强调从中国本位出发，去挖掘解读的可能性，研究绘画、建筑、雕塑、戏曲、音乐等各种传统艺术，从中找到书法可以参照的基本元素。

郭：是的，所谓"纯艺术"，是以西方艺术美学为定位的，书法在艺术的定位上仅近似于抽象画。

孔见行书

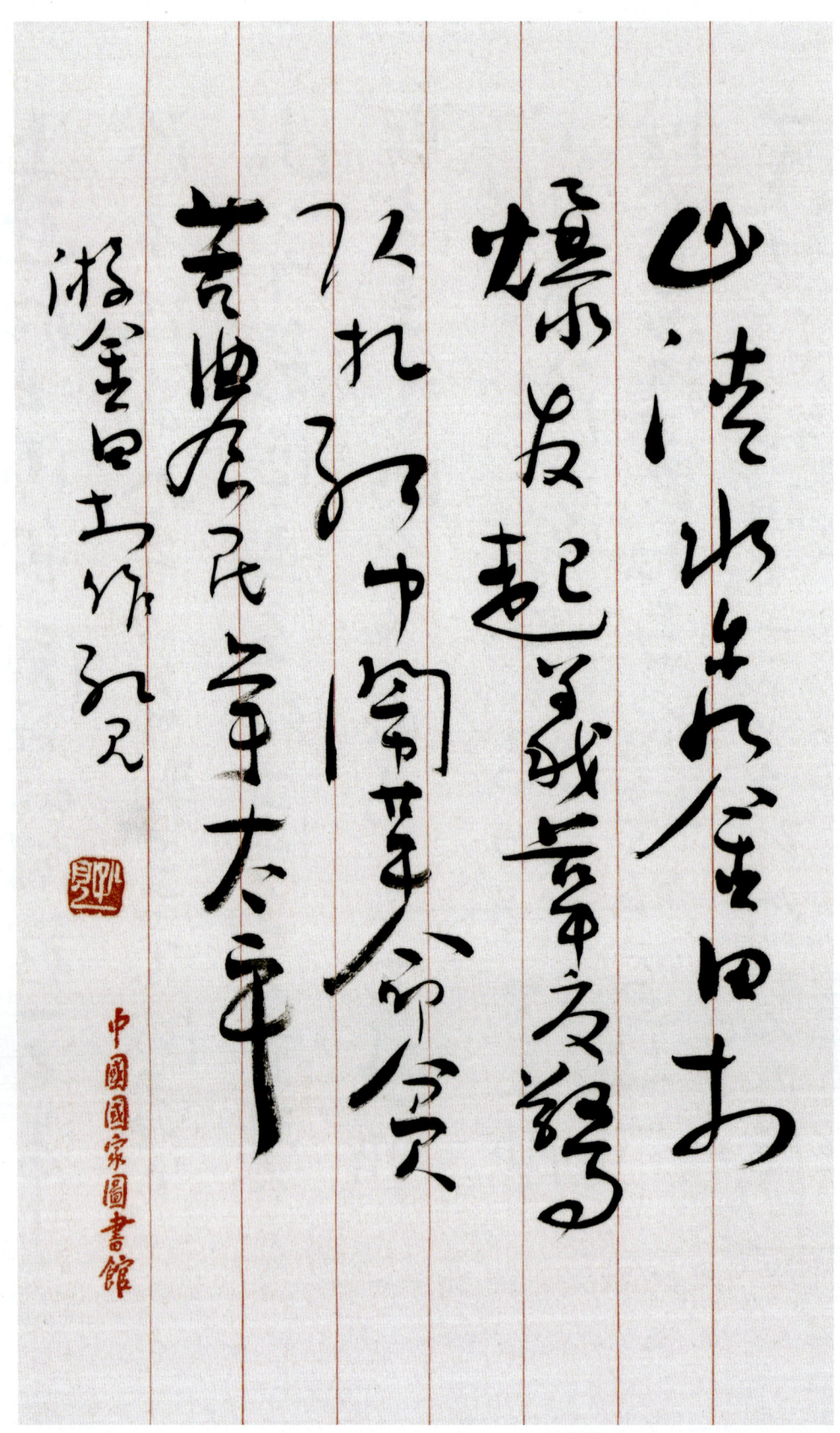

孔见草书

二、解读之惑

郭：目前学界常用的"艺术"一词，是引用西方文艺复兴以后的概念，只要有一定的生活目的，或作为活动的"技术"者，都可以称之为"艺术"。相比之下，中国虽自先秦时期就有"艺"字的存在，如当时六艺，即礼乐射御书数，然而其内涵却与西方的"艺术"差别甚大。可以说，在中国文化体系中并没有独立的艺术，中国的书法、绘画、建筑等虽被视为艺术门类，但这是从西方的角度进行观照的。这样的出发点决定了书法本质的研究路径，将以西方艺术的定义为观照点，并以此断定书法的艺术本质与其规律。

孔：确定书法的艺术本质为何，乃是书法美学的基本议题与探讨的重点。书法的艺术成分认定，是确定书法为"艺术"的基本步骤，因此，从西方对于艺术审美的直接感受出发，决定定义，使得书法美学理论体系的架构存在巨大差异。因此，对于书法本身定义的探讨，是每一位书法美学家不可或缺的基础课题。

郭：书法的形象或是具象性质，可推至文字肇始阶段；虽逐渐发展为抽象性较重的艺术，却不代表书法完全是抽象的视觉艺术。书法艺术注重形式或内容；书法是表现或再现书家情感的具体实物；书法艺术的时间性与空间性等本质问题，都是取自西方艺术学的基本概念。因西方艺术重视艺术品的视觉形式表现，所以书法美学家们纷纷强调书法的"形式"。

孔：传统书论所强调的用笔、结构与章法等书法三大要素，形成书法形式中的"用笔之美""结构之美""章法之美"。陈振濂就曾以西方艺术的专门术语"线条""结构""空间"应用于书法艺术的形式，书法的笔法变成线条表现，章法布局变成线条的运动，全然从西方艺术的角度来解读。

郭：当把西方艺术的"形式""表现""空间""抽象""视觉"等特质直接套用到书法艺术时，书法成为西方艺术学的注脚，而彻底失去了自身独具的本质与审美规律。

孔：中国书法的审美原型，植根于丰富的哲学思想和文化背景，故具有多元且特殊的特质。然而文艺思潮一向为社会背景的产物，随着文艺思潮的改变，书法美学的理论基础也应有厘清的必要。

三、建构之维

郭：有关"书法是什么"的本体论问题，可以说是建立"书法美学"这一学科的基本论点。不同的思维造成不同的结果，不同的定义必定造成不同的理论内容，因此基本定义的确定是建构"书法美学"唯一专门学科的基本步骤。对于书法的解释大致而言，一种是主张书法为书写汉字的一种艺术，另一种认为书法是表现线条美的抽象符号艺术。

孔：学者们的角度各不相同，有的从"线条艺术"，有的从"视觉艺术"，有的从"造型艺术"，都提出了各自的见解，

孔见草书

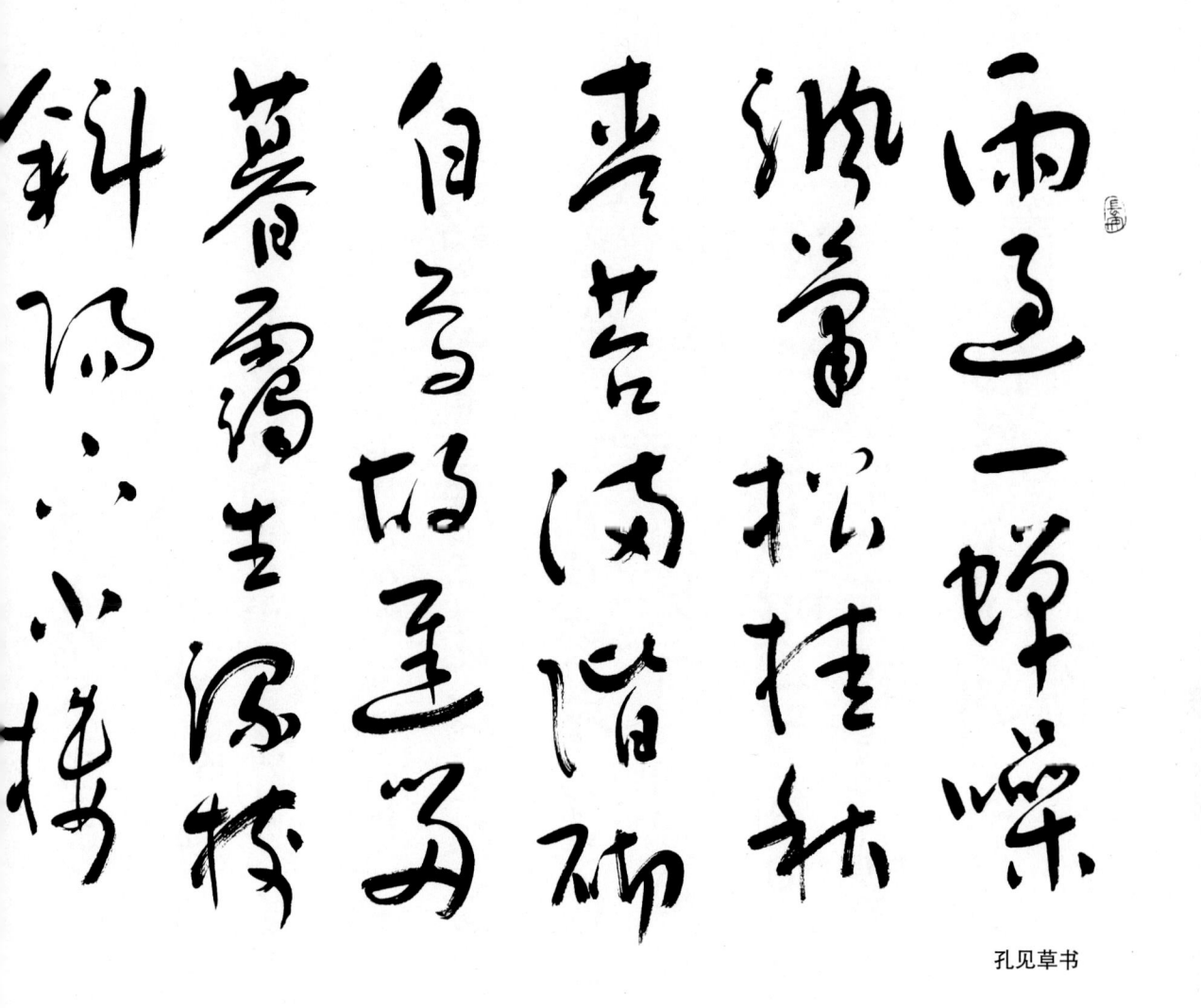

我认为各有道理。但是仅从某一角度研究和认识还不够，因为书法艺术是一个文化内涵极其丰富深邃的事物，所以我们应该从多个角度，全面、深刻地研究和认识它的性质。

郭：随着书法艺术专业化的来临，传统的以近似自由心证赏析书法艺术的审美方式，已无法再适用于现今的书法环境，因此，建立一套书法美学理论体系是当务之急。实际上，这又是一种难以回避的悖论，"美学"本为舶来之物，研究方法、理论界定、解读方式等都很难与"书法"这一传统而古老的艺术找到契合点，但是在现代西学风潮中又必须引入这种论说框

清晨入古寺初日
照高林曲径通幽处禅
房花木深山光悦鸟性潭影
空人心万籁此俱寂惟闻钟
声音 唐常建题破山寺后禅院

白云尽春兴孝深长睛青霭正
远径徐此香闭门向山路深柳
芳草空睢窗白日洒辉只袁裳
虚剖首空涛闲题 阳南飞雁
倦雪至玉田亲乃残冻已回
日缭归束江静潮

孔见行书

架。虽然中国千余年来没有"书法美学"这一专有名词，但已具有书法美学的事实，最常见的是点悟式书评文章，另外早期的诗论、文论、画论和书画题跋等，成为古代书法艺术蕴藏的特殊美学宝藏。如何从美学角度使这些丰富的书法艺术资源系统化、学理化，却是前所未有的考验。

孔：东西方艺术固然存在相通的本质，然而正因为审美价值不同，才各具特色。

郭：艺术美学理论的引进，与创作再现形成一种微妙的关系。不同于古代感悟式点评，现代文化环境下，理论直接决定了书法创作观念，因而也成为创作成功与否的试金石。

孔：随着理论的逐渐深化，只从审美角度探讨书法美学就略显片面，欲建构理论体系必须兼顾多视角的观点，举凡书法作品本质、书家创作主体、审美群体与时代文化等各面向缺一不可，如此才能体现理论的全面性。

郭：西方艺术把技术和法度视为艺术创作的重点，中国书法却更重视天分，虽然近于西方人口中的"天才"，却是真、善、美的完美结合。书法与文字的结合，在长久的历史中是存在的事实。书法最耐人寻味的地方是，它不仅具有视觉审美效果，而且对心灵层面具有提升作用。

孔：在建构中国书法美学的过程中，书法作品固然是直接被欣赏的对象，然不能忽视书家、欣赏者与时代诸环节的重要性，才足以彰显书法艺术的特殊性与民族性。当代书法美学论著倾向于将书法视为视觉艺术，这显然着重于书法的艺术成分，而未进行全面性的观照。当书法沦为视觉艺术名目下的一类时，书法艺术的固有精神将日渐消失，甚至成为抽象艺术的其中一种表现方式而已。这对于理论性建构或是书法未来创作方向皆是非常不利的。

在书法艺术与社会文化的关系上，则必须衡量时代精神对书法艺术的不同影响。

书路漫漫　古今求索
——张坤山的书法艺术人生

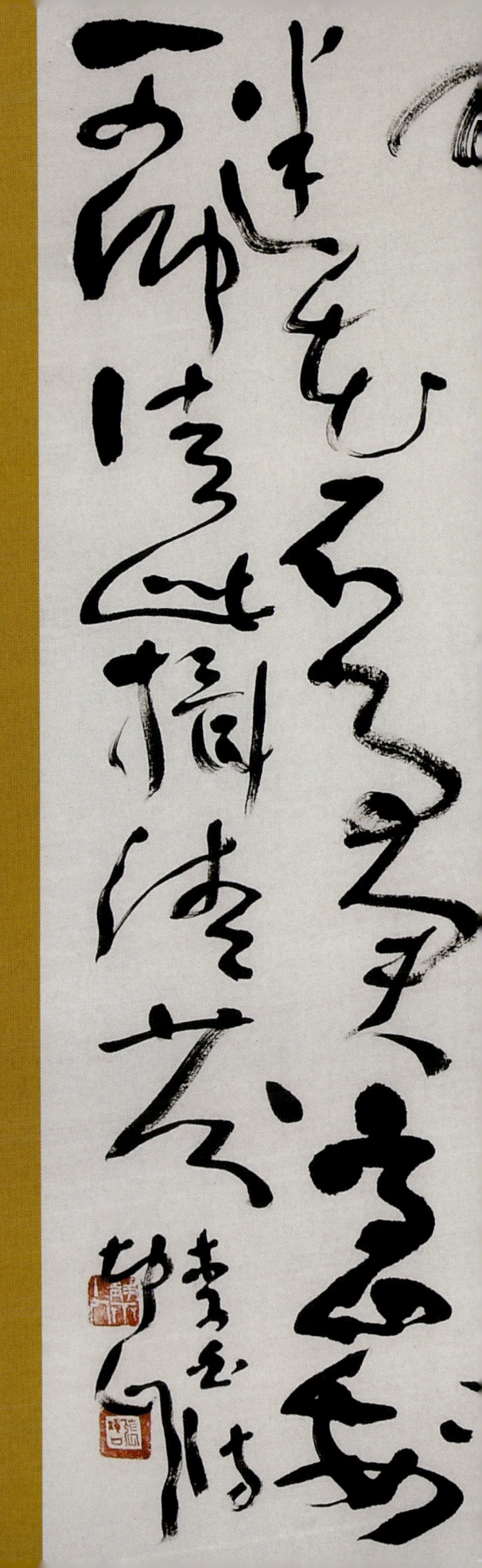

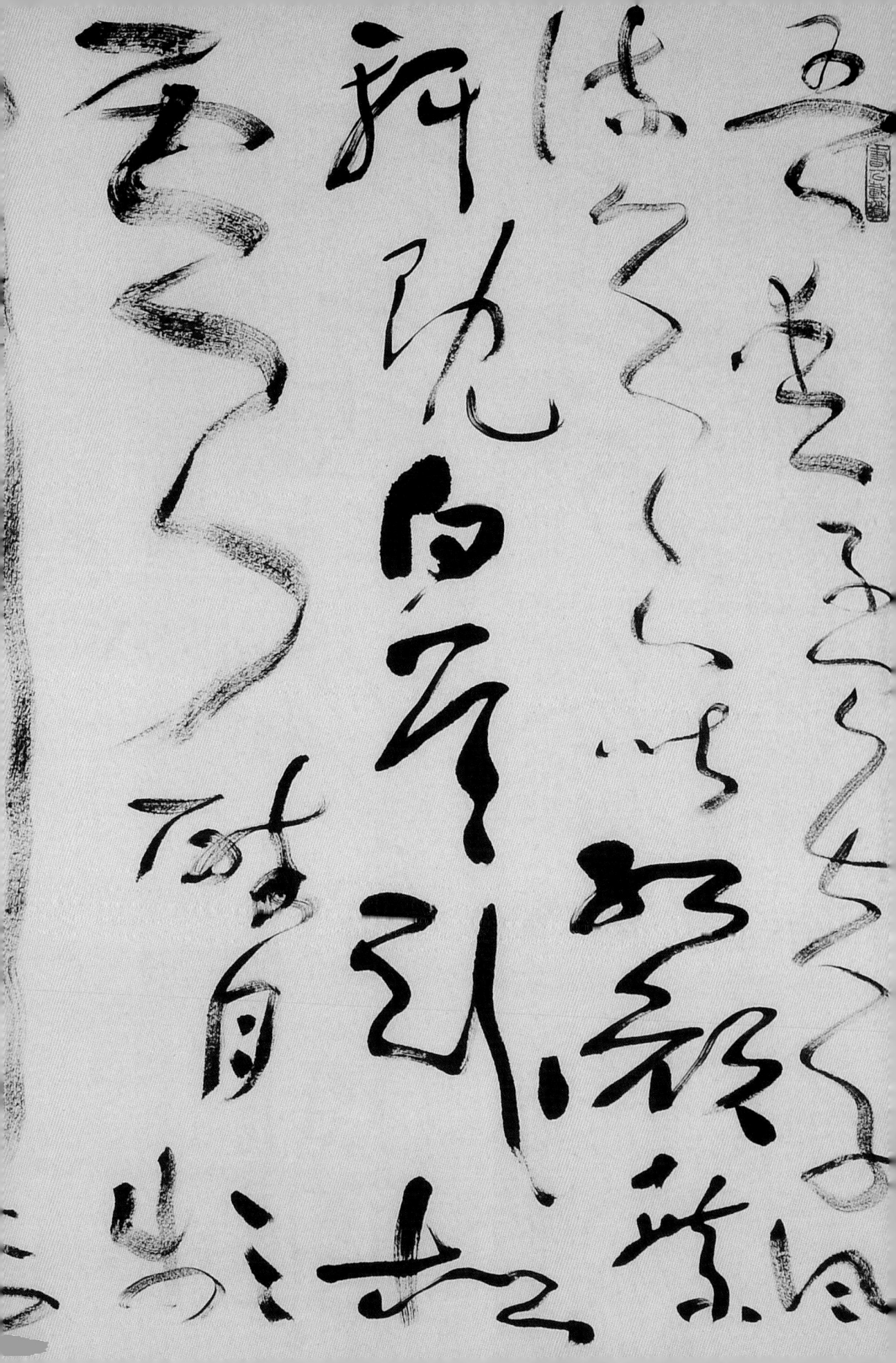

怳怳如闻神鬼惊，时时只见龙蛇走，左盘右蹙如惊电，状同楚汉相攻战。湖南七郡凡几家，家家屏障书题遍。王逸少，张伯英，古来几许浪得名。张颠老死不足数，我师此义不师古。古来万事贵天生，何必要公孙大娘浑脱舞。

文章或論到閫奧

著好與俗殊酸鹹

张坤山行书

采访手记：

  继承与创新是老生常谈的话题，张坤山先生对传统书法艺术有深入的理解，"与古为徒"是他对传统继承的最好诠释，继承的不单是笔法、风格，更重要的是中国传统文化精神、哲学思想和书家的品格、修养。在创作上，张坤山先生的书法以传统为根基，博采众长，将碑与帖糅合并加以升华。张坤山先生深入传统之后又"打出"传统，最终形成自己独特的风格，表现出了时代风貌和儒将风范。

时间：2014年10月8日

地点：张坤山工作室

一、镕铸虫篆，陶均草隶

  郭兴华（以下简称"郭"）：张老师您好！首先代表我们杂志社对您接受此次专访表示感谢，今天很荣幸能够近距离了解您的创作历程和创作思想。自20世纪80年代初以来，您的作品就在各大书展中频频亮相，经过多年锤炼，形成了一种包含个人理解的线条质感。钟繇《笔法》中说："笔迹者，界也；流美者，人也。"就是说，这貌不惊人的墨线是书法艺术明阴阳、分天地的功勋，而作为这墨线的主宰、流露出无限美感的便是万物之灵——人。线条被推崇至如此之高的地位，不知道张老师您对书法的线条是如何理解的？

  张坤山（以下简称"张"）：书法就是线的艺术。书法作品通过线条的起伏流动、光润迟涩、轻重徐急的变化，传达出书写者喜悦、焦灼、畅达、苦涩等情绪，也可映衬出书家的精神意志和个性风貌。草书的线条最能体现中国的哲学精神。草书在用笔上讲究起承转合、笔断意连、一气呵成，在点线飞动和泼墨挥毫的黑白世界中，书家物我两忘，达到"人书合一"

的境界。可见"奔蛇走虺势入座，骤雨旋风声满堂"，"笔下唯看激电流，字成只畏盘龙走"，这便是书法线条的妙处。

郭："人书合一"就达到书法中对"意"的追求了。在古代哲学家看来，天、地、人乃至世间万物都是从"一"而生发的，所谓"天地与我并生，万物与我为一"。想要达到这样的境界，势必要经过千锤百炼之后，使线条灵动又不失沉着，表现宇宙的动力和生命的力量。我看您的作品中线条既老辣又具有生命的灵动，不知您是如何造就自己独特的线条质感的。

张：我认为，写篆书的作用是相当大的。我鼓励书法家写篆书，尤其鼓励画家也写写篆书。篆书的线条对绘画帮助极大，如果不过关，画中的线就没有立体感，画面就鲜活不起来。近代大师级画家的篆书大都写得好，比如吴昌硕、齐白石、潘天寿、黄宾虹，还有李可染，他们的经历与成就都说明了这个道理。颜真卿的书法线条圆润、厚实，这就是篆书的味道，即我们所说的"篆籀气"。写篆书还有一个至关重要的作用，就是能使你的作品增加古典气息。因为书法是一门传统艺术，是古典艺术，能把书法写得有古风、古意、古趣，便有了高境界。

郭：正如您所说，篆书给予了线条以养料，使您的书法创作驾轻就熟，所以，您能够做到五体兼擅也就不足为奇了。《书谱》讲："镕铸虫篆，陶均草隶。体五材之并用，仪形不极；象八音之迭起，感会无方。"体察各种书体的个性和功用，才能使书法作品的"神采"丰富多变，使欣赏者感到韵味无可比拟。诸临百家、博采众长是一个艰辛的过程，是古今书法创作的基本思路和方法，当然也有一些书家主张专临一家，您觉得这种方法是否可行？

张：我也经常跟别人说：你专临一家，这样很快就可以写出来。对于展览获奖来说，这可能是一种捷径，但若想取得创作的最终成功，形成个人风格、面貌，还要静下心来，从不同的碑帖中汲取精华，尤其是碑与帖的结合。二者各有优势，相互补充，写碑能取其古雅、质朴、劲健和厚重；写帖则能吸收隽永、恣肆、豪迈和流畅。熟练运用碑帖结合的方法，恰到好处地加以融会贯通，书法创作才能达到一个新境界。我青年时代受康有为的书学思想影响比较大，康氏主张："遍临百碑，融会贯通，而后自成一家。"我始终坚持这一点，不厌其烦地

张坤山行书

在几十种碑帖里寻找经典元素。

郭：杨守敬说："集帖之与碑碣，合者两美，离之两伤。"碑帖结合一直是支持您创作创新的重要理念，其中，北碑是您最青睐的书法样式，在各种书体的创作中都体现了北碑的影响。您的行草书融汇北碑汉隶笔法，以碑入草，以隶入草，将北碑汉隶的苍劲笔法和古拙的字势融入草书创作中，生成了古趣盎然的草书风貌；隶书也从古人碑帖中化出，自成风貌。

张坤山行楷

张：每个人的审美趣味不同，我个人比较喜欢朴素、厚重的东西，对于表面漂亮的、美的，我不反对，但不喜欢。我认为，从艺术表现力来讲，漂亮优美的书写形态会使表面上的甜美、俊秀、柔弱更突出，然而更深层的东西还是要通过厚重、拙朴来体现。"厚"并不是表面上的宽大，而是一种内在凝聚力的表现。敦厚或者厚实、厚重是书写走向成熟的一个标志，犹如人由青年时代的大胆敢为迈入中年的稳重深沉，所以，厚重使书法作品的内涵更丰富。再说"拙朴"。中国书法艺术与中国古典哲学思想是相通的，书法的古朴和书法家对自然美的追求就是对"道法自然"的诠释。写碑正是这样，不仅能让人返璞归真，而且使书法家抒发出内心最真实、自然的情感。

郭：您的楹联作品尤为精彩，大气质朴，有一种军人气概，给观者以强烈的视觉冲击力。楹联作为古典文学样式，以其特有的艺术表现力丰富了中国文坛。《红楼梦》中说："偌大景致，若干亭榭，无字标题，任是花柳山水，也断不能生色。"当楹联与书法艺术相结合时，更能放出异样光彩。您是如何看待楹联创作的？

张：楹联具有较为程式化的形式和长期以来固有的书写习惯，想要有新的突破比较困难。在较为狭小的艺术空间内，将一件美妙的联语通过书法艺术来表现时，线条的质感和张力是首要的，然后就是楹联的章法、款式的处理。只有这样，才能使联句的内涵与艺术表现效果有机统一。至于表现力，五种书体的楹联创作应有不同的思考和安排。写楷书应强调沉稳、静气、温润、从容，写行书应起伏有序、韵极自然，写草书则应运筹帷幄、纵横奇逸、不计工拙、一任自然。

郭：所谓"字如其人"，自然流露，您能几十年如一日地在这条路上探索，非常让人敬佩。不管是写行、草，还是金文、隶书，甚至小楷，都可以看到碑书在您诸种书体中的灵活运用和实践，可见您对碑学理解掌握的深度和在创作上的实力。

张：我幼时写颜柳，青年时期学"二王"，20 世纪 80 年代开始写魏碑、墓志，后又写了一段金文、汉隶，也写过一段时间的章草，还写过明清大草，有傅山、祝允明、张瑞图、倪元璐、徐渭等的书作；还写了很长一段时间的近代大师作品，如于右任、谢无量和徐生翁。也是个人性格的原因，我可能做

255

不到一生只写一种碑帖，或者一个古代名家的作品。我选择了碑帖结合这样一条比较艰难的道路，各种书体都在摸索，目的只有一个，就是打基础、做储备。书法创作是一个水到渠成的过程，等到储备完善了，技术够了，功夫到了，审美观也就上去了，书法作品就会自然流露。因为经常临习不同的碑帖，所以这些年我的书法风格一直在变。

二、胸罗万象，厚积薄发

郭：我采访过不少画家、书法家，我对您最敬佩的一点就是作为一位书法家能出版文集，很多人都做不到，甚至很少看书。从文集中，可以看到您通过对理论的总结，再加上与实践相结合，变成一种个人思想的表达，展现于书法创作之中。这些都少不了书外功的积累，那么，您对"书外功"如何理解？

张：清代杨守敬在《学书迩言》中说："一要品高，品高则下笔妍雅，不落尘俗；一要学富，胸罗万有，书卷之气自然溢于行间。"书法家除了天分，以及书写需要具备的技法要领，还要有"书外功"，就是书法创作以外的其他学识修养，比如思想品行修养、文学修养以及对政治、经济、哲学等知识的积累，各种知识之间都可以相互渗透，相互作用。只有具备高尚的品格、广泛的文化艺术修养、宽广的胸怀和眼界，才能使作品意境深远，格调高古。

郭：是的，书法是综合修养的体现，是作为文化精神核心的艺术，中国书法为洞悉中国文化精神和美学品格提供了绝好的文化视野。当代社会，面临西方文化渗透，中国传统文化经受着挑战，书法更不能脱离中国文化包蕴的宇宙精神，单纯地书写只能称得上是一种技术，而无法上升为文化。那您觉得书法家应该加强哪些方面的学识修养？

张：光会写字只能说是一个字匠，作为一个书法家，应该具有理论和其他文化修养的支撑。历史上的书画大家都是这样，吴昌硕以画成名，而其诗、书、印也都为人称道；齐白石书法、印章也都非常好。近现代书法家中，于右任精通政治、历史、法学；谢无量旁涉文史、诗词；林散之自谓诗第一，画第二，书法第三；启功先生学问为人所熟知，他学贯古今，善书画、精鉴定，为一代国学大师。因此，学识当然是越渊博越好，但由于精力有限，不可能样样精通。我认为，书法家主要应具有

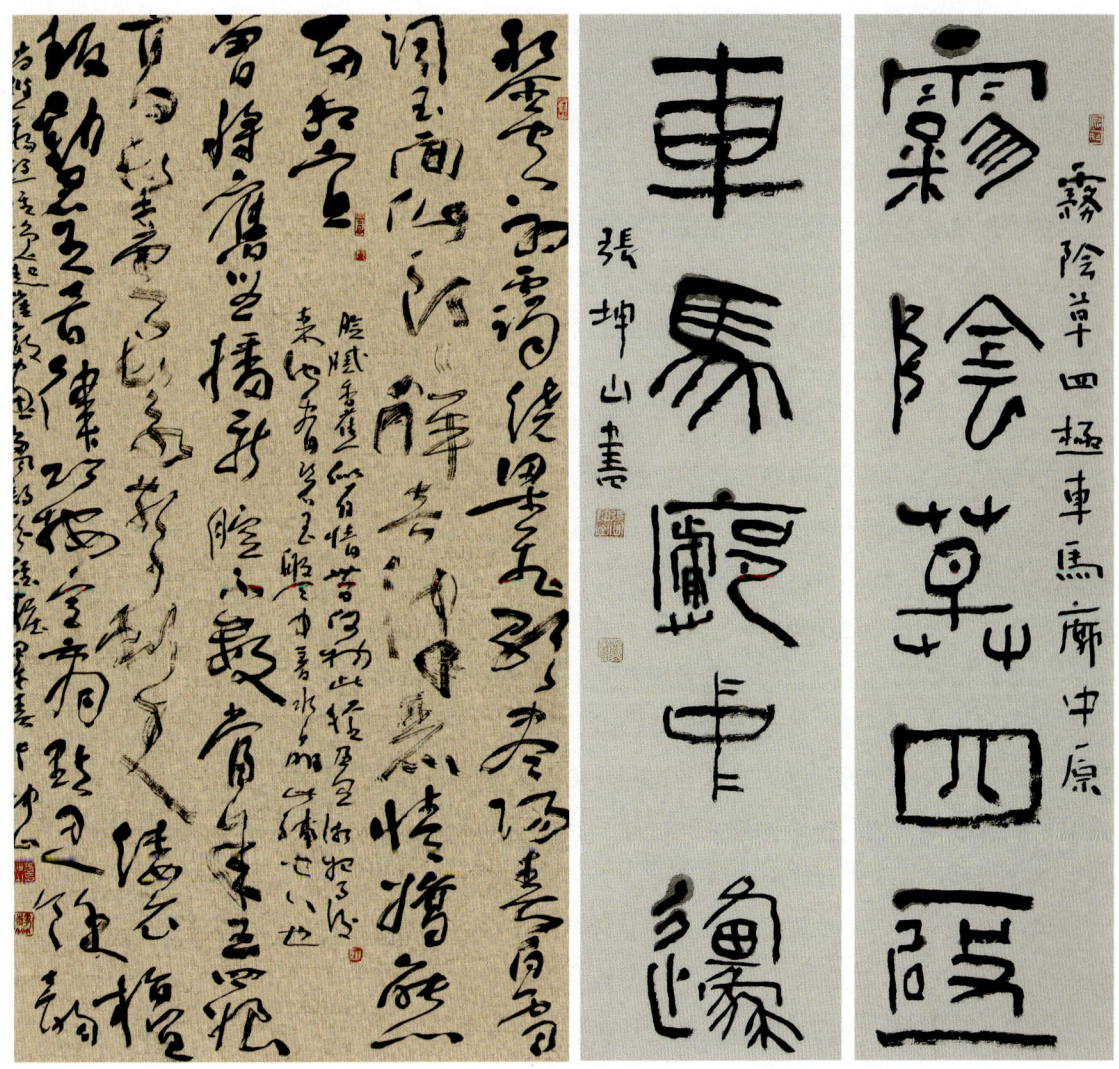

张坤山行书　　　　　　　　　张坤山篆书

　　文学艺术修养，特别要加强与书法有关的古典文学和其他姊妹艺术，如诗词、绘画、篆刻等方面的修养。有文化修养的人，不一定是书法家，但书法家必定具有较高文学艺术修养。正如苏东坡所说："作字之法，识浅、见狭、学不足三者均不能见妙。"

　　郭：我也是这么认为，一位好的书法家首先得是一位学者。对于王羲之的《兰亭序》，多少代人多少年都在解读，但修养高的肯定能看到更多的东西，修养浅可能就看到了一种形式。我经常讲，一个西红柿放在那，在儿童眼里它是可以吃的东西，会想是酸的还是甜的；在厨师的眼里它可以用来炒菜；在艺术家眼里，它可能是个色块，它的形式是个圆圈，形成了一个宇宙，这个宇宙里面有很多丰富的物质，将个人的理念融入其中，就形成了一种艺术表现。我觉得，意境不同对于事物的认识也不同。当代书法创作在美学的深度研究方面还是比较缺乏的。

张：肯定地说，当代中青年书法家在创作功力、技巧和审美诸方面都积累了一定的经验，在创作手法、形式制作以及展示效果上也做了一些有益的尝试。遗憾的是，不少作者很少在精神内涵上投入精力，或许从未想过这一方面，因而造成了与古人貌合神离的现象。然而精神内涵方面恰恰是提高书法创作境界的重要因素，离开了修养，离开了积淀，只会是昙花一现。

郭：单纯拥有技巧和表面形式的书写还不能称之为书法，首先要理解"法"的本质。"颜体""柳体"等只是一种书写的模式，在它们背后还隐藏着一个法度，这个法度实际上是做人、做事，是中国哲学理念的一种表现形式。比如我们一起笔就要藏锋，行笔要稳健，就是说做人要内敛、踏实，不能剑拔弩张，这是做人的一种原则。古人的这些法度，就是通过做人做事，通过观察天地宇宙万物的变化规律，然后总结而来的，并以书法、绘画的形式表现出来。

张：关于法度，不少人以为只有楷书行书才有法，其实每种书体都有各自不同的法度。楷书的法度较为浅显易懂；篆隶的法度深，除了对线条结构的认识外，还多了对古风古意的理解运用；草书则又增加一些理性认识和感性把握的界定。书法的这个"法"里面有好多深的东西，有笔法、墨法、章法等，并不是一撇一捺的简单笔画排布。不论是墨的浓淡，还是笔画的粗细，都存在一种互相穿插、互为阴阳的关系，这就是书法的法度，是古人对书法的理解，是被后人几千年不断学习和运用的方法和规则。

郭："法"的层面可能还是书法传统的表层形态，上溯到书法传统的核心应是"道"。《九势》中说的"藏头护尾，力在字中，下笔用力，肌肤之丽"及"势来不可止，势去不可遏，惟笔软则奇怪生焉"，都是"道"的表现形态。

三、挖掘经典，与时俱进

郭：前面我们讲到书法中最核心的哲学精神，但是现在好多书家法都只是停留在技法的层面，很少去看书，对于美学的内涵不去研究，而只是在形式上出新、出怪。不知道张老师您怎么看，因为从您写的好多文章中可以看出您对传统的重视，这些年您的书法风格虽然在变，但一直没有离开这个核心。

张：书法创作在经历一个较长时期的继承传统、回归本源之后，转而倡导个性化，求新、求变，这是书法史发展的一个必然阶段。显然，书法的个性化值得提倡和尊重，它是在有意识地摆脱传统的束缚，是一种对创新的尝试和探索。但是有人以为，有个性的书作便是创新之作，其风格迥异于人，既无古人痕迹，又无今人面貌，这种急于体现个人面目的倾向显然对书法理解尚未透彻。我认为，书法艺术伴随着传统文化的积淀，优秀的传统艺术是通向创新的阶梯，明智的书法家善于用传统来充实自己。创新并非对传统艺术的背叛，而是对传统艺术的延伸和发展。

郭：这可能就是我们当代书法创作中的一些弊端，很少有人会静下心去研究学问，甚至有些当代书风的书法家在排斥传统，主张一定要打破古人的东西，来创造新的风貌。当代书风应该是推动书法创作发展的一个积极因素，也许是在某些环境因素的影响下，却使我们的书法创作变得不那么纯粹了。这些年我一直在关注您的作品，您的作品很沉稳，没有受到某些所谓当代书风的影响，您在思想上也不是故步自封，在章法、笔法、用墨上都有所突破，一直在寻求新的形式。您对个人的创作是怎么思考的？

张：我一直对书法的创新感兴趣，但创新应建立在对传统的研究基础上。我经常想，现在各类艺术都在发展，如音乐、舞蹈、美术、戏剧、影视等，书法也不能只抱住传统和古人不放，要继承传统，也要倡导新的，使具有崭新面貌的书法作品涌现出来。李可染讲：艺术，一要打进去，二要打出来，要用最大的功力打进去，再用最大的勇气打出来。打不进去不行，打进去出不来同样不行。我以为当下需要多一点冷静，一点思考，这其中首要的是如何正确地看待传统。我的看法是，入古愈深，潜能愈大，创造力也愈大。传统书法深厚蕴藉、丰富博大，只有善于发现和不断挖掘其中的经典精华，才能在创作上游刃有余、厚积薄发。我这些年尝试临习大量碑和帖，以碑入帖，在碑帖融合中不断摸索提高，这可能是个笨办法。

先贤建立的不只是一种风格、一种境界,而是一个书法艺术的博大体系。建立一个体系内有严肃有飘逸,有对立也有和谐,有情感也有理智,有法则也有自由。于是各种流派书家不论是古典的现代的,继承的创新的都视先贤之风气为伟大典范,后人涉取其亮点智量蒙之营养。明人项穆曾谈道,智永得其宽和之量而少俊迈之奇,欧阳询得其秀劲之骨而夫温润之容,颜柳得其庄毅之操失之鲁犷,旭素得其超逸之兴而失之惊怪,项穆评判者失于绝对,但足见先贤书法之深远影响。

与观言公书坛,先贤书风尊者如潮,我们尝拜先贤,仰慕先贤之兰亭致,实贤对中华民族文化宝库所做出的巨大贡献,作为先贤之承继者,会不断加深理解先贤文化内里精神,以不负先贤不负兰亭精神,为匠接和创造新新的艺术世界而努力。

恭祝兰亭精神永放光辉。

俊生承传者于甲午二月张坤山题之

学术的先贤书圣王羲之先生：

每逢农历三月三日，已不高，我便自然地忆起笔走龙蛇伟大的先贤。俊人为书圣，好先贤之至至善高高，俊人好先贤之书为第一行书。我们变在三十二名贤这个伟大的时代，艺狂热的以多种形式表记这些先贤，纪念我们心目中崇高伟大的书圣王羲之。

先贤之书法手如兔起鹘落，言若浅通美健秀，间蓄代新风，俊人多评为飘三右信云，矫若惊龙，美伦美奂，结构奇巧。尤其是书之作，其行水流动迴遒劲之艺术美表现得淋漓尽致。有书法家曾倒数年习兰亭皆之八零以下，惊叹之余有所感悟。倒数三十余年十指如门，可见释读之难。三千余年来吾学书法家攻苦佳地释读这，又何之会不想

张坤山行书

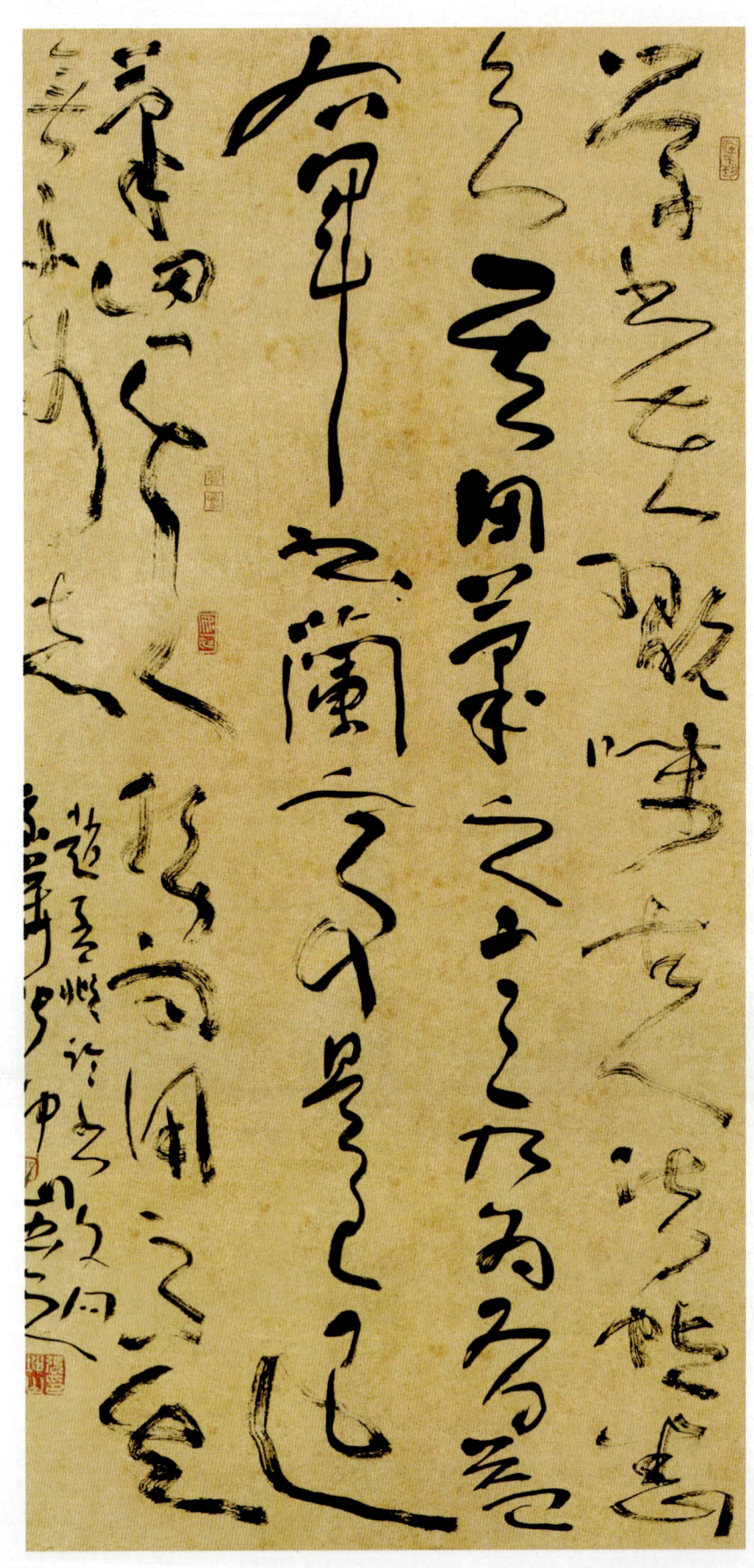

张坤山草书

郭：其实往往最笨的办法就是最聪明的办法，会给读者更大的启发。对于您来说，现在正是书法创作的黄金年龄，那么您对自己的下一步创作有什么思考？

张：书法家的创作风格最忌定势，必须在经年累月实践创作的基础上不断加以调整改进提高。过早确定风格定向，往往会落入故步自封的窘境。齐白石的衰年变法，对我们应当有所启示。我写了这么多年，有一些经验，也有一些教训。现在的想法就是继续深入，挖掘经典，坚持以传统为先导，根据自己的创作实力，再分析当今书法创作动向，结合自己的经验教训，创作出有些高度和不负时代的作品。

郭：您的书法艺术一面在深入传统，一面又与时俱进，不断有新的尝试。在商品经济的影响下，当代书坛过多的社会活动和应酬使许多书法家无法深入书法创作的研究，您的创作不落窠臼、不流于世俗是难能可贵的。作为一名军旅书法家，您在作品中表达出了军人的刚毅和坚忍的豪迈之气。所谓"心正则笔正"，无论是您的人品还是书品都让我们受益匪浅。那么您觉得军旅书法家的水平在国内处于什么样的位置？

张：从全国来讲，部队书法家队伍的水平应该是走在前列的。2004年总政举办全军书法骨干青年培训班，培养出了一批人才。这些青年骨干在之后的第八届全国书法展上取得了获奖总数第一名的好成绩，在后来的几次全国性大展也都有好的表现。部队有一批中青年书法家活跃在当代书坛，亦有老一辈书法家引领书坛，这是军队书法队伍的优势，当然主要还是各级组织的支持和关心。全军已举办几届书法展，还举办过全军书法骨干诗词研讨班，这对全军的书法队伍的建设都很有帮助。另外，由于军队作者地域分散，风格书体上距离较大，避免了地域书风和千人一面的弊端。至于军队作者的书风书路问题，我认为大可不必强求。当然，军队的书法作品应该以大气豪迈、雄伟博大为主，只有这样才能激励斗志，催人奋发向上。有些作者主攻典雅俊逸一路也是理想选择。我作为一名专业书法创作者，理应潜心学习，不断提高，不断完善自我，向古人学习，向经典学习，以严格的要求，在书法艺术的研究和创作中投入更多的时间和精力，力争不断有好的作品。

古人云，書者如其人，謂書畫跡
乃心蹟、書者心畫也。
字乃心畫筆痕墨破
大膽者英識廣者同意
精微知者廣效傳心者
才高者論逸薄乃美
之士者明水
及墨者九可目行
血痕者皆傳之世祖
也

丙戌正月廿二日凌
晨四時於
京北清河營
爾通青楚
坂爾滿透力盡而
逢之魚河觀紫
無之蓬 曼爻晟
逢殷翁

盛装书法「式」在必行
——书法家刘洪彪访谈录

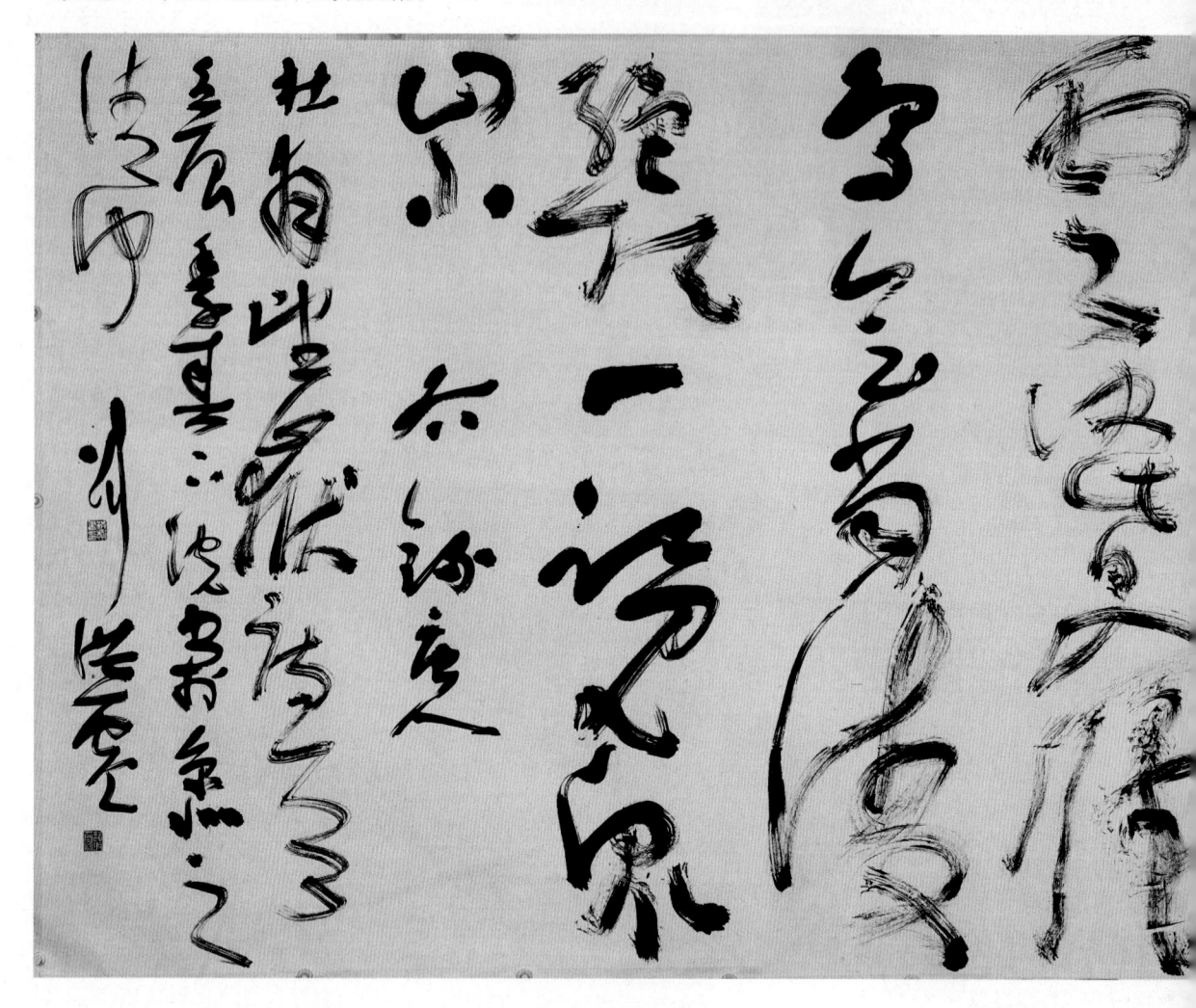

采访手记：

　　"盛装书法"是一种艺术主张，也是一种责任使命。具有艺术思维和军人作风的刘洪彪先生在接续传统书法经典的基础上，大力拓展当代书法的发展道路，并创作出了诸多形式新颖、格调高雅、引领时代的书法作品。在时代的巨浪中，他所倡导的"尚式"理念正在影响着当代中国书法的创作思维、展览效果以及传播方式，也必将引发书法界对当代书风的诸多思考。

时间：2011年7月20日

地点：刘洪彪先生工作室

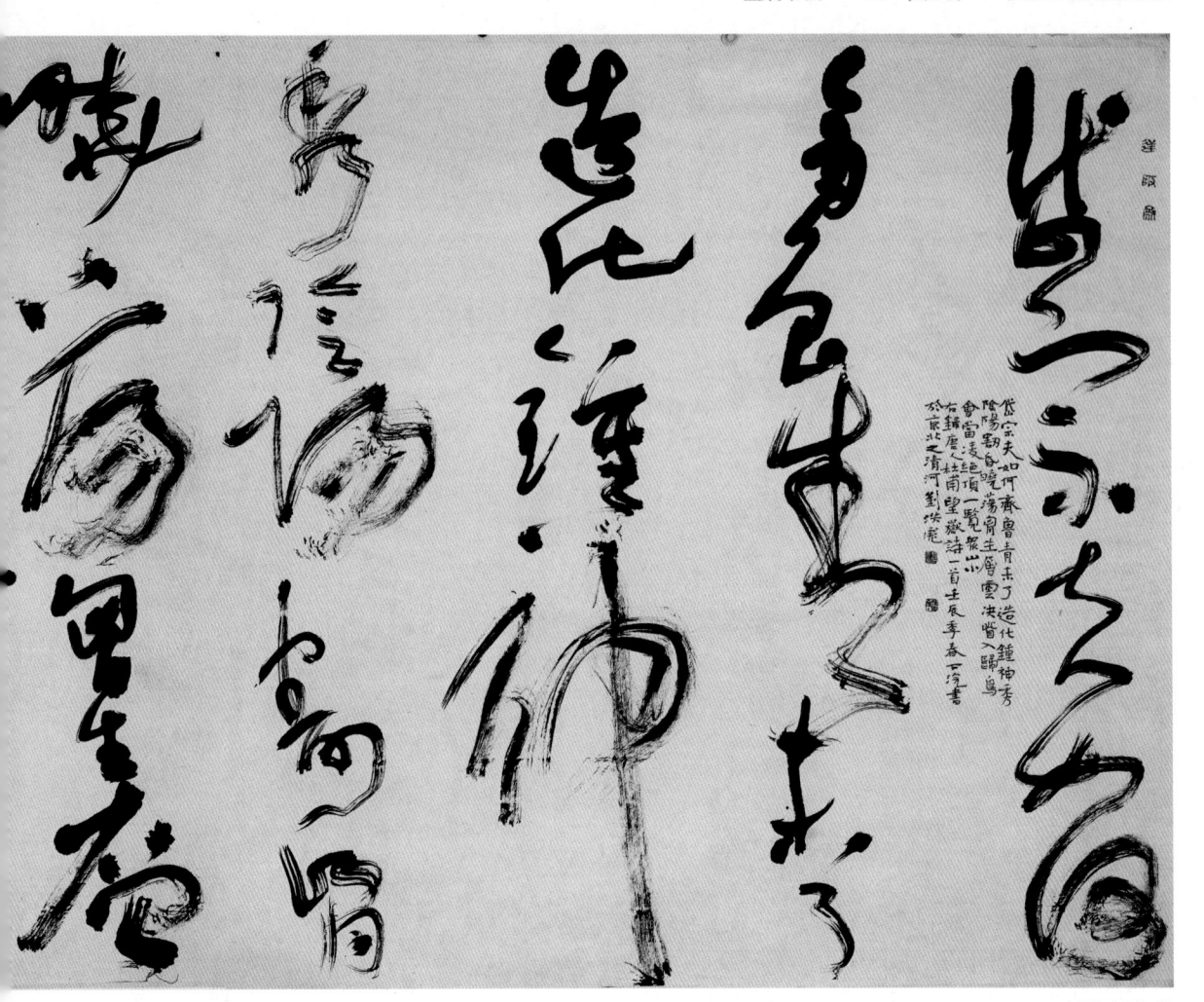

刘洪彪草书

一、取法乎上，追溯本源

郭兴华（以下简称"郭"）：刘老师您好！非常感谢您在百忙中做客我们栏目，今天主要想和您聊一聊您的艺术人生、书法创作的理念及您对书法的点滴感悟等。尤其在草书创作方面，您取得了这么大的成就。本栏目希望通过跟您的交流让更多的人了解您，并从您这里能得到书法创作上的一些启发。大家都知道，刘老师学书法是一无家传，二无师授，三非科班出身，那您是怎么和书法结缘，怎么走上书法创作这条道路的呢？

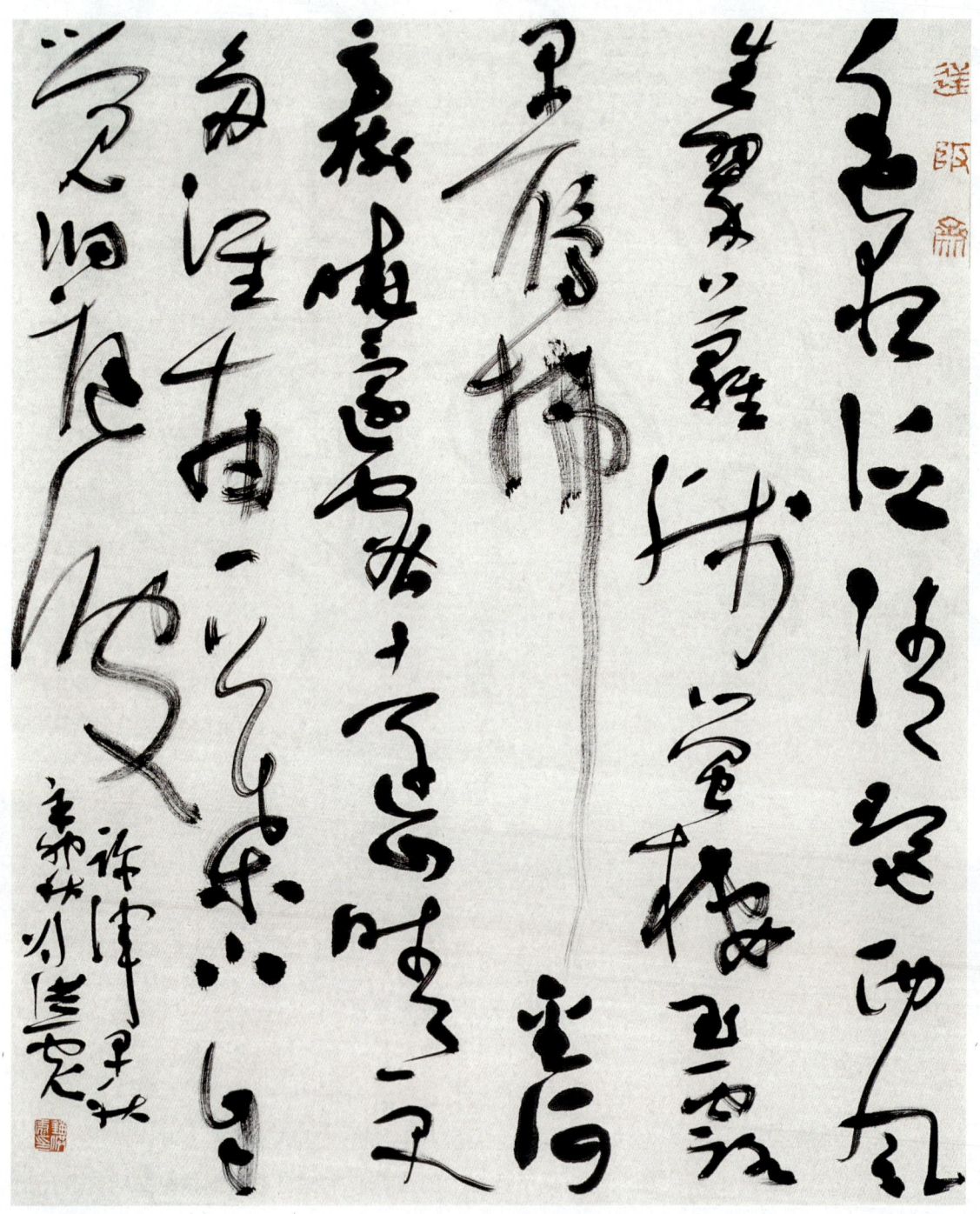

刘洪彪草书

刘洪彪（以下简称"刘"）：这个说起来话长。我8岁多上三年级时参加了学校的写字比赛，在年级里获得毛笔字第三名、钢笔字第一名的成绩。当时特别兴奋，觉得那是我的特长，可以说从那个时候就种下了种子。我确实是一无家传、二无师授、三非科班出身，完全是靠着自己8岁时建立起来的兴趣，凭着自己对艺术的执着，不断地坚持下来的。

郭：刚刚您说8岁时种下了种子，那么这颗种子是从什么时候开始发芽的呢？

刘：是这样，真正使我对书法有了一点概念是因为我同事的父亲。16岁初中毕业后，我一直在煤矿做宣传工作。一位同事看我喜欢书法，就带我去见他父亲。他父亲早在20世纪30年代就和张大千等人共同搞过展览，诗书画印样样精通。他看我痴迷书法，渴望指点，就告诉我写字要临帖，得从楷书开始，站不稳就不端，当然更不能跑。我就是从他那里第一次听到了欧、颜、柳、赵，懂得了楷行草的关系，他算得上是我书法学习的启蒙老师。从那以后，我知道了学书法一定要学古人，挖传统，那次点拨让我开始走上了正确的学书之路。

郭：刘老师，您的作品涉猎诸体，那您觉得作为一个书法爱好者也好，作为一个从事专业创作的人也好，学习书法从何做起更好？

刘：古人说"取法乎上"，这个"上"首先从历史节点上看它是远，它是书法的原生态、源头，比如学习今草就要追溯到王羲之，学习隶书就得认准汉隶，篆书就是秦篆。其次你的格调要高，要去寻找那些经典的、高雅的书法碑帖。我常常用一个比喻来形容书法史，它像一棵大树，分根、干、枝，以及叶、花、果。学书法就要从根、干、枝上去汲取营养，从根上去学，汲取艺术中共性的东西。叶、花、果虽然葱绿、娇艳、丰硕，但都是根、干、枝上生发出来的，最终还是要凋谢，瓜熟蒂落、落英缤纷嘛。只有根、干、枝的生命力是持久的、永恒的，是取之不尽用之不竭的。有志于书法的人，要依托根、干、枝，长出一片叶，开出一朵花，甚至结下一个属于自己的果来。艺术传承发展的不竭动力靠的就是这些经典的、传统的、永恒的历史根脉；一味地在表面上做文章，只能导致艺术停滞不前，其艺术作品只会沦落为纺织品和复制品。

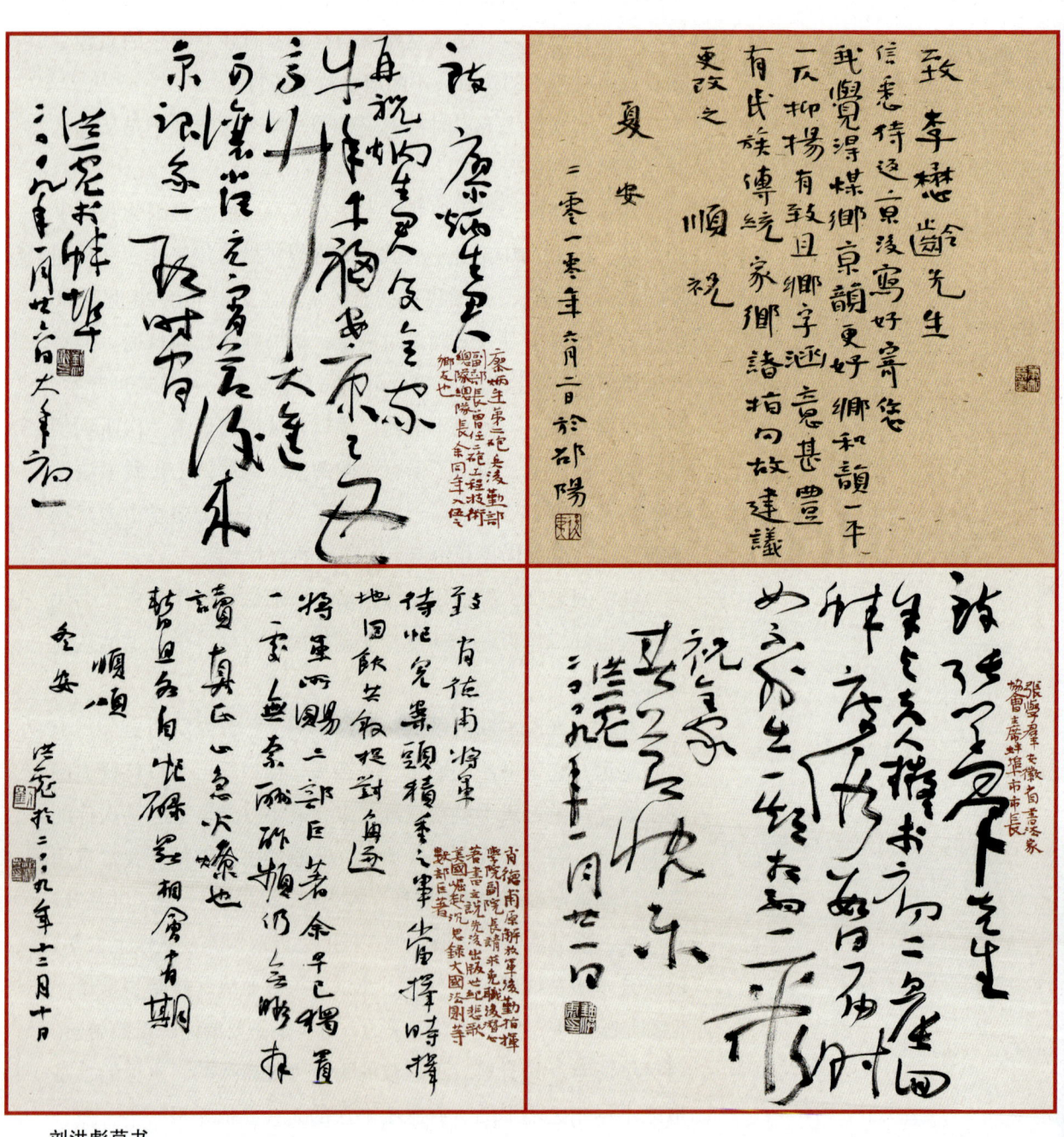

刘洪彪草书

郭：确实就像刘老师所言，从事艺术创作就要去抓艺术中体现出来的共性之美，寻找美的根源。西方人创造出来一个"黄金分割点"来界定美，实际上在中国我们早就对这种美有了界定，那就是中庸之道。"中庸"讲不偏不倚，但不是50%，而是肯定与否定的相对关系，是中华美学所遵循的基本规律之一。书法作品里，从一个字的结构到一件作品的章法，这一准则无处不在。另外，在书法中没有一个完全意义上的直线条，要一波三折，遵循"欲上先下，欲左先右"，奉行"无垂不缩，无往不收"，讲究骨法用笔、力透纸背，讲究藏锋聚气、气韵生动，讲究计白守黑、阴阳互补，讲究文气内敛、张弛有度等等。其实书法的美，映射出来的完全是中华美学。

刘：听了您这一番话，我觉得您对艺术的思考也是很深刻的。是的，中国书法可以说是中华美学极其形象的"代言人"。书法讲究虚实相生、开合相应，"疏处可以走马，密处不使透风"，比如在颜真卿的《刘中使帖》、怀素的《自叙帖》中这种美的规律都表现得淋漓尽致。结构上也是，王羲之《兰亭序》中21个"之"字，各具情态，形象生动，无一雷同。所以说中国书法蕴含了非常深厚的美学哲学意义，对它的把握和理解直接影响了我们对整个美学层面的体会和认知。

郭：您的作品体现的也是大开大合，但并没有离开美的核心，黑白空间的分割、阴阳互补、左右上下的关照和呼应，包括字的大小正敧，都是十分用心的，而且又是在一种随心所欲的状态下，信手拈来，浑然天成。

二、盛装书法，"式"在必行

郭：我认真拜读了您的《盛装书法》，可以说这本著作对书坛产生了重要的影响。纵观时下的各种展览，我们确实感觉到您所提倡的这种理念所发挥的作用，那么刘老师您当时是基于怎样的想法提出这样一种理念的呢？

刘：《盛装书法》这本书收入了我过往几年所主持设计的16个展览的图文，包括每一个展览的设计思路和实际展厅的效果图。20多年前，我已经对中国书法展览旧格局感到不满，觉得太简陋、太寒酸，与书法应有的高贵、高级、高雅身份极不相符，所以我提出"为书法穿盛装，让书法住别墅"。这个"盛装"和"别墅"是一个比喻，是说书法作品应该有一个好的外

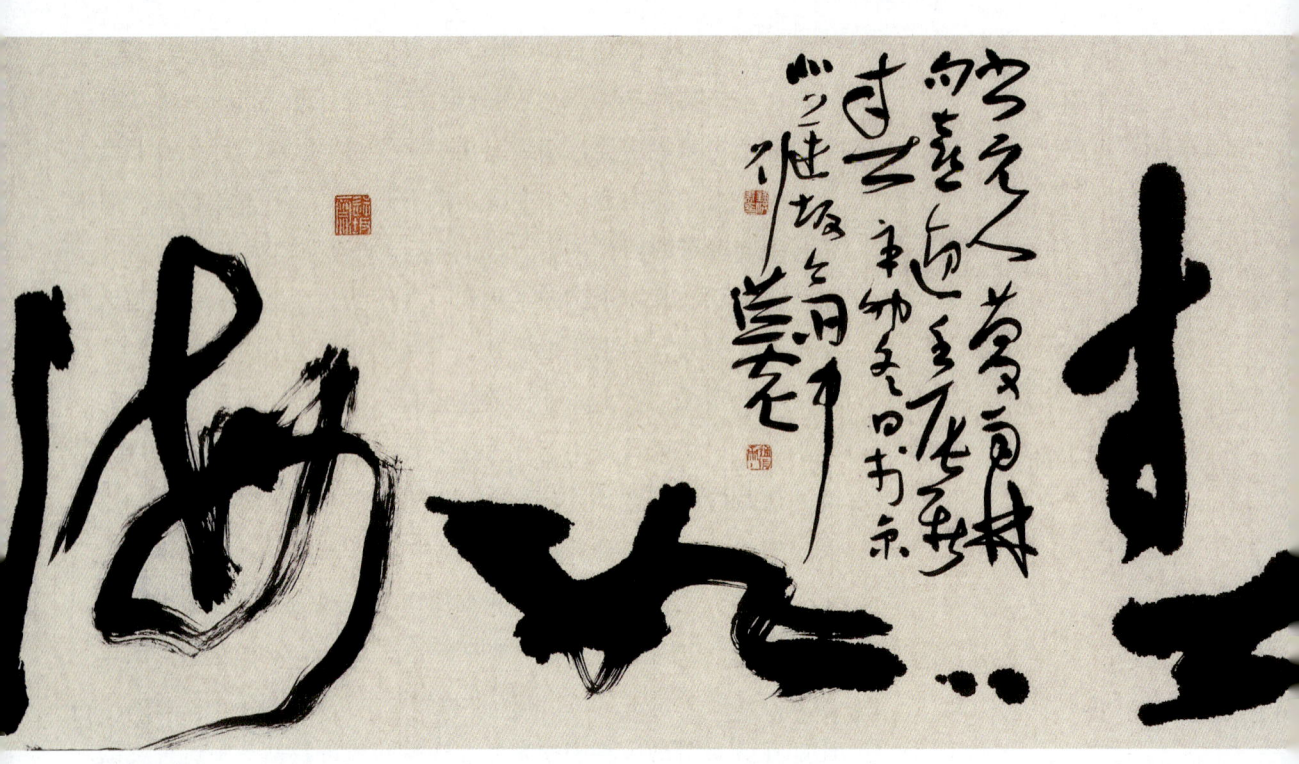

刘洪彪草书

观、好的品相，不能那么寒酸，不能那么小家子气。因为书法是高贵的、高级的、高雅的，所以不能亏待了它。那么书法怎么"穿盛装"？"穿盛装"就是要给作品穿上好衣服，要改变陈旧的装裱方式，让它有时代感，有现代审美意趣，能够融入现代的建筑。怎么"住别墅"？过去的书法展览，作品密密麻麻挂满一墙，作品之间会互相干扰。别墅是什么，前面有庭院后面有花园，楼间距离比较宽，通风、透气，有阳光、有草木。书法展览也应该住进别墅。墙上的作品之间最好是有一定的距离，不要互相干扰。欣赏一件作品时，用眼睛的余光基本上看不到周围的作品，可以集中精力、全神贯注地欣赏每一件作品，这样才能对书法有足够的尊重。

郭：我觉得"盛装书法"这个概念提得很有意义。我们这个时代不缺乏优秀作品，但是我们现在的受众群体是一个很大的问题，因为当代书法似乎缺失了古典文化的生存土壤。我们该怎样向广大受众宣传这些作品、与他们拉近距离？除了您讲的给书法穿盛装、住别墅，另外从文化的层面来讲，是不是当代书法的文化土壤跟古代比,已经很不一样了?

刘:其实当代书法与民众的距离比以前近得多。过去只是读书人、秀才们、君臣之间小范围内的交流。现在,大学生、知识分子很多,各种机构、社团、企业都举行书法展览。再加上网络这么发达,我们获取信息的途径比古人多得多,但是我们这一代人又面临着我们这一代人的问题。

郭:我们这一代人的问题是什么呢,刘老师能否展开来谈一谈?

刘:仅就字而言,古人肯定比今人写得好。因为古人一发蒙就拿毛笔,那是他们生活的一部分,童子功加上毕生穷修之功,我们现代人谁都比不了,也注定是写不过古人的,那么怎么办呢?我就想到了三分长相、七分打扮,加在一起也是十分漂亮的。所以我们现在这些书法家多了一个任务,除了尽可能努力地向古人问道书艺以外,还要讲求形式,打扮书法,美化书法,使之通过三分长相、七分打扮,也争取十分好看,只有这样才能跟古人媲美。这就是我说的当代书法家的一个责任,或者说一个发展的余地。古人留给我们发展书法唯一的空间和余地,我看就在于此。所以我说,古人没有把"式"做绝。

郭:古人在字体上虽然都完善了,但在形式上却留给我们无限的空间。

刘:每个时代都有每个时代的使命。一味因袭古人,怎么链接中国书法史?古人在书体、书品上做到了极致。我们这个时代书法要发展,往哪儿发展?所以,古人留给我们这么一个书法发展的余地,我们就要把它做好。哪怕在历代一座一座的书法高峰旁边,垒积起一个土包,一个山头。即便我们不能与前贤并驾齐驱,那也是我们这个时代书法艺术的一个标志,是我们对书法史的一个贡献!

郭:是的,在形式上做文章是历史留给我们的机遇。我看刘老师的很多作品就在章法上有很大的突破,比如落款。传统的款式就是规规矩矩地落在正文左边,但是刘老师的作品有时候会在右边落款,或者在中间,这在古代作品中好像没有发现。这方面我觉得是一个突破,应该说也影响了很多人。

刘:这是我有意为之,我确实想在形式构成上面有所发现和创新,有别于他人和古人。古代书法,实际上是以实用为主,

273

刘洪彪书法

如果写乱了，人家就会说基本的格式都不对，他就得承受讥讽和嘲笑。但是在当代，书法已成为一个纯粹的艺术品类。它要被挂在墙上，要被挂在展厅里，要被收藏、被欣赏。试想如果整个展厅里200件、500件作品都一个模式，那多乏味！所以"式"的突破势在必行！

郭：这也印证了那句话：笔墨当随时代。最近看到有些文章，提出"笔墨不随时代"。20世纪80年代，书法很重形式，因为受日本少字书法的影响。有一段时间，这个现象很突出。但是到了90年代末期以后，我们慢慢恢复理性，注重传统，出现回归"二王"和阁帖的现象。那么刘老师怎么看待"笔墨当随时代"和"笔墨不随时代"这两种提法？

刘：笔墨当随时代是一定的，必需的，因为每个时代有每个时代的责任和担当。笔墨当随时代，并非不注重内涵，不注重笔墨，不注重学习和继承古人。我们要在经典的、传统的、有共性之美的艺术指导下去寻找与当下实际相契合的突破点，在领会古法的基础上，融通古今，敢于嫁接整合，开动脑筋，塑造属于我们这个时代的书法新形象。

三、书为心画，修身养性

郭：在《刘洪彪文墨》中，您谈到了世界万物相关、诸多艺术相通。书中还讲到一个人对自己的所有经历都需要悉心体味，您在青少年时期也画过画，谱过曲，这应该是您涉猎诸多艺术门类之后的感想。"舞与墨相关的文，弄与文相关的墨。一心一意做个有点意思的文人墨客。"这是您在博广之后所选择的专一吗？您是如何理解书法学习中博广与专一的关系呢？

刘：有些道理是在生活当中慢慢领悟到的。一个人涉猎得多，对诸多事物都予以关注，进行分析，那么，不管你从事什么职业，都会有直接或间接的益处。学习书法如果仅仅是临帖写字，不关心政治，不关注时局，不懂得人情世故，你的作品怎么服务社会？怎么感染他人？我们分析古代书法大家的身世、地位、经历、艺术主张等之后就发现一个问题，但凡在史上留名的书法大家，大都具有很高的社会地位或很深的学问素养。比如，李斯是宰相，王羲之是右军将军，颜真卿统领过20万人的军队，赵佶是皇帝，董其昌、王铎等是礼部尚书。单纯写几个字、临临帖就称书法家了？那是不可能的！所以我认为，

275

春江潮水连海平，海上明月共潮生。滟滟随波千万里，何处春江无月明。江流宛转绕芳甸，月照花林皆似霰。空里流霜不觉飞，汀上白沙看不见。江天一色无纤尘，皎皎空中孤月轮。江畔何人初见月，江月何年初照人。人生代代无穷已，江月年年只相似。不知江月待何人，但见长江送流水。白云一片去悠悠，青枫浦上不胜愁。谁家今夜扁舟子，何处相思明月楼。可怜楼上月徘徊，应照离人妆镜台。玉户帘中卷不去，捣衣砧上拂还来。此时相望不相闻，愿逐月华流照君。鸿雁长飞光不度，鱼龙潜跃水成文。昨夜闲潭梦落花，可怜春半不还家。江水流春去欲尽，江潭落月复西斜。斜月沉沉藏海雾，碣石潇湘无限路。不知乘月几人归，落月摇情满江树。

右录唐人张若虚春江花月夜 辛卯夏日于京北莲坂斋 刘洪彪

作楷须时闲心静落笔从容然余近期事繁心乱书不成楷也羞对观者矣 洪彪又记

要想做一个真正的有点意义的书法家，除了书法之外，还要去关注、涉猎许多东西，才能使你的内心更充实、更丰富，才能使你的创作有更多的办法，使你的笔下有多样的景观。

郭：人们常说"书为心画""风格即人"，艺术作品是艺术家的精神写照，艺术作品格调的高低直接反映出一个人修养、学识的高下。

刘："观千剑而后识器，操千曲而后晓声。"艺术的高低与自身修养是紧密不可分的。任何一门艺术都是以表达意愿、抒发性情为目的的，你的作品是何种面貌、何种等级，慧眼者一眼就能判断出。在艺术的道路上，我们不仅要重视技术，而且要注重自身的整体修养与学识积淀。只有不断加强文化层面的储备和积累，提升自己的审美档次，善于捕捉美的事物，培养善于发现美的敏感性，掌握艺术的审美创作规律，才能在关键时刻取得"厚积薄发、一鸣惊人"的艺术成果。

郭：草书创作应该更能体现出一个艺术家的综合修养和学识。从我个人来讲，我十分喜爱您的草书作品。每次拜读您的作品时都能感受到您的整个艺术涵养与学术高度，您的草书作品十分透彻地向读者展示了您的艺术境界。

刘：我说过一句话，叫作"草书创作要在理性调控下感性书写"。搞书法，尤其是写草书，要有高度的理性控制，要做到"从心所欲不逾矩"，既要率性自然又要不失法度。这个"度"的衡量和把握合不合适、准不准确，是一个书法家综合素养和创作能力的试金石。

郭：您总是很谦虚地说自己不从事学术研究，但是理性和感性在您的创作和生活中并行不悖地前行着。

刘：无论艺术创作还是日常生活，做计划，定方案，一定要严谨，要有科学性，要合乎情理，要讲究而不能将就。但实施起来，又不能缩手缩脚，死心眼、一根筋，拿不起，放不下。理性和感性的适度兼顾和合理运用，是每一个成功者应有的功力和习惯。

写心写意　东方意象
——美术家骆根兴访谈录

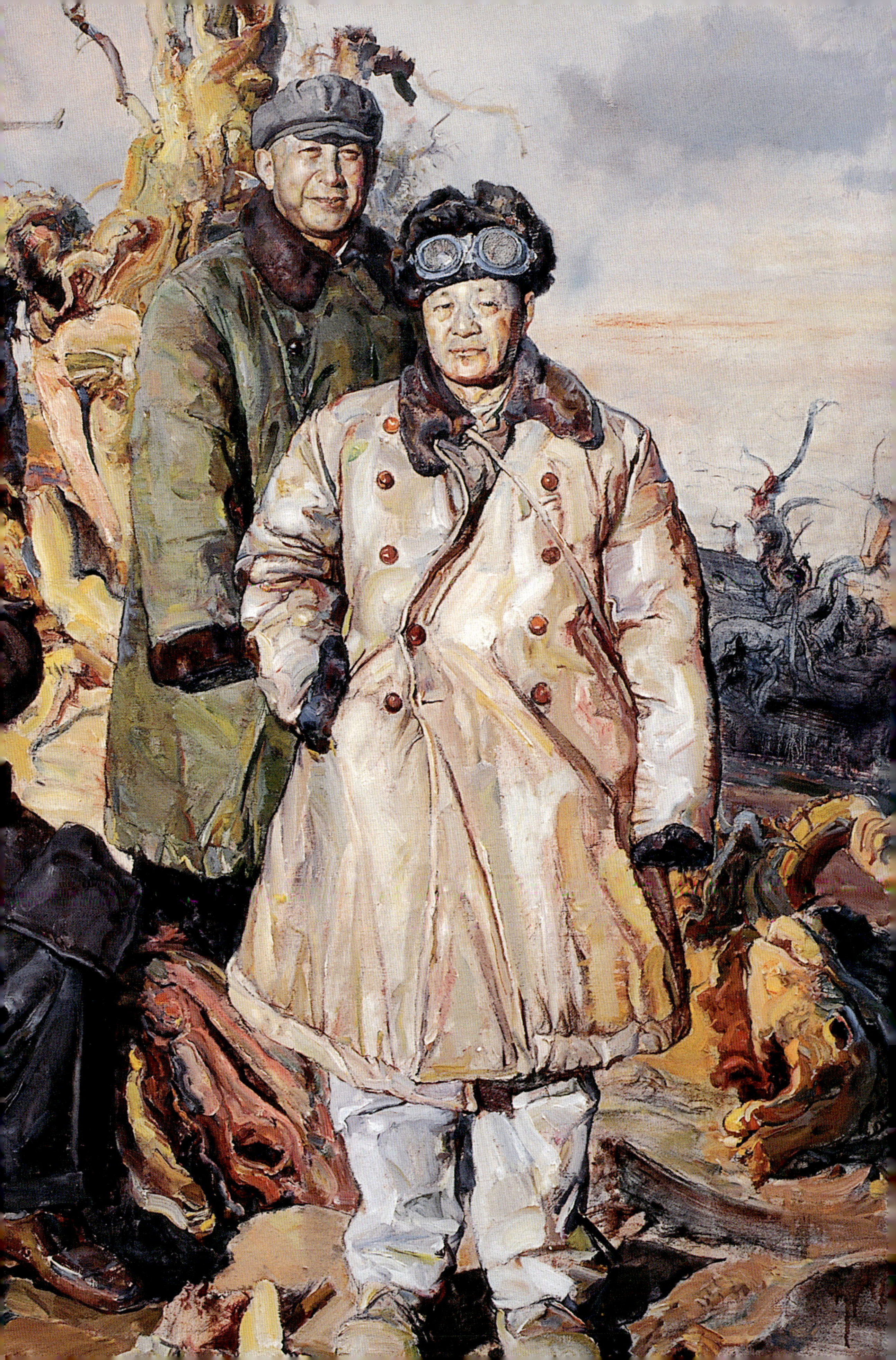

采访手记：

　　"写意"是中国绘画的精髓。西方绘画艺术如油画在题材与造型方面对中国绘画产生了影响，而中国画也在传达内心情感与写意造型等方面影响了西方绘画。骆根兴将中国绘画的意境之美与西方绘画的造型之美结合起来，不仅没有游离油画的可塑性特征，而且注重形式的提炼和语言的纯化，最终形成了颇具中国艺术精神的写意风神。这是中国油画实践与探索的成功表现，并且在油画创作中充分展现了具有民族特色的东方大美精髓。

时间：2013 年 11 月 8 日

地点：解放军美术书法研究院

骆根兴　《大敌当前》　油画

郭兴华（以下简称"郭"）：非常高兴骆老师能来我们栏目做客。骆老师是一位好学深思、勤于探索、有历史使命的艺术家，多年来一直致力于军旅美术的创作，成就斐然。骆老师更是当代军旅美术发展中一位承前启后的典型代表，作为老画家和年轻画家中间的纽带，为全军美术人才的培养做出了贡献。

所以，今天我们除了想听听您对创作的理解和感悟，也想请您谈谈中国油画艺术创作的现状和存在问题。因为您的艺术实践和艺术历程就是对这些问题的很好阐释，对当代美术的理论与实践也很有启发意义。

一、情系军营

郭：造型艺术注重艺术家个性的展现和发挥，艺术家个人的阅历、情感、修养、才智注定要反映在作品中。能够一开始就进入军营这所大学校，对您个人而言，应该是有益和幸运的。

骆根兴（以下简称"骆"）：我个人认为，素质的培养对一个人的成长是非常重要的。对于一位以艺术为业的人来说，他所具备的艺术素质程度，决定着他能走多远。我小时候先学国画，又画油画。到部队工作后，画幻灯片，出板报，写标语。像连环画、插图、宣传画、壁画、设计和舞台美术等行当都搞过，而且现在也还很有兴致、认真地去做，从不应付，并从中领悟审美的经验。我从不小看这些经历，这些事都是我艺术创作的一部分，又都是我从事艺术的基本功。

我一直在国防尖端科研部队系统工作和生活，这支部队的独特工作性质，深深地吸引着我。在陕西工作26年，每当有试验任务我大都会下到基层部队和机房。我非常了解一线官兵的工作状态和情感，这也激发着我的创作热情，促使我搞了大量的反映、表现这一领域的版画和油画作品。1973年的时候画了一张国画《我的家乡》，当时自己懵懵懂懂，虽然幼稚，但不

骆根兴　《存在·北川》　油画

怕失败，愿意去画，现在觉得这些经历对我日后的艺术创作帮助很大。对我触动最大的是1979年那一次画展，我画了一张《何罪之有》参展。当时觉得还不错，感觉画得阳光灿烂，色彩看着很漂亮，自己求学也很振奋，但后来还是觉得应该沉下心来去解决我当时在创作上所面临的一些问题，想来想去选了版画。我就是这么转向版画的，有点被动。

郭：前期的创作和磨炼无疑是您艺术道路上重要的一环，赴天津美院求学也可以算是您艺术生涯中的一个转折点，对于日后的创作而言，应该是奠定基础的关键时期。当时的学习经历给您留下了哪些深刻的印象？

骆：在天津美院读书期间，我对艺术的态度有了很大转变，自己也受到很大触动。入学考试是画静物，我基本上是用油画刀画的。油画教研室的老师们在背后看。听说当时付乃琳教授讲：这水平可以考研了。入学后，第一个课堂作业是画石膏。结果，我就挨了室主任周光介老师的批评，他说我的画的形跑了。画大卫石膏像时付乃琳教授耐心地守在我旁边，一根脸部轮廓线我整整调了一天。这样较真的方法，对于艺术上的提升是非常重要的。我开始体会素描、油画反复修改调整的过程，要不怕反复，好东西往往是在学习最困难的时候产生的。付乃琳教授取来自己的画供学生解剖分析，好的和不好的，讲解得丝丝入扣。周光介老师将他的创作搬到教室里，放假期间和我们一起画，并让我帮他找画面上的问题，我深受教育。我在天津美院学习那一段是我最受益匪浅的阶段之一。

郭：是的，遇到良师可以说是一生的幸运。作为一名画家，如何定位、选择题材十分关键。综观您的创作，虽然所选的题材大多限定在军事方面，但并不妨碍您作品的丰富性。这一切应该是与艺术家的认识水平、思想境界、审美趣味和艺术才能密切相关的。

骆：我个人觉得题材虽然重要，但并不是首要因素。题材一定要反映作者的情感和经历，乃至作者所处的时代。我当时的版画创作主要以科技题材和我身边的一些事情为主，后来我转到油画创作上，就马上转向历史画。其实当时是历史画最不被看好的时候，正是20世纪90年代初期，正值多元化已经形成潮流，大家都在各自探索一个新的领域，我恰恰选了一个在

骆根兴　《腥风凄雨——红十五军鏖战独树镇》　油画

当时看似比较陈旧的、比较传统的创作方向。我当时这么想：首先，我是军人，那时候已有 20 多年的军人生活经历，其中有很多有意思的东西可以去表达；但是军人也是有限制的，军人也不能脱离社会，所以我觉得这里的空间还是挺大的。其次，选择历史题材、表现历史可能更符合我的兴趣，我比较愿意挖掘深层的东西，不太喜欢那些浅薄的、三两笔的东西。当时我查阅了一些资料，参考了前人创作的历史画，马上就画《大敌当前》。其实那张画，现在看起来并不是很成功，但是那张画恰恰是我在油画里的一个开始。

骆根兴 《一排长》 油画

二、求索与实践

郭：在油画创作中可以通过色彩来塑造空间，也可以通过造型、构图来构成空间，这与中国传统绘画的思维模式有较大的差别。比如中国山水画有横向和纵向空间，这体现了中国古人的一种智慧。正是在这种东方精神和观念的指导下，您的作品通过油画材料来体现本土文化精神，彰显了强烈的民族气派和民族风格。

骆：我们看西方古典现实主义甚至现代的空间表达是非常有意思的，其魅力在空间里所产生的距离感，让人产生很多画

骆根兴 《西部守望》 油画

面的想象，这是一个因素。再有就是它的形象塑造，对于油画来讲，应该把形象因素放在造型的第一位，毕竟我们所看到的是一个让人感觉很真实的东西。不管怎么画，要让人相信，这就是真的。再一个就是形式，通过一种什么样的方法把画面组织起来，这就要借助于形式了。

空间包括各个方面的因素，首先是构图，我们通常说近大远小，这就是空间的感觉。其次还有虚实、节奏的问题，我觉得更重要的是节奏。我发现如果背景过于虚，画面是没有力量的，必须把后面的东西画实，但是空间靠什么保留？靠节奏和韵律，靠它的穿插和对比关系等。

我在创作《大敌当前》这幅作品的时候，就把宋代山水摆在里面，雪山、颜真卿的楷书等都放在跟前。宋代山水无论远近都一样清楚，但是仍能让人感觉咫尺千里。我感觉中国的山水画最了不起的地方就是它的心理空间要比西方的油画大得多，把千里之外的东西放在眼前，依然让人感觉很远。后来我发现，远近不单是靠虚实、深浅，更重要的是靠节奏、韵律、对比关系。中国绘画最大的优势是空间布局十分自由而丰富，所以，必须把这些优势运用到油画创作中，我也是朝着这个方向去探索和摸索的。

郭：您的作品虽是具象的，但这种具象和您所用的线条以及气、韵律组合起来，却有着强烈的视觉效果。其实，笔墨的意象造型结构和油画的色块笔触的空间架构有很多相近相通的东西，区别是二者使用的工具材质的不同，审美方向也存在差异。这一些其实是很有难度的，要想处理好绝非易事。

骆：这也是我追求的一个方向。我最初的想法是这样，线条本身具有它的独立性，可以单独成为一幅作品。比如书法，我们抛开它的实用性与自意性，就从它的造型去看，它是一个非常精炼、非常严密的线条组织。后来我觉得它又是一个有性情的东西，有时候必须要粗线条，有时候必须要飞白，有时候必须要拉长，否则这幅作品就不成立了，就成为一个特别蹩脚的、特别难看的东西。所以，对线条的追求，必然体现在作品之中。

形象本身要不要用线条表现，可以不可以做到？我觉得中国古人实际上做到了。如果用西方的造型观特别是逼真表现的造型观来看，这个线条很难融进去，但是从另外一个角度看，我们的绘画在表达什么？其实是你的精神内在。

郭：您在中西绘画技法的融合上达到了很高的水平，更利用民族绘画形式表现当代军人的现实生活，具有开拓意义。这是否意味着我们可以直接把国画的元素植入油画？

骆：我认为，完全模仿照搬国画的形式方法，有可能丧失油画自身的表现力，尤其要避免程式化。我很喜欢看五代、宋代的山水画，也喜欢看徐渭和八大山人的作品。近现代许多西方大家都用线，认为线很有表现力，很有味道。在线的运用上，中国的绘画有整套东西，由于审美方向的不同，传统的中国绘画是意象造型，刻画人物难免不深入，线条流于程式。西方的绘画，尤其是油画，线与色块体积是融在一起的，线条因形体的塑造而被掩盖。到了现代，西方人有了突破，线条的表现力开始凸显出来。中国画讲究气韵，画面气息更为通畅，宣泄情感更为自由。

郭：从您的作品中可以感受到线条的灵动性和色彩的丰富性，这可能得益于您对中国传统绘画的关注和学习。国画历来重视意象法则，《周易·系辞》中"观物取象""立象以尽意"之说，体现出中国传统美学对于"象外之象"的推崇，您如何理解和把握这种"象外之象"呢？

骆根兴：油画家的意象语言要达到一定的深度，一是要有坚实的油画艺术基础，二是要对意象语言的精神有较深入的了解。中国传统艺术理论的精髓是"外师造化，中得心源"，如果既不师法自然，又不重视内心体验，意象创造又从何说起。创作中的意象是主观情感与客观物象的有机统一体，体现了艺术创造中"物我融一"的情志。"神韵"指一种理想的艺术境界，其美学特征是自然传神、韵味深远、天生化成而无人工造作的痕迹，体现出清空淡远的意境。融意象因素于绘画当中，并不是要放弃严谨的造型，而是要彰显造型的力度。只有这样才能形成自己的图式。而作品的内涵是由融入了创作者情感的具体形象来体现的。有了意境而没有形象，意境就没有依附的载体；有了形象而无意境，则形象缺乏生命的精气和感人的力量。

三、东方意象之美

郭：绘画艺术的民族性是一个民族的绘画艺术是否成熟的标志。中国油画要走出自己的特色，就永远不能丢掉中华民族的文化精神和品格，如果在西方思维模式和创作模式面前亦步亦趋，只能是东施效颦。骆老师您对这个问题怎么思考？

骆：这是一个特别现实又特别学术的问题。我觉得文化就是一个轴心，从外观上看，或许有时候你看不清楚，但是它的内心其实是非常坚挺地在那支撑着的，所以，我们一眼就能判别这个作品是东方的还是西方的，因为文化已经融在其中了。我的造型为什么朝着这个方向去发展？我是画人物的，人物要表达什么意思，要给人留下什么印象，从浅的层次上来讲，塑造的形象要有时代感。

写心写意　东方意象——美术家骆根兴访谈录

骆根兴　《西部记忆》　油画

改革开放以来，我们开阔了眼界，观念不停地变化翻新，作品的花样让我们应接不暇，甚至有些视觉麻木了。艺术作品只有真诚记录了时代运行的轨迹，表达了大众灵魂深处的情感，才有分量。我觉得，在国际化的文化背景里，更需要接续中华民族的文化血脉，在精神与品格的提升中，生动而深刻地记录表达这个时代的情感历程。有时，我很感谢宣传部门和媒体的支持，像我的油画作品《西部年代》，其传播度已超出了我的预想。好的东西是不会被人忘记的。我不期待给人惊喜，但求自己更为满意。

郭：其实您谈到这个，我感触特别深。不同的民族、国度、时代都讲究最高的追求，这是一种形而上"道"的追求，形而下就是一种器具，就是一个外显的工具。当代艺术家所追求的核心是什么？是对当下的社会思考的一种批判性表达，所以叫当代艺术。艺术家置身于今天的文化环境，面对的是今天的现实，他们的作品就必然反映出今天的时代特征。

骆：我觉得我们一些做艺术的人现在走进了一个误区，这个误区是什么？就是物质化、社会化。我不反对社会化，但是我一定要反对物质化。艺术就是一个精神的东西，你非得和市场化搞混。其实好东西自动会赚钱，这就是不容置疑的。艺术就是让人看到感觉心里舒服，感到愉悦，看到连烦恼都没有了。若是把艺术和物质等同起来就是一个大错，不管主流和主旋律，就偏离了方向。

我想艺术有两条根本：一是根基。艺术离不开文化的命脉。东西方几千年就是这样沿着各自的文化脉络发展下来的。碰撞和融合不是摒弃自己，而是令自己更加壮大和更有生命力。离开了这个土壤，恐怕是走不远的。二是真诚的情感和感受。今天社会的飞速发展超过了人类任何一个时期。人与社会都发生了巨大的变化，日新月异，这是生活在当代的人都感受得到的。

郭：中国绘画在元代达到了一种极简，以最少的笔墨表现了最大的空间。这是中国人独具的美学概念，即空间的无限性。这就是中国人的智慧，就是三生万物的智慧。从您的作品来看，不论油画，还是版画，都体现了这样一种风格——形简意赅。您的作品再往下深入地走，恐怕会更简，实际上这是一个高度，能控制的高度。

骆："简"不是粗率，而是简中蕴含精细。比如在具体人物形象的处理上，要解决五官是否相像、身躯是否相像的问题。尤其在五官上，当你用一种线条、块面、色彩把它归纳出不同的形状、不同层次的时候，它就自由了，意境就出来了。我们现在往往很难把现实物象和表现手段两者兼顾，实际上没有找到形式上的对接。如何在形式上对接，恰恰可以运用中国文化中的辩证思维。

郭：骆老师您不仅是全军的，也是全国美术创作学术研究的一个领军人物。通过与您交流，我对您的作品有了更深入的了解，能够从更深层次去思考当前中国油画的创作问题。在此期待您更多的新作、佳作与大家见面！

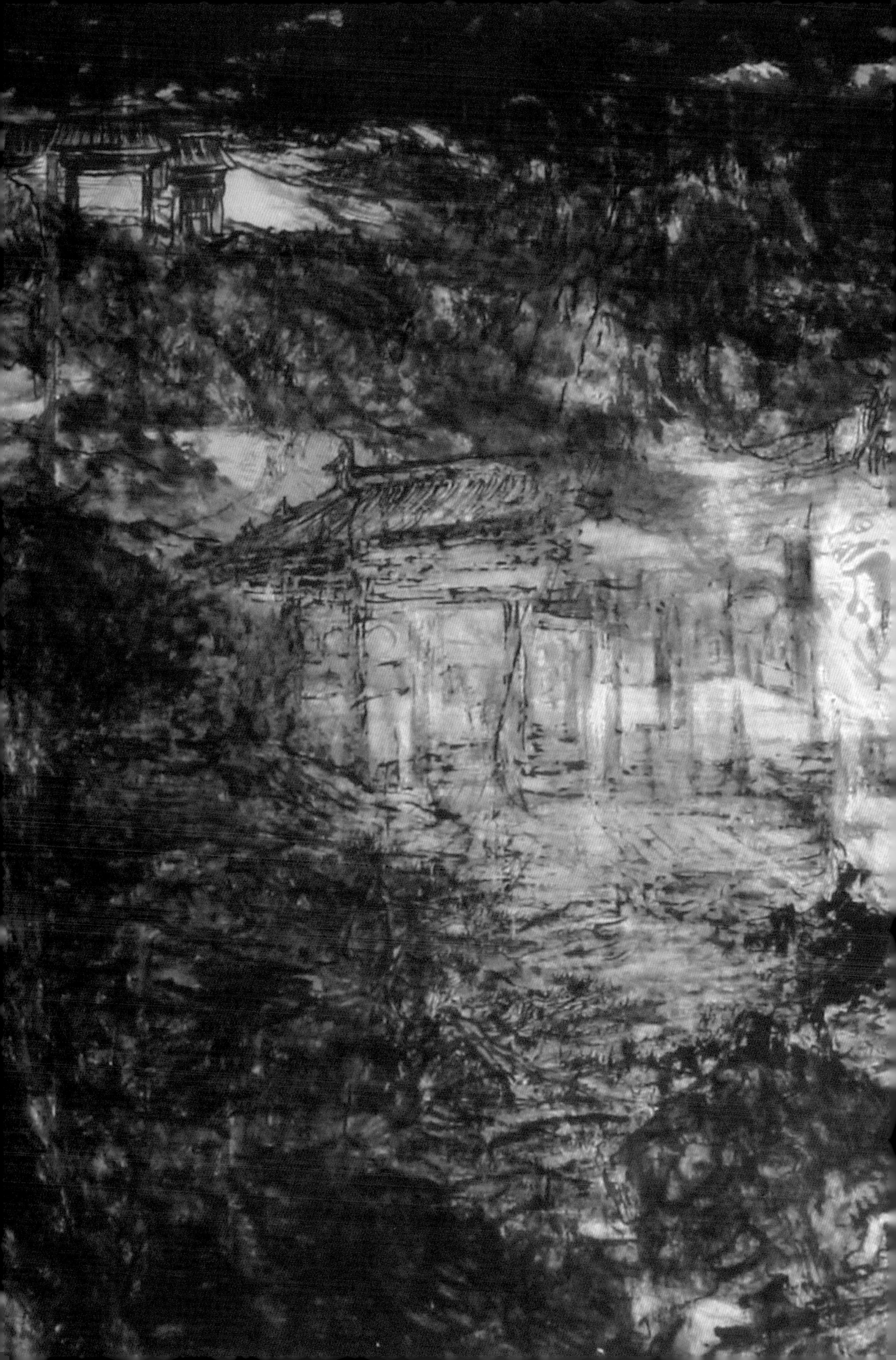

大道至简
——画家张志民访谈录

采访手记：

  张志民的作品以雄浑大气、激情磅礴的艺术风格和高远幽深的精神内蕴，为当代中国画守成与创新的课题做出了深刻的诠释。通过对张志民的访谈，我们不仅了解了他学习绘画的心路历程及所付出的艰辛和努力，而且看到了他对中国传统山水画的理解、继承与创新，以及他对大自然家园的爱恋之心。美好的家园是他的精神依托，更是他丰富人生阅历中的一片净土。他通过"北山"系列作品，表达了"为祖国山河呐喊"的心声，呼吁人与自然的和谐发展，展现了一位艺术家把时代责任与人文关怀融入自己绘画创作的成功尝试。

时间：2016年12月6日

地点：北京东升汇文化园林酒店

张志民 《中华泰山》 国画

在中国传统的绘画理论中，几乎所有经典文献都将"气"放在主要位置，如谢赫的"六法"，第一便是"气韵生动"。张志民的画不以形胜而以气胜，不以技胜而以格胜。张志民画作中的气韵，既吸收了中国画传统古韵之内涵，又融入了西画、现代画之技法。在他那浓重、浑厚的画风里找不到古人程式化的影子，他从传统那里得到的是对大自然、对家园的一往情深，丰富的人生阅历与童真般的想象力是他绘画灵感的重要来源。

郭兴华（以下简称"郭"）：山水画是中国绘画一个至高的境界，因为它承载的文化信息更多。我以前画人物，这十来年喜欢画山水，对中国山水画的文化内涵有一些理解。对您的山水画造诣我非常钦佩，一是您从笔墨程式上打造了一种个性化的表达语言，二是在笔墨的锤炼上有您自己独特的理解，这里面包含了传统和当代的交融。您作为山东省美协主席，又担任山东艺术学院院长，从这些社会身份的角度，您对中国画的创作和教学有哪些思考？石涛曾说过"笔墨当随时代"，您对此怎么认识？

张志民　《北山后洼的轰鸣声》　国画

张志民 《天齐渊》 国画

张志民（以下简称"张"）：现在人们对中国画越来越关注，特别是党的十八大以来，习近平总书记提出把传统文化的振兴和为中国人民谋福祉等方面联系在一起，所以我认为这个时代正是画家艺术创作的春天。至于传统笔墨的问题是老话题了，我们的前辈老师也曾讨论过是笔墨重要还是素描重要。但是有一点我认为大家应该很清楚，古人说"道无古今惟其时"，这个"道"就是规律。真正的艺术规律、大自然的规律没有什么古今，在大的规律下我们的文化只有符合时代。至于笔墨与时代的关系，我想不一定要刻意地去找笔墨和时代哪一点吻合，哪一点不吻合，太刻意也就太不真实了，我认为还是顺其自然的好。当代画家应该关注当下的社会，关注当代人民的审美趋向，这样的话肯定符合时代要求，画家也能很自然地表达出这个时代的气息，这就是随时代了。

郭：在中国画的教学过程中，对传统的继承是一个绕不开的话题，尤其是当下美术院校普遍强调师法传统。传统固然有可取之处，但关键是怎么取，您对此又是怎样理解的？

张：我参加过全国很多高等院校关于美术方面的研讨会，总是在怎么研究传统，怎么打入传统，怎么从传统里面打出来这些方面反复纠缠。他们是让你对传统非常尊重、敬畏，要研究，又要有时代感，和咱们谈的话题是一样的，可是或许有时候把这个问题搞复杂了。

郭：我总觉得很多人对传统的理解存在一种偏差，他们理解的传统是很表面的，比如说传统的石涛就是石涛的模式，但是我们应该更多地去探索绘画背后的规律和文化内涵。

张：一种笔墨精神，一种写意精神，有时候一讨论这些我就着急。我认为对传统的研究就像人类需要吸收营养一样，我们需要蔬菜、水果、粮食、肉类，要在吸收传统的基础上将其内化为自己的东西而不是生搬硬套。所以在课堂上我们突出强调能体现学院派和大学精神的东西，必须研究历代经典、国内外的经典。比如说美术，我们研究造型就要研究西方一些大师经典的素描、水彩、写生、人体，中国画的经典就是宋元明清时期的作品。比如搞戏剧的不研究莎士比亚是不对的，不研究关汉卿也是不对的，一定要在课堂上把经典的东西研究透了。再有就是社会生活了，生活是艺术创作的源泉，为人民服务，为社会、为时代服务，这就是生活。我为什么提出社会生活呢？因为艺术家如果不关注社会，没有回报社会、奉献社会这种心态的话，他的画品上不去。

郭：黄宾虹曾说过"谢赫六法"里面"唯气韵不可学"，您说的人品、画品体现了一种气韵。我看到您的作品以后感到非常震撼，无论尺幅大小，都体现了人的一种胸怀。另外一个问题，您是典型的学院派画家，您觉得素描和山水画创作是有矛盾，还是有联系，是矛盾多一些，还是联系多一点？

张：我认为联系多一点，就是它正面的能量大一点，素描起码解决了造型的问题。要创作就要有造型意识和写生意识，我们的创作当中如果具备造型意识，并能做到气韵生动的话，就会越画越好。可以画一些大型的作品，而不仅仅是画一个册页、手卷。由于时代的发展，小品画已经不能满足要求了，纯粹的小作品可以当作笔墨游戏，但是我认为笔墨游戏也应该有造型。我上学的时候接受过比较扎实的素描训练。我本科之前读的是中专，那三年上的课多数是素描、速写、水彩，就是纯粹基本功、学院派的训练，没有涉猎很多中国画的教育。我当时的老师有毕业于鲁美的、中央美院的，他们都要求长期素描。

郭：一般来说，素描是用作提高造型能力的基本练习，或作为创作前的整理或作为局部草稿练习、素材的搜集等，您是怎样把素描的训练和山水画创作联系起来的，又是怎样取得突破的？

张：我当年的美术老师对我的素描很认可，他说我不是在解剖，认为我的画有性情，不是纯粹装饰的画。老师的这些鼓励就让我有了自信，所以我就拼命地画。素描看起来简单，想要画好却很复杂。后来大学毕业留校，在美术系办公室当秘书，一天到晚就是收收报纸，接接电话。有时候我看着天花板，突然发现涂料是白的，墙也是白的，随着光线的变化到处都出现了明暗交接线，黑白灰的调子，其实都是素描。还有去食堂吃饭，看到玻璃门在光线下呈现出的全部都是素描关系。那个投影边上重，中间透，感觉很美。我就突然对素描有了新的概念，只要有对比，有黑白、疏密就是素描。不完全是明暗交接线和投影、反光，这个对比关系就是黑白、疏密。于是我好像一下子就开悟了，马上想画国画也应该是这样的。比如说我画古代

张志民　《北山云霞》　国画

    人物，肩头很可能是重墨一笔下去了，对应的裤腿一定要有点重的东西和它呼应一下，这就是一个素描关系。画山也是这样，前面画黑了，后面就要画虚一点，这也是一个对比关系。

    郭：都说艺术源于生活，又高于生活，从您的经历来看确实是这样的。您能通过对生活的细心观察、体悟而发现素描的奥秘，其实也是平时的大量积累而达到的质的突破。

    张：是的，这就是我发现的大的素描概念，不仅仅是纯粹训练素描的东西。如果把素描用到大的对比关系上，学过和没学过是不一样的，学过就知道这个对比关系，潜移默化地就出来了。所以素描跟传统学习是一样的，包括现在的写生。中国山水的写生有两种：一种是像老一代画家，就是记一些符号，心里有数，回来画就行了。另一种就是找素材，比如《芥子园》

里面有一些奇怪的树、石头的花纹，把它们记下来作为素材来研究。我非常不喜欢现在很多美院的老师让学生用毛笔去画焦墨写生，不伦不类，既没有我们的传统精神，也没有西方人用铅笔画的境界。

郭：中国画和西方绘画的表现方式与技巧有很大差异。中国画不注重写实而重视写意，致力于表现画家的精神追求；西方绘画更多的是追求写实的技巧，强调比例和透视关系、光和色的变化等。

张：应该是这样的，比如要画一个大峡谷，如果让塞尚来画肯定是用西方科学的方法，天光、地光按照层次一刀切下来的感觉，而用毛笔画不出来这样的感觉。我就拿了小纸头，画了几条线，一个是方框，一个是曲线，这个曲线在旱季就是山路，

张志民 《消息树》 国画

雨季就是水口。这样就够了，没法再画了，因为大自然的那种力量、神秘感、丰富感是没法用毛笔表现出来的。西洋绘画为什么可以呢？因为它用光线、色彩，我们光用毛笔是画不出来的。当然现在有一些成功的中青年画家画的写生也是可以的，仔细看很像西方的铅笔淡彩的画法，真正的山水写生还是往西方写生方面靠靠才能成，纯粹用中国传统的山水写生手法我认为是不可取的，更不可以把它画成炭笔画。

郭：这一点我跟您的观点特别一致，石涛说"搜尽奇峰打草稿"，实际上写生就是一个草稿，就像您说的是素材而已。真正中国画要表现出来的作品是什么，是经过咀嚼、消化、吸收，最后升华的东西。

张：我完全同意。就像揉面一样，不是靠好的泉水、好的面粉，没有经验的倒水，湿了，倒面，又干了，真正最重要的还是揉面，就是草稿和作品的关系，就是这个道理。

郭：我也有这个感觉，我觉得写生重要在哪里呢？实际上它是一种深入观察生活的方式，只有到大自然当中才能体会到原来刮风是这样的，在温暖的房子里是无法感受到冷、潮、下雨、刮风的，但是它仅仅是素材，你必须亲自感受。

张：对，你这样一说我又想起来，那次写生有位先生带了扇面卡纸，一会儿画一张，而且画完全部题上字，题的都是一些古诗，印章都盖了。我说你这个很完整啊。他说我回去办个展览，然后卖掉，正好。一点儿写生的意义都没有了，考虑的只有展览和卖钱。

郭：确实，一个画家如果一味追求经济效益，他的画品和层次就上不去。真正的画家应该是对他所画的对象有一种挚爱，这样才能画出有情感、有生命的作品。

张：有一年我们去法国参观塞尚故居，进去以后，感觉非常朴素，没有中国画家的红木家具，没有奢华的布置。我们出来以后，猛地一抬头，看到他家乡的山。塞尚晚年画的那些山就是他家乡的山。当时我隐约觉得塞尚还在那个地方画画。我马上联想到塞尚晚年对家乡和山的感情。他晚年山画得那么好、那么多，纯粹是一种爱，他首先是爱这个山、爱大自然的，他不是为了卖钱，而是为了搞创作，全身心投入进去。写生应该是这样的。我经常跟学生说："你们刚开始学画的人胸中要有两个丘壑，一个是大自然的丘壑，就是走万里路；还得有一个人文的丘壑，就是历代大师经典的东西。"

郭：听到您刚才谈的，我感触很多。从您的作品中也看到了您个人笔墨的程式，应该说这反映了个人修养的积淀，最终才会呈现到纸上。刚才我听到了您对东西方绘画的理解，包括对主客观融合的理解，包括对大自然搜尽奇峰打草稿，到咀嚼、消化、吸收、升华这样过程的理解，我就理解了您的作品。另外您能够用很浅显的、很简化的语言来表达，这可能跟您从事的教育行业有关，要表达给学生，使学生能听懂，如果太高深了他们可能悟不到。

张：对，我比较喜欢这样，可能也是我们那一带民风和民俗的特点。那一带很有意思，我们管身边的那些山山水水叫大山、下洼、水落坡，这些名字很质朴，很接地气。质朴的东西往往是最美的，有的人喜欢故作高深，反而不好，还不如直白一点。前段时间有一个学生让我给他起一个斋名，他喜欢文雅一点的，什么松风阁之类的。我说这没意思，你的家乡有个大涧沟，所以画室的名字干脆就叫"大涧沟"，这样家乡和斋名一致就非常好。

郭：这是一种能力。您说出来似乎轻描淡写，但能放掉一些小的东西是需要境界的。画画跟人的性格是有关系的，不是一般人能达到这个境界的。比如要表达高深的道理，庄子就经常用一些很简单的故事，但并不失深度，反而他的深度是无限的。

张：我和陆俨少先生很多年前交往的两件事让我记忆深刻。有一次他给我看作业，但他说话我听不太清楚。我听他说肆无忌惮，我以为是在批评我，我赶快站起来说："陆老，我以后一定要好好改正，我一定要按您的办法笔笔生花。"没想到他慢下来跟我说："我不是这个意思。我的意思是说北方人这种奔放、爆发力的东西不一定是所有南方人都能玩得了的，我希望你把南方笔墨的东西学好的同时，保持你这个风格。"我感觉到这位老先生太伟大了。我记下来，更加刻苦地学习陆老用笔的感觉并保持对传统的敬畏和研究，同时也更增强了我的信心。

郭：陆老应该算是近现代中国画坛大师级的人物，他的一番点拨确实是高屋建瓴。有时候中国画里的那种疏密、虚实关系确实很难用语言说得清楚，但往往也就是关键性的一两句话

张志民 《北山石仔峪》 国画

张志民 《泰山赋》 国画

就能给我们很大的启发。

张：还有一次，我们班上的五六个同学晚上去陆老家里，其中有一位江苏淮阳的老书记，他画了一张很大的画带去给陆老看。陆老把画放下后一句话也不说，就指指我。他桌上有一个速写本，我就把速写本拿给他，我以为上面有什么秘籍。他拿过去往画上一摔，还是不说话，指指本子，又指指我，我明白了。我赶快给他拿过来，他打开，是个空白的，又摔了一下，又不说话了，也不看了。老书记说："咱们走吧，让陆老休息吧。"一出门他说："陆老怎么回事，是不是咱们应该拿东西来，看了我的画他没说话。"我说："已经给你点出来了，陆老师用禅宗大师点拨学生的方法，说你这个画面缺一块黑或者是缺一块白。"

郭：这个故事挺有意思的。陆老的点拨确实不同于常人，他虽然没有明说，但是需要你去领悟，这远远比手把手教来得更贴切、更深刻。所谓"旁观者清，当局者迷"，您当时作为旁观者反而能跳出藩篱，看得更清楚。

张：还有一次去参加一个研讨会，几个搞理论的和魏启后先生交流，说："魏老，您老给大家讲中锋用笔，古代也有很多中锋用笔，但您的书法里有很多是侧锋。"魏老说："你看摩托车比赛吗？摩托车骑手走正路的时候都是中锋，但是拐弯的时候你让他中锋就要摔倒了，拐弯的时候就是侧锋。"我想这就是顺其自然，为什么必须强求是中锋呢？在这个问题上我又联想到陆老说的笔尖、笔肚、笔根。你看他画小草、松针，笔尖用得多好，特别是画一片草的时候笔尖非常好。画石头的时候是笔肚，到最后点大块的时候都是笔根，非常讲究。

郭：欧阳先生是我的博士后导师，他讲课的时候总是讲到一个词"遣毫"，我体会很深。您刚才讲的也是这个意思，首先能够控制毫，让它听我的使唤，而且把这个毫运用到极致，从笔尖、笔肚到笔根，因为绘画的笔触笔墨形态变化更多，在瞬间就完成了。刚才您也谈到了太极文化，太极文化在绘画里面也有很深的渊源。太极文化、书画文化都有一个核心就叫传统。刚才看您画画我能感受到，虽然您这一笔下去有的时候快，有的时候慢，但笔尖和纸瞬间接触的感觉是有力度的，快而不滑，慢而不涩，抑扬顿挫，始终能够很灵活地掌握。如果我们

张志民　《历山诗话》　国画

要用符号来记录的话，这种抑扬顿挫就是首曲子，有的大笔上来，有的是淡墨，小的收拾，都是一种节奏。因为您的作品从构图、笔墨、气势上都是一种节奏。包括我停下来说几句话，这也是一个节奏。

张：你理解得很深刻。庖丁解牛，解的时候要是有摄像机拍下他的动作，可能舞蹈也有了，声音也有了，就是这样。

郭：我也看出来您在绘画上一直在感悟，包括听老师讲、给学生讲，最后您自己得到一种体悟，就像修禅一样，有顿悟，有渐悟，总之您自己在悟。语言特别平实，没有故弄玄虚之感，

而且您笔墨的形式也是这样的，直白但不失深度。实际上对这种笔墨我们讨论了很多，自新文化运动以来，西方的一些理念对中国画冲击比较大，关于中国画是否要画素描，也有一段争论。我看到您把素描的元素变成了自己创作的一种养分，历史上很多画家都有这样一个积淀的过程。

张：我曾对学生说："你听了老师一堂课，无论是和老师座谈还是听哪里的课，都是在收获一颗颗的珍珠。珍珠越来越多，最关键的是你要找到一根绳，这个绳子是你的。珍珠是别人给的，都捧在手里，一不小心就会漏掉一颗，你一定要找根绳把它们串起来。这根绳不在于值钱不值钱,只要你把珍珠串起来这个东西就是你的了。"学习了以后这些东西要为你所用。

郭:我记得您曾说过:"绘画有用手画者、有用笔画者、有用心画者,用心画者乃真来也。心画者,需要的是天才、胆略和修养,是平庸画家终生所不及也。"您的作品既有临景写生之写境,又赋予了文化内涵之造境,更多的则是创造性地将写境与造境融会贯通的惊人之作。每次看您的作品,我都能从您的用笔、用墨、构图、造境中感受到画中涌动的一种强烈鲜活的生命力。您对中国画的创作还有哪些思考,你的理想是什么?

张:我在上班的路上经常会看车窗外的风景。我发现济南南部山区的小山很漂亮,非常有意思,有的很朴实,像赵孟頫画的《鹊华秋色》一样;有一些很怪,像金字塔一样,上面的植被不太好;有的山头被水泥厂、采石场给挖掉了,都快没有了。我突然有一种想法,李可染先生当年提出来"为祖国山河立传",现在祖国河山都被人破坏成这样,怎么立传,我就提出了"为祖国山河呐喊"。刚才我谈到北山后洼,我喜欢那个后洼,北山后洼机器的轰鸣,意味着人类又多了一个新的境地,但动物却失去了家园。还有一个广告,钟表上每过一秒钟就有一个珍贵的物种灭绝。我就想用"为祖国山河呐喊"的口号作为我的命题,体现环保意识,画一些北山系列。我选的点是画挖掘机、挖路机,让人们不要再盲目开发破坏自然了,留点青山碧水给后人吧。

郭:这实际上也是您个人对时代的一种思考,可能很多画家也认识到了这一点,只是有人找到了路径,有人则很可能还在徘徊。您不但找到了路径,而且能"会当凌绝顶",绝"北山"之顶,成功地用自己的水墨艺术语言塑造出了无可替代的个人风格。您的"北山"系列作品体现了画家对社会的责任意识,我觉得这一点是非常难能可贵的,这是不是也契合了我们刚才提到的"笔墨当随时代"的命题?

张:是的,但是我通过画这批画发现了一个问题。我过去画画的时候,尽管陆先生那么直白地批评我,但是我心里有数,我的画随意性太强,墨多于笔,多于硬线。虽然这种随意性的、诗性的东西多,但是落到地上的东西少。我通过画北山后洼开始改变了。我画石头，用笔墨淋漓、才华横溢的画法，再画推土机、压路机肯定不协调，它逼着我，有时候先画上推土机，围绕它找石头、笔墨、树，再围合。我就发现我改画法了，我总结一个字就是"生"。古人说"画到生时是熟时"，生是技法的问题，另外还有生命，生生不息，正因为这样，就回到现实主义来了。我通过"生"总结一下，创作的时候一定要有写生意识，这实际上就是从传统往外走了。山水画创作的写生意识就是现实意识，就是回归自然的意识。

郭：我曾试着对写生做过一个概念的界定。现在的人大部分理解写生就是写生活，体验现实生活，这没有错，但是仅对了一半，应该把写生理解为写生命之迹象。就是您刚才讲的这些，包括我们用笔、笔墨形式，包括我们呈现的构图，所有的载体最后表现出来生命的迹象。

张：这就是画家和大自然融为一体，真正爱它，读懂它，就可以抓住灵魂了。

郭：我们部队里经常组织写生。有时候我给学生讲课时也说，刮风，你要通过树和树叶表现出来，是很难的。比如要展现听取蛙声一片，一般的画家就会画很多青蛙张着嘴，仅此而已，只关注表面形式。但是一个好的艺术家也许没有画青蛙，却已经把青蛙表达出来，这也是一种体悟，正如刚才您说树的形象其实也代表了一种生命的迹象。另外，您有很多重要的社会职务，也组织了很多的大型活动，在全国影响很大，你对这块有什么思考？

张：开始时感觉是矛盾的，特别是学校管理工作和绘画是矛盾的。一开始不适应，觉得浪费时间。后来慢慢地我发现两个调和的办法，你刚才谈到德行的问题，我为别人付出了，是为大家奉献了。从心态上我感觉更加自信了。奉献的时间多了，画画的时间就少了，但是动手更勤了，也更认真了，就这样把时间找回来。我认为自己心中的那点东西永远是最重要的，想办法把任何事情都转化为自己心中的东西，这就是兴趣。

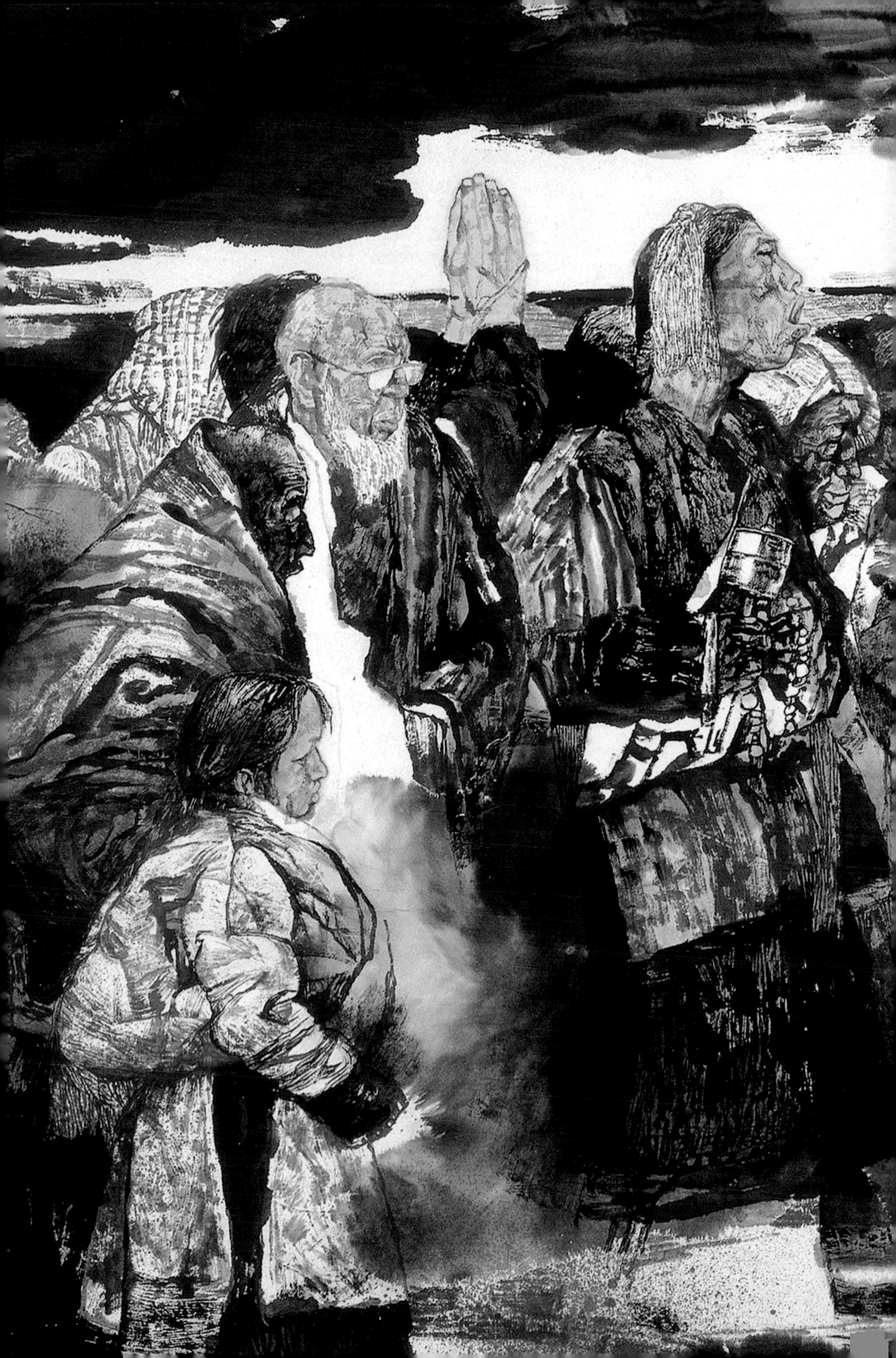

生熟之间
——美术家陈钰铭访谈录

采访手记：

　　人物画作为一个画种的独特意义正是在它古老的源头被给予的，即在任何历史语境中，它都不具备形式上的纯粹性，而是某种精神和历史的象征。中国水墨人物画，更是承载了空间构成（经营位置）、造型和笔墨多重向度的探索，任重而道远。陈钰铭先生是当代有影响力的画家，通过他的艺术实践证明：笔墨是可以重新获得活力的。

时间：2014年10月25日

地点：陈钰铭先生工作室

陈钰铭　《记忆碎片》　国画

郭（以下简称"郭"）：陈老师，您好！很高兴您来到我们栏目做客。您是难得的中国优秀画家，从您不同时期的作品可以看出，您是有想法的好画家。您的学画历程非常坎坷，能够得到美术界、学术界的认可，肯定也经历了曲折的过程，毕竟创新总是带有开拓性的，要打破原有的模式十分不易，并且这个新模式也要经过一个认可的过程。这么多年来，您一直坚守自己的信念，毫不犹豫地一路走过来。

陈钰铭（以下简称"陈"）：我认为，一个人的思想以及对艺术的认识，同他个人的经历有非常大的关系。我当兵的经历是一种命运，而艺术是人们思考人生和认识世界的一种方式。

一、由生而熟

郭：您是20世纪50年代末出生的，这一代人所受的教育是比较正统的，是名副其实的"生在新中国，长在红旗下"的一代人。经历过"瓜菜代粮"的艰苦，经历过"文革"，也经历过知识青年上山下乡的壮举。可以说，新中国成立以后的重大事件，几乎都被这代人给赶上了。从美术史的发展脉络来看，则依然接续了新中国成立之初中国画转型的大趋势。

陈：我是干部家庭出身，从小接触的美术作品大多是宣传画类型的，还有新中国成立之初老一辈画家的作品，再就是一些俄罗斯作品或者印刷品。我当兵以后，大约是18岁到20岁之间，看到的大多是那种高大全、红光亮的作品，所以那时认为作品里都是非常欢乐、阳光的情绪，早期创作的作品也是这种风格的。真正对绘画产生新的认识，还是我来到部队之后。有一年"八一"，我们基地组织到附近农村劳动，可以说对我

陈钰铭　《吉祥之路》　国画

们所有人都是一个震撼，真是意想不到，大家都傻了眼。与我们一墙之隔的团城村庄，十几口人一床烂被子，一个饭碗一口锅，吃饭轮着吃。那时候已经80年代了。

郭：这就是现实，艺术创作也可以说是处理艺术与现实的关系。文学界说"文学即人学"，其实造型艺术在很大程度上也是"人学"。真正有成就的画家包括山水、花鸟等画家，一定都是对人、对社会有深刻体验的艺术家。"人"作为刻画对象，因其丰富性和特殊性，是任何其他对象所不可比拟的。

陈：写生是认识"人"和社会的起点。我当时在黄土高原上当兵，通过写生开始观察、思索现实的生活，关注高原人的生存状态，真正从感情上去认识。当时年轻、大胆，背个包，没有目标，按照地图一个个地走过去。那时候画不出来，不会画国画，没有照相机，全靠速写，如同写日记，积累了很多。受李伯安他们的影响，在衣服里自己缝个袋子放速写本，走到哪里画到哪里。这种习惯一直延续到现在，别的东西都可以忘，唯独速写本不会忘。

有时候，从地图上看着距离很短，要走过去100公里都不止，所以我经常迷路，吃不上饭。一次找去榆林采风，饿得迷三道四的，找不到农户。我只带了一个馒头，走了一天，住在路边的破庙里，一个人大晚上又冷又饿。看路边地里种着葱，拔出来就着雪水吃了，烧心，难受得躺地上打滚。不知过了多久，肚子不疼了，看见一弯明月挂在天上，在辽阔的高原上澄澈透明，后来我知道这个地方叫麻黄梁，也注定了是我一生的栖身之地。

郭：如果说您早期的代表作《霜月》还有版画的影子，那么从《陇上人家》《天上黄河九十九道弯》到《历史的定格》，再到今天的创作，一步步地在技术上走向成熟。作品充分发挥了材料的特性，让笔墨成为画面的有机因素，连模特特征的提取上也强调绘画性。我认为，您是一位高度自觉的画家，把外在材料的物质性和自己对绘画的理解巧妙地融合在一起，所以才会呈现出主观处理的自由，才能充分显示个人的绘画性格。

陈：画画是一件非常辛苦的事情。对于画家来说，精神和语言的探索是要同步的，这意味着要从两方面下苦功夫。既要修内功，又要修外功；既要培养思想和感情的深度，又要锤炼形式语言的精准性和个性；最重要的是将两者自然地融合为一体。

郭：您对画面的把握能力非常强，又非常大胆。我认为您放弃了文人画中笔精墨妙的技术要求，纯从心底流出，以几何线、方硬的形象使作品始终笼罩在深厚的人文关怀之中。

陈：直面生活的本真给我以震撼，凡人的生活并非仅仅是轻歌曼舞的美好，日复一日粗涩、坚硬的灰色生活反倒让我能看到生命的坚韧与伟大。我也知道，这种感觉只不过是平凡生活的一部分，但我没有办法回避那种震撼的烙印，或许这就是命运吧。所以，在画面里我也有设法去强化它，也许只有这样才能回答我对生活的追问。

二、用生为熟

郭：20世纪中国人物画的语言变革中的种种矛盾、困惑和尴尬，是社会、文化变革的缩影。现实所要求的造型观和传统自律性演进的笔墨语言的矛盾是20世纪中国水墨人物画与生俱来的，它带来了理论和实践的张力，使两极之间又形成一个"场"。新中国水墨人物画所取得的巨大成就以及所存在的问题和困惑都在其中。

陈：所以中国画家要超越已有的程式，更要超越旧有的观念，逐渐丰富、探索中国画的可能性。

郭：传统水墨画有其固有的程式，严密而成熟，要摆脱它的控制，必须突破它的结构，重新建立一种结构。无论是破坏还是建设，都需要对水墨传统有深刻的了解、深入的把握。现在画坛不乏革新者，虽勇气可嘉，但也显得有些鲁莽。

陈：人物画表现的对象是"人"，基本上没有更多可资借鉴的传统模式，向西方绘画学习的过程就成为为人物画寻找出路的一条通道。我们常说"深度刻画"，塑造形象。形象包括人的气质、心理、社会经历等，造型主要是形式手段问题。单纯追求造型，或停留在自身的技术和风格层面，创作不出在艺术史上立得住的作品。现在很多作品都是在"玩花样"，对中国画的发展并不具有建设性的意义。

郭：您的创作能够获得大家的认可，都是基于您对水墨传统的深刻了解，其中最重要的是对传统水墨画的不足的清楚了解。比如媒材的局限性，视觉冲击力不强，缺乏高强度的写实描绘能力，缺乏切入现实生活的传统等等。这才是真正的熟悉。

陈钰铭　《韩家坡人之一》　国画

这就把绘画中"生"与"熟"的关系和含义给牵了出来，哪个层面要"生"，哪个层面又要"熟"，是我们当代画家应有的"自觉"。

陈：创作中用笔要"生拙"，生一点或笨一点最好。笔墨和线条的熟练，往往会造成作品简单化、概念化，使作品没有看头。创作中有时会有画得不理想或有许多遗憾的地方，我认为这恰恰是好的作品。一幅好的创作本身应该是不完善的，就像做人一样，一个人正因为有缺点方显其优点的可贵。作品中

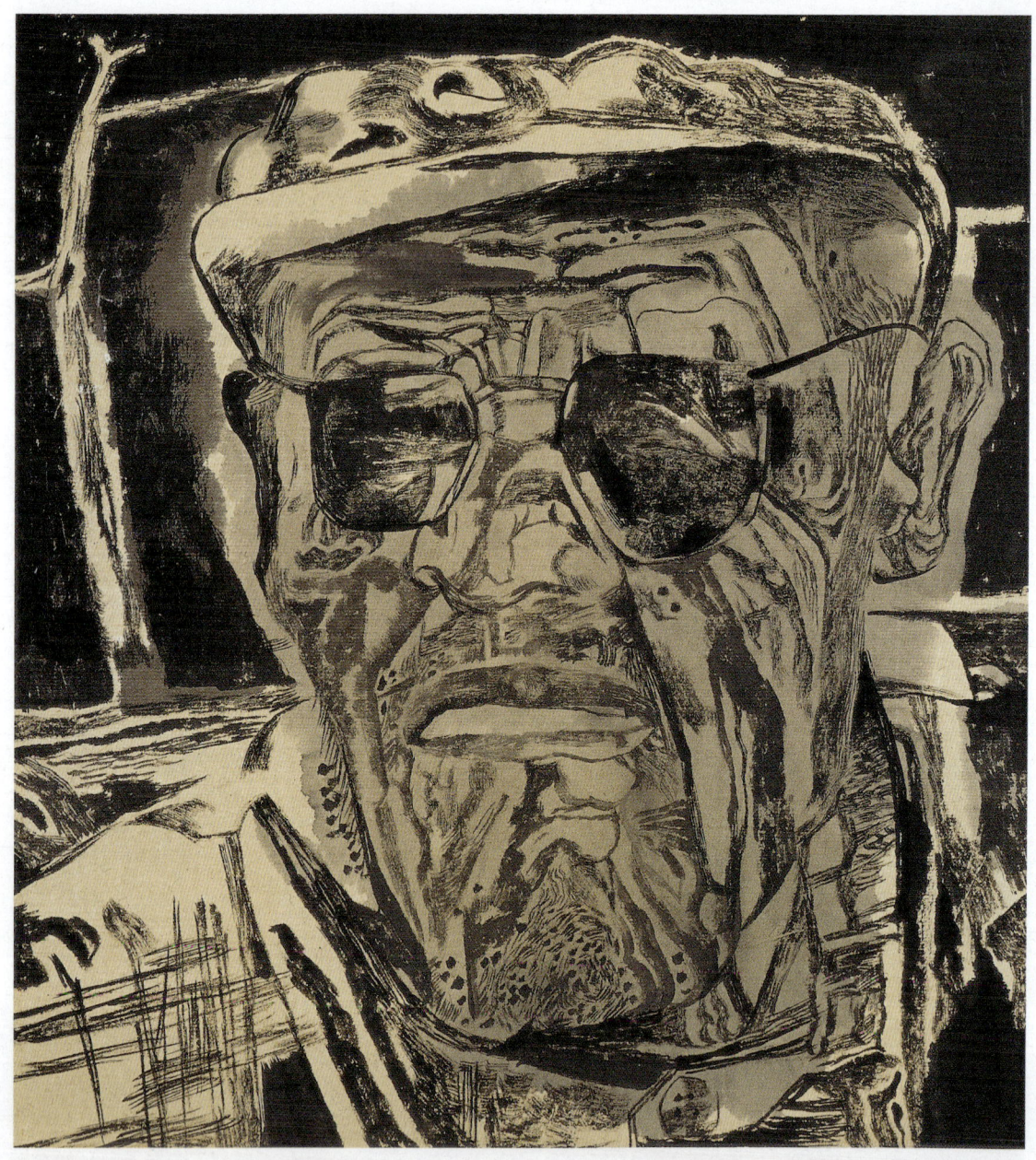

陈钰铭 《韩家坡人之三》 国画

有些许的缺憾，往往会显得作品更真诚和感人，作品中的败笔也可衬托出你成功的地方。像我们平时看到的作品，整体看还过得去，没有太大的失误，但也没有精彩的亮点，给人"温""平"的感觉，打动不了人。在创作过程中，要从作品的大局出发，即使某一地方画得再好，如果无益于画面的整体关系，也应毫不留情地去掉。这一切都是对画面的整体调整，笔墨好的地方不要留得太多，要使画面有生与熟的反差，以产生开合聚散的浑然、生动之感。

郭：我们现在的人物画不是太"生"而是太"熟"，熟得只剩下了对象，只把人看作造型技术和风格的载体。不尊重对象，创作者的主体精神便无处安放，画面就不可能产生力量。尤其是一些画家一旦形成了稳定的风格，就用这些画法去套写生、套创作，处处熟练，却永远不会使人动情。我所理解的"生"是一种生动，不完满但允满了可能性。

陈：对，画画就是要不断尝试，有效、合理地利用笔墨的偶然性。面对一张宣纸时，我往往是先泼上掺胶的水，再用重墨或焦墨，根据水的去向皴上几笔，把自己构思的画面所需要留的空白留下来，然后从墨的自然形态里寻找所需要的构成关系。再静下来去用心调整，动笔修改，即"找"。我有一个习惯，就是在每张画创作之前先要在脑子里酝酿很长一段时间，甚至要酝酿许多年，然后再落实到画面上，即使这样，能把自己的想法画出六分就已经很难得了。

郭：不知为什么，欣赏您的画总让我感觉像在读一部魔幻现实主义的文学作品。您的作品并不是题材、内容方面有什么特别，而是在画面中出现一些符号，比如云、突然的留白等，都在制造这种"魔幻"效果。不在日常生活的范围之中，但是又符合生活的规律。这种"魔幻"的感觉，不是在玩奇妙，而是制造了一种让人捉摸不透的深厚感觉，我认为这是您的画想要强调的。

三、生熟之辩

郭：生熟问题乍看是个技法问题，仔细追究下去我们会发现它其实是一个画家的修养问题，包括文化修养、心性陶冶、胸襟情怀、审美趣味等。

陈：我知道，很多人对我的画褒贬不一，但我不管别人说什么，我会继续加强对"人"的认识。现在一般上午写生，下午或其他时间看书，用看书来调整自己，认识这个世界和人。

郭：我特别注意到刚才您谈到在创作过程中所使用的"找"的办法。我理解，这是用一种无意识制造对有意识的限制，这种方式也给绘画带来了一定的难度。将主动经营画面和被动利用画面即泼墨相结合，使无意识转变为画面中的有机成分，以主动带被动，以被动促主动。有些偶然因素要维持，笔墨的约束为"生"埋下了伏笔，所以画面不欢愉，也正因此又成就画

陈钰铭　《血筑长城——四行仓库保卫战》　国画

面走向了悲情主义。

陈：艺术家要亲身体会，军人画家的身上更是多了一份责任。不但要思考创作中的问题，而且要真正认识社会，把握好艺术的真实和现实之间的"度"。事实上，从画面来看，技术上有很多问题可以解决，而从情感上、观念上，我们要对人、对世界有一种深层关怀，这才是艺术家要考虑的终极关怀。很多画家都有这种体会，在完成一件大型主题性创作之后，会觉得整个人都被抽空了，那是因为创作主体在作品中投注了所有的情感和精力。

郭：是的，我想您所追求的是"思想的成熟，技术的生拙"。制造偶然性，有意识地放进无意识的因素，以"生"为立意，追求画面的厚重和艰涩感，这些直观的视觉感受都营造出浓浓的人文关怀。毕竟，欢愉的情绪总是偏于个人化，您的经历使您无法对生活中、社会中的种种现实视而不见，骨子里与生俱来的悲情色彩深深地影响了审美追求。

陈：画家手中只有一支笔，他难受也好，喜悦也罢，都得通过自己笔下的作品揭示出来，作品是不会说谎的。走到今天，中国画精神品格的确立就成为当代人物画家力图去完成的新的历史任务。

郭：当下，中国画、国画、水墨画和彩墨画等多种称谓同时存在，在看似宽松的氛围背后，依然可以看到很多挣扎的心态。其实，中国画的边界在于形式趣味和精神内涵的双重向度，形式与本体互为表里，精神与价值相生相接。传统中国画的审美判断依旧是中国人的价值尺度，同时对西方绘画历史的分析使我们看到，绘画历程是多元性嬗变的，而非像自然科学那样单向度的逻辑演进。随着新人物画自身的成熟深化，其自律性日渐完善，同时在西方绘画启示下的自我审视，使新人物画从表面进入了深层。希望再通过一两代人的深入研究和实践，中国水墨人物画能真正实现语言的回归。这种回归并不是说要一成不变地回到传统中，而是说要重视中国水墨人物画自身的语言探索，并建立新的价值方向。

陈：关于中国水墨人物画境况的思考，最终都要回到中国画在现代社会中的身份和位置的考量。经过几代画家数十年的不断探索、不断修正，中国水墨人物画的语言体系得以完善，形成了迥异于传统文人画的新中国水墨画面貌。这不是一味地舍己之长，而是在消化、吸收西方绘画长处的基础上，逐渐确立起了属于这个时代的中国画的独特品格。如今，这种经验依然面临不断的挑战和修正。

郭：那么，什么是现代水墨画的精神，是多元取向，还是创造一种新的"道"？我至今还是找不到答案。

陈：真的希望当代的画家能够少玩些花样，多一些牺牲和奉献精神，用超越现时功利的态度研究传统水墨，发扬理性批判的精神，承继对现世有益的部分，研究西方艺术，以水墨创作切入当下文化，真诚表达自己的感受。艺术的道路上要有发自生命深处的坚守。

郭：我非常喜欢您近期的这批写生作品。它们与大的主题性创作距离比较远，更随意，更亲切，画面节奏把握得更好，笔墨运用得更干净。它们还是有"魔幻"的痕迹在里面，只不过没有大创作那么厚重，而是把笔墨抽离出来，没有承载那么多预设的情感，品起来让人如释重负，但绝不浮薄。从这批写生来看，我感觉您很快就会孕育出一批新的创作，定会令人耳目一新。

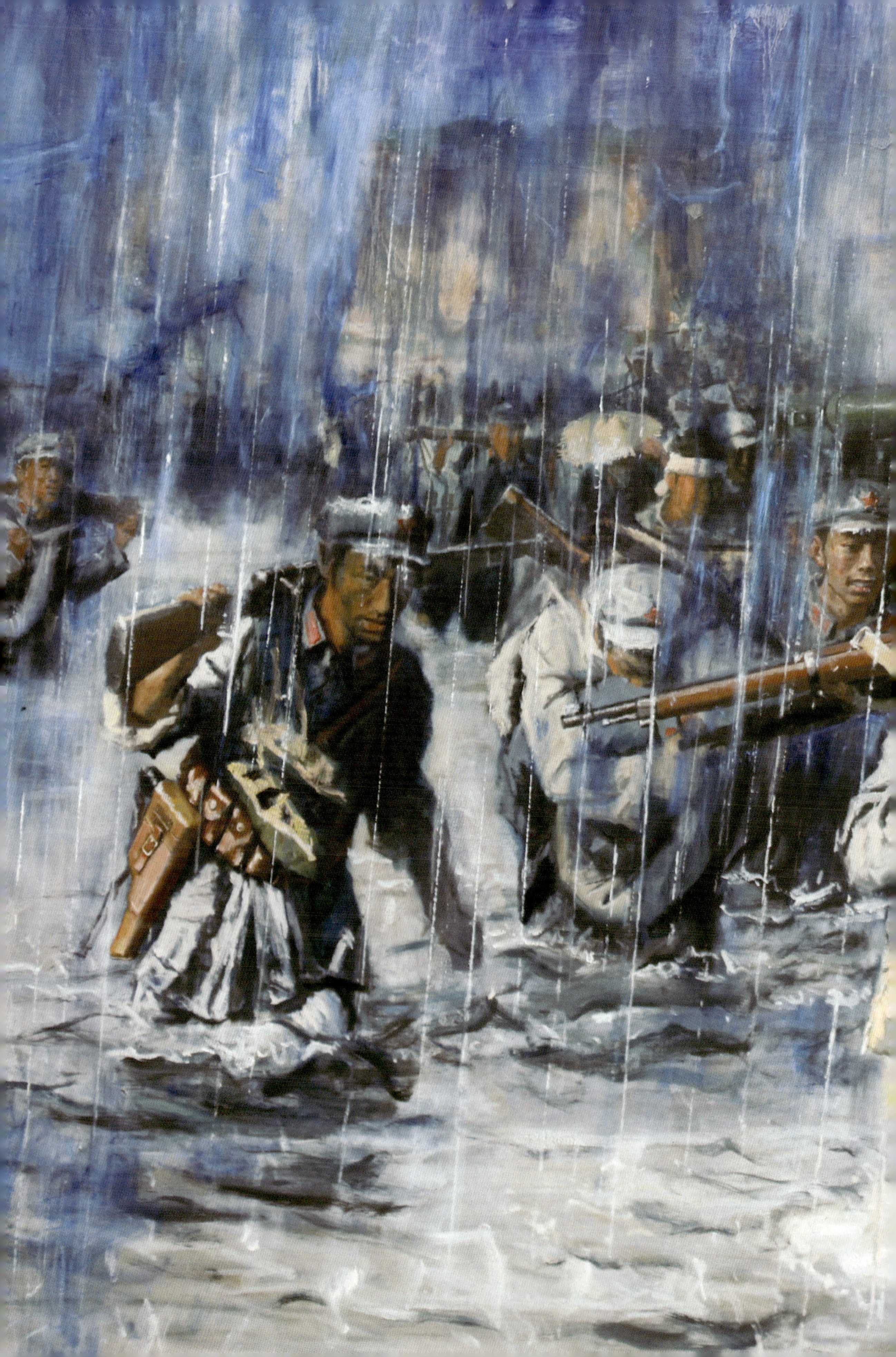

画由心生
——美术家邵亚川访谈录

采访手记：

  作为一种发源于西方的传统艺术形式，油画长期以来都被视为他者的语言。面对中国本土水墨画的诸多困境，如何用他者的语汇来讲述自己的故事，是每一个中国油画家不得不思考的问题，也是油画创作的难处。作为优秀的军旅画家，邵亚川在面对这一问题时，一直保持着在思考中前行的姿态。常言道：是真佛只话家常。邵亚川在谈起他心爱的绘画艺术时，娓娓道来的是最质朴的体会和经验，不经意间点破了艺术的玄机。走进他的艺术世界，才恍然发现他既是个百折不挠的勇士，又是个乐此不疲的顽童。

时间：2013 年 8 月 6 日

地点：邵亚川先生工作室

邵亚川 《过大江》 布面油画

一、情系军队，求真求美

郭兴华（以下简称"郭"）：邵老师，您好！很荣幸有机会能坐下来聊一聊您的艺术之路和艺术感悟。您是军队里长大的，1987 年从部队考上解放军艺术学院，1993 年到中央美术学院油画研修班，2000 年又到中央美术学院首届油画高级研修班。您觉得部队生活对您的创作影响是什么，或者说军人情结与您的创作有何关系？

邵亚川（以下简称"邵"）：我一直身在部队，军队生活对我的影响可以说是方方面面的，从对绘画的信仰到源源不断的创作题材，再到个人成长的各种机会，以及那种根植于我记忆中的对部队的深厚感情等等。一方面，不到 20 岁我就进了部队，每时每刻接受的是革命传统教育，它刻在骨子里，滋养了我。另一方面，部队环境又真的能够给年轻人提供展示才华的机会。我第一次参加全军美展时能够崭露头角就是《北疆情》。在听到一个老红军的讲述后，我很感动，脑海中就有了画月光中红军背影的想法，然后创作了《从军行》。

郭：军队情怀激发下的作品因其真挚，才富有感染力。同时，在我看来，更为难得的是，画面的稳定感和历史感在您早年的绘画作品中已经初露端倪了，似乎为您后来一系列成功的主题性绘画埋下了伏笔。比如您提到的《从军行》，虽然并没有涉及那种历史画的大场面，但是月光下充满肌理效果的人物背影，造型结实，中心突出。尤其是对光源的处理非常独到，看不到直接的光源，月光是弥散在画面中的。一方面，它收敛了观者的目光；另一方面，它又为观者营造出一种强烈的既视感。

邵：是的，我一直在探索，进行着不同的尝试。这种不停尝试下的思考对我之后的创作启发很大，也是一种经验的积累。

郭：我注意到《过普渡河》的大场面群像中，也有类似《从军行》中老红军背小红军过河的形象。借用电影术语，这一形象在《从军行》中是背影特写，在《过普渡河》中则是正面长镜头。您的作品画面忠实地保留了这一典型形象被不断艺术化提纯的痕迹。换句话说，经过灵感迸发及反复微妙地调试，在艺术的真实和历史的真实之间获得相对完美的平衡。能够成功处理这两个"真实"的能力在重大历史题材的主题性绘画中常常会被放大，但您的处理通常是通透有灵性的，可能很大程度是源自在这些创作中的经验积累。关于这个问题，您是如何理解的？

邵：这真不是一蹴而就的，大家都知道在主题性绘画创作中，画人最难的就是传神，这需要大量的积累和练习。比如《巡堤》这幅画，典型地体现了现实主义创作的力量。在创作《巡堤》时，为了刻画出一位领导人在面对国家灾难时那种凝重焦急的心情，我找了各种角度的照片去研究，就是希望我画的与任何一个都不雷同，而又能真正地传达出神韵。在表现技法上，我其实也有意加入了很多自己的处理特色。韦启美先生生前评价这幅画时说："亚川，你能在典型人物脸上画这么多笔触，这就是突破。"那个时候延续下来其实还是红光亮，脸上是不能画出笔触的。

郭：这幅作品在1998年"抗洪英雄赞——全军美术展"中获得一等奖，反响极大。现在回头来看，这样的创作确实需要极大的勇气，同时它的成功也有其必然性。就像您说的，考虑当时大的文化背景，20世纪90年代，表现领导人的肖像有着种种程式，同时像王广义之类的政治波普又在大众中搅起了各种争议。处理这种题材，稍有不慎，就会招致恶评，必须在情感内容和表现技法上高度融合。在这一点上，除了人物心理的准确刻画之外，还有很多细节上的精微之处。比如，主次人物既要有明暗对比，又要统一在暴风雨交加的深色背景之中，笔触简洁流畅，几大色块结实响亮，毫不拖沓，甚至带有抽象形式的美。

邵：笔触简洁流畅，我想你指的是雨衣部分的处理吧。我当时在电视新闻上看到这一形象时就决定把雨衣部分处理成概括的线条，大刀阔斧一些，把雨衣部分的构思加入整个画面和人物塑造的考虑之中。有这样明确的构思后，创作确实是一气呵成，非常酣畅。

郭：画一个人，连衣纹都带有性格，我觉得这个太深刻了。在您对作品求真求美的探索中，我觉得还有一点发人深思：在图像扩张时代，艺术家如何借助媒体而使之与绘画本体相得益彰？随着照相机、电视、网络等的迅猛发展，图像的获得变得极为便捷。这一现象激发了西方哲学界自语言转向后的又一次理论转向，即图像转向。在绘画创作的实践中，美国照相现实主义艺术家罗伯特的艺术态度是比较极端地肯定照片，即媒体本身，而把艺术家所做的工作退减到临摹的位置上。在中国，也有些艺术家疯狂地消费公共图像，力求获得一种刺激新奇的视觉效果。在影像资源的借鉴上，上述两个是比较极端的例子，但确实也是客观现实。通过您的描述可以感觉得到，您对待作品的态度是在借用图像的基础上，进行独立的二度创作。其实，在图像泛滥之际，能够懂得如何取舍，借力打力，使媒体更好地为艺术本体服务，也是真与美之间更深层次的博弈，考验的是画家的智慧。

二、心到手到，创意为先

郭：还是回到您的主题性创作上。艺术最难能可贵的是，它可以放飞一个艺术家自由的灵魂。在很多人的眼中，重大历史题材的主题性绘画更像是一篇命题作文，不仅对创作者有着种种要求和规范，而且由于有时包含一些政治性因素，如处理不当，也常常导致公众对其的负面评价甚至嗤之以鼻。作为成功创作过许多这一类绘画作品的艺术家，您是怎么看待这一问题的呢？

邵：平常不在意，但梳理过后，发现还真是画了不少。军艺毕业后，1991年我到了军事博物馆工作，开始接触更多的军事历史画。这种主题性绘画在创作上还是有难度的，我力求不把它创作成一种唱高调的政治宣传画，而尽可能地创作出内涵丰富，有高度的社会责任感和真诚的情感的作品，比如我画的《尘封》就是表现湘江战役。过去我们很少提到湘江战役，就是因为那是一个惨痛的战斗经历；但我就是想要通过拂去尘埃，来正视这段历史，这是自信的姿态。从深层面上来说，也表现了我对这场战役的态度。

郭：只有独具匠心，作品才经得住推敲。业界一直称您是境界高、悟性好、能力强的画家。强调创意，也是您一贯的追求，在您求新求变的创作之路上，有没有哪些作品让您记忆犹新？

邵：《人民利益高于一切》。其实这幅作品是对主题性创作的一个翻新，我老想着怎么把画面表达得更有意思。虽然很多人不认可，但我觉得这算是一种创新吧，准确地讲，是我自己的一个转变。我把各种事、各种形象放到一起去解释这个主题，不论别人怎么看，最起码这是我自己的东西、我自己的思考。

郭：能够引起广泛讨论的作品本身所包含的潜在能量是巨大的，争议意味着画家的创意和思考挑战了人们现有的视觉经验。《人民利益高于一切》其实是您对西方宗教图像志的一次大胆借鉴，这种尝试本身就是具有价值和意义的。从西方宗教情感脱胎而来的图像符号是否能恰如其分地传达当下中国的人本关怀，确实是个仁者见仁智者见智的问题。美术史是一部开放的历史，标准既在当代人手中，也在未来观者的手中。不必急于下结论，时间会给优秀的作品一个公正的评价。您所提到这种创新意识，让我不禁联想到这或许能为当下油画本土化问题的讨论提供一个思路。

邵：关于这个问题，我觉得还是得回到艺术本质的问题上。西画在国外已经有700多年的历史，在中国则有百年左右的历

画由心生——美术家邵亚川访谈录

邵亚川 《解放山海关》 布面油画

史。这百年来，我觉得我们在技术层面上已经抓住了西画的本质。其实无非是画家的个性和某种绘画材料的特性，但是当我们想要画出真正能代表当代中国气质的油画，所面临的现实问题是关于精神层面的一些表达、理解还不够。到了现在这个阶段，面对一个强大的外来传统，中国油画民族感的抒发自然要转向思想方面的个性创新。换句话说，抛开一系列西方油画的语汇和形式的束缚，中国油画需要寻找自己的内涵，运用自己的语法说话，这个很重要。

郭：您这里也点到了内容和言说的关系。我有一个体会，就是新中国成立初期收藏的那批历史题材画，特别感人。当时有些画家不会画油画，甚至不懂油画的语言，只知道拿着刷子、拿着油画颜料去表达，但是作品出来后的效果却是质朴中含着真情，具有感人的力量。

邵：是啊，大家一直在探讨油画的当代性。我从不认为当代只是个时间概念，当代性最具启发性的一点是宣扬艺术要按照它最真诚最自然的面貌去呈现。在这一点上，其实那个年代的油画反而是最具当代性的。那个年代的油画真正指向精神层面，因为它是和毛主席倡导的艺术为工农兵服务结合起来的。那时，油画的美是朴素的美，一定要强调这个，抨击那些小资情调。改革开放以后绘画转向了，大家开始注重一种形式上的优美，画女人也开始讲究鹅蛋形的脸。这些也挺打动我的，但是我觉得要论艺术的力量，还是之前那个时代更饱满和富有张力。

郭：詹建俊先生的《狼牙山五壮士》也是那个时期的作品。语言很简单，但非常有力，就像石头砌起来的一样。那时候人的心理特别纯粹，对于艺术也特别真诚。油画的语言形式和画者的内心世界是相通的。

邵：所以当代艺术实际上指的也是这个，就是要表达，你技术可能不好，但就是想画画。确实在西方有更多的人愿意表达，所以，人人都是艺术家。当然，我并不是说，绘画的技法不重要。画画说到底首先是个手艺活，需要磨炼，需要功底。心到、手到，你得练到这个状态，才能去谈这些。

郭：您从精神层面解读"当代"这一概念，确实很独到，让我受益匪浅。关于您提到的"心到手到"，也极具概括性。其实，拿起笔杆绘画这一行为本身就是有意义的。我对中国画特别有体会。线条的穿插、浓墨淡墨的变化、白纸和黑墨之间的关系、线的长短疏密的阴阳变化是非常丰富、非常微妙的。虽然随着时代的发展，在表达一种艺术理念时，有拼贴，有装置，甚至有行为艺术，但怎么都无法替代手握着画笔在平面上游走时的那份美好。心手相应是最古老原始、直接有力的生命体验，笔触承载的是人心中丰富的能量、思考和智慧。

三、平凡感动，人生大美

郭：另外我留意到您还画了好多写生，比如鱼、家人等，这些有别于那些主题性的创作。您画这些作品时，有一些什么想法，或者换句话说，作为一个艺术家，您觉得艺术家的终极关怀应该是什么？

邵：说实在的，艺术家的终极关怀是什么？你把我问倒了。比起那些大场面的作品，这些小景写生反倒没有什么太多复杂的考虑。猛然间的一点点感动，就会让我提笔就画了，比如我画的过年系列。我开车回东北老家过年，路过一个山沟，家家户户张灯结彩，满院都是鞭炮纸屑，突然就觉着每个小院就像是一个人生的舞台，世世代代上演着不同人家的戏，到处都是故事。这不就是画吗？学术学问便在其中。

郭：您之前提到当代艺术，当代艺术在建构自我内在结构和实现造型语言的自为自足等方面，都与人的精神认知相契合，但艺术家对艺术价值的"终极"关怀和"绝对"体认，多是一种知识精英式的作为。在您的艺术作品中，却有这么平实柔软的一角，让"高高在上"的艺术变得无比亲切美好。其实艺术就是最质朴的人生，闪烁着生活中一些最单纯的乐趣和感动。就好像您把爱着的人和事，沉甸甸地装进了心里。心到了，画自然就有了。画由心生。

邵：艺术家是一个社会人，从他的身上可折射出当代人的精神和价值观，其作品的美丑不仅反映了他本人的观点，也折射出整个时代的审美取向。虽然反映的点各有不同，但都包含在人性和世界大文化的范围之内。我曾把画家分为两类：一类是学者型画家；另一类是由着自己的性子，靠悟性画画的画家。我属于后者。我画我的生活，画我的感受，点到为止。我重新看过去的作品，换一种眼光，就会得到不同的感受，具有精神内涵的、独到的、发自内心的东西，总是有技术上的缺陷，但

它内在的感染力并未因此受影响。很多作品闪光的部分都是在随后的艰难长久的"深入完善"中被一点一点给掩饰了和消磨掉了。因为这种闪光太过于感性,没有进入到理性思维,因此就不会持久,只能在主观意识的缝隙中悄悄地显现,然后悄悄地流逝。艺术在于发现,你得看出一些事物中的意趣,心里惦记着它,才能成画。也就是你刚才说到的画由心生吧。

郭:我常讲《庄周梦蝶》的例子,很多中国画家喜欢画《庄周梦蝶》。庄周是蝴蝶呢,还是蝴蝶是庄周呢?搞不清楚,你中有我,我中有你,这是个哲学思辨的问题。就像您谈到的生活中平凡的物象要和您敏锐的感知建立一种紧密的联系。实际上最后您所追求或者说油画创作追求的一种高境界,是一种主客观力求完美的融合。这个难度是非常大的。绘画这种人类最

邵亚川 《四渡赤水》 布面油画

基本也最直接的艺术表达形式，在历史的长河中曾经经历过不同时代文化观念的挑战和视觉阅读的挑战，绘画的"视像"也因此在一次次挑战中寻求突破与嬗变，累积而成绘画自身的多样形态。当代绘画如何在迎向图像时代的同时保有经典的价值即精神性的存在，又在形式语言上呈现新的样貌，真的不是一件易事。

邵：是的，确实是这样。另外，我认为主客观完美融合的过程中，一方面是你所说的油画创作在精神和形式语言上的融合，另一方面是个人角度上的关照。简单地说，就是你通过艺术丰富了你自己。多一些艺术方面的修养，你会发现很多美的东西，产生很多有意思的想法、有意思的画。从提升生命质感的角度看，你不是乐趣更多了吗？

邵亚川 《台儿庄大战》 布面油画

郭：确实。审美是实现艺术家与世界双向充盈的关键，艺术家观看和体悟世界的方式改变着人们观察和感受世界的方式。所以，对于艺术家来说，不论是作品本身的超越，还是自我审美的自由，都包含着责任。只有把平凡的感动融进人生的大美之中，才能创作出源源不断的好作品。谢谢您邵老师，今天的采访让我们对您的作品和艺术思考有了更深的了解。您今天所分享的艺术领悟正如您今天款待我们的一席茶茗，淡然清香，让人受益良多。期待着您在今后的艺术生涯中创作出更多的精品力作，勇攀新的艺术高峰！

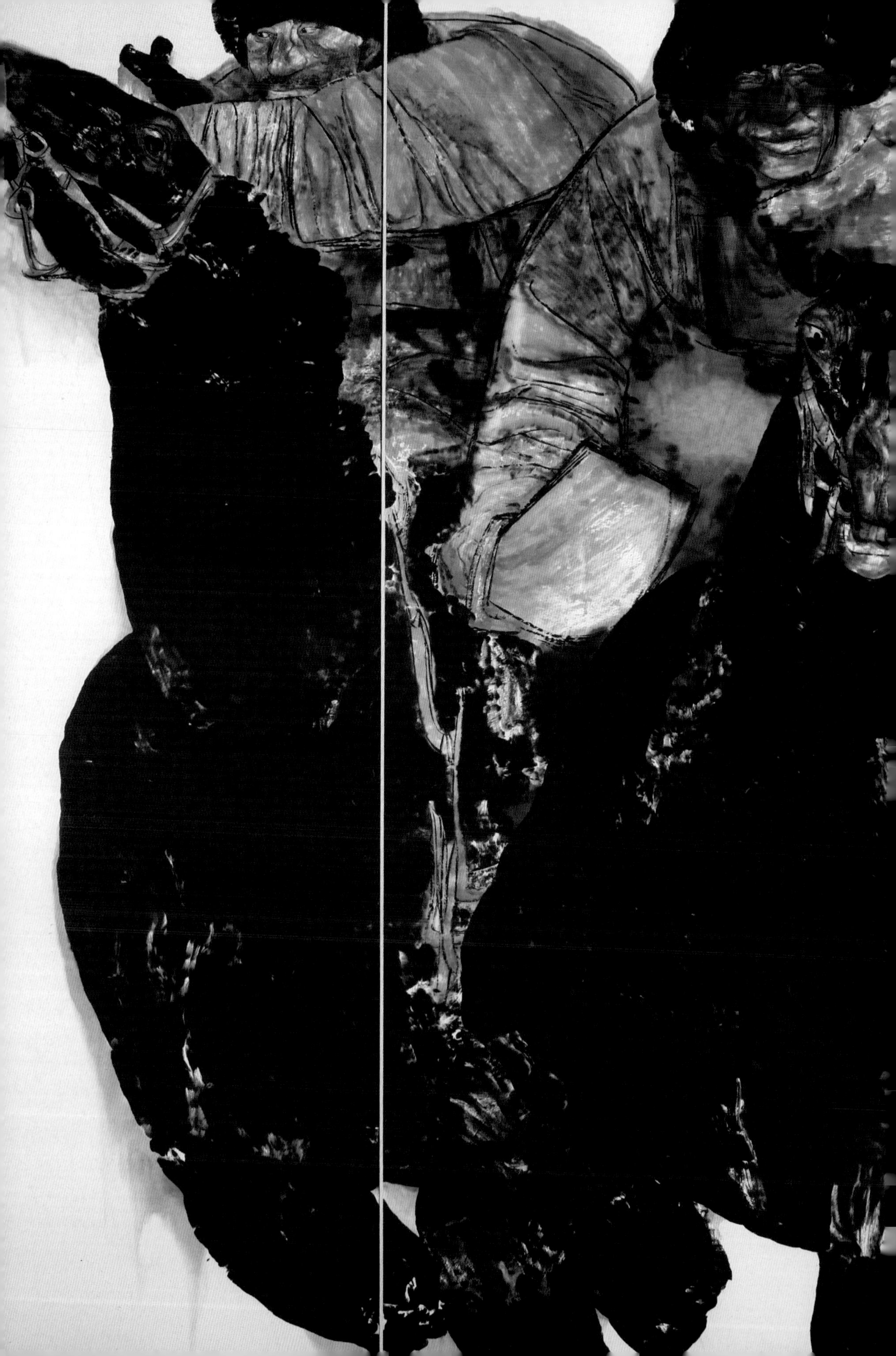

笔底人间 水墨精神
——画家袁武访谈录

采访手记：

　　袁武作为一位中青年艺术家，几十年的经验积累与对艺术的探索成就了他在当今水墨人物画领域的卓越地位。他取得的成绩既得益于曲折的艺术经历，也基于勤奋刻苦的态度和永无止境的探索精神。近年来他的作品备受好评，不仅在艺术市场上占有一席之地，在学术领域上也为中国水墨人物画的发展提供了一种新的可能。此次采访希望请他着重谈一下艺术创作的感悟。

时间：2015年8月7日

地点：北京画院袁武工作室

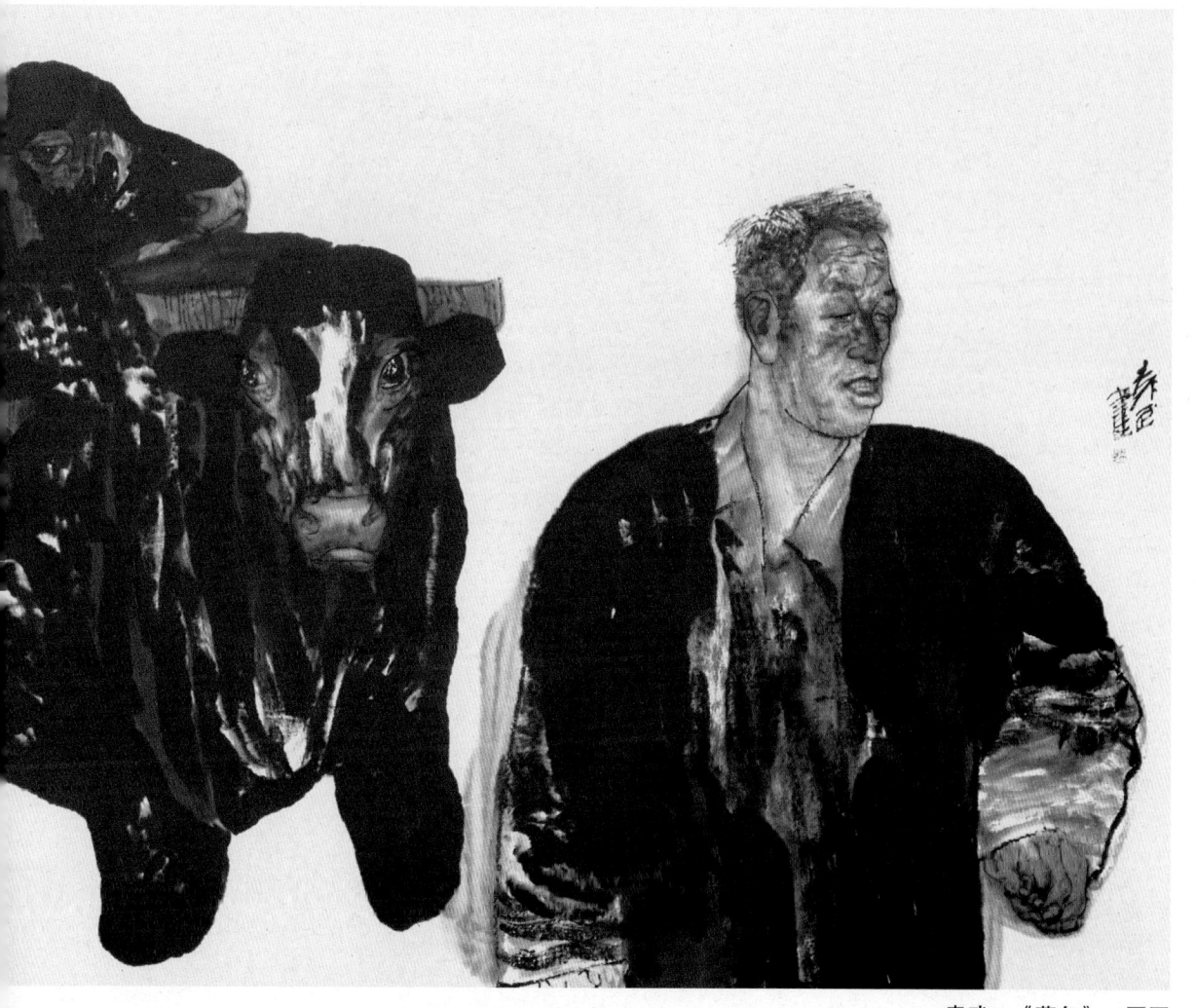

袁武　《暮色》　国画

一、艺术人生:"家乡—部队—画院"三部曲

郭兴华(以下简称"郭"):袁武老师您好!相比一般科班出身的艺术家而言,您的生活和学习经历是比较丰富的。您能否先就个人的经历,总结一下自己艺术创作的阶段性特征?

袁武(以下简称"袁"):我的经历比较特殊,个人创作可以分为四个阶段。第一阶段是在进入东北师范大学之前。我从小就迷恋绘画,在别人看来算是展露出了所谓的天赋。但那时我没有受过专业的美术训练,只是看到什么画什么,喜欢什么就画什么,如临摹连环画上的人物。中学时代,我开始临摹老师家中的藏书,以传统的山水和人物画为主,或许正因为如此,山水画技法极大影响了我日后的用笔规律。

袁武 《大昭寺的清晨之一》 国画

郭：从大学毕业到榆树师范学校任教，再到后来进入吉林书画院任专业创作员期间，您创作的《角落》《又是一年春草绿》《远来的风》《这里有条小河》《春天里最后一场雪》《大雪》等作品，营造出一种唯美诗意的气氛，流淌着浓厚的北方生活气息。

袁：是的。这期间我的画面语言已初步形成，表现东北黑土地的创作模式也逐渐形成，并且确定了人物画的发展方向，主要是以东北故乡的农村和知青生活为创作题材。虽然此时的笔墨技巧还很稚拙，但作品反映出的感情十分真挚细腻，带有浪漫主义情怀的感伤。

郭：您从中央美术学院研究生毕业到解放军艺术学院任教之后，真正地完成了从普通百姓到军人的转变。军旅生活开阔了您的视野，也影响了您的世界观。

袁：部队的经历培养了我坚忍不拔、吃苦耐劳、有责任心、守纪律的性格。这一阶段，社会、军事题材的作品占有很大分量，如描写东北抗联、抗洪抢险等，我的技巧和风格也因此更为成熟，效果和情节性有所减弱，而绘画性明显增强了。此时我目标清晰、意念专一，能够坚持不被浮名所累，不被市场所扰，专心致志地扑在创作上。在创作《抗联组画》时，我认为只有接近真相才能创造出感人的形象，决心一定要从人性的层面去塑造抗联战士的真实形象，从历史的深处还原战士的身影。

郭：回到地方上进行创作之后，您逐渐脱离了学院派写生的局限，抓住了现实生活中生动丰富、瞬息万变的人物形象，从而在创作中进入了一个自由之境。

袁：进入北京画院工作之后，我的创作思路越来越清晰明确，开始探索新的绘画语言和表现内容，作品也更加注重主题和形式的统一。近年来，我创作了《走过沱沱河》《乡村齐白石》《在朱耷的山水上耕种》《水不深》《大昭寺的清晨》等作品。

郭：您的作品基本都是人物画创作，而且很多结合山水，但这种结合毫不突兀生硬，能够自然地融合在一起。您的人物画创作可以追根溯源至中央美术学院国画人物教学的徐悲鸿、蒋兆和先生的体系，请谈谈您对此的理解。

袁：我从小到上大学期间一直以学习山水画为主，基础功底还算比较深厚。读大学的时候还不了解绘画的体系，只是出于个人的兴趣爱好进行创作。我个人比较喜欢方增先、周思聪、袁运生等人的风格，但是尚未形成一个明确的绘画主题意识。进入中央美院求学之后，开始接触徐悲鸿、蒋兆和先生的教学体系。这一套体系重视基础教育，强调传统绘画、书法、写生、文史基础的塑造，同时吸收了西方的写实主义技巧。直到今天我也没有偏离这套绘画体系。

郭：现在您专攻写意人物，并且在人物画创作中融入了一些山水画技法，使线条极具韵律，墨色丰厚而有层次。作品不仅富于形式意味，苍润兼具，而且在浑然的整体感中溢出独特的中国文化意绪，那是一种惆怅悲壮、空灵淡泊的心灵意绪的形象化。

袁：我始终强调用敏感的双眼与情感去捕捉要表现的人物，并重视寻找新的切入点和视角，在平凡中寻找伟大，在伟大中寻找平凡。也许某个人物的局部和无意间瞥见的某种情景，都可能触动我的心灵深处，成为在画面上放大的情感因子，最终传递给观者。

郭：素描不仅是一个锻炼造型的方式，而且可以作为一种独立的艺术形式，使艺术家产生一些思考和理念。您认为西方的素描对中国画创作的意义在于何处？

袁：由于传统的中国画创作讲究笔墨，重视线条和笔触的独立之美，因此我个人认为，中国画创作的最大问题是琐碎、不整体。素描不仅仅是光影效果，是黑白灰三大面五大调，是体积感和空间感，它最重要的一个元素就是整体感。蒋兆和先生是把西洋绘画融入中国绘画的第一人，他的作品是有体积感、有整体感的造型。通过素描训练可以使人学会概括提炼，取舍有度，在整体和深入之间把握一种平衡。中国画只有真正重视整体了才不会软、碎、弱，而且会更加结实、有力度。

郭：徐悲鸿和蒋兆和作为第一代探索者，试图通过学习西方写实绘画，将中西融合以改良中国画，这种结合是很困难的。您的作品无论是从人物造型，还是对笔墨的运用上，都是在徐悲鸿、蒋兆和体系之下的一个重大突破，真正将素描融入了中国画体系中。

袁武 《抗联组画——生存》 国画

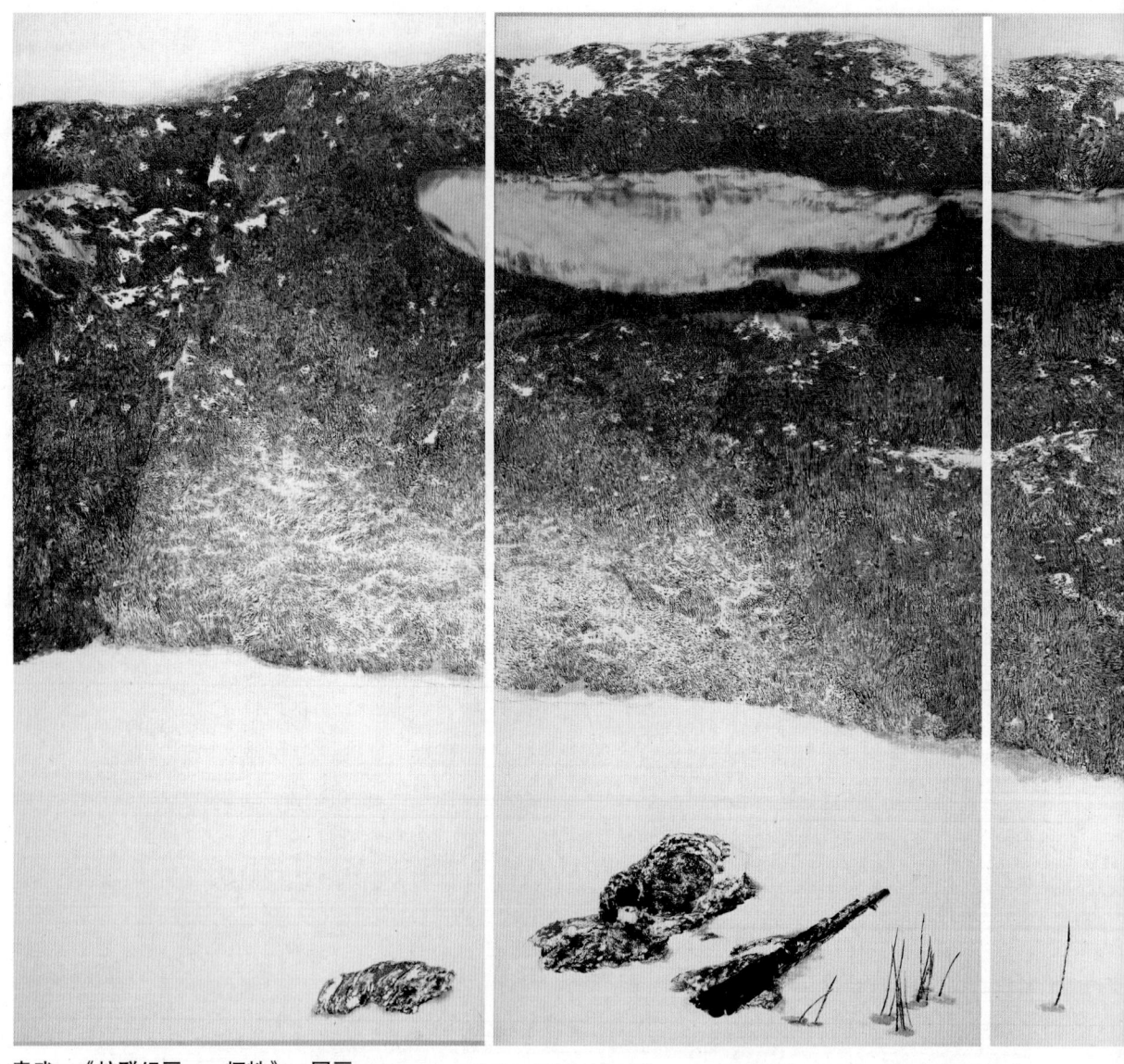

袁武　《抗联组画——牺牲》　国画

袁：蒋兆和、徐悲鸿等人将素描加入国画后，人物造型能力明显提高，形体结构更加准确，但是笔墨的味道减弱，使用毛笔时感觉像是拿着木炭。我们这代人虽然造型能力不如徐悲鸿和蒋兆和，笔墨功夫不如周思聪，但是我们讲究形式感。很多画已经归到形式感里。比如我画牛时，牛整个都是浓墨，而草就用淡墨，这种对比在形式上就更加现代，更具有视觉效果。

二、艺术风格：笔底心间，直面人生

郭：由于工具材料、技巧手段和历史传统的关系，以水墨为主要媒介的当代中国人物画的写实性有别于西方油画的写实性，写意性又有别于传统人物画的写意性。这就造成了一个困境——它难以像西画那样深入描绘，也无法获得传统写意画那样自由的笔墨表现。半个多世纪的新人物画探索表明，强调形象的深入刻画难以照顾到传统的笔墨表现手法。能够直面人生是人物画最大的优势，如果颠倒了形象与手段的主从关系，写实人物画就失去了优势与存在的意义。

袁：直面人生，坚持"以形象为第一性"，不是一件容易的事。我认为，人物画教学应把写实造型能力的培养放在第一位，而把临摹和笔墨色彩放在第二位。笔墨的意义在于生动准确地表现对象，而不是它自身的独立和趣味。要加强以线和墨韵为主、以面和色彩为辅的造型方式；大力突出对人物面部表情的刻画；把真实的人物描绘与环境描绘结合起来；坚持以笔线抓结构，以皴法刻画肌肉，把空间感控制在二维、三维之间。

郭：您在用真切感受和现实情感来调动造型能力。这种造型的准确性更多是心理上的准确，而不是生理上的准确，是"人心营构之象"，而不是机械地描摹和照抄。不同于以往写意画人物造型周正的样态式僵化与不痛不痒的自我陶醉，您作品中人物的精神状态直接影响到了人物姿态的存在方式，在情绪和姿态的互动下，人物就在画面中生动了起来。

袁：我平时跟学生讲，所有的绘画从看不见的开始，从看得见的结束，即先画本质结构，后画表象皮毛。所以并不是要有意地变形夸张，而是先感觉，然后理解，感觉和理解融合起来后再创造。艺术家的能力就体现在这种转换上。要做到这种转换，须从画家自身的角度出发，将客观和主观融合起来，而不是照抄客观的物象，这样才体现出艺术家的思考和个性。

郭：您在形象处理上，已经自如地把握了理性的形准与感性的形准之间的关系，有一种准而狠的视觉冲击力。您作品中的人物造型具有鲜明的特色，在非常准确的同时，又不像照相机那样分毫不差的准确，而是真正的艺术的准确。这是一种主客观融合的产物。

袁：我提倡严谨的写实，但我同时认为绘画一定要离生活

"远",离科学"远",离真实"远",就是说作为一个画家要有再创造的本领。比如对一个人进行写生,先要用水墨的材料进行转换,在转换的过程中,画家又要考虑模特自身的特点并进行强化,而不是原封不动地照搬。画家此刻的情绪和认识要全部贯穿于作品之中。这样每幅画异于其他作品、异于其他画家的个性特征和艺术意义才能彰显。

郭:在以往的特定时期里,中国画被过多地赋予了政教色彩,使绘画的功能代替了绘画本质,将准确性与真实性过度放大,却忽视了准确与真实并非绘画的本意。

袁:画家如果不能从物象中解放出来,将行之不远。在写生时,太客观地描绘景象,就无法注入绘画的语言;而太主观又会用习惯的手段画一幅对景的"非写生"。因此最忌两种倾向:一是画得太像,太温和、平庸;二是画得太顺手,所谓习惯的东西太多。当画家面对景物,应该努力找寻一种能够体现画家审美倾向与艺术感悟的表达方式,来完成一种实景转换。对此,我常采取一种局部写实而整体组合且又写意的方式。在形放松的时候线抓紧,形严谨的时候线放松,而且边画边修正,调整中不断深入。摒弃惯性的"巧",追求临场性的"真"与"实"。

郭:您的作品与您的个性很相似,画面上黑白色块对比明显,富有强烈的视觉冲击力。您在画面中多次使用长涩的线条和黑重的墨团,尤其是巨幅主题性创作,几乎都是以泼墨大写意辅以曲铁盘丝般的反复勾线来完成。这样就使整个画面形成写意与工整、黑白浓淡、干湿厚薄、轻重疏密、虚实有无的强烈对比,看上去亦真亦幻,浑然一体。这种表现形式是在中国画上的重大突破,您对于这种表达是如何思考的?

袁:中国画和中国文化是一个统一体,文化讲究内涵,中国画追求用笔功夫、节奏和意境。这增加了创作的难度,对画家的文化修养和社会地位有了更高的要求,但是画作的视觉效果也随之被削弱。不同于西方,中国古代并没有公开性的美术展览。我一直觉得绘画的视觉性是不能被忽视的,这种画面的可视效果是作品构成的主要成分,如果不能悦目又何谈能赏心呢?因此,我在实践中竭力探求水墨的自主性和纯化性,即剥离那些遮蔽绘画的因素,突出水墨艺术本体的美感与魅力。

袁武 《东北抗联》 国画

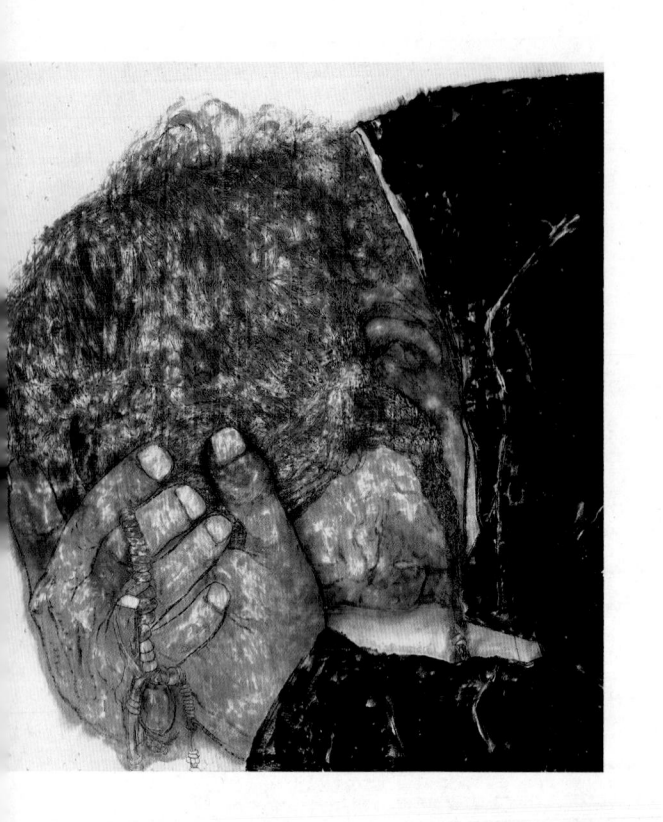

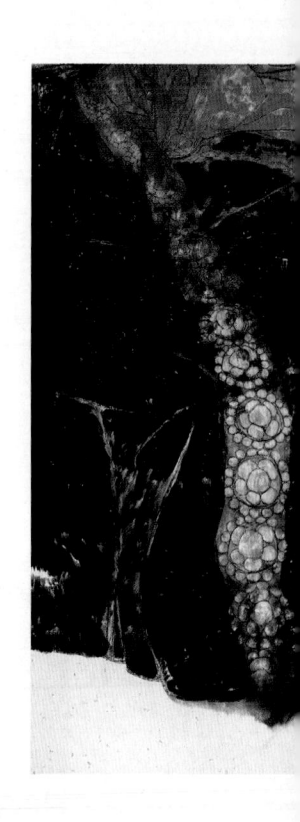

郭：另外，强化线条的表现力也是您着力解决的问题。

袁：我对线条的理解是在传统用线观念的基础上又融入了西方人的用线意识，使线的内涵更加丰富。比如在描绘对象的体积、结构、明暗转折等一些部位中强调线条的表现，即用线去代替皴擦点染。我画衣纹往往将金石味代入线条，追求线的"毛""涩"感，以体现其中韵味。而描绘山石树木时行笔讲究轻重、浓淡变化。要在画面中体现出节奏感，一方面体现在笔墨的灵动融合之中，另一方面就体现在大团的黑墨的运用上，这是铿锵有力的重音。画面中的重彩和淡彩结合相得，浓淡适宜。另外还要讲究黑白的对比、整体与局部的对比，以增加视觉冲击力。

郭：而且您的作品尺寸都比较大，给观众以强烈的视觉冲击效果。

袁：当代艺术家的表现还要考虑美术馆展出的空间环境问

袁武 《大昭寺的清晨》二 国画

题，要考虑观众视觉情绪的调动。在笔墨方式上，我尤其注意"展览馆的视觉效果"，这种意识始终贯穿我创作的全过程。具体来说，就是在每一幅大的主体性创作完成时，都反复把画作置于一个"展览空间"中静观，并果断地打破过于完整的某个局部，使画面形成富有韵律的节奏，以满足观者的"期待视野"。

郭：现在确实有许多艺术家都在追求自己的个性，个性不仅仅是画面表现语言和最后形成作品时体现出来的，而更多是从一开始艺术家看待这个事物，反映出自身的理解角度和观念时，就已经开始彰显了。

袁：对，我认为个性的形成要具备三个元素：一是出身地域，也就是画家的成长环境和背景，这决定了个人性格和价值观的形成。二是师承关系的影响。三是画家自身的能力和资源，这种资源往往与个人的阅历眼界和知识储备密切相关。画家的个

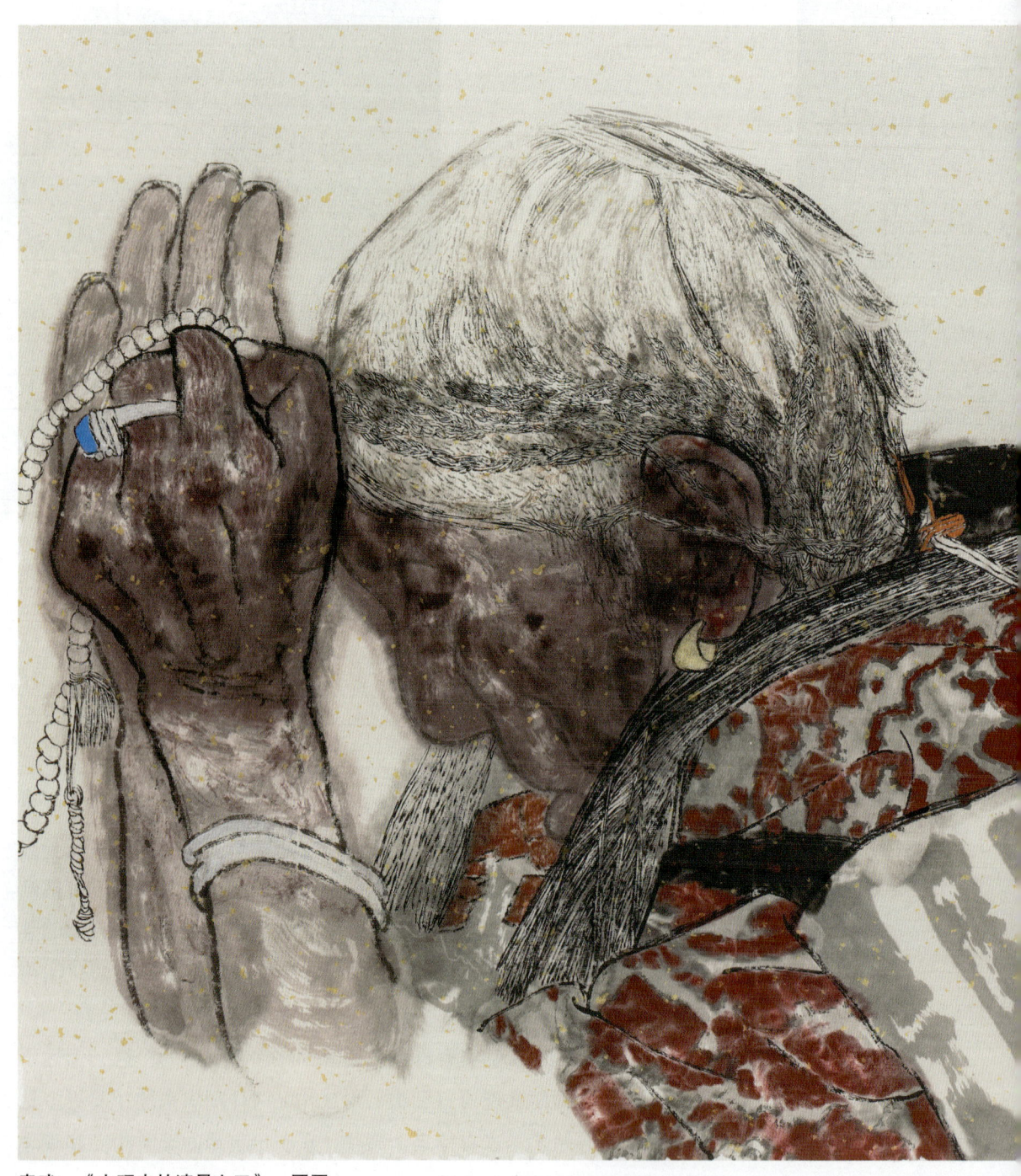

袁武 《大昭寺的清晨之三》 国画

性不是可以通过模仿和照搬得来的，而是与个人的经历和积累有关。人幼年阶段的家庭背景和教育背景会影响他一生的性格，但是只有后期的学识积淀才能造就他的艺术个性。要善于思考并加以利用这些积淀，不可轻易抛弃。

郭：您给我的感受就是个性很强，毫不隐讳地表达自己的内心，而且考虑问题非常深入，而不是人云亦云。

袁：当画家进行创作的时候，首先不能照搬真实，其次不能与别人雷同，最后不能与自己的过去重复。进行创作时，此时此地的情绪都会在画中被反映出来。卢沉说人最宝贵的是感觉，真正的感觉是灵光一现。当我开始绘画的时候，我就在寻找这种冥冥之中突发的感觉，然后牢牢地记住它。

现在有的所谓艺术家往往头脑是麻木的，手却是流畅的，这完全忽略了艺术的本质。如果艺术本质真是如此，那么只需要时间堆积和熟练操作就够了。这样的艺术完全变成了没有技术含量的劳作，是失败的。现在追求好大喜功，却放弃了智慧和感觉，放弃了热血和情绪，这是艺术的失败，也是文化的失败。

三、艺术前路：放眼当代，展望未来

郭：您的艺术探索十分注重精神层面与语言层面有机结合，能够以当代人的眼光审视绘画，把握绘画的时代精神。同时用您敏感的双眼与情感去捕捉要表现的人物，并善于在平凡中寻找伟大，在伟大中寻找平凡。

袁：绘画是为了承担某种社会责任，而不是为了好玩。生活本身的壮丽与博大常常比艺术更有力量。所以，描绘生活真实，表现人的伟大精神，比追求现代形式和手法更重要。能够做到直面人生，除了技巧因素之外，还需要有对人和社会的深刻观察。当代中国正处在一个转向"以人为本"的伟大历史变革时期，人和人的命运成为政治、经济、历史、哲学、艺术等领域最为关心的课题。作为艺术家，需要具有深厚的人文关怀精神和独立深刻的思想。如果不想把艺术变成一种无足轻重的附庸和玩物，艺术家们就必须以艺术的方式对人、人生和社会做出自己的回答。

郭：您在部队期间的创作以军事题材和重大的历史题材为主，到地方之后，逐渐和当代性绘画进行了一种对接。您能够把握中国水墨画现代表现的方向，是因为在审美意识与个性发

353

展上，一方面继承传统的精髓，又能摆脱传统的羁绊；另一方面采撷西方的优长，批判地对待西方现代主义，而非像某些急功近利者拾取西方皮毛而以为创新。对于当代艺术的思考和在画面上的反映，您是怎么看待的？

袁：我虽然不是一个当代艺术家，但我对这种力量非常敬佩。我认为当代艺术是推进社会进步的一个元素，没有当代艺术的思考，艺术不会繁荣，但是当代艺术存在一定问题。中国目前的当代艺术有三种势力：一种是真正带有反思和叛逆精神的艺术家的追问与思考，另一种是曾经真正追求过后来转向了，还有一种就是不具备思想也不具备能力的"伪当代"。

当代艺术家要有独立思考，伪画家则没有自己的思想，只是模仿皮毛。当代艺术具备三个特点，即反叛性、艺术性和破坏性。而且从事艺术应该是清苦和艰辛的，当代艺术家更应该思考这种牺牲精神。真正的幸福不仅是金钱和欲望，而且是人生丰富的经历。

郭：您从解放军艺术学院调任北京画院担任副院长之后，对于这新环境有一些什么样的思考？

袁：首先这两个地方的气场不同。军艺的画家都很有干劲，热血沸腾，而北京画院的环境相对比较自由，但是有一种安静的深度。北京画院收藏了一批齐白石的画作、物品、日记、手稿，这可以使人进入到画家个人的小世界之中。这种单纯的环境使人更加容易融入艺术创作的状态之中,使我能够全力营造自己的艺术世界。艺术的生命力就在于不断独立地创造。

进入画院以来,我的整个艺术倾向是遵循着自己心灵的方向前行。北京画院的氛围、平台,能够给予画家自由的创作时间和空间,使我得以对中国传统绘画的本源和精神重新认识和梳理,也有更多的机会到各地参加关于绘画的研讨会和各种学术性展览。

郭:您对自己下一步的创作,有什么更长远的思考和打算?

袁:艺术没有一个标准的答案,艺术家永远不能停留在一种重复的劳动中,要注重个人的发挥和突破。现在一些艺术家由于害怕失败和不自信,又带有生活的功利性目的,缺乏牺牲和挑战精神,都选择了保持所谓的中立,而且缺乏独立的思考精神,完全被名利所左右,这样使欣赏者和创造者都处于一个平庸的状态。这种艺术创作状态既不能培养出大师,也不会产生太好的作品。

我现在准备等人昭寺系列创作结束之后,开始"民国"系列的创作,内容主要是百年间为这个民族和国家真正做出过贡献,但是尚未被认可的人。我希望可以通过反思自己的过往,并结合现在,努力探索,争取更大的成绩。

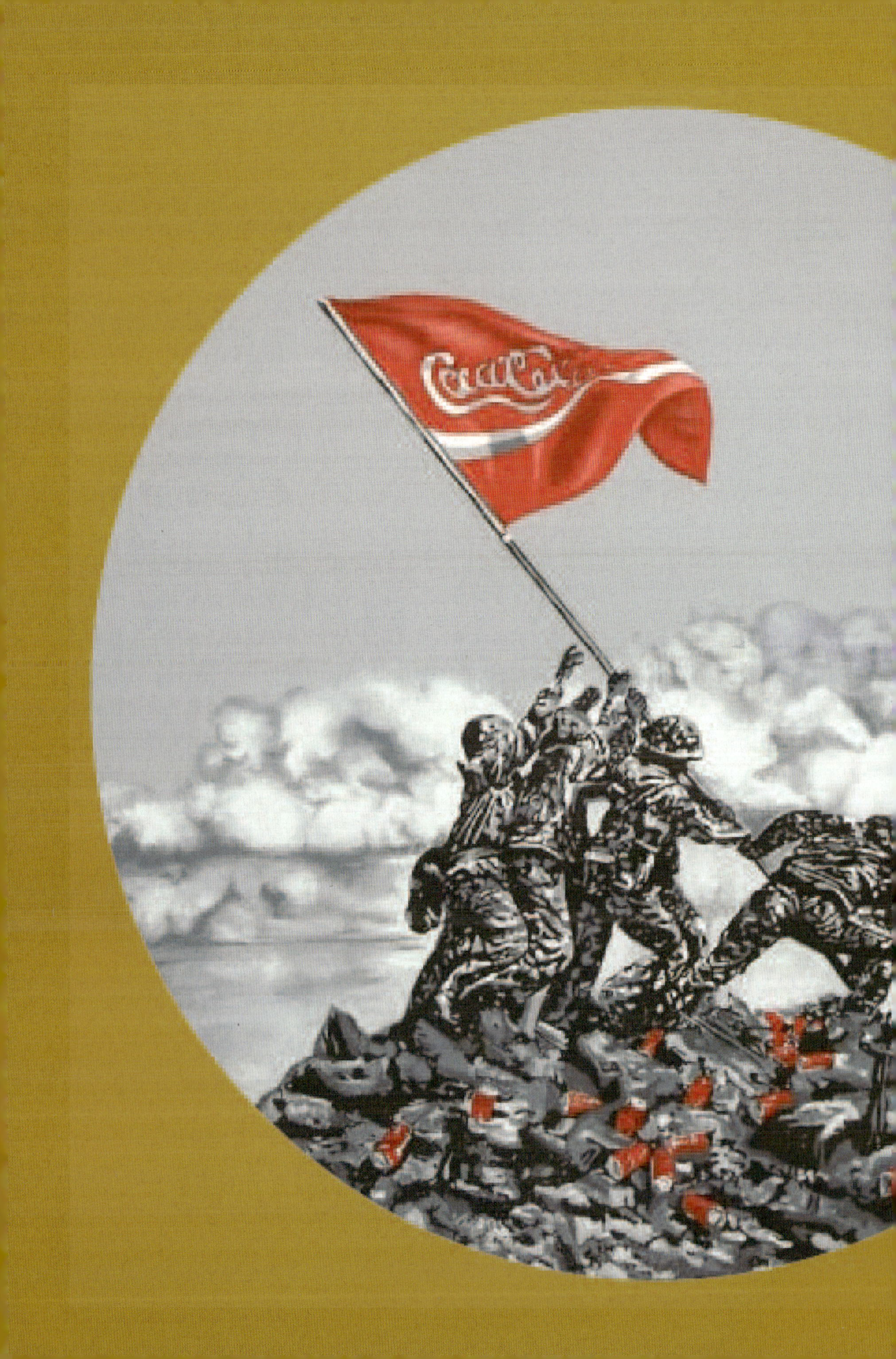

触摸前沿艺术　探讨军旅美术创新之路
——与军旅画家邢俊勤座谈

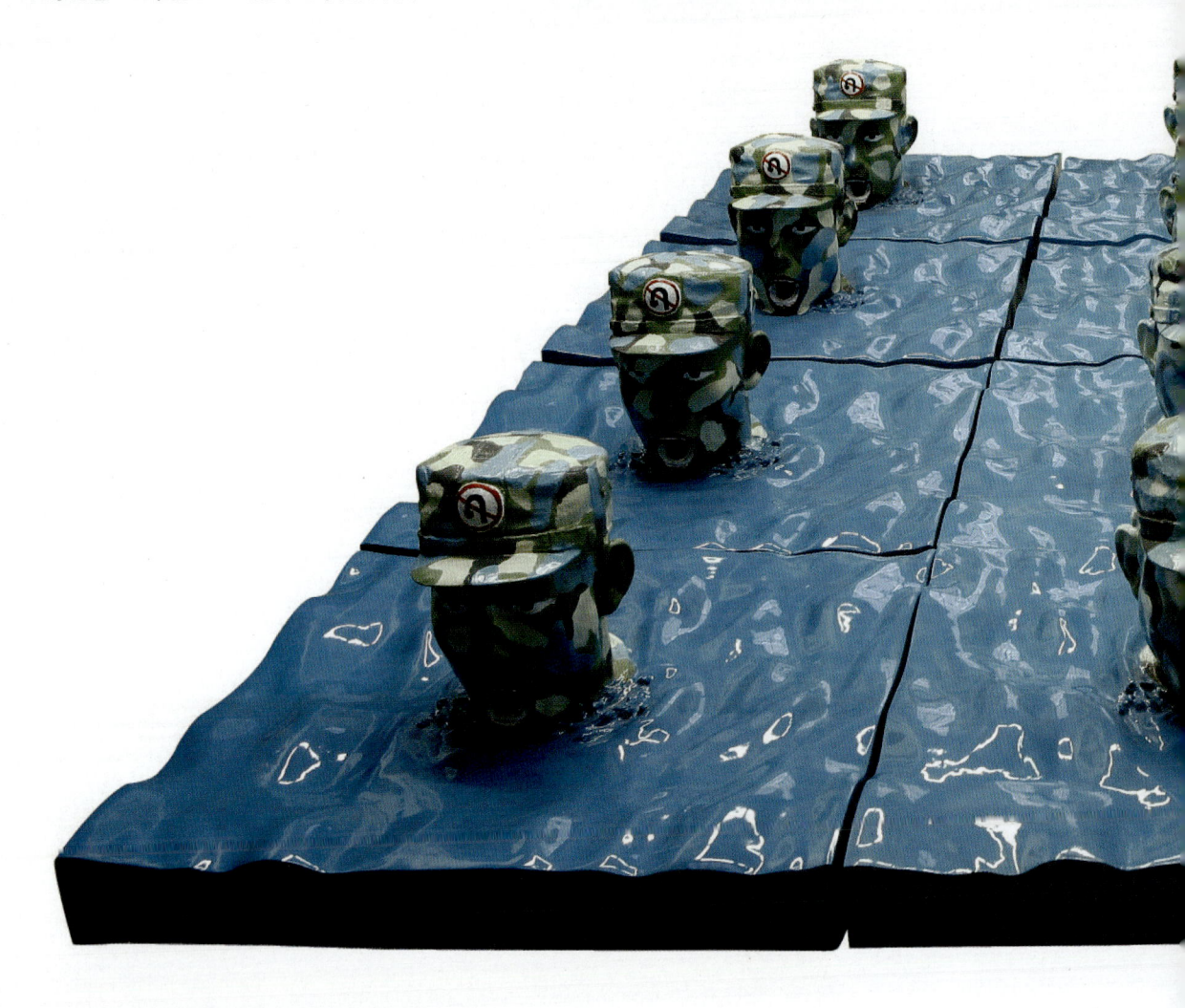

采访手记：

邢俊勤先生是艺术成就比较突出的军旅油画家，近些年来已经受到国内乃至国际绘画界的关注。他的创作理念之新颖，作品风格之独特已被画界所公认。今天采访的主题是军旅美术如何创新的问题。邢俊勤先生是以军人身份来到798工厂创建工作室的第一人。798工厂文化作为一个已受世人关注的文化现象，对于军旅画家有哪些启发，以及军旅美术创作如何吸收国际元素，这些问题都值得深入探讨。

时间：2015年8月7日
地点：邢俊勤工作室

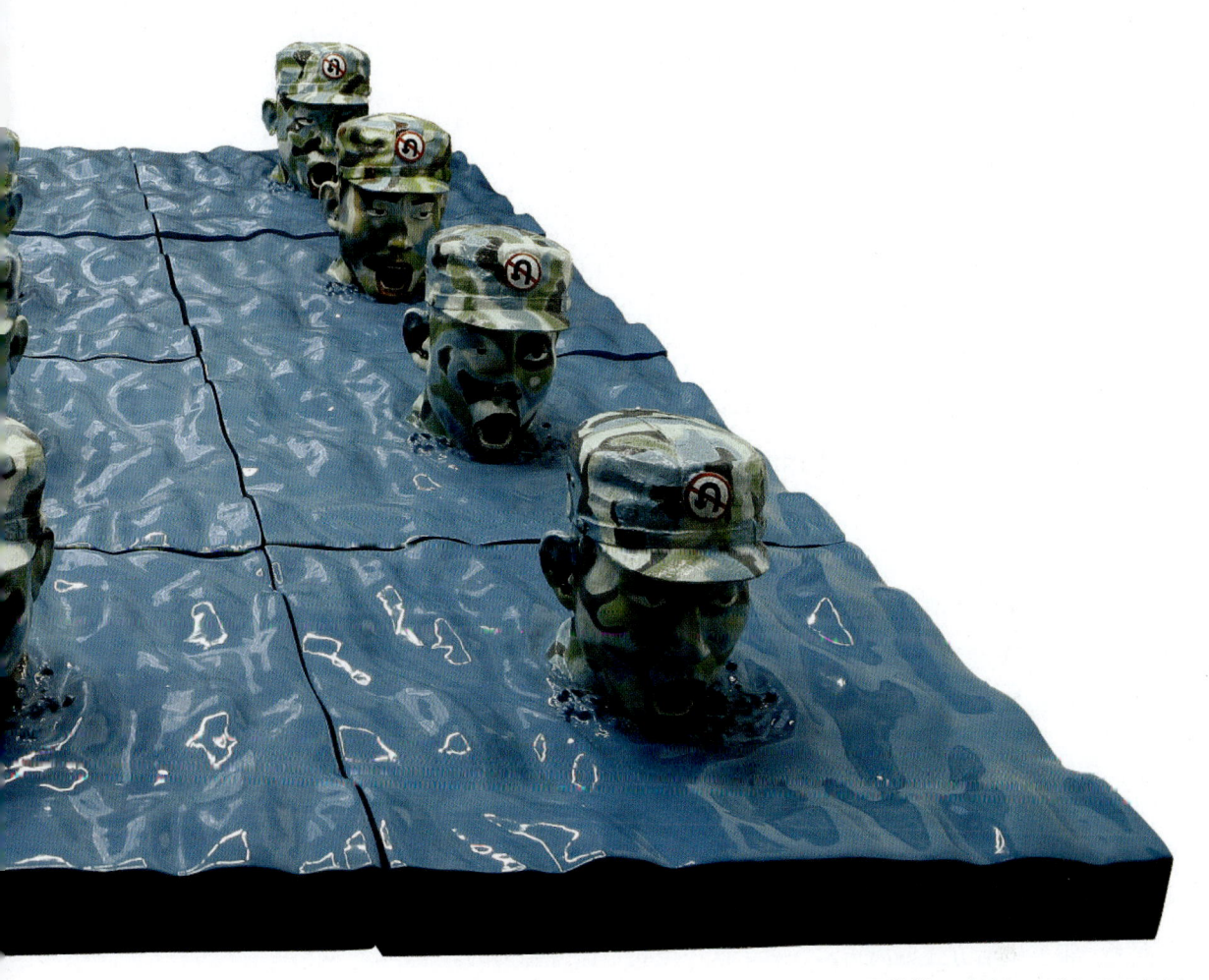

邢俊勤　《渡》　雕塑绘画装置

一、军人与798工厂

郭兴华（以下简称"郭"）："798"堪称中国当代前沿艺术的代名词，入驻这里的绝大多数艺术家在一般人眼中都会被视为"另类"，而军旅艺术家则往往给人以严谨、正统的形象。将这两者并置，往往与人们的惯性思维相冲突。

邢俊勤（以下简称"邢"）：的确如此。实际上我知道"798"是很偶然的。2002年我作为澳大利亚新南威尔士大学访问学者，在该大学任教并与澳大利亚美术学院院长联合举办展览——"理想之桥"。当时来参加悉尼双年展的仓鑫在一个展览会上看了我的作品后非常喜欢，跟我讲到北京的一座废弃工厂已经有许多艺术家入驻。我由此萌生了回北京一探究竟之意。之所以对这座废弃的工厂感兴趣,一是因为在澳大利亚我有一座公寓,双层,居住条件十分优越,所以非常希望在国内也能有这样一间房子作为画室。再有就是澳大利亚有座工厂,后被政府投资改造成了一个美术馆,非常漂亮。另外还有一些海军军港、弹药库也被改造成一些艺术区。在国外每看到一处有意思的地方、有意思的东西我就会联想到国内,常想在国内有没有这样一个空间。这个空间不仅仅是个绘画空间,而且还是一种能够形成文化现象的空间。这种空间能给中国的文化界和艺术界带来某些改变,因为中国经济发展到今天的程度,相应地文化也应当有所改变。

郭:邢先生初到798工厂时是一种什么状况?798工厂对您的艺术创作又有哪些影响?

邢:2002年底我到798工厂时,这里才刚刚起步,只有几家画廊和少数几个艺术家进入,而且大多都是临时进入。大部分人在犹豫、观望。当时的798工厂到处是碎玻璃、烂砖头和一间间空的框架库房,这种房子很难租出去,要定下来确实需要勇气。此外我对当时798工厂里的一些前卫艺术家还不是很熟悉,有些隔阂。这些人的生存方式是一种所谓"艺术"的生存方式,很多生活方式偏离正常,对于这一点我是保持警惕的。但是这些前卫艺术家对社会所持有的强烈的批判态度,是我要吸取的。当然,那时798工厂的前卫艺术家对我也同样保持警惕,主要是因为我的所谓官方身份和背景。

郭:作为军旅艺术家,邢先生是何时开始采用迷彩这一符号的?您这种创作方式和特有符号与798工厂有何关系?

邢:我的这种创作方式最初与798工厂没有任何关系。具体来说,我是在1995年开始使用迷彩符号,1997年我在中国美术馆个展中第一次把迷彩符号打出来,而我入驻798工厂则是2002年以后的事。之所以做这个展览,是因为当时我看到许多优秀的画家,包括许多学院中的优秀画家,还在画石膏体、人体、肖像和风景画,整个中国缺少现代艺术观念的冲击和刺激,形象点说,就是小夜曲多、轻音乐多而交响乐少。我作为军队画家,擅长宏大叙事和营造强烈的视觉冲击效果,因此觉得自己更应该做这个事情。1997年我在中国美术馆举办了一个展览,取名"军事主题新具象"。写实主义我一直没有丢掉,对于军事题材的作品，写实是一种方法而不是绘画语言。我用掌握的写实手法来探索我的绘画语言。我第一幅采用迷彩符号的作品是一幅 300 厘米 × 300 厘米的巨幅油画，题名为《第二小分队》。画中 6 名全副武装、身穿迷彩服的战士，正在奋力攀登绳墙。这幅画的独特之处是画布不是油画常用的亚麻布，而是以浓墨重彩直接绘制在一张巨大的普通绿色军用帆布上的。绿色军用帆布是军事题材绘画表达的媒介，我直接在这种载体上绘画，打破了架上绘画的限制。

郭：与 798 工厂的艺术家们交往对您有何影响？

邢：早期的 798 工厂一周有两次活动。主要是大家聚在一起喝喝啤酒，讨论的内容不光是一些当时的前沿艺术现象，还有文学的前沿问题。这对我的影响很大，丰富了我的信息量，因为许多前卫艺术家和行为艺术家有大量的时间来关注国际上的一些前沿艺术现象，而我大部分时间在画室搞创作，没法第一时间关注到这些东西。这种讨论就弥补了我这方面的不足，对我在艺术创作上很有帮助。

郭：可见早在 1997 年，您的绘画创作已经显示出当代艺术的倾向，您入驻"798"并能够取得今天的成绩，是您与"798"双向选择的结果。

二、当代艺术与军旅美术创作

郭：进入 21 世纪，随着全球化进程的加速、我国经济的迅速发展，我国现当代艺术也正发生着巨大的变化，但是，军旅美术作为艺术大家庭中的一员，却似乎并没有太大的变化。我们似乎与现当代艺术脱节，与它之间也似乎存在着一道难以逾越的鸿沟。外界在对待军旅美术时是有选择的，是以他们的视角来看待军旅美术，军旅美术实际上是处于一种被选择的地位。邢先生的绘画，在军旅绘画与当代艺术的沟通上做了一次非常有意义的尝试，而且现在看来这种尝试也是相当成功的。鉴于此，我们是否应该思考，是由外界来选择军旅艺术作品，还是我们应当走出壁垒，直接参与当代艺术创作，使军旅美术融入当代艺术，并成为当代艺术中一颗耀眼的明星。

邢：军事美术的创作，不一定是"张牙舞爪"，或是过于表现那种军事场面和充满严正的说教，我们可以内敛一点，再形而上一点，从多个侧面、多个角度对军事题材美术进行诠释。

现当代艺术的创作思维与形式，对于拓宽军事美术创作的领域是很有帮助的。就我个人的一点体会而言，我是1979年参加解放军文化工作的，当时参加的是全军唯一的伪装部队，这种经历对我有一定的影响。另外的一个重要经历是：以前我的画室在香山的半山腰上，有一天，我从画室出来以后看到香山的红叶漫山遍野，突然意识到这就是一种迷彩，因此我回去创作了一幅迷彩元素符号的作品。以后我便尝试着把印象派塞尚的色彩和迷彩结合起来，并结合学院派的技术，从而转化为我作品的艺术符号。现代艺术中最重要的就是符号。很多艺术家得到一种符号就不敢丢弃，因为这是人们认可他的一种方式。

郭：符号已经进入大众文化的领域。大众文化是西方进入工业社会或后工业社会最具有全球特征的文化形态，而您的迷彩符号同样国际通行。由此可见，您的艺术创作首先在形式上就具有了国际性。特别是您在悉尼与依恩·霍华德举办联展时，您的作品所采用的将绘画（油画）与照片图像结合起来的艺术形式。我们知道照片图像是最具典型意义的大众文化视觉语言，而在21世纪，大众传媒在文化传播上所扮演的角色是无可比拟的。今天已经进入读图时代，您的艺术创作中的这种大众文化因素，也将您的作品推向了国际。这种思维方式或者说这种新的切入点很值得我军美术创作方面吸收借鉴。

邢：就我个人的创作历程或者体验而言，最先我是从尚丁那儿受到启发。他将军事题材的绘画由众人"仰视"的一种状态，变成平视，即将其平民化，更让人觉得平易可亲，从而构成了对军事题材绘画的那种严正说教或一味正面歌颂的突破。我从尚丁那里开始寻找新的可能性，将现代主义的方式加入到军事绘画中，形成我自己的一种判断。这样就把军事绘画国际化了，不谈歌颂，只论思考，从人性上来思考。例如我的那幅《梅度萨之筏》，它是浪漫主义的代表之作，所表现的故事稍有点美术史常识的人都会知道。对这样一幅经典之作，我将其赋予了自己的迷彩符号，旨在说明陷入伊拉克战争的美国士兵，就像《梅度萨之筏》中被抛在汪洋大海之中的人们一样无助，需要救援。军人的身份是一把双刃剑，他们是和平的守卫者，但从另外一个角度看，他们也会成为和平的破坏者。他们如铜墙铁壁，有着刚强的一面，但同样也有着人类的共性。

触摸前沿艺术 探讨军旅美术创新之路——与军旅画家邢俊勤座谈

邢俊勤 《胸膛》 绘画装置

郭：军事美术如何突破，邢先生的《梅度萨之筏》就为我军的美术创作提供了一个可资借鉴的方向。再如毕加索画战争题材，或许不能定义为我们今天所谓的战争题材，但是与战争有关，与军事有关，也不失为一条创作思路。再有就是我军的美术创作，其内容绝大部分表现的都是军人形象。其实，表现军事题材完全可以把创作理念更宽泛化，可以从人性的角度或者渴望和平、维护和平的角度去表现军人，表现战争。诚如邢先生刚才所说，我们要"从人性上来思考"。军人作为"地球村"的重要守护者，担负着保卫国家乃至人类和平的使命，因此我们可以放宽视野，立足全人类，打破我们旧的传统和模式。军旅美术创作需要这样的尝试。

三、关于当代绘画前沿性问题的思考

郭：邢先生在进行当代艺术创作时这个度把握得非常好，还以您的那幅被赋予了迷彩符号的《梅度萨之筏》为例，它既能被军旅以外的当代前卫艺术家所称道，同时也能得到老艺术家的认可，可见您在艺术创作中有着一套自己的理念。

邢：在中国，何孔德先生是经典军事题材绘画的代表，是一个高度。我不希望我的军事题材绘画只是在他那栋高楼上装修，我要建造一栋属于我自己的高楼。这栋楼的质量、建筑方式不一定成熟，但一定是自己盖起来的，我的作品就是这样。现代新艺术一定也要用这种方式。我曾经把美联社摄影记者乔·罗森塔尔（Joe Rosenethal）拍摄的著名新闻照片《美国国旗插上硫磺岛》改造成黑白迷彩的画。画面的旗帜被置换成可口可乐的LOGO，炮弹是可口可乐的罐，F16的战斗机上也是可口可乐的符号，整个画面就是黑白迷彩加一点红色。

郭：在当代艺术中有种现象我个人是持反对态度的，某些前卫艺术家为了迎合西方人的口味，丑化中国人的形象。他们这种迎合加剧了西方对中国和对中国人的误读。这种现象在中国当代艺术中还比较普遍，甚至变成只要丑化了就是中国的前卫作品，就是西方人眼里所谓的"真实"的中国人。

邢：你所说的这种现象我也和朱其、朱清生他们一起讨论过。这是中国当代艺术中存在的共谋关系决定的。中国艺术界存在一个重大的问题，就是策展人和艺术家有着很强的共谋关

邢俊勤　《无名高地》　油画

系。艺术家的艺术行为经过策展人策划以后，艺术家的经济利益就和策展人的经济利益联系起来。同时这种共谋关系又和西方的共谋关系联系在一起。河清的著作《艺术的阴谋》披露了这种现象，但稍稍有些偏激。我更喜欢一个美国人写的《帝国主义和文化侵略》，里面的观点比较客观。西方国家这种文化策略是有的。我们国家有政治、有宣传，但是缺乏文化策略。所以，我们应该借鉴人家的这种策略。

邢俊勤 《警世纪》 油彩迷彩布拼贴

郭：这种丑化中国人形象的现象与20世纪90年代中期以来，在中国艺术领域风行的政治波普直接相关，以此为代表的油画渐渐进入国际展览与国际市场，如威尼斯双年展等。由于这些作品的内容与西方媒体对中国的政治描述相一致，因此在西方人的眼中，这些作品便成为中国当代艺术或前卫艺术的代表。有了国际市场后，一些国内艺术家便对这个领域趋之若鹜，因为对艺术家而言首要的一点也是生存。绘画中丑陋的中国人现象，可以说是一种变相的冷战思维的延续。我们的军旅绘画题材，也大可以在这个方面做文章，以军人画家的身份，对这种艺术现象，同样以艺术的形式进行回应、进行批判。我想这个分量是可想而知的，其意义也会大为不同。这不仅扩展了军旅美术的题材，而且保持了军旅美术的本色。

邢：关于这个问题，我觉得另外一个重要的原因就是我们自己对自身文化的不自信，有一种文化上的失落感。比如艺术教育，现在依然延续着以西方人的石膏体来作为训练造型的方法，而我们有着那么多优秀的兵马俑，有着那么辉煌的殷商雕刻，却视而不见，这是现代艺术教育很大的弊端。其实画画的过程也是一种吸收自身文化的过程，若我们一直学习西方，我们便丧失了自身的原创性。这样我们的学生只学会了一套技术，却没有自己的艺术思想。我认为搞艺术更重要的不是技术。国外一流的大师通常都拥有二流的技巧，拥有一流技巧的人往往都是二流的画家。很多人说邢俊勤就是点子多，脑子好用些，技术不行。实质上我是有意将我的思想性和技巧置换过来。现代艺术与作坊时代的艺术是有着明显区分的，作坊时代的艺术作品强调的是技术，现代艺术作品强调的却是思想性。再重新回到丑化的问题，其中还有另外的一个因素就是西方现代艺术带有强烈社会批判性和调侃性。这和中国的文人画有着相通之处。西方有很多艺术家用这种丑化的方式来表现作品。比如哥伦比亚画家波特罗，他的作品就是通过丑化的方式来表现扭曲、膨胀的人性。但是我们中国很多的艺术家就去拷贝这样的西方语言。有部分中国艺术家拷贝成功了，然后又有部分新兴的艺术家就来拷贝成功的这部分人的绘画语言，这倒并不一定是西方国家鼓励你、引导你这样做。因为我们绘画作品中本身就存在这种丑化现象。就像骂人一样，你骂人的话是学别人的还是自己原创的。原创的骂是有价值的，对中国现代艺术的发展是有好处的。第一个勇于做"坏孩子"的人是有勇气的，是要肯定的。我就是准备做军队画家里的"坏孩子"。

郭：这里存在一个问题，即走向国际的并不是中国有着五千年文化积淀的传统艺术，而是在中国文化出现"断裂"之后，伴随着我国改革开放打开国门之后，进入90年代中期以后出现的政治波普艺术，它产生的社会背景值得人们深入思考。此外，这种政治波普在中国本土并不被公众接受，它只在美术领域的一定范围内被"认可"。现在这种政治波普热的现象是在国外被认可后，然后再反馈回中国。它实际上是"一种非主流的主流文化"，是为迎合西方主流文化口味的边缘文化。

邢：我觉得现代艺术是当代语言的一种方式、一个过程，完全可以将它引入军事题材的艺术创作中去。今天我们很多军队画家用19世纪的方法讲故事。当然类似红军长征这样的题材我们仍然可以去搞，只是可以换个方式去搞。要有开放的观点和态度，并不是我引入了就是丑化，引入了就是下流。军队画家就是要结合现代艺术的创作，将这种宏大叙事、英雄主义的方式转换到现代艺术中去，这是军队画家当下急需的一种探索。

郭：您最近在对一些经典绘画进行现代艺术的尝试与思考，在这个过程中有何体会？

邢：经典确实有着它不可逾越的高峰。首先表现在技术上，其次是它的思想性。我们很多画家去西方博物馆看画展，总是去揣摩这幅作品作者是怎么画出来的，在技术上是如何做到的；而很少有人去追问他为什么这么画，他用什么思想来支撑他这样画？任何优秀的作品肯定有着它的思想性。我们的艺术教育在以后的教学中不光要教学生怎么画等技术层面的东西，还要花大气力教学生为什么创作。

郭：中国目前的展览存在很大的一个问题，就是展出的作品是为了展览而创作的，成了应景之作，这就难免会出现很多弊端。其一，许多艺术作品缺乏创造力，成为一种应酬；其二，在一些国家大展中，会出现画家揣摩评委喜好的问题，从而严重影响艺术创作，也使得艺术创作产生因袭之弊，从而缺乏创造活力。

邢：的确会产生一种"自己拷贝自己"的弊病，从而也失去了艺术的原创性。当代艺术又称实验艺术，就是要不断探讨才能发展。至于被中国艺术家普遍关注的双年展，为何叫"双年展"，真正明白的人不一定很多。双年展这个制度是有科学依据的，一般两年是一个艺术家创作环节中的一个实验过程，就如同一个周期一样，创作的东西是他实验的一种新的可能。在西方，当一个双年展的策展人接到邀请或委托以后，就要到世界各地去研究考察画家，不是考察画家的现在而是他过去的艺术，是对他过去艺术的认知和接纳，然后邀请来参展。那么受邀画家的作品在这两年中是不能参加其他评审的，所以当在双年展上展出时，会给人一种崭新的面貌。

郭：实际上我国很多双年展多是应景之作。按要求双年展每次都会有个主题，一是与艺术发展自身的纵向有关的主题；二是与社会发展有关的主题，如环境问题、人类问题等等。而我们的双年展，说得尖刻一点，只要交作品什么人都进来展。

邢：而且是个"节日"。艺术家一定要没有功利性，而我们的画家多是展览画家。

郭：解放军美术创作院的成立对我们军旅画家而言是一个机会。我们也拟定每两年办一次军内自己的双年展。刚才您提到的问题对我们军队的双年展有警示作用。我们办双年展的目的是为了促进军旅美术创作，完善展览机制，最终还是服务于军旅美术创作。

回到当代艺术丑化中国人这一现象上来，这一现象其实与西方的美展也是直接相关的。既然可以以一种小丑的形象登上舞台，那么同样也可以以绅士的形象登上舞台，为什么非要选择小丑呢？5000年的文化延续，前沿并不否决传统。一个画家要想突破就要具有思想性。关于当代前沿艺术与军旅美术创作的关系，是一个非常有深度的话题，也是一个很大的话题，有机会我们可以就此问题，做一个专题讨论。

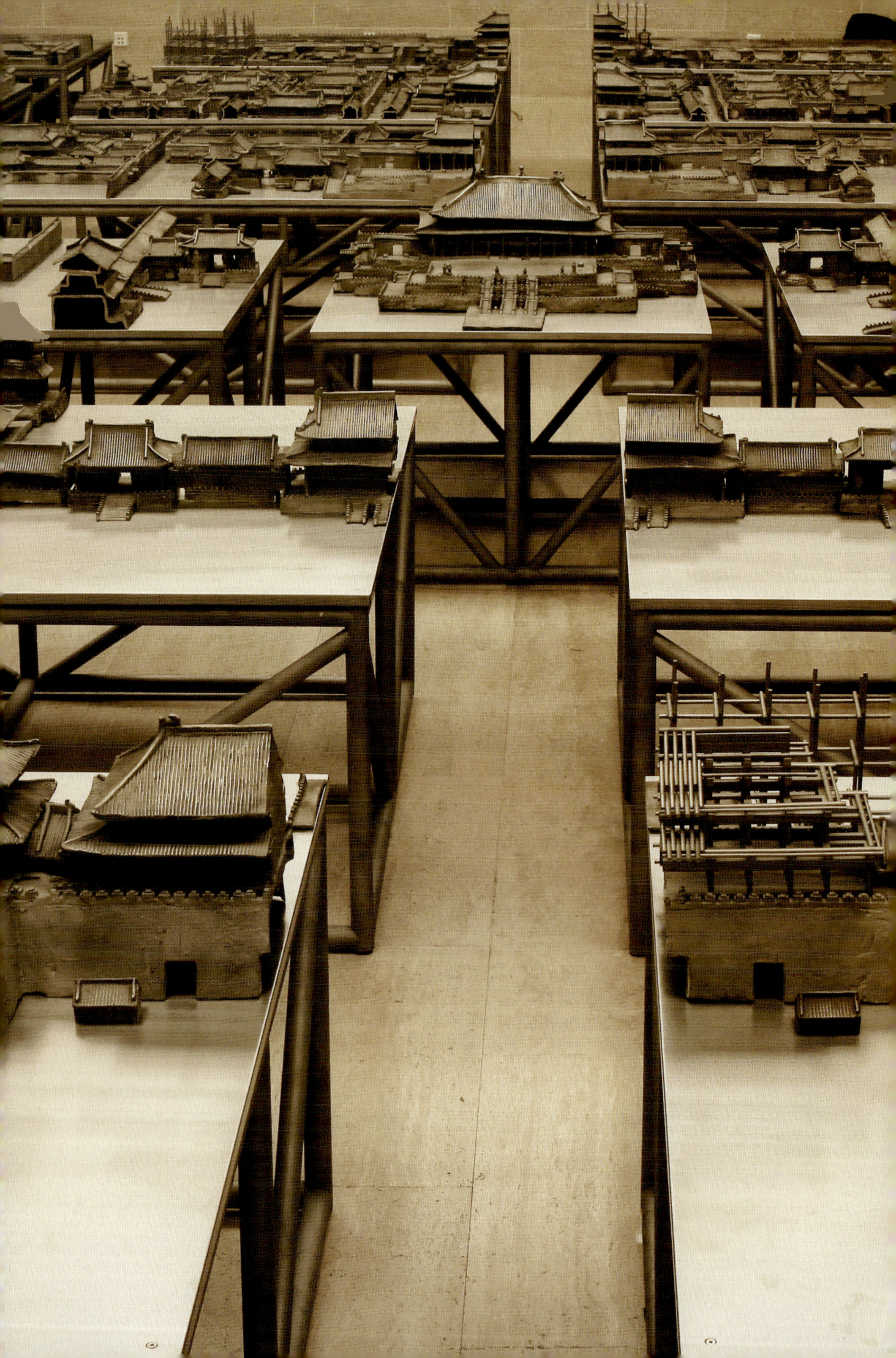

触摸历史和人性的光辉
——雕塑家李象群访谈录

采访手记：

> 对雕塑家李象群的采访通过几个方面展开，希望能近距离、深入地了解他的创作思想。在"798"这种创作环境下，很多艺术家都在变形，因为自八五新潮美术运动以后，林林总总的一些西方理念冲击了中国的艺术创作，但李象群一直坚持写实之路。

时间：2013年7月19日
地点：798李象群工作室

一、写实与具象之辩

郭兴华（以下简称"郭"）：李老师，感谢您抽空接受我们采访。自从我们引入西方学院训练这种体系以后，美院的入学、教学等都是以这样的一个方式进行考核，到现在依然如此。关于写实的问题，在798艺术区这种创作环境下，很多艺术家都在变形，因为自八五新潮美术运动以后，林林总总的一些西方理念冲击了中国的艺术创作，但您一直坚持写实之路。从深层次来讲，我觉得您对写实的认识和理解与别人有很大的区别。您是怎么理解写实的？

李象群（以下简称"李"）：从我上大学到现在，应该有35年了。我1982年毕业就到央美，然后一直从事造型艺术基础教学方面的研究。比如米开朗基罗、罗丹等，我都已经做过一番研究。其实，写实和具象这两个概念有差异，具象比较宽泛，而写实是具象概念里的一小部分。写实基本就是以模特写生为基础的，但写生里面并非没有艺术家主观的因素，只是说主观因素相对少一点。在写实这一块，我特别强调客观性，客观性就是对物象要有深刻的剖析。我这里讲的剖析不是解剖，因为解剖毕竟仍是一种知识，而更重要的是，它要解决什么问题？触碰到这个方面，就是精神、思想的力量开始贯穿渗透的切口。深入解决问题的一定是那个主体，而不是零碎的解剖知识。解剖，就像文字里面的单字，单字是一种较为技术性的东西，而一旦连成句子，单字就会获得思想的活力。

郭：单字似乎更多是种物理的东西，仿佛撒满一地的零件，在没有被组装成机器之前，它们并不会运转。

李：对，所以技术性的东西要深入到剖析的层面。解剖作为写实所必须具备的条件仍然是重要的，这就是我对于造型艺术基础教学的理解。但是写实须往上升华为具象，我本人便是通过写实这一条道路转向具象的。因为具象的概念比较宽泛，它是一个可以容纳更多思考的范畴，在同一个范畴下，包含了各种不同的表现方式，像过去的革命现实主义，以及20世纪80年代出现的现实主义等。后来，由于西方的观念艺术对中国艺术的冲击，诸如后现代主义等思潮都涌了进来，我们把一些东西归结为当代艺术或者前卫艺术。但是问题在于，如果在一个更宏大的视眼中，它们仍然属于具象艺术。具象是一个大概念，凡是我们能认知的、我们看得明白的，都叫具象。通过在具象里进行不同的组合，就可以体现不同的思想，要表述、表达的内容也将全然不同。比如一个罐子，说它是装水的，这是用一种现实主义的观看视角；而在当代的另一种具象中，它可能不装水，里面可能放的是炸药，或是别的什么东西。

郭：所以写实是同样可以具有当代性的。具象确实是一个容量很大的概念，它可以包含无法穷尽的内容，这样就能避免狭隘地理解写实问题了。在很多方面，它十分类似于现象学中的"现象"这个概念。现象学讲究所谓"现象即本质"，现象一旦发生改变，本质也会发生改变，不存在离开现象的本质。那么您所说的具象，是否可以这么认为，在这个范畴里还可以产生许许多多的本质，它还内在地包含各种可能性？

李：对，因为具象根本不是简单的写实问题。我们常常把写实和具象混淆，很多人都在这个问题上混淆。就拿我们现在做的一些肖像作品为例，其实做肖像可以有很多种做法，比如现实主义、革命现实主义、超现实主义等。我们可以通过各种方式为具象艺术注入自己的理念，怎么做是一个重要的问题。

郭：正如您所说，存在各种写实的方式，也存在各种不同的具象艺术，关键在于如何呈现。如您的许多伟人雕塑作品，就表达内容来说，好像它们不仅仅是贴近历史或者贴近某种平民意识，因为我从您的雕像里头看到了很多当代的影子。您的作品映射出我们当代的一种文化现状，或者说当代人的一种思考、一种理解。正如您的几件毛主席头像作品，表情都不一样，而且每一个表情仿佛都令我看到了一个鲜活的对象，一个艺术家对时代的思考。我所好奇的是，您为什么选择这样去呈现这些对象？

李：肖像这块我做得比较多，因为从 80 年代起一直到现在都在做。我特别想提的一个作品是《巴金》。这个作品现在在中国现代文学馆，我取名叫"一个小老头名字叫巴金"。小老头是一个元素，巴金是一个符号，我把这两个元素并置在一起。小老头是一个普通人，而巴金是一个文学家，这两个元素的突然碰撞，马上让人们反思一些更深层次的东西，反思当一个人剥除掉一些符号后还会剩下什么，普通人的概念又是什么。要达到真实，总是需要剥除和还原的。因为我骨子里始终在寻求平等和尊重，所以把它体现在我的作品中，这大概就是我处理写实的理念。

二、人性之光

郭：您的这种关怀，我们可以在"行人"的展览中深切感受到。这个主题我特别欣赏，所谓"行人"，确实人类一辈子都是行走在路上的。人的存在首先是一个过程，一个在道路上行进的轨迹。

李：对，人就是在路上的。我们还在走，没有终结，这个展览也不会终结，我的思考和艺术也会继续走下去。我不喜欢一种固定的符号模式，不喜欢在同一种模式中重复。

郭：您的艺术是基于这样一种对人性的基本思考。因为人本质上是需要更新的，需要一直走下去，正如道路上的风景，每到一个地方都有不一样的风景。就像"行人"这个展览，一进门是关于孔子的塑像《行者》，后面便是关于毛主席的塑像《我们走在大路上》。

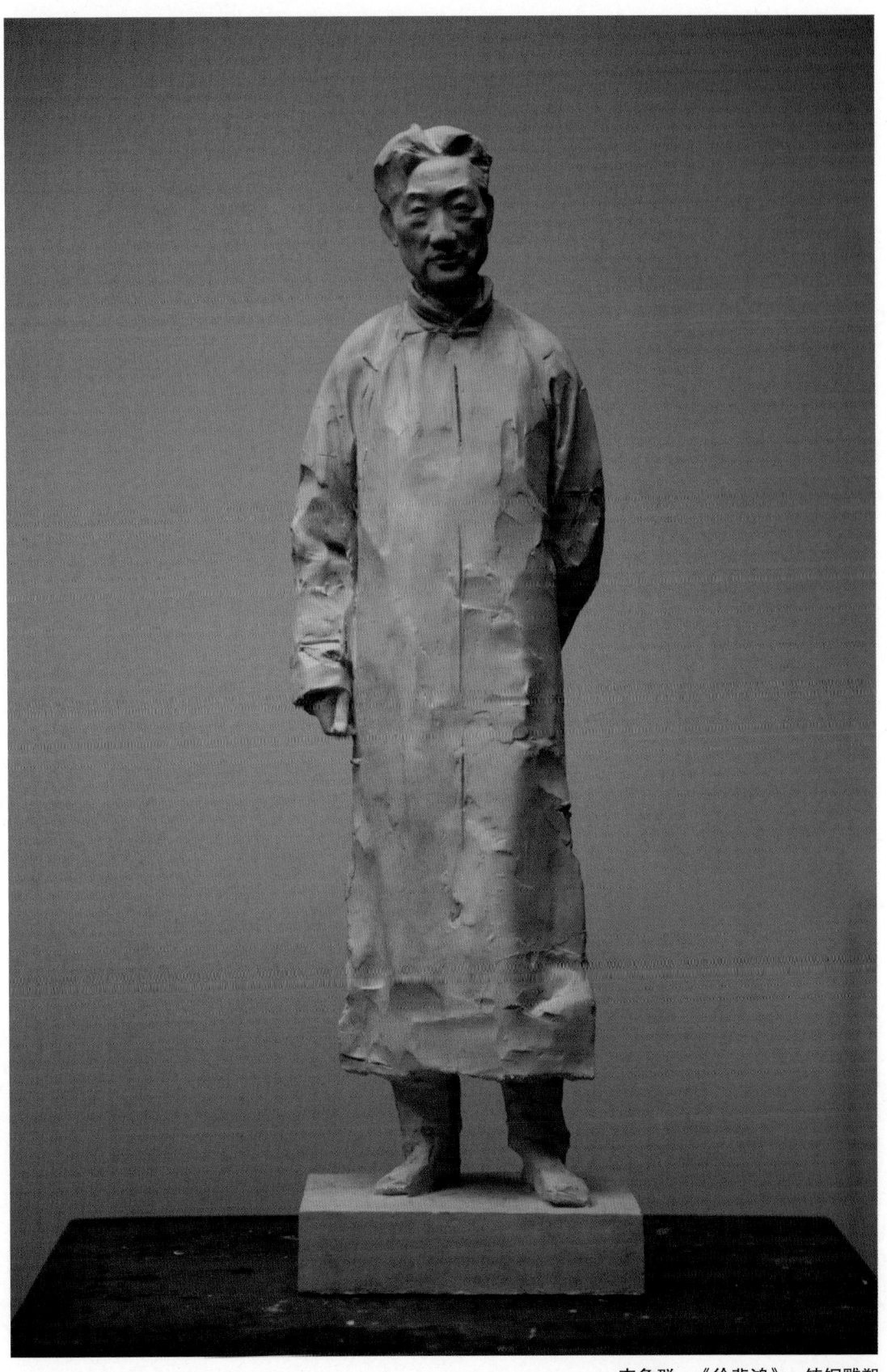

李象群　《徐悲鸿》　铸铜雕塑

李象群 《巴布瑞女孩》 雕塑

李：这个展览主要呈现了这段时间我的思考，体现了我对人性的态度和理解。展览的几个系列实际都有一个中心和主题，那就是：人性解放，平等和尊重。拿作品《行者》来说，它表现的是一个有智慧的人，他步履缓慢，没有眼睛，这样一来他的空间和世界反而更大更宽广。孔子通常被称为"圣人"，但是我就想让人们意识到他身上那些更人性化和平等的东西。

郭：李零有本书就叫《去圣乃得真孔子》。人性的解放是深刻的普遍价值。就人物形象而言，您的作品中没有当下普遍流行的那种对人物调侃式的、病态式的塑造，所以显得如此特别。中国哲学说"上善若水"，水善利万物而不争。您的作品在对善的深层探究上，接通了中国传统中的一些核心哲学理念。一方面，您的作品是平民化、去神圣化的；另一方面，又是对善的深度刻画。如《堆云·堆雪》这个作品，当慈禧从一个符号式的人物形象中被解放出来时，她身上的人性力量也得到了非常有力的强调。通常来说，慈禧这个人物是权力和欲望的象征，但您把她解放了。

李：我想在这里呈现一种母性。母性是一种普遍的、繁衍不息的力量，所以要把她做成裸体的，诸如衣服、帽子等外在的东西，是附着在人的身体上，不是人与生俱来的，人体本身才是自然的、温暖的、有生命的。

郭：我看到《堆云·堆雪》中的另一件作品，仿佛是一个女人行走在钢丝上的姿态，为什么这样处理？

李：其实作为一个女人，慈禧穿行在男人和权力交织的社会环境中，其处境也正如走钢丝一般。她可能会极其谨慎小心，但还是有随时跌下去的危险。事实上，任何一个人在面临这般处境时都会如此。

郭：此时的慈禧是一个女人，您让我们看到了她脆弱的一面。

李：对，还有《大紫禁城》也是同样的思考。我把紫禁城当作活体来做，没叫"故宫"，因为它承载了历史、政治和文化。我把整个紫禁城给切开了，分成许多部分，每个位置、每一块都可以互相对话，体现一种平等和尊重，只是工作和位置不同而已。《堆云·堆雪》也是如此。人是有机的、不断变化的，而位置和背景是无机的。

郭：其实您在肖像的创作当中，非常明显地融入了整体的一贯思想。这可以说是一种生生不息的哲学，一种人性的光辉。您的作品被认为具有"新人文主义"价值，正因为它传承了一种人文精神。

李：我整体的思想就是想体现一种平等尊重。正如我做毛主席的塑像时，感觉自己并不是在做一件关于伟人的作品，而是在做一件关于人的奋斗的作品。作品体现了他的精神和他崇高的追求，体现了他的高度责任感和自强不息的精神，这是一种人性的闪光。

三、活的历史

郭：历史似乎是您在艺术创作中不可或缺的一个面向，您也塑造了许多历史人物的形象。我想听一下您对历史是怎么思考的。

李：历史首先应该是公正的和可信的。在描述历史时，我们应尽量站在一个客观中立的立场，客观的历史中能够被发掘的东西会更多。像斯诺写的《西行漫记》，就给人一种可信度，读来非常真实感人。

郭：您的作品中的历史也是真实感人的，带给我们的感觉就好像用手重新触摸了一遍鲜活的历史那般。在您这里，无论是孔子、毛主席，还是巴金、郭沫若，等等，都是富有真实感的历史人物。这涉及如何看待历史的问题。我们知道，从八五新潮以后开始流行政治波普，有的人对历史常采取一种调侃挖苦的态度，历史人物作为一个象征便常被运用到图像中。应该说我们现在对历史的反思是正常的，但您的作品所表现的历史感和反思精神却与他们大相径庭。您对此怎么看？

李：历史当然需要反思。但我不会有你刚才说的那种情绪在里面，我更愿意从更宏观的层面去看待问题，而不是以一种偏狭的眼光。无论是人与人之间、机构与机构之间，还是国家与国家之间、民族与民族之间，都需要更博大的东西把它们联系在一起，因为我们是人类，是一体的，即便语言不同也能够彼此沟通。历史上总会有这样那样的问题，但我们应该同情和包容，否则我们反思历史只会一直陷在情绪的泥潭中而不能自拔。

触摸历史和人性的光辉——雕塑家李象群访谈录

李象群 一个小老头名叫巴金 铸铜雕塑

李象群 《康文》 铸铜雕塑

郭：所以您对历史的反思没有走向过激，而是更客观、更真实可感。我注意到您做的两件毛主席头像作品，其表情非常耐人寻味。一个带着灿烂的笑容，甚至是过于普通的笑容，看起来特别自然和发自内心；另外一个则是皱着眉头，仿佛是在思考但带有苦涩。当然过去的革命理想主义时期是不可能有这样的作品的。以前毛主席是一个完完全全的伟人形象，在一般人眼里，领袖不会过普通人的生活，也没有普通人的那种欢欣和愁苦。

李：那个"笑"的作品叫《阳光下的毛泽东》。阳光下的毛泽东是什么意思？过去我们称毛泽东为"太阳"，现在真实的他回来了，他是人而不是太阳，他也需要太阳的照耀。他笑着，他是那么真切地笑着，发自内心地笑着，他应该是这样真实的一个人。另一个作品是《诗人毛泽东》，他看到了令人担忧或鄙夷的东西。这是一个诗人的眼光。

郭：能做到这一点，是需要有对历史的同情的。艺术只有进入到历史内部，获得真实的历史，它才感动人心。您的雕塑都给人这种感觉。

李：是的，要贴近历史，触摸它。我去过几次井冈山，去过几次延安，老没事自己去走一走。考察时我就在窑洞里坐着，边想边看。我在想：如果当时换作我，那么在曾经的历史中，我会有一种什么样的感受？这样我们就好像有了交流，我仿佛看到他所有的东西，他的喜怒哀乐，他的原则，他的一切思考。他在长征那么艰苦的情况下，在如此的绝望中，怎么能从担架上站起来，坚持走到延安。我便感到一种扩散、生长的力量，一种崇高的精神，曾经的历史便通过这种精神鲜活起来。这是我解读毛主席，解读这段历史的方式。

郭：陈寅恪先生曾谈过，面对历史必须具备一种"了解之同情"。您通过这种方式去体验历史和感受历史人物本身的感情和思想，也是一种对历史的"了解之同情"。相反，对历史持调侃态度终究是种缺乏"了解之同情"的做法，那种漫画式的历史并不真实。没有真实的土壤，所有对历史的接受、反思或批判都将是无力的，对历史的表现只会是无本之木、无源之水。对于一个雕塑家来说，用手触摸历史，可能是他和历史之间的关系的最恰切比喻。

四、何种当代

郭：通常来说，沉迷于历史的艺术家有时会忽视当代的问题，因此其作品的当代性就会被削弱。这大概就是中国画等传统艺术门类面临的一个问题。但您的作品在关乎历史的同时，又呈现出很强的当代性。您的作品被赋予很多的理念，都是您立足当下的思考。

李：实际上，所谓当代性无非就是反映当下社会的生存环境。在当下的生存环境当中的一些思考，人类的一些问题、一些哲学思想，它们就在我们的生存语境当中，是我们共同关注的问题。当下中国的艺术，具体来说，大致可分为中国这一端和世界这一端，中国本土这一端的艺术更偏重传统的继承，而另一端则更强调对艺术本体的探究。这两端之间存在差异，在中国当下还没有很好地对接起来，因而对艺术当代性的理解也有所差异。

郭：确实，我们应该对中国的当代艺术现状有一个清醒的认识。即使更偏重传统的继承与弘扬，也同样需要有对时代状况的思考；类似的，即使偏重艺术本体的探究，也不能忽视传统的存在。中国目前被国际话语所操纵的一些艺术现象，不能代表中国当代艺术。一些基于西方人对中国问题的"东方学"式想象的艺术现象，本身并不真实。比如，有些当代艺术家可能痴迷于揭露中国社会中的一些负面现象，虽然当代艺术具有对时代的批判性，对时代各种现象的深入剖析是完全正当的，但并不能因此就夸大某些不正常的、消极的因素。当代性首先是一种真实性，它应忠实于我们这个时代。中国的当代艺术需要对中国来说具有普遍性的艺术。

李：中国本土的艺术，一般来说是弘扬民族文化、民族精神，或社会的繁荣发展和人民安居乐业。确实应该有这样的艺术，因为这是事实的一部分，但光有这个还不全面，应该更客观、真实地呈现社会和时代。本土艺术应该和世界主流对接，在继承传统的同时，融入对艺术本体的思索。在立足本土同时又具备当代性这个问题上，我特别敬佩沈从文。从沈从文的作品中你能闻到乡土味，能闻到他那个地域的独特味道，但他的问题意识又完全是当代的，这是非常有启发性的。

触摸历史和人性的光辉——雕塑家李象群访谈录

李象群 《莫唯》 铸铜雕塑

郭：您觉得中国的当代艺术，包括雕塑、绘画抑或观念艺术等，应该朝着哪个方向发展？

李：当然不能说非要有一个什么具体方向，但我总觉得无论哪种艺术形式都要真实。艺术家要把真切的感受传达给观众，把真实的思想传递给观众。真实而不做作永远是应该坚守的价值，我们现在有的当代艺术作品过于做作。其实，当代艺术之上应该是哲学，当代艺术要有某种哲学理念的支撑。好的艺术永远是深刻的、严肃的艺术。

郭：这是一种深层次的，对整个社会和人类的思索。其实我们看任何时代、任何国度、任何民族真正优秀的艺术作品，里面都承载了深刻的哲学理念。

李：是的。

郭：您的艺术便是一种结合，具有深层的、普遍性的思考。如果一个当代艺术家对当下问题不带有一种深层思考，或者不能站在更高的高度上思考，其艺术总会显得狭隘。您则不为潮流所左右，始终立足一种具象的概念，把作品做得极为传神。艺术家要把一种沉厚的积淀、一种深层文化的思考投入其作品中，这样的艺术既是关乎历史的又是关乎当代的，既是民族的又是普遍的。

李：我们并不应当提供景观似的猎奇艺术。艺术家要有责任感和历史感，责任感是一种对艺术的严肃态度，历史感则是对时代的感受和定位。我们在这些感觉的引导下，不断探索自己，突破自己。

郭：您的作品既是写实的又有当代性。我觉得您已进入历史的具体语境，把真实的历史吃进去并消化掉，然后变成血液、变成营养。在这基础上融合当代思考，就是优秀的当代艺术。中国应该有自己的当代艺术，有更深层思考的当代艺术，您就是其中的一位杰出代表。

触摸历史和人性的光辉——雕塑家李象群访谈录

李象群 《争霸春秋》 装置艺术

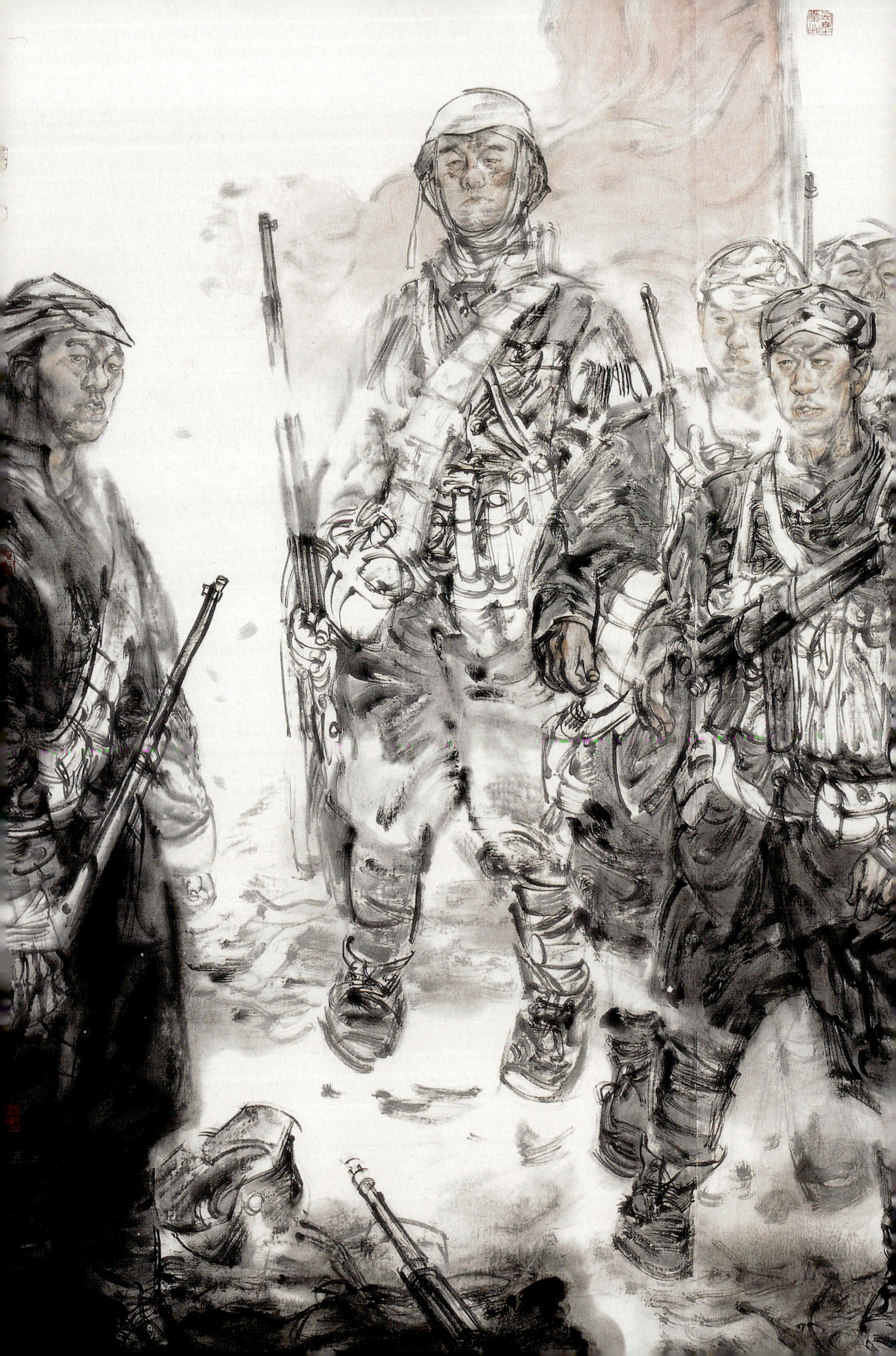

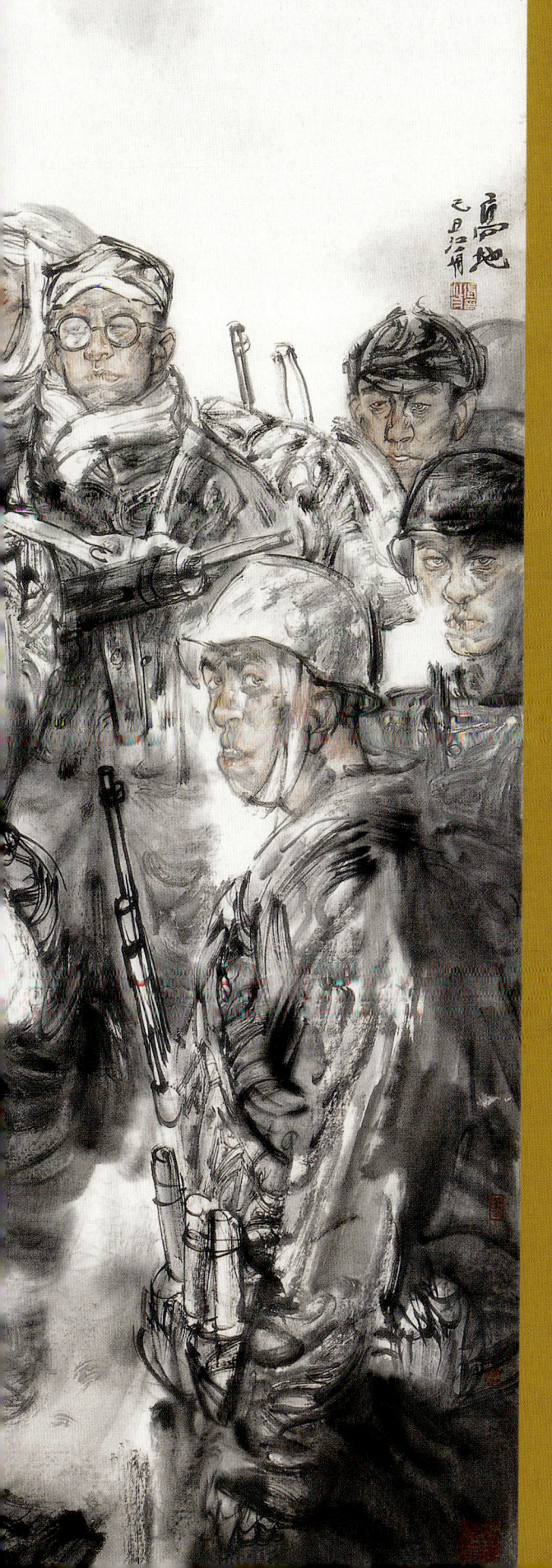

军人：我永远的身份
——画家张江舟访谈录

采访手记：

　　张江舟的画，造型生动，笔墨娴熟。他的画作有着非同一般的个性特征，一是他对中国画材料肌理的独特把握，二是画面中鲜亮的光感。这种鲜亮的光，使他的画作具有了独特的清爽、酣畅感，这在张江舟的人物画创作中表现得尤为突出。一言以蔽之，落定在他的画面中的笔墨色彩，犹如名贵宝石一样，从画面肌理内部映透出一种令人豁然开朗的辉光，具有独特的艺术魅力。

时间：2010年12月14日下午

地点：中国国家画院张江舟先生工作室

张江舟　《热血"一二·九"——北平学生运动》　国画

郭兴华（以下简称"郭"）：张老师能够来我们的栏目做客，我觉得既非常高兴又非常亲切。张老师是一位成功的画家，但您曾经是一名军人这点可能并不为很多人所知。今天我们就想和您聊一聊军人的身份和经历对画家创作的影响。

张江舟（以下简称"张"）：我虽然现在离开了部队，但是始终觉得和军队有一种天然的亲近关系。这段经历是我一生最大的财富，深刻地影响了我对人生和艺术的态度。

一、曾在军旅

郭：我非常喜欢您的画，觉得您的画让人很畅快，后来才知道您出身于军人家庭,自己早年也是位军人。而您的画风想必与您的军旅生涯有密切的关系。

张:是的。我十五六岁当兵,36岁离开。这20年是人一生最宝贵的黄金时期,人的价值观、行为方式、个人气质都是在这一时期塑造完成的。我到地方之后,很多人见我第一面就问我以前是不是军人,我想这段军旅经历已经在我身上留下了深深的烙印,我非常感谢部队对我的培养。

郭:您当年在哪里当的兵,在部队的时候就开始画画了吗?

张:我主要在河南洛阳的野战军当兵,就是原来的43军。这支部队的历史很悠久了,是一支王牌部队。我从小就喜欢画画,中学起正式跟陈端豪先生学画中国人物画。入伍后,领导看我有这方面的专长,就让我做了文化干事。我每年还要组织美术创作班,主要是针对全军美展的。后来我考入了中州大学美术系,就是现在的郑州工程技术学院艺术学院。从那儿毕业后又回到部队,继续当美术干事,主要组织业余美术创作。那时候每年都要组织两到三个月的创作班,现在我们部队还有这个传统,每年为全国全军的展览创作作品,辅导业余作者搞创作。1990年,我被调到北京,先是当美术编辑,干了6年。那时候有很长一段时间把国画创作放下了,但是后来回过头来再画国画,感觉这段经历作用还是很大的。我早期还画过一段油画,也做过雕塑。河南新乡最早的两尊雕塑就是我做的,现在应该还在。此外还给部队做过一组浮雕。

郭:您的经历确实很丰富,这些对您理解绘画都是有帮助的,并使您区别于其他画家的风格,可以从多个侧面去重新思考绘画的语言和观念。

张:是的,这是另一种"读万卷书,行万里路"吧。人不设身处地地去做一些事情,想法会流于空泛,也会越来越狭隘。创作中我更重视把握大的方向,而忽略一些细节,我觉得大方向是最重要的,可以不拘小节。

二、是画家,更是军人

郭:我看到您近些年关于西部和都市题材的作品,都是深度关注社会变革、直面当代人生的佳作,小情趣、个人化的表达似乎并不在您的考虑范围之内,这种有责任感、有良知的画家在现时代非常难得。

张江舟 《热血"一二·九"——北平学生运动》(局部) 国画

张：我一直非常关注社会问题、民生问题、人类发展的终极意义问题。这也和我的军人经历有密切的关系。我认为，忽视当代的社会、文化问题，所谓的当代文化意义就形同虚设。

郭：当代画家一定要对社会现实表态，有自己的立场，才能够阐释其切实的文化性格。这样强烈的社会担当也反映了您的军人本色。从您的绘画语言上我还读到了一种酣畅淋漓的笔墨精神。

张：一直以来，我希望作品透出一种壮美的气息，这也是我的审美立场，那种阴柔、小巧的美不是我喜欢的类型，显然这和我在部队经历的磨炼有直接的关系。再就是与北方人的性格也有关。南方文化相对精致、讲究；北方文化相对厚朴、苍茫，但是也容易流于粗糙，这也可以看作是当代中国绘画的一个基本格局和状态。

郭：离开部队以后，您创作的重点是什么，做了哪些调整？

张：回地方以后，严格意义上讲，我没有画过军事题材，如果算的话，《热血"一二·九"——北平学生运动》是第一张，这和我对艺术本身的思考有关。

在部队时的创作，大多属于严谨的造型体系，当然它有自身的独特价值，但是对表达我内心感受的却显得有些局限。例如汶川地震给我印象非常深，摄影对于场景的还原显然具有极大的优势，绘画如果再去直接描写，表现震后的苦难景象，就显得很无力。美术作品有自己的再现方式，画家可以重组时间、空间的场面，使主题更加突出，情感更为感人。绘画所要呈现的不是客观所见，而是经过艺术加工的审美意象，并由此唤起观众的心灵感悟。

郭：是的，摄影术的发明给绘画这一古老的艺术门类带来了重大的冲击，也对画家提出了尖锐的问题。中国的艺术是表意的艺术，可以为世界当代艺术的发展提供一些可供参考的案例。

张：中国文化是人类文明史上一个早熟的特例，中国的传统艺术也是世界艺术的一朵奇葩。我常常在想什么是"大国美术"，即什么才是能够真正代表一个泱泱大国形象的艺术形式。显然，仅仅停留在文人画的逸笔草草是无法把一个现代大国的灵魂勾勒出来的。

所以，我认为"国家重大历史题材"这个项目真的是改革

张江舟　《热血"二·九"——北平学生运动》（局部）　国画

开放以来我们国家在艺术发展决策领域的一个壮举。因为虽然现在的创作者拥有最大、最自由的创作空间，但是，我们却要面对另一个严酷的现实，就是那种关注人类命运，关注社会发展，承载民族精神的大型创作几乎没有。军队中有一部分这样的创作，但是这个力量实在是极其有限。

郭：历史题材画在当代实际面临着很重大的难题。第一要尊重历史，第二要有艺术性。这不同于功能性的说教，要从技术到观念进行新的体系建构。我可以感受到在很多好的作品恢宏的气质背后透出的文人情趣，您对笔墨的理解其实就是融汇了这种意识。

张江舟 《热血"一二·九"——北平学生运动》（局部） 国画

张：我觉得这个问题你提得非常好，这也是我长期思考的一个问题。近年来对于"徐蒋体系"越来越多的质疑之声，逼迫我要冷静地重新审视自己，以及周边的朋友。我把这种既借鉴了西方写实传统，有相对严谨的造型，又保留了文人画的笔墨意趣和"徐蒋体系"所确立的写实水墨人物画称为"新传统"。我承认，这个体系是有问题的。首先它存在的时间比较短，尤其在绘画本体语言的研究上尚显不足。也就是说，这种水墨加素描，即用毛笔画素描的方式，在语言的表达上不够成熟，不够完善。这也往往被看作是一种中西绘画的简单嫁接，结出了一个不能完全代表民族性格的果子。

其实，这不只是"徐蒋体系"的问题，而是整个中国画现代转型的难点。所以，就要解决既要发扬文人画的笔墨精神，又要表现事件、人物、场景等诸多因素的矛盾。我们这一代人若要在人物画上更进一步的话，就该努力去开发笔墨的精神性。

笔墨是中国画最根本的一个元素，绘画语言自身能够承载精神，但我们说了几百年、上千年，却没有人可以明确地说出来，反而让人听得云里雾里。其实这里面是有规律可循的，我做过一些分析。西方人很理性，很多大画家都是科学家，但是中国人很感性，中国文化也是写意性的，中国的大画家多是文人，是文学家或者哲学家，鲜有科学家。在20世纪80年代的时候我读过一本书叫《艺术视知觉》，该书把视觉对人的心理产生的作用，分析得非常透彻。实际上这套办法同样适用于分析中国画的笔墨，因为不同形态的笔墨可以透出不同的审美感觉，这就是我们说的承载精神的一些基本途径。比如：我们用焦墨画出来的肯定很沧桑，湿墨水分大的效果就是飘逸、空灵；勾线条时，长线很悠扬，很概括，短线条则给人以局促感。再有中国画最讲究用笔，中锋用笔中正、平和和稳健，侧锋用笔则很有力量感。山水画中大量的侧锋用笔画岩石就有极强的表现力。你用短锋毛笔铺笔，逆着锋画焦墨，这种感觉肯定是苦涩，而南方的小软笔、长锋笔画软线条，画湿墨，感觉肯定很柔美。更不要说颜色了，红的热烈，黄的富贵，灰色高贵，蓝色静谧，绿色有生命……同时造型也可以隐喻精神，英雄人物出场时大多以笔挺的松树为背景，因为它有英雄主义的崇高感。

上一代的画家做了开创性的工作，但更多是带有直觉性的，

张江舟　《殇——戊子记忆之二》　国画

到了我们这一代就应该更理性地梳理这个造型体系，用心去探索、尝试新的笔墨样式、构图方式，以期达到所有的绘画元素和主题相契合。

郭：对，您的这幅《热血"一二·九"——北平学生运动》的构图就给人一种稳定感，非常适合主题的表达。这也是我们应该总结的形式本身的审美特性。

张：这张画是爱国主义、英雄主义的主题，所以我特意安排了纪念碑式的构图。我把它定位为崇高、壮美的审美形态，这是能够直接从视觉反射到心理的。人物群像以平面式拉开，中间是城门楼子，有点像对称式构图，可能在一般人看来这样

张江舟　《殇——戊子记忆之三》　国画

很死板，但这恰恰是我所要强烈表达的。这时候你就会发现，作品是一个自足的小系统，其中包括粗犷的笔墨语言方式、庄重的构图和适度的场景、情节抒写，每一个因素都要做适当的妥协，为全局服务。

三、脱不掉的"戎装"

郭：您的笔墨里有很刚性的一面，很适合这类题材。这么重大的国家事件，必须要具有阳刚的、奋争的精神内核。另外，我感觉，您的潜意识当中有一种强烈的集体主义精神，有一种追求崇高的天生禀赋，这也不能排除受军旅生活的影响。

张：对，在军队中是要求共性多一点。这么大的一个国家项目，其实艺术家也要在艺术个性和历史事件之间做一个平衡。

郭：这其实是一种放下，要放下自己的一些主观个性，才能融入整个画的背景、大的题材里头去。

张：人类是有共同的终极追求的，部队的这种集体意识就是最可贵的精神之一。刚开始很多人有顾虑，一谈到主题性创作，就想到"文革"美术，怕重新上演"假大全，红光亮"的模式。我在创作时，也在反复思考这个问题。后来我认识到，有了近三十年多样探索的积累，整个美术界是有自省意识的，不会重回老路的。重大历史题材创作可以吸纳来自各方面的成果，丰富已有的形式语言，毕加索的《格尔尼卡》就是非常成功的历史题材画。包括在军事题材画中，我们也可以引入多种新鲜的艺术样式，这样会大大拓展中国绘画的容量。

郭：对，其实您这个提法不能说是超前了，而是必须得在咱们这个时代提出来了。21世纪的第一个十年马上就要过去了，从您个人的经历和经验来讲，这十年的中国画有什么样的变化和趋势？

张：我感觉这十年中国最突出的特点，也是中国画最大的特点，就是国力增强了，民族自信心增强了，我们的民族情感更浓烈了；表现在绘画上就是我们更加尊重传统，对传统的兴趣也更浓了。

我所谓的"新古典"其实就是在2000年前后出现的一股思潮，语言形态和精神形态与中国文人画一脉相承。这种趋势并不局限于中国画领域，油画界的"意象油画"也是类似于这种具有中国文化特点的样式。我们应该更多地挖掘传统中适合当代的基本元素和精神旨归，使它们作用于当代绘画。事实上，各个艺术门类，甚至整个文化领域基本上都是围绕这个方面进行的探索。之前一些年，中国美术界经历了很长时间的盲目西方化、全盘西方化的过程，与此相伴随的就是轻易地否定传统的趋势。反观这十年来，大家能够理智地去看待传统和西方的价值了。有些理论家就认为，近三十年来中国美术学习西方的历程是一个"再东方化"的过程。简单地说，画家在艺术创作和理论思考的过程中，站在西方现代艺术及其"东方化"倾向的立场上，以中国传统文化为资源，在艺术作品中重塑中国东方形象的实践方式。

军人：我永远的身份——画家张江舟访谈录

张江舟 《殇——戊子记忆之七》 国画

郭：一个成熟的文明体，一定是具有极强的文化包容性的，中国的文化就像一个磁石，可以吸附所有异质文化，并最终将其吸纳为自己的一部分。

张：中国的文化精神中有现代的元素，很多现代绘画样式都可以从中国的传统找到文脉上的关联。有人说现代抽象水墨是学习西方绘画的结果，但是中国的文人画玩味的就是笔墨中的抽象因素。从这个意义上可以说，抽象绘画和中国传统文人画有直接关系。另外，中国绘画表现的意象和中国传统的玄学有密切关系，这些都是值得我们深挖的资源。

郭：我有时在想，传统和现代，中国和西方，恐怕并不是那么泾渭分明，只要是人就会产生类似的经验，最终都会走向同一个目的地。艺术的最终境界也是殊途同归的。

张：是的，中国画的困境持续了一百多年。作为一个当代画家，要对当代社会问题、文化问题发表自己的思考和价值判断。你的作品必须要面对当代，画家的文化意义和学术价值也就体现在这儿。

我觉得"都市水墨"的提法就非常敏锐，这本身就是学术上的一个大课题，即传统笔墨样式如何面对都市的问题，或者说，是把画家直接推到这个课题面前，逼着你去思考笔墨样式如何具有当代性。

郭：是的，这是画家义不容辞的天职。和您的交谈，让我感受到一股凛然的正气，也使我受到很大的鼓舞。现代社会是一个五彩缤纷的世界，正因为可以选择多种渠道，所以画家丢失了迎难而上的勇气，或者说借口躲避艺术的、社会的责问，我觉得您是一个勇敢的人。

张：军人嘛，都是天不怕地不怕的，有股子猛劲，不服输。艺术实践其实也像是攻克一个个阵地，硬是要在各种矛盾中找到突破口，只要有坚定的信念坚持下去就会成功。

郭：是的，我感到您身上永远有一种卸不下的责任，也希望您今后能够在笔墨精神的探索中取得更大的成果，画出更多代表当代精神的好作品，谢谢您！

张江舟 《热血"一二·九"——北平学生运动》（局部） 国画

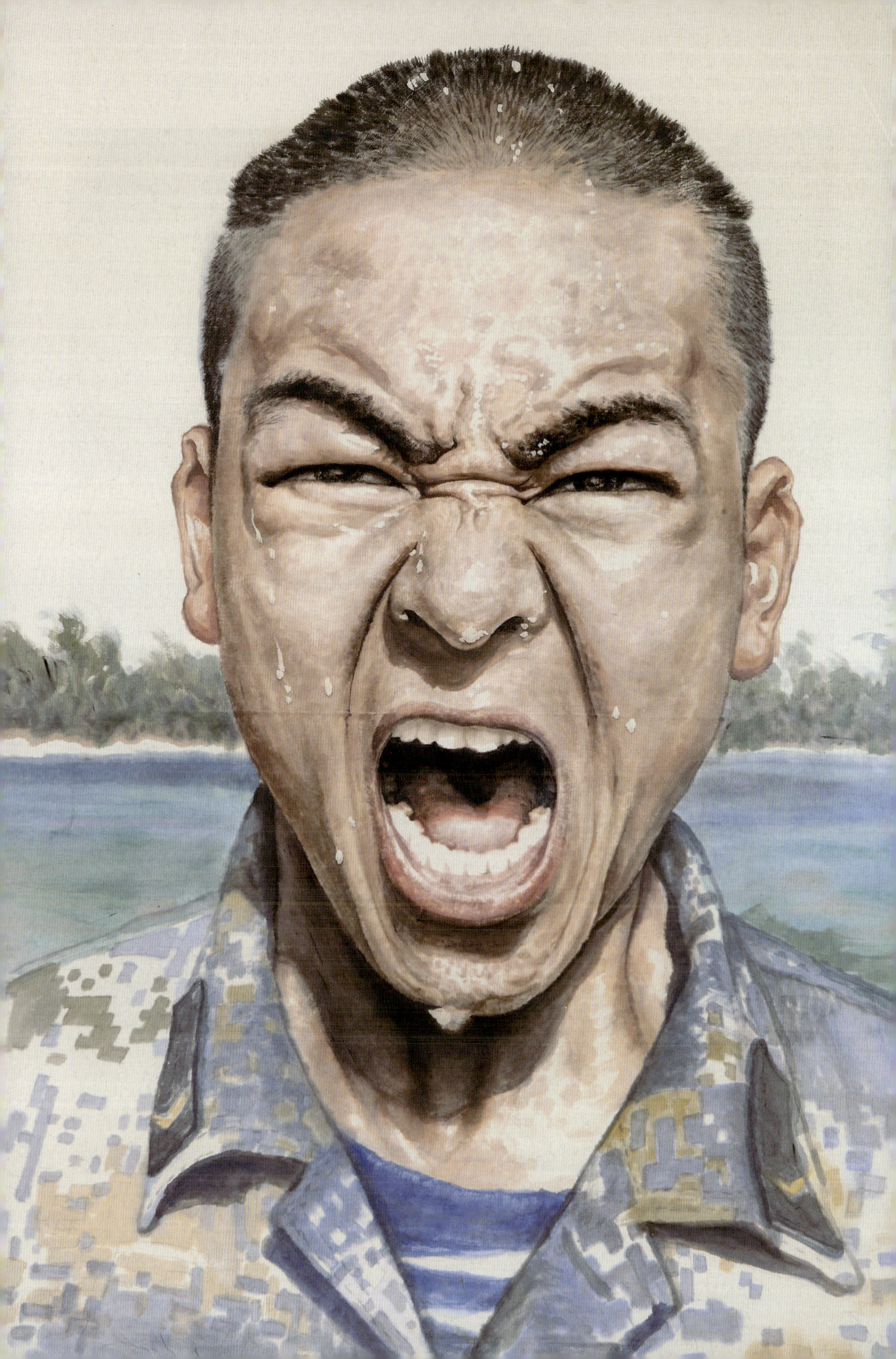

超以象外　自在化境
——画家李翔艺术访谈录

采访手记：

　　李翔长期致力于美术创作与教学，也是军旅美术家这一群体中的践行者和引领者。他为艺真诚，他的人物画形神兼备、朴实清新，形成了融合中西的写实风格。在描绘军旅题材和塑造普通民众形象方面，体现了诚挚的情感和自觉的社会责任感。他的山水画作品既蕴含着中国传统的笔墨精神，又把色彩的元素融进了书写、造境及塑形之中，使自身艺术创作置身新语境之中。智者善于超以象外，静观万物和自己，使自己进入化境。让我们共同走近画家，倾听他艺术创作的心路历程。

时间：2016 年 10 月 18 日

地点：李翔工作室

李翔　山水写生　国画

郭兴华（以下简称"郭"）：每位艺术家的从艺道路都是千差万别的，但大多都经历了一个从青涩到成熟的过程。从您不同时期作品所呈现的不同面貌中，我可以感受到您在自身艺术实践中的不断探索和锤炼。很多画家常常会深陷某种风格中无法自拔，而您却以一种创新的精神不断地突破自我。我认为这是难能可贵的。

李翔（以下简称"李"）：艺术风格是很重要的，但当它限制自身的进步时，则必须要进行调整。很多人都特别自信，就感觉自己画得好，但实际上离真正的艺术相去甚远。其实我也有这样一个从自我满足到自我否定的过程，每个人走过的路是不一样的。我当时想到的最为有效的办法就是把自己的作品拿给名家或者在专业上修养较高的人去看，看完后再进行总结。

为什么这么多人都说我有同样的毛病，这说明我的作品还达不到优秀艺术家的水平和眼界。认识到差距，人才有可能进步，否则总是自以为是，是难以取得进步的。我经常把自己放低，从零出发，这样就能吸收众多营养，哪怕一个后学提的建议也可能有可取之处。

郭：正所谓"集百家之长，而自成一体"。其实这源自个人生命体验的特点。我们为什么要去欣赏和学习优秀的艺术作品，因为这样才能从不同的角度去理解艺术本体，否则就像盲人摸象，只会故步自封。

李：正是如此。我在学画过程中请教过诸多名家，叶浅予、何海霞、何孔德、卢沉、朱乃正、高冠华、姚有多等。他们对艺术创作的说法有相同的，也有很多属于他们自己的见解，尤其是相同的意见应特别重视。正是这样一次次的重视才逐步提高了自己的眼界。转益多师对我的艺术学习有着重要的帮助，促使我不断进步。这些老师都乐于指点。这个过程特别重要。这也是我的一点经验，对想要提高自己专业水准的人或许会有帮助。

郭：任何知识的积累都离不开好学而真诚的态度，不断地学习和体悟才能使自己的作品日臻完美，诚恳地对待艺术更是一位艺术家一生都需要保有的精神状态。除此之外，在您的艺术历程中，还有什么是至关重要的？

李：我常说，基本功的训练是一位画家一生的课题，是需要不断磨砺的东西。基本功对于一个画家来说不仅是需要认真对待的，而且要真正提高到一定的程度。因为在创作的时候，如果画家的功夫不到位，达不到一定的程度，表达感受的创作也就无从谈起了。我认为如果基本功好，你画的习作同样就是创作。例如，米开朗基罗、达·芬奇等巨匠的习作我们当成创作；反之，如果基本功不好，那么创作也是习作。

郭：换句话说，无论是创作还是习作，它们都同步地表现了一个艺术家的综合素质，忽视基本功就等于把自己的艺术放在半空中，或许会有一时的眼球效应，但是根本经不起时间的考验。在您主管全军美术工作期间，组织了很多次学习班和创作班，许多军旅艺术家从中受益，这些集中的艺术训练对于他们基本功的提升起到了重要的作用。

李翔 云南写生 国画

李翔 云南景象 国画

李：我在分管全军美术组织工作的初期，就深刻地感觉到了我们全军画家的基本功整体水平还不高。我去向专家们请教的时候，他们的普遍反映也是这样，就是画的造型感觉还可以，但是没有深入进去，较真的地方做不到，概念化、模式化、表面化现象比较严重。因此，针对这些问题，我们就组织了全军的造型班、色彩班、写生班，都是为了解决这些基本功的问题。"咬定青山不放松"，基本功过了关，才能进入艺术创作的自如境界。

郭：得心应手是一位优秀画家需要具备的基本素质，您认为所谓艺术的基本功需要包含哪些元素？

李：在我看来，主要是造型、色彩、构图和艺术语言的表达。中国画和油画不一样。油画主要是造型、色彩、构图这三块。国画是造型、笔墨、色彩构图，其他因素就看你自己的"造化"了，比如说气韵、格调、修养、思想、才情、悟性等等，因素很多，但是其中主要的还是造型、笔墨，这也是中国画创作中最为重要的。

郭：国画作为中国传统的绘画形式，面临着如何进入当代艺术世界的重大问题，您是如何在国画作品中去把握传统与当代的关系的？

李：中国画的创作要有时代感，色彩的运用和造型的塑造都要具有当代性，艺术创作绝不能陷入人云亦云的困境中。作为当代社会的一分子，我们身上具有抹不掉的时代特征；而作为中国人，我们同样秉持着一种文化自信。中国的艺术有自己的标准，这些标准是从几千年的漫长发展过程当中总结出来的，有着丰厚的基础，是不能舍弃的。当我们试图以当代的眼光去理解中国传统艺术的时候，或许就是二者关系的协调状态。

郭：中国传统艺术和文化的精神内核是具有独特魅力的，比如在传统美术批评理论中有一个标准与西方不同，那就是将艺术作品与画家的人品相联系，所谓"画如其人""人品不高，落墨无法""心正则笔正"等等。您如何看待这些问题？

李：做画家和做人是一回事，那就是人品和画品。中国画本质上是画家自己内涵和修为的展现，所以画的境界体现了人的境界，画的完善过程就是画家自我完善的过程。人品是否好，修养是否深，直接影响到一个画家的发展。历史上，宋代的蔡京、

李翔　《秋凉》　国画

明代的严嵩都是水平很高的书者，只因名声太臭，其作品少有流传，为人所不齿，因此人品、画品特别重要。人品好可以使人更透彻地观察人类社会的方方面面，更趋向真善美。

郭：您认为作为一名艺术家，人品好的内核是什么？

李：人品里面最重要的有两点，一个是善良，一个是正直。你有了公正的心就可能为人真诚，为人真诚才可能为艺真诚，为艺真诚才能在以后艺术道路上有所变革，因为艺术是表达人心的。同时，艺术水平达到一定程度时，技法方面已经相对稳定，人品会决定画家一生走多高、多远。

郭：在您的国画作品中，我看到了中西方艺术的一种有机结合，这正体现了一位中国当代艺术家的自我思考和情感的真实流露。不论是西方当代的绘画技巧还是中国传统的文化理念，非但不会成为您创作中的障碍，反而更像是一些独立的元素，服务于您整个作品的美学呈现。比如作品中色彩的表现，您能将西方色彩语言巧妙而完善地运用到国画创作当中的，这是非常难得的。

李：首先要在艺术创作中把写实色彩转换成写意色彩。什么叫写意色彩？它跟自然不太一样。刚开始我是写实的，但中国传统文化的内在因素决定了必须写意。创作中并不是用色彩来弱化笔墨，也不是用笔墨来改造色彩，而是保留传统"笔墨"基因，将色彩的冷暖变化融于笔墨的阴阳转化之中。

郭：二者融合的尺度是很难把握的，比如印象派就为了追求色彩的效果而忽视了实体的呈现，而传统文人画又抛弃了色彩以追求"道"的境界。您是如何进行这种取舍和协调的呢？

李：现实生活中画一张画，是描绘大自然的一天，360度的景物都是我们的素材。这些现场的五色、七色或者十八色，甚至千变万化的颜色都是我们的素材。我把这些素材集中在画面上，形成一种完整的、协调的、和谐的整体。这是一个再创作的过程，不是照搬现实。我常说，把画室搬到大自然中去。

郭：很多画家写生是为了追求所谓"自然的真实"，而您显然并不被眼前的景物所限制。这有点类似于中国古人的写生方式，以感受带动创作，以内心情感的真实补充完善眼中的自然景观。

李：写生能让我"入定"，可以和大自然对接交流。这种交流才能使我真正感受到"天人合一"的乐趣，从入静到入定，从入定再到最后创作出一张画，是一种很自然的气息的流动，这时候就需要过去的基本功的积淀。如果你手上的功夫不够，就不能达到心手相应，修炼基本功就是要解决这个问题。

郭：从您的作品中，可以品味到天与人本是息息相通的一体。人类制造的城市生活让我们忘记了这种天然状态，写生成为艺术家与自然相交流的媒介，使艺术重新回归到"以天地万物感应为一体"的意境之中。

李：我对于色彩的兴趣正是来源于"天人合一"的感受，中国传统山水大都不强调色彩的丰富性，自有其哲学上的思考。

但当我写生的时候，周围丰富的色彩让我触动，它强化了自然的美感，也刺激了我的感官。因此，这种对于颜色的偏爱也让我试图去平衡国画中笔墨与色彩的关系。

郭：这种关系并不好处理，比如古人就提出了"色不碍墨""色墨相融"，您在写生创作中是如何将笔墨和色彩的关系理顺、融合的？

李：画为心声。在写生中既要非常敏锐地观察到各种色彩，又要使自己成为色盲，把色彩滤掉，只看到黑白的明度关系，这样你才能做到笔墨和色彩的有机融合。所谓"以色助墨光，以墨显色彩"。因为色彩也是有明度的，它和墨色的明度是一个概念，所以我的很多画被拍成黑白照片后，也是一张很好的水墨画。

郭：色即是墨，墨即是色。把色彩融入中国画创作并不与其理论相悖逆，且在一定层面上催生了中国画新的表达形式。还有就是把素描基础训练融入国画教学创作，这其中有人反对，有人赞同，是一个备受争议的话题，这可以说是如何处理中国画的意象造型与西方素描造型体系之间关系的问题。

李：世界上所有先进的东西都是可以借鉴的。素描和色彩一样，把它们融入中国画对我来讲是一个自然而然的过程。素描只是造型基本功的一种呈现形式，中国画的素描观、造型观和西画是有区别的，中国传统山水中"墨分五彩"的理论、色调和阴阳理论，以及造型和笔墨理论都是为表达心声服务的。如果过于计较绘画方式，难免陷入偏见之中，而忽略艺术本体。

郭：手段是服务于目的的，太过拘泥反而会束缚了自己的艺术创想。西画和中国画的区别从根本来讲在于文化，两种文化造就了两种截然不同的绘画形态。但如果从艺术本体去考虑，似乎它们又是殊途同归的，那就是最终带给人很好的审美感受。

李：素描作为一种科学的造型手段，对视觉艺术的发展起到了不可替代的作用，如果没有造型、形体的变化，色彩是不会起变化的。中国画当中最重要的除了造型以外就是笔墨了，再往后才是色彩这三个元素——造型、笔墨、色彩的融合是一个工程，应该说有几代人在努力，我也在努力，我们是站在前人的肩膀上走。比如说蒋兆和、徐悲鸿研究的是造型和笔墨的结合，到我们这一代能不能突破一点，能不能更深入，能不能化色为墨……，这需要一代接一代的人来努力。

郭：这么多年您为全军美术做了很多实事，比如培养美术家、组织全军的大型活动。应该说这些事情耗费了您很多的时间和精力，您怎么处理这个矛盾和关系呢？

李：工作、生活会带给我们很多琐碎的事情，如果不让自己的内心安静下来，而随波逐流，可能会白白浪费了自己的时间和精力。我们不是高僧也不是隐士，那么我们就要学会在工作、日常生活中让自己随时安静下来，内心不为外界的繁杂所干扰，随时能把精力集中在艺术上。"打铁还需自身硬"，干好本职工作的同时不能没有水平，你自己都画不好，你怎么能够带队伍，人家也不服气。

郭：严于律己的人才能被别人信服，勤奋的画家才能经得起大浪淘沙的考验。时间是一个很残酷的东西，你跟不上它必然会被历史遗忘。因此，您曾经在画展中提出"笔墨当随时代"这样的概念，这是一个艺术家对于当代性的严肃思考。

李：时代在哪里？谁能代表时代？时代的划分是后人定的，当代人是看不清的，只能模仿，往往容易失去自我。反过来看，谁又能够超越时代？当代人能画出宋画的感觉？当代人本身就拥有当代性，你往哪里追？人为地去追求所谓"时代性"，往往容易丧失自我，而这恰恰违背了时代的思想。笔墨当随时代，那才是准的，就是自己有自己的表达方式。你是不是在说真话，明眼人能看出来。有次展览会上有几个学生叫我看画，我直言道，你这张画是假画，因为没有表达自己的内心，粗浅描摹或者模仿，没有真情就是假的。

郭：说到真情实感，我忽然想到社会上对于某些主旋律绘画的批评。一些人认为当下的主旋律绘画已经脱离了时代，并不是画家情感的流露，而是一种喊口号的行为。

李：其实，主旋律创作更是要紧紧扣住时代主题，比如我们的军事题材美术创作，难道时代不需要这种正能量的声音吗？很多画家对于战争、生命、人性和时代的体悟难道都是虚假的吗？你说的问题显然是一种社会的偏见，而这种偏见会随着越来越多军事题材优秀作品的出现而消失，这无须担心。但是，我们不提倡无病呻吟，不提倡照搬照抄，我们提倡发自内心地去创作，没有感觉时最好别硬着头皮去画。

李翔 山水写生 国画

郭：在人物画创作上，我对您的很多作品印象很深刻，《扎西平措上尉和阿爸阿妈》，还有《母亲》《南海南海》。创作这些作品您是怎么思考的，这种震撼首先来自您的哪些感受？

李：其实都很简单，里面是有主题的，每个人理解的主题不一样。这就牵扯到另外一个问题，那就是艺术家还要有思想。艺术家往往比普通人更具敏锐的观察力，有了敏锐的观察才能够表达自己的内心，并展现给观众看，这也是艺术家应该做的。比如我们在外面面对那么多人，每一个形象都不一样的情况下，为什么你突然对其中一个形象感兴趣？这个形象代表了什么？这就是艺术家的敏感性，也是种一言难尽的感受。

郭：这种无法用言语说明的感受或许就是您独特的艺术感受力。艺术是需要信仰的，我并非说所谓的宗教信仰，而是个体不断成长中所积淀的感受和信念。在您的人物画中，我感受到了一种信仰的力量。

李：比如说我们去南海写生，就是要表现战士那种坚守海疆的坚定决心，这也是最触动我的一种力量。在思考的基础上到现实中去实现再创作，能更有效表达我的理解和情感。《母亲》是想表达对天下母亲的敬意，画面中是一位喃喃祈祷的藏族老阿妈，她在祈祷什么？可能祈祷家人平安，也可能祈祷整个社会稳定，也可能祈祷自然和谐，她是最慈善、最能够感动人的。

郭：画家的感受一般是敏锐而纤细的，比如您谈到的这些思考，是大多数人会忽视的细节。因此很多人有一种偏见，认为画家的感性思维不一定能处理好理性的教学工作。如今，您担任解放军艺术学院美术系主任，责任重大。到了教学岗位上，您有哪些具体思考呢？

李：军艺目前在课程设置上，把造型、色彩、构成、修养等基本功的训练放到重要位置，训练时间也占很大比例；充分发挥学员们有生活感受、有创作激情的特点，把创作贯穿整个教学过程和学生的在校学习期间；把参加创作实践与学习基本功结合起来，鼓励学员教员参加全军、全国的重大美术展览，并尽可能地提供便利条件，包括绘画材料、学术指导等，让学员们尽可能多地参加艺术创作，鼓励大家在创作中发现不足。最终目的是让学员学有所成，愿军艺美术系成为他们成长的基石。

李翔 《白云芳草地》 国画

郭：这也是一个教学相长的过程，或许在与学生的互动中，对某些困扰自己的艺术难题就有了新的领悟。并且教学本身就是一个从内到外再入心的过程，很多问题越辩越明，最终成为彼此的艺术养分。其实，不论是遍访名家、写生办班，还是培养军队美术家、在军艺教学授课，您始终都以一种学习、奉献和真诚的态度去发现生活、体悟生活，紧跟时代的潮流，以一种创新的姿态面对艺术、面对人生，我想您未来的艺术道路或许会循着这个道路继续前行。

李："不忘初心"是很珍贵的思想，今后还要继续在自己的艺术道路上进行探索。当然随着艺术创作的不断深入，我担心自己越来越笔墨化，越来越游戏化，越来越为笔墨而笔墨，为传统而传统，为哲学而哲学。我担心重复自己、形式化、符号化，对事物和社会不敏感，最后可能画到"作茧自缚"，出不来了，这是我担心的。我现在努力地使自己的艺术创作、创新生命延长，使自己的创作能够不断超越，能够持续下去，这是我的下一个课题，虽然很难，但我愿意为之不断奋斗和坚持！

居庸雄关夏染翠

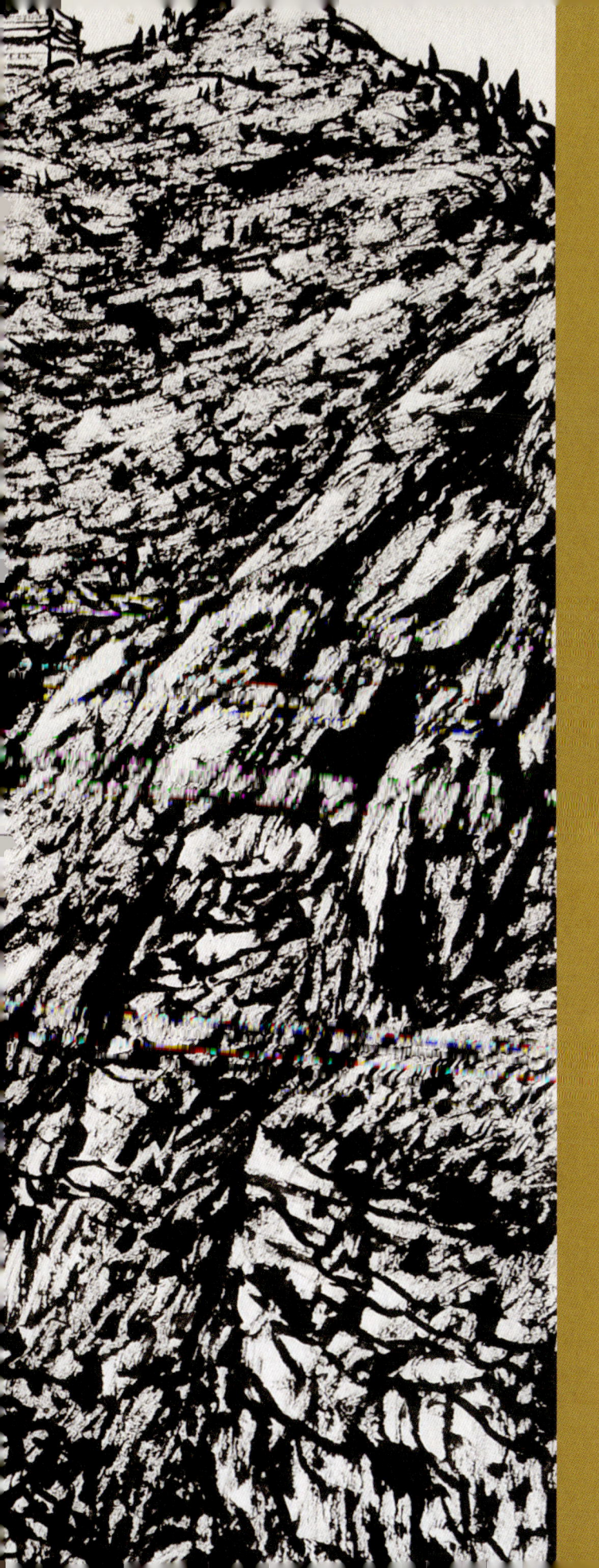

大山堂堂
——美术家王界山访谈录

采访手记：

  主题性绘画不仅指革命历史画等重大题材，而且包括具有叙事性、情节性，以及对中国社会发生的重大变化从艺术角度的切入与反映的绘画。相对于现代主义对个人内心精神状态的关注与精英主义之形式化的"无主题变奏"，主题性绘画始终不应放弃它所具有的对现实生活的社会评判功能。军旅画家作为一个特殊的群体，肩负着更多的社会责任和道义，他们用心中的正气、豪气创作出独具特色的主题性绘画作品。因此，我们能不能也把抒写新时代壮丽河山、朝气蓬勃气象的山水画称为"主题性山水"呢？美术家王界山先生的作品可以作为我们思考这一问题的起点。

时间：2012年7月2日

地点：北京王界山先生工作室

王界山　《长城万里映金辉》　国画

郭兴华（以下简称"郭"）：非常高兴王老师来到我们栏目做客。目前我们部队的中青年画家，大部分都经过严格的学院训练，有很扎实的功底。您既画人物也画山水，尤其是近年来您画了大量的写生，其中山水画我见得比较多。在这个过程中，一定有很多东西可以梳理，很多创作感受也非常有价值、有意义。我们今天想就这些和您聊一聊。

一、成长在山间

王界山（以下简称"王"）：我觉得人要了解自己的属性。我就是一棵草，也就是真正意义上的"草根"，我就是从这个土壤生长起来的。父亲没有什么文化，从农民到土八路，后来成为一个老干部。母亲就是一个农民，后来农转工，成了一个工人。虽然出身草根，但是我崇尚人格的高度。虽然我是草根，但是我很感恩这片土壤。

王界山　山水写生　国画

郭：这是人生的一种体验。您生于青州。青州自古受到儒家文化的滋养，地灵人杰。修身、齐家、治国、平天下是儒家的理想人格，这种人生态度深深地影响了您。

王：正是借老祖宗的灵光，受到传统文脉的滋养，我从小就对写诗作画产生了浓厚的兴趣，乃至后来痴迷其中。16岁参军以后，来到古都北京，雄伟的长城、丰富多彩的颐和园、浓墨重彩的故宫，给我增添了无限灵感。我十八九岁时有幸在北海公园聆听李苦禅、李可染等大师的讲座，那时都是免费的。老先生们为人师表、严于律己、勤于治学的精神为我所敬佩。现在清华美院让我当导师，我也在努力向前辈们学习，回想他们为人之师的情境，不断修正自己在传道授业解惑过程中的不足。

郭：这都是人生的养分。您是圈里有名的热心肠，从骨子里透着山东大汉的豪气，画面也大气磅礴，不忸怩造作。画和人都是同样的朴实、踏实。

王：我非常感谢部队的培养和信任。以前到外面写生，一出去就是一整天，连队的干部、战士们都支持我，知道我痴迷于艺术、在干正事，特批假外出。部队就像是一个大家庭，战士们如兄弟姐妹一样互相鼓励、关心，使我们能够各尽所能。我也慢慢学会了从帮助别人的过程中感受快乐，看到战友甚至不相干的人有困难，我都会尽我所能帮他们。心底无私天地宽嘛，整个人的状态自然就很好，画起画来也觉得气是顺的，很畅快。做人和画画都是一种心态，要有境界。

郭：我相信人品即画品，画的格调就是人的精神格调。中国传统绘画始终有个难以具体把握却无处不在的精神在起作用，可以用儒家"依仁游艺"和道家"逍遥适性"这两种对立又互生的生命意识来概括，也可以说是中国文化和艺术所特有的。

王：是的，从军艺到首师大进修，再到九届美展获奖，我研修的都是人物画。这么多年我也一直在人物画和山水画之间

王界山 《农家院》 国画

王界山 青州写生 国画

穿梭,但从内心深处我更倾心于山水画。并不是不关注现实,而是于天地的陶养间脱离了具体物象的创作更加自由,这也成为我人生中修养心性的一部分。

郭:我突然想起您的作品《长城万里映金辉》,气象宏阔庄重,是能够进入庙堂的大创作,也可以看作您气质、品格的外化。从一棵默默无闻的"小草",经过部队的历练、艺术的滋养、个人的努力,终于成为一名优秀的军旅画家,为祖国江山、盛世挥写画卷,谱写时代的精神。

王:这不是唱高调,是我真实的心境。这幅作品是儒家思想和爱国爱军之情的结合和升华。我当时看了大量历史纪录片,积聚了一种激越、亢奋的情绪,三个月下来,基本上达到了效果。

二、行走在山间

郭:通过这么多年的了解,我将您概括为一位"行者"。人的一生就是在不断地行走,在艺术上也是不断跋涉。中国传统山水画讲究"可居""可游",您喜欢在山间行走,常年不懈地坚持写生,也得益于这种行走的方式。走走停停,时时反思,有痛苦也有欢乐。

王:我在这里还要加上一条"可齐"。有时候感觉大山就像我的父亲一样,特别是北方的太行山,那些裸露的大石块,就和父亲的脊背一样坚实、熟悉。这种震撼魂魄的力量让人感到崇高,高山仰止。还有,我们中国人说"读万卷书,行万里路",画画和做学问一样,要践行,要有实施力。所谓写生,不是我拿个本子单纯地做记录,而是去体会自然,让天地转化为我自身的精神。代表民族气质的一定是庄严肃穆之美,小桥流水、风花雪月那是在闲情逸致的时候用来把玩的,毕竟太个体化了。

郭:画山即画骨,画水是画魂,画花就是画情。中国画的写生是皮囊中置一毛笔,见到好景便摹写记下,遍游名山大川,融汇于胸,然后发于毫端,而传神是把对自然的深入观照和细微体悟放在首位的,最终达到"与山川神遇而迹化"的目的。

王:是的,其实中国古代山水画的写生观,是把人与自然山水融为一体,取消物我对立。写生是记录游历山水时的感受的重要手段。临摹固然是向古人学习的重要途径,但"纸上得来终觉浅",直面活生生的自然,通过细致入微的观察,就会有自己独到的体会;再经过反复推敲,去粗取精,就会转变为个人绘画风格确立的起点。

郭：您认为程式与写生的关系是什么？

王：对于一般的画家而言，写生更多是在山水间游走体会，多一些惬意，我们军旅画家则更多关注民生这一层。山水是自然的，也是社会的，是当下的。比如我画的《金色兵站》，源于我和几个画家到连云港景平山的雷达站去慰问。海拔很高，仅差几十米就能"享受"新疆、西藏的高原待遇，气候恶劣，很艰苦，是对人生命的一种挑战。他们喝的水是在山谷里攒起来的雨水和雪水，拦了一道洪坝，弄上漂白粉和消毒剂，所以在这里待了几年的干部战士都谢顶，饲养的牲畜则到了七八月份必死无疑。我和一个指导员住在一个屋，这是最高待遇了。指导员拿来一个双卡录音机，结果里面传来婴儿的哭声。我说，这是谁的哭声？他说："王老师，我女儿现在一岁多了，还不太会说话。我们长期战备值班，回不了家。我是连队的负责人，又走不开。想女儿想得不行，我老婆就把女儿打哭了，用录音机录下来寄过来，每当我想女儿就听听这个。"当天晚上我就失眠了，一个指导员用这种方式来缓解思念妻子和女儿的心情，度过自己的军旅时光。其实还有很多感人的真实故事。临走那天一大早，指导员来找我说，王老师，我们很快就要建起自己的饭堂，能不能给我们画张画。我当时就答应了。似有神助，一个上午就画出了一幅六尺整纸的山水画。那儿正好有一个黑板，现场就装裱在板子上，赠给他们。赠画的时候，指导员说，王老师，我们没有任何特产作为回报，我们给最尊贵客人的最高尊重就是全连给你们敬军礼。这个时候，全连都站好，战士们皮肤都是黑黑的，嘴唇都是干裂的，一起给我敬了个军礼。这个军礼实在是太重了。当代军人的牺牲又岂止是在战场上，他们默默无闻地把自己的青春留在高高的山顶上。这次的经历对我的震撼太大了，回来以后我饱含着激情画出了《金色兵站》。

郭：平时我也进行山水画创作，我体会勾稿和对写是两种方法，各有不同的目的。勾稿是记录山川形势，以便于构图；对写则是寻找新方法来表现对象，以便创新。山水有山水的气质，画山若想得其精神面貌，则一定要得其典型。不同的山和人一样有不同的形体相貌，不能画任何山水都用一种笔法。即使是写意山水，也不能违背物之理。不同的画家，甚至还会依据个人的性格特点选择与之相符的山之气质。

王界山 《海风徐来听涛声》 国画

王界山　《居庸关长城》　国画

王：是的，万物皆由气凝聚而来，就像一方水土养一方人，在特定的自然环境中产生出外形结构各异的形体。天地造物求的是同中求异，齐而不齐，不齐而齐。传统山水画的皴法，代表了图案化的有序性，但刻画真山真水时，则要在古法的基础上加减变化，自己有所创新。

三、坐忘在山间

郭：您的绘画图式和笔墨语言是在与自然的对话中形成的，无粉饰描摹之痕，无矫揉造作之气，始终呈现出一种自然美的清新气质，笔运随心，形随意现，收放自如。有时为了表达充分，甚至有意忘却图示语言，以求胸中意象即时诉诸笔下。

王：我想，真诚是艺术的起点。用我的笔画我心中的画，从技术上来说就要变法，不拘泥于规矩，不要约束自己的性情。人要有点倔强劲，要有自己的想法，在不断的否定中不断前行。

王界山　《胡林谷》　国画

人要有定力，笔要有定法，以我为主。

郭：我特别欣赏您的魄力，给我印象深刻的是《时不我待》这幅作品，当然还有其他很多作品都是在尝试用中国画的笔墨重构自然，描绘我们目之所及的现实。在这里，您完全打破了传统中国画"何以入画"的界限，飞机、高楼、汽车都可以成为您绘画的题材。

王：我认为，成就一幅好画最基本的因素是能够令人感动，首先自己要有所触动。古代文人墨客坐忘于山林，逍遥于天地之间，我们军旅画家还要把道义和责任与艺术完美结合起来，将属于自己对事物的理解和审美艺术形式表现出来，这样的创作才会有艺术力量，才具有恒定的艺术价值。刚才提到的《时不我待》来源于汶川地震时去慰问。临登直升机前，我们每个人把家属的名字、电话号码、家庭住址都写好，并签了字，因为当时还有很频繁的余震。赶赴救援的战士疲乏至极但精神百倍。遍地尘烟，救援车来回穿梭不断，气氛非常压抑。我们前面的路程是个未知。飞机开出十几分钟以后就开始颠簸得很厉害，气流怪怪的，飞机像在大海上漂泊的一叶小舟，来回摇荡，根本坐不稳。不时还有一团团莫名其妙的黑云。飞机钻进钻出，生死就在一瞬间。到达北川以后，看到大山一大块一大块地倒塌，露出了红色的土，远看就像人身上被刮破流的血一样，一片狼藉。那么美丽的县城，被彻底摧垮了，我们欲哭无泪。老百姓等着我们给他们空投物资，真是时不我待，分秒必争。在一线亲历的11天，我们的官兵在关键时刻都是好样的。他们很多也是独生子女，和我的儿子一样大，没有铁锹，有的连手套都没带，完全靠手扒、找，胳膊被玻璃和钢筋弄得一道道的伤痕，手被划破，甚至指甲都磨掉了。看到这些，我实在忍不住泪流满面。我们的师长、团长，带头冲在前面。那种模范带头作用尽显人民军队之精神。很多外国记者也被这种场景所震惊和感动。

郭：人属于这个世界，但在观念上人总喜欢站在世界的对岸看世界，以这样的态度看世界时，人便成了世界的控制者、决定者。中国美学所建立的是归还于"天"，彼岸世界是回到世界中，回到共成一"天"的生命天地中。在这个世界中，一切都与我的生命相关。人成为"相忘于江湖"的鱼，在体验生命的愉悦。

王：是的，艺术家的创作就是这种生命体验，寻常的景色，一下子明亮起来，所谓"明亮万物"。画面中的一切似乎都活了，一切都流动起来了，由画面流向更广远的世界，由具体的空间流向虚灵不昧的宇宙……

郭：中国绘画在两宋以后渐渐重视表现自我体验，比如元代山水画就是"书斋山水"。中国艺术要创造一个与自我生命相关的"境"，有一些基本特点：一是当下体验，有当下性和直觉性，境是真实的体验；二是圆满性，人与山水草木等外在世界共同形成一个无分别的圆满世界，无心物之相对。

王：从这个意义上说，画画是自我的，发自生命本身，是无关乎功利、无关乎知识的直接认识活动。我也把这一过程称为"发现之旅"。这个境界是我创造的、独一无二的、不可复

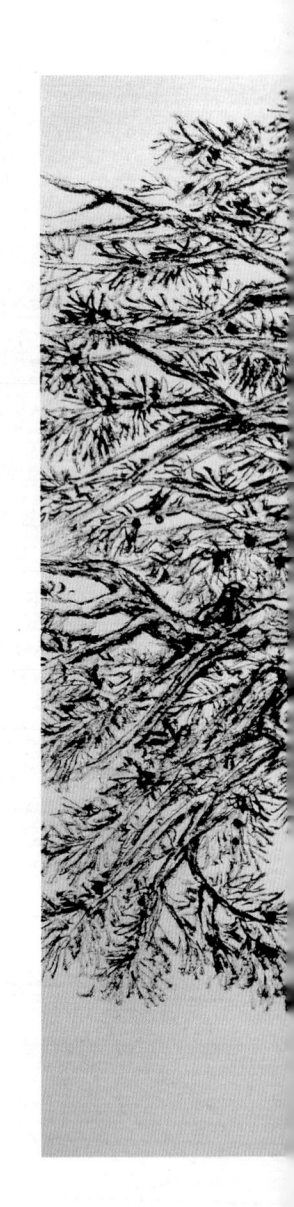

王界山　沈阳故宫写生　国画

制的世界。每一次体验，都是一种新的发现，发现与其他人的不同，发现其真实的意义。

郭：对，纯粹的体验要转换主体的视角，中国艺术也应发挥道禅哲学的心斋、无念等心法，去发现一个活泼泼的世界，唯有无心，才能创造出迷人之境。

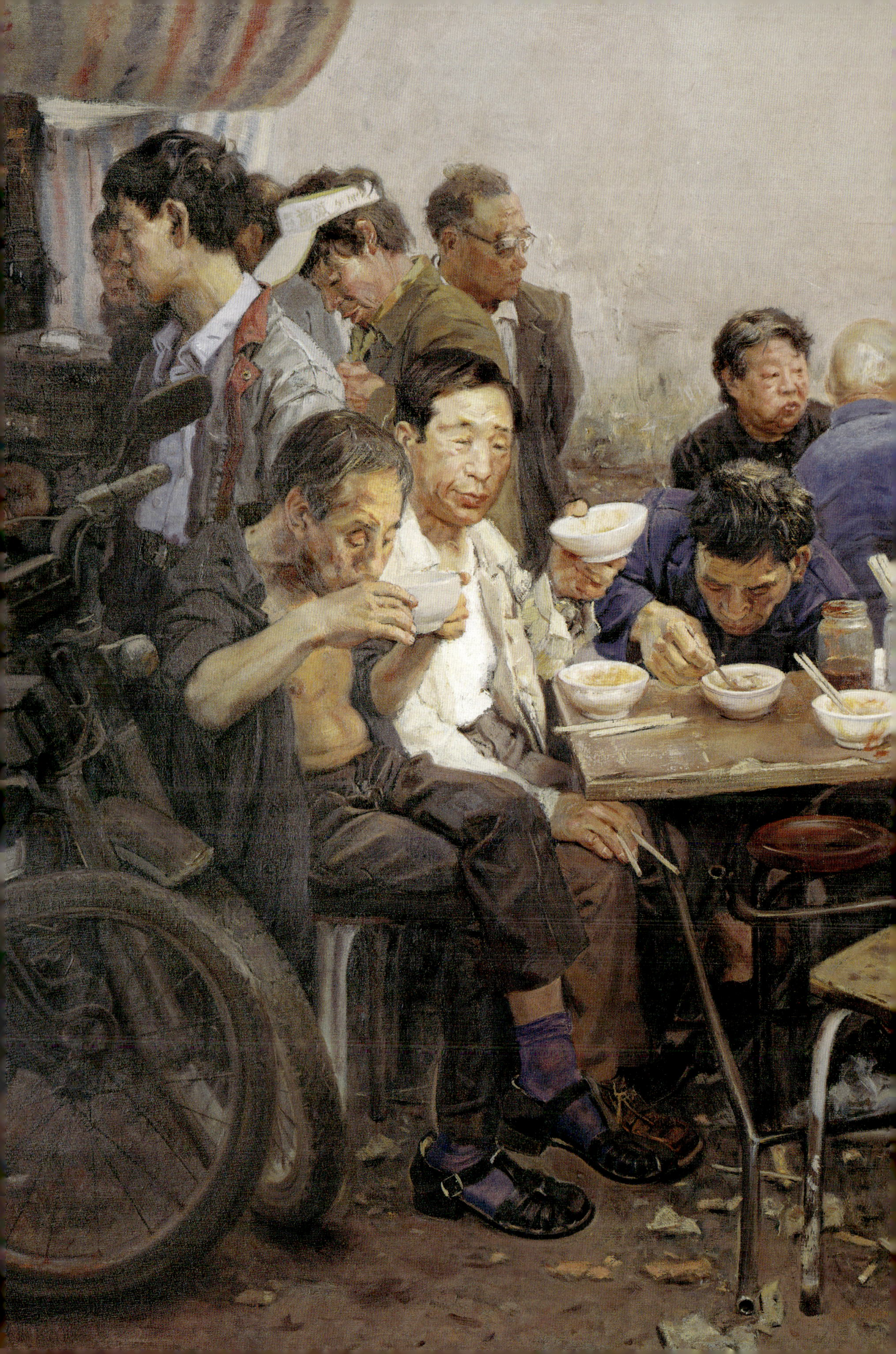

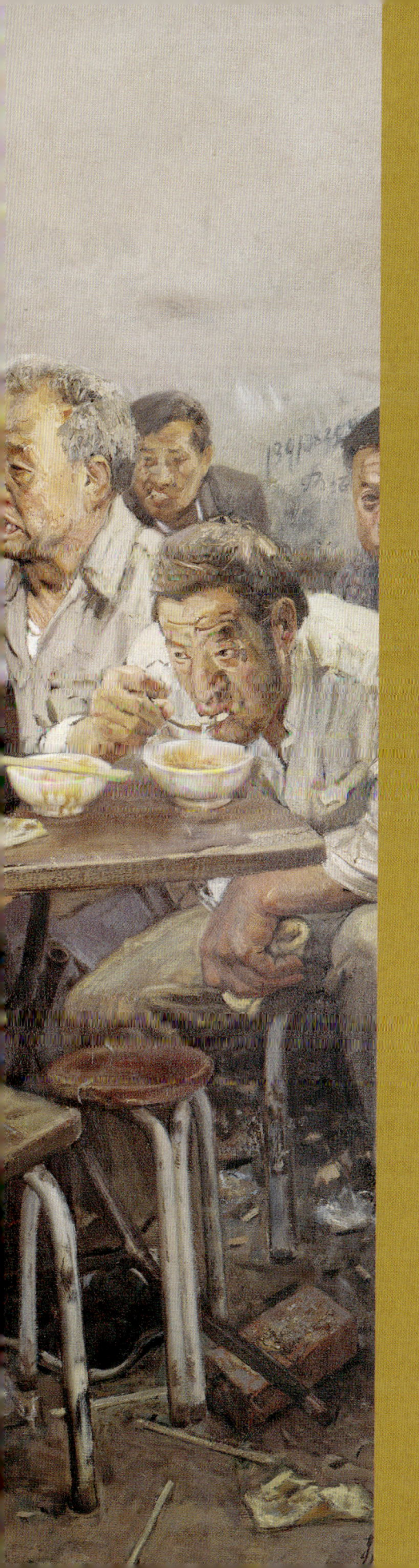

在写实与意象之间
——油画家忻东旺访谈录

忻东旺 《装修》 油画

采访手记：

作为中国当代新写实油画的优秀代表人物，忻东旺从山西到天津再到北京，从一位名不见经传的青年画家到获得第十届全国美展油画金奖的得主，他的成长与崛起超越了常见的轨道，具有更多从边缘到中心的平民色彩。这得益于他的刻苦与勤奋，也得益于他对底层人民深切的人文关怀，更主要的是他在艺术语言上敏锐的感受力和对当代艺术发展的整体观察。

时间：2010年5月18日上午

地点：清华大学美术学院忻东旺工作室

郭兴华（以下简称"郭"）：非常高兴忻东旺老师能够来我们这个栏目做客。忻老师是我们十分熟悉的艺术家，在此我无须做更多的介绍了。我至今都记得第一次看到《诚城》这幅作品时给我的震撼，画面中几个民工在街边等待的情景简直太熟悉了。当时我就想他们在"等"什么，他们在城市里能够"等"到什么呢？时至今日，这幅作品以及之后的一系列作品无论是艺术语言的探索，还是时代精神的塑造都十分成功。

忻东旺（以下简称"忻"）：谢谢！来到这个栏目我也很高兴。

郭：有些评论家把您称作"新写实主义画家"，但我个人认为这样的说法还不够准确，称作"意象写实画家"可能更为贴切。我们知道油画虽然是舶来品，但是经过几代画家的努力已经摆脱了最初的学习西方的"写形"阶段，而提升到更为适合中国人审美情趣，在技法、观念上融合了中国特有的元素等方面的艺术实践。特别要指出的是"意象"二字，这是具有中国美学观念的一个造型系统，富有深厚的文化积淀。

忻：听到您这样讲，我很赞同"意象写实"这个提法，我确实在努力进行这种路向的创作，当然还有一些不到位的地方。

郭：我认为您是这种"意象写实"绘画的代表，所以今天我们就来聊聊您的艺术经历和您的画。

一、自由的画笔

郭：您的学画经历非常曲折，非常不容易。一个普通的农家孩子要付出多少努力，才能取得如此优异的成绩，真是让人佩服！

忻：您过奖了。我的求学经历是比较复杂一些，也有些坎坷，但我并不觉得苦。我从小就喜欢画画，特别强烈地喜欢。小时候我在课本上画满了小人，在我家的墙上也贴满了自己画的英雄人物，还偷偷画领导人的标准像。总之，见到什么就画下来，不停地画，越画越觉得有趣。

我生长在农村，没有什么学画的途径。记得1970年左右，正赶上"文革"，农村也画大字报，土墙上的宣传画挺吸引我的，一见到就特兴奋，喜欢得不得了，就照着画。

郭：一个人的兴趣太重要了，喜欢就会觉得有乐趣，有乐趣才会不断地钻研。

忻：是啊，后来慢慢就想找个地方去专门学习一下，于是托人介绍跟县文化馆的老师学过一点。那位老师受过一些专业训练。我第一次画了石膏。那会儿我在的农村很偏僻，不知道更多考学的途径。我学画的文化馆在内蒙古，就参加了那儿的考试。后来才知道，还有户口、地区限制什么的，最后也没上成。我只能又回农村，走村串巷地给人画玻璃画、炕围子，用自己的手艺养活自己。再后来又到山西投奔亲戚做临时工。反正就是边闯荡边画画，一直坚持自学。现在回头想，我也得益于这种经历。后来我考了个大专，对我来说就是正儿八经地接触专业学习了。参加工作以后，又到中央美术学院进修过两次，接受了一些相对正规的训练。在学画的过程中我没有经历过严格的科班训练，因此在我面前没有任何要恪守的规范和程式，只有用自己有限的知识与技能表达情感。在某种程度上可以说是先有了内心表现的需求和欲望，才产生了对绘画技法的渴望。天马行空什么都可以接受。

郭：人能够在一生中保持"自学的状态"是一笔财富。您始终和"学院派"保持一种若即若离的关系，能够"身在其中，又置身其外"，比我们一直在围墙中的人要清醒。

忻：这可以说是我的不幸，也可以说是幸运之处。说不幸是我没有顺利上大学，更不用说上著名大学了，说幸运是逆境锻造了我的意志力和敏锐的心理感受力。我缺少师承关系，所以得不到许多经验和引导，但也避免了一定的局限——可以维持自己的感觉，自由地画画。因为任何老师、任何体系都有一定的局限性，整个中国油画都是在不断地探索中，我们不是只跟身边仅有的几位老师学，而是要直接跟艺术史上所有卓越的大师学，那才是真正的得道者。当然，我并不是要否认我们的前辈，没有他们中国油画也不会成长起来。他们比我们见识多，实践也多，积累了太多丰富宝贵的经验，应该得到我们的尊重，我们更应该把他们的作品作为历史上可贵的成果来仔细研究。

老师和学院的启发性和标准性在艺术的学习中还是非常必要的，我在央美进修的这两次，对我都起到了很大的作用。学院的教育不是也不该成为一种束缚，我所受到的专业训练没有给我形成任何条条框框。如果说有束缚的话，是我自身的性格、知识面、成长经历的问题。真正的束缚，并不来自学院本身，

忻东旺 《绚日》 油画

忻东旺 《打工》 油画

只有你自己才是你真正的束缚。有时候我开玩笑，我说我其实是中央美院的俗家弟子，你们是和尚。

郭：很有趣的说法，但只要一心向佛都会取到真经，修行的过程是一样的。从事艺术也是一种修行，要通过自己一生的证悟不断探索艺术的真谛、人生的意义。

二、社会的"人"

郭：我最早关注您和您的作品是从《诚城》这幅画开始的。"民工潮"可以说是中国改革开放的一个典型现象，对于他们自身而言，出来打工看世界使他们获益；对于城市人而言，民工确实加快了城市发展的进程。您为何会选择这样一个特殊的群体，最初是怎么发现这个视角的？

忻：画这张画也是一个偶然的机会。当时我家在大同，在火车站看见那么一群人在广场上坐着，对我触动很大。一看就知道是我们老家那边的人，我感觉到与他们似曾相识，我就想他们到底要往哪儿去，去干什么。当时还没有意识到农民工问题代表了一个社会变化，就是觉得他们的形象亲切，才会去关注他们。我选择的对象都是要在第一时间能"抓住"我的。

郭：就是说这个作品更多来源于您最敏锐的感觉，实际上创作意识还没走得那么深。

忻：对，我也是边画边思考，渐渐意识到这个现象背后一定有一股强大的社会变化、社会气候。后来我就画了这张《明天，多云转晴》。为什么起这个名呢？就是觉得这个有点信息化的感觉，所以用了最常见的广播天气预报术语。

郭：这个名字很有意思。这两幅画的差别很大，您又在试图探索什么呢？

忻：我在找语言上的变化，一个画家在完成了一种风格的实践之后，并不会满足，他会去挑战新的方式。我在美院进修的时候，特别迷恋汉代雕塑的造型意味，那种浑然一体的、很可爱的趣味性，还有经过风化之后表面肌理的粗糙感，像用油画刮刀的效果。我喜欢用油画刀，就把农村抹墙、抹腻子时的感觉也结合在一起，产生了这种语言，很痛快、很有质感。

郭：我看人物形象上也有变化。《诚城》的人物基本还是写实，合乎人的比例，而从《明天，多云转晴》开始，人物的头都很大，不是正常的比例，这种形象上的突破您是怎么考虑的？

忻东旺 《走神儿》 油画

忻：有两方面的因素促成了我的改变，一方面是形象所要传达的精神信息。我要表现农民冷不丁地就闯入了城市人的视野，都是那么愣愣的，城市里忽然到处都是农民工，背着大包，给人措手不及的感觉，主要是强调这种视觉冲击力。另一个方面，我特别喜欢汉俑那种具有亲和力的造型，显得很亲切。那是一种血缘式的亲近感。我有一个奇怪的感觉，我看古希腊和古罗马以及米开朗基罗的雕塑时曾感叹敬佩到几乎"绝望"，那几乎不是人能所为，是神所缔造，但不亲切。可西方中世纪的雕塑和印度雕塑却使我感到亲切，好像那更接近人性。

郭：从这两幅画开始您就跃入了大家的视野，直到今天慢慢走向成熟。您选择模特时往往是"就近取材"，比如家里的装修工、学校里的学生、上课时的模特等等。他们的形象并不光鲜，却很朴实。您选择这些素材是不是跟您的经历有关？

忻：有时候我们对待艺术研究跟人的生命历程一样，是可遇不可求的。我们一出生就呼吸到空气，我们对空气不陌生，有依赖性。如果我们要专门地去吸氧气，肯定是身体比较脆弱的时候，或者说是处于病态当中。当我们无法在生活中进行应有的文化体会、艺术挖掘时，说明我们的认知机能可能出了问题。所以我们就会强调要回到生活中去，其实这就好像人的身体出了问题需要吸氧一样。

郭：您指的是下乡写生吗？很多画家每年都要到各地去写生，虽然名曰写生，但细看就像用PS软件处理过的照片一样。

忻：我指的是要有感受生活的能力，不管下不下乡都是生活，重要的是要从看似平淡无奇的日常中感受到文化的存在和意义。比如在课堂写生中，把我们在生活中面对的不同社会身份的人，还原成具有真实人生处境的一个人，而不是把模特儿只当作训练技巧的教具。或是毫无生趣地把模特儿打扮成某些民族装束的人，以视觉的新奇掩盖对人物精神心理的挖掘与生活情感的表达。用一种陌生的样式来说明画家的文化判断，这样的感知是有障碍的。现在很多异域风情的作品，是否能够真正挖掘到那个民族文化的根本，就很难说了，可能更多还停留在视觉上的新鲜感。我们不能为了找题材而去找，而是要用心去体验，用人的知觉去体会。

郭：这个应该叫"目的先行"。作画前一切都有了预设，很难享受到作画过程的快乐，没意思，不大气。

忻：对，画画是一个不断深化思考的过程，其实最初你可能并不知道结局是什么样的。看似你是在尝试各种画法、各种语言，但其实画作本身也在改变你。在和画的互动中，你也在渐渐看清自己。

当我碰到一个创作对象，要画成画，这个过程一定是经过文化思考的。这里的"文化"好像是个空泛的词儿，可是我不觉得。它应该是很具体的，虽然我不能给它定义，但是它确实在左右甚至决定了你对待事物的态度。在选择绘画对象时，我很强调形象要有吸引力、有特点，要符合形式的变化性、趣味性，接着要透过他的形象去感受他的心理。每个人的心理都摆脱不了社会的影子，所以要通过他个人的心理去联系、想象社会对他的影响，实际上我们在通过人来画社会。

郭：所以，您把人物从实景中抽了出来，让观众能够通过这个人看到他背后的事儿。

忻：对，我省略了一些对我来讲不重要的元素，就是为了更加突出"人"本身的形象，便于通过"物"的外形，升华到"神"的层面，进而再推进为认识社会、认识时代文化的线索。

郭：您作品中的人物都很诙谐，我感觉您的视角很平等，没有某些知识分子的那种俯视感。

忻：更准确地说，他们是城市人的视角。今天，我们中国正处于农村和城市交融的时代，农村也有城市的信息，农民的意识也在不断城市化；大量的农民涌入城市时，也为城市带来了农村的信息，形成了一种流动的城市化，凝聚成新的城市因素。

郭：就是说，农民也在改造城市？

忻：对，农民是改造与被改造的。很多作品好像在题材上有共同点，或者涉及同一个人群，差别就在于文化视角。我总是在关心个人的命运和社会的变化，它们是联系在一起的。另外，我觉得很多艺术家也不一定是以知识分子的视角去俯视弱势群体，他们只是另外的一个角度。其实我觉得大家都是平视的，没有谁有能力可以超越时代，俯瞰众生，我们都是特定时代的人。每个人只见到了社会的一面，也只能看到一面。

在写实与意象之间——油画家忻东旺访谈录

忻东旺 《武装》 油画

忻东旺 《诚城》 油画

三、中国的油画

郭：油画不是中国土生土长的，您画的是底层的中国人，融入了很多中国艺术的基因，进行了艺术夸张和变形。请您给我们谈谈您是如何处理这种艺术形式与中国人审美的关系的。

忻：我强调吸收中国艺术的造型意识，因为这里面有表现东方人特征的方式。另外，我表现的是社会底层群体，都是"草根"，这些自然跟西方的崇高、优雅和张扬等美学观念无关。因此，我的绘画语言意识是一种真正的社会感觉，不限于每个人的形象，我会具体体会他们的内在力量。中国人无论从自然特征，还是心理特征上，都是内敛的。另外我们这个时代，人的物欲和自私，人们的心里是封闭的。每个人都有压力，都会产生一种向内收的力。因此，我画的人大多都是收缩性的，这完全是我的感觉。但是，这其中就产生了一种无法避免的张力。我虽然画的是写实形式的视觉图像，但为了表现人物内在的精神本质，必须要透过视觉表象发掘具有艺术表现力的造型意识。看上去是采用了夸张变形的手法来突出特征，而那是我的心灵所见。正如朱光潜先生所说："艺术创造是表现情趣与意象，可以说是情趣的意象化。"所以艺术的写实不是彻底地遵从客观，客观不是艺术。

郭：对，我觉得艺术是为人类所共通的。您的画都有很强的现代意识。这包含中西两个传统，都应该为我们所用，但是又不会磨灭文化主体的特性，这也是我把您的画归结为"意象写实"的原因。

忻：您这样讲我很高兴，这是我所追求的。中国人学习油画要站在中国人的角度，用中国文化的角度去理解西方艺术。中国并没有放弃"形"的塑造，只是更加强调线和意象造型理论。对于意象这一概念，西方人没有理论的界定，但并不缺乏实践经验。那些大师的作品都不是严格意义上的客观，都是通过主观感受之后的艺术造型表现。

那么，相比他们的体积与空间的认识，我们则没有明确的理论。山水画中有石分三面之说，这是从方法的角度来界定的。从艺术的角度来看，东、西方各有建树，他们都对艺术的本质有不同的发现。虽然艺术形式各不相同，但其本质是相同的，那就是人类的精神情感与情趣。我习惯于以中国艺术的思维角度去理解油画，觉得那样很自然。

郭：我看到您在画布上起的线稿也很有中国画的笔意，很有味道，不是仅停留在对形的勾画上。

忻：我比较注意笔意的表达，这也是我注入油画的中国养料。西方大多谈笔触，却没有上升到笔意的层面。笔意是我对油画艺术的一种解读系统。我的笔触有这个神经，能够触及事物潜在的层面。简单地讲，就像写意画中要讲究笔的品质。

郭：是的，我们都属于中国的文化体系，这也是我们最容易吸收养分的资源，很多基因是融在骨子里的。

忻：其实这个基因早已被灌输到我们的认知体系当中，你回避它，无视它，都是不真实的，都会影响你对事物感知的精准性。我们要勇于打破陈规，比如学院里的传统油画是从暗处画起，那个颜色很难确定，并且这不是我们的直觉，不是我们最真切的感受。我就先从中间色画，先找人的基本肤色，马上就能抓住对象的肤色特征，然后再不断地找变化。这样符合由单纯到丰富、由简单到复杂的过程，也容易操作，这种感觉也是最朴素的状态。后来我想，先从暗部画是古典的画法。古典画有棕色或者灰色的底子，当然先从暗部画了。画暗部提亮部，那个底子就相当于中间色，很自然，很贴切；而我们再这样画就是教条了。

我们要做的是创造契合当代人精神世界的新的艺术形式。虽然有不同的民族、地区之分，但只要你能够把所处环境中人的精神和心理挖掘出来，我觉得就是对当代艺术的一个贡献。

郭：是的，不管我们学习谁，艺术创作都要发自本心并观照时代精神。您未来的创作计划是怎样的？

忻：我感觉画画就像面对一个矿藏，尽管看不清下面到底藏的是什么，但它却深深地吸引着我，促使我不断地去开采它。我面前的艺术总有一种魔力在诱惑着我，我可以用自己的情感和对艺术理解的感知力寻找它、呈现它。艺术实际也是一种生命感知形式。

郭：我理解这是一种充满动力和生命的创作状态，希望您今后可以画出更多更好的作品与观众见面，谢谢您！

忻东旺 《适度兴奋》 油画

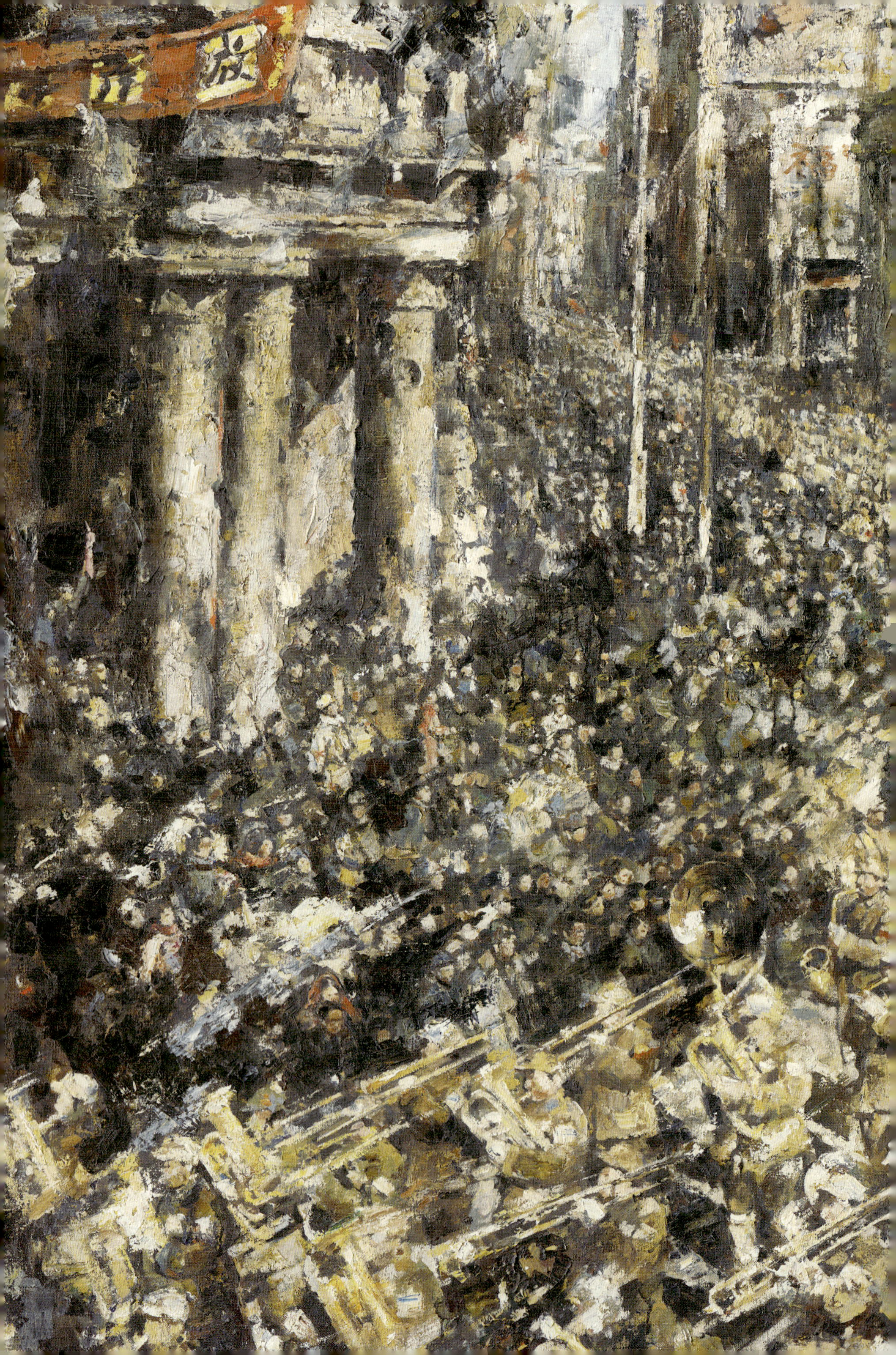

超越表象
——美术家陈树东访谈录

陈树东 生命线 油画

采访手记：

经过20世纪90年代社会转型、商品大潮的洗礼，21世纪的军事历史画也适时地进行了定位的调适。当下，多元文化并存，军旅画家也逐渐回归到平和的状态，慢慢凝聚起一种精气神，以回应现实的挑战，寻找艺术实践的生长点，以一种全新的艺术姿态展现主流文化精神。陈树东就是这样一位严肃的画家，他理性地思考历史，大胆地尝试自己的艺术主张，执着地坚守自己的信念。

时间：2013年2月3日下午
地点：北京陈树东画室

郭兴华（以下简称"郭"）：陈老师是我们非常熟悉的部队优秀年轻画家。近些年，您的很多创作让我很感慨，也很感动。军旅画家无法回避创作主题性绘画，但是同种类型的作品画得多了，也会形成某种类型化、空洞的口号惯性。这个世界上聪明人很多，但是真正能够做出成绩的人往往都是下笨功夫的人。

陈树东（以下简称"陈"）：我们在部队多年，经历和想法与地方画家有很多不同。我们见到很多老前辈的画，希望和他们不同，但是有时又非常迷茫，不知该往哪里走，就自己埋头苦干，想闯出一条路，当然我知道自己还并不成熟。

一、情感传真

郭：提到当代的军事题材绘画，大多从当代军营、战争、历史和未来这几方面来全面塑造当代军人，追问军人的根本价值，并对战争与和平进行思考，在宏大的时空跨度中融汇军旅生活的丰富性和多样性。

陈：应该说，无论是艺术环境还是社会环境，今天都为军事题材绘画提供了广阔的空间和可能性。好的作品是时代的历史性和历史的时代性的统一体。在历史的纵向坐标上，画家要关注历史与时代的联系，挖掘历史的深度和厚度；在现实的横向坐标上，又要将社会的进步和军事发展的新观念灌注到作品中。这也可以说是我们当代军事题材创作的生长点，也是难题。

郭：您的作品给我的印象是，强调历史场景的刻画，而似乎并不突出对人物和事件的描述。比如《百万雄师过大江》《战争系列》等，气势宏大，但我们却很难看到某个具体人物的刻画，这是基于什么样的思考呢？

陈：在历史画中，叙事的因素在其中占据着相当大的分量。在以往的历史画创作中，"历史的真实"和"艺术的真实"总是一对难以处理的矛盾。人们往往把历史画理解为"真实地表现历史上的人物和事件"，越细致具体越好。相当一部分画家为了追求"历史的真实"，不惜压制艺术上的探索。确实，在这些作品中，人物、场景和环境都得到了逼真的再现，也不乏感染力。要做到这一点当然也不容易，需要很高的写实功底。但是，如果把这种做法推到极端，则会产生一定的遗憾，因为那样的话艺术本身就失去了自己的特点和存在的依据，而完全成为历史的图解。鉴于此，我逐渐把历史画创作的重心从"历史的真实"转移到"艺术的真实"上来。我希望我的作品不是靠它所再现的历史事件来感动观众，而是通过作品本身的艺术感染力来触动观众的灵魂，引发他们的思考。艺术作品所表现的历史，不一定非得是真实的历史现场，也可以是艺术家对历史的感触和领悟。所以，我弱化了作品中的叙事因素，而试图通过特定的氛围来体现一种斑驳、遥远、模糊的历史感。

郭：这让我联想到德国新表现主义艺术家安塞姆·基弗，他的作品质感粗粝却又暗含敏锐思考，带给我们的不仅仅是一场视觉盛宴，更多是突破视觉界限的艺术尺度的可能性。这种成功在于对历史理性的关注，把历史的意义转化为画家自己的心灵史，更多地投注了画家的生命和精神历程。

陈：其实历史有很多侧面，可以是一种宿命的力量，也可以是在特定的时空里遇到的具体人和事，但不管怎样，都是在塑造人的力量和精神品格。

陈树东 《雨后复斜阳》 油画

陈树东、李翔　《百万雄师过大江》　油画

郭：就像电影里的场景，通过选择、利用、排列和构成的方法，可以清晰、明确地完成一个相对独立和完整的叙事情节，也可以仅仅是表达叙事情节的一个小小的部分。您早年就读于北京电影学院，对于电影的了解一定比普通画家要深刻，这样的训练也让您能够调集色彩、景物、人物等方方面面的因素为主题服务，就像一位导演一样。

陈：是的，画家既是导演又是演员，也是编剧。我当时在电影学院上学时，学院安排都要看两场四部电影资料片，老师们会根据电影的不同风格进行讲解，分析故事背景环境、人物性格、色调与人的情绪处理……那时，我对电影真是迷上了，不吃饭、不睡觉，疯狂学习，那时精力好极了，看了大量的好电影。好的电影就是动态的绘画，现在想来，这种艺术形式的借用对我来说是一种潜意识的很自然的事情。

郭：一般来说，创作者要表达情感，必定需要一个艺术载体，也就是说需要一个"出口"来呈现想法。当创作者发现了一种比较稳定的方式时，就会形成某种风格。

陈：风格的形成与人的生活经历、内在气质和修养有关，是一个综合的表现。我认为，每一种风格还跟艺术家作画的方式有关。比如，我在画布上贴些其他材料，或者有时把画放平，在上面做些泼溅的效果，都会形成独特的、某些接近于我内心的东西。所谓"不择手段"，这也是一种个人的选择。

二、时空意识

郭：在我看来，社会发展中的重大转折往往是战争，长征、抗日战争、解放战争过去的这几十年，我们虽然创作了各种"巨作"，场面宏大，气势磅礴，但是扪心自问，有多少是能够与这些宏大历史相称的鸿篇巨制，能够震撼观众的呢？

陈：创作者过于纠缠于把故事讲清楚，反而会削弱情感的表达，对艺术本体的探求也会造成一些损耗。我在西班牙看到毕加索的《格尔尼卡》很震撼，展览方式是左边展厅放映第二次世界大战期间德军轰炸格尔尼卡的纪实片，右边的大展厅则陈列着毕加索的巨幅作品《格尔尼卡》。立体派手法表现历史，有象征的、表现的夸张，其实，历史画应有各种艺术形式的表达，那样才会丰富，才有意味。

陈树东 《战争系列之三》 油画

郭：画面中所描绘的场景，可以是一个形而上的宏观概念，也可以是一个形而下的具体概念。在空间关系中，它规定和制约人物、叙事的构成与处理；在时间关系中，它规定和制约这个场景所表达的叙事的时间关系。

陈：绘画是时空的艺术。中西方因观念不同而表现出不同的时空观。时空问题早已是西方哲学、科学、艺术共同关注的对象。从早期希腊哲学对存在与永恒的探讨到海德格尔的《存在与时间》，从透视学的问世到杜尚、毕加索在二维平面中展示四维空间，从独幅画到一秒钟24格的联幅画——电影，我们完全可以写一部西方时空思想史了。我国自古已有"常""易""宇""宙"等时空议题。在美术创作方面，现在更多地表现为物理时空让位于形而上时空，即情节让位于意境或宇宙意识。

郭：之所以称为历史画，是画家要对历史现场进行还原。您的作品《永不褪色的宝塔山》给我留下了深刻的印象，红色背景，浓重的黑色线条，不斤斤计较于对宝塔山的细节描绘。黑颜色本身具有很强的视觉冲击力，不会出现轻薄、浮躁的表现。画面有很厚的颜色肌理，还有其他材质的加入，有意强调画面的分量感，形成一种您所理解的时代特色。我们通常看到反映延安时代的艺术作品，总好像是充盈着一种革命乐观主义的色彩。但是从今天看，那些参加到革命洪流中的人们，应该同时具有一种悲壮的英雄主义意味。如此，那种乐观自然而然就变得具有了神圣的高度。

陈：我认为，作品的艺术性永远是第一位的。画家可以有不同的表现手法，讲故事不是最终目的，通过可感的表象深入探索作品背后的人文精神才是归宿。

郭：受儒家文化的影响，中国人的思维往往趋于共性，这也是中国油画面临的现实，无论是油画家还是观众群。这与现实政治没有关系，而是自身文化传统的问题。我们没有与西方完全同一，只是借用了西方的手段。比如德国的新表现主义，我们可以将其拿来，追求力量感，笔触大，把具象的要求放到最低程度，寻找绘画本身的冲击力。当然，您在创作前的素描过程又与德国新表现主义的观念形成了某种矛盾，在成稿时把细节扔掉了，回到了绘画本身。

陈树东　《关山阵阵苍》　油画

陈：写生、素描是创作中不可或缺的环节，我常常到外面去写生。在写生过程中，画家脱离了案头的熟练和理性的约束，自然会流露出选择对象的随机性和画家现场情绪的莫名冲动，这正是写生中难得的真实和可贵之处。写生不仅仅是把学来的技能还原到自己画面中去应用，而是再回到生活里验证其合理性，从中去总结其他绘画要素的新可能，然后糅杂锤炼才能显现出画家自己的绘画性格。

郭：是的，经过反复推敲和生活的验证，画家才能寻找到真正的艺术自由。您的这种宏观看待历史的角度，是一个很好的启示。战争历史是沉重的、悲情主义的，代表了奉献和牺牲精神，是一代代人抛头颅、洒热血换来的，一点也不轻松。在西柏坡系列作品中，您没有把这些场景作为单纯的审美对象。我们似乎看不到井然有序的革命理想主义、浪漫主义和乐观主义；白和黑的极色，线条的粗细对比，这些因素都在画面中制造了矛盾，肯定了革命历史的精神，充满了敬畏之情。

陈：这是一种潜意识的选择，历史留给我们的是掺杂了理性的情绪，而不仅仅是缅怀和赞扬。

三、文化负载

郭：十几年前，也就是20世纪末，当新时期美术的繁华一季尽得风流之时，我们怀着普遍的乐观主义憧憬着新世纪的辉煌。但是今天，一种清醒的、探询真谛的意识越来越弥漫开来。要激活新的艺术生机，打破旧的格局，总是有赖于一批新的闯将的出现。突围，不断地突围，挑战视觉和观念的极限，增加历史的厚度。我认为，是时候检讨历史题材画的艺术性问题了。

陈：古斯塔夫·库尔贝说："我像游泳家一样横渡过传统的急流，而学院派却淹没于其中。"寻求出路是一个漫长的过程，从这个意义上讲，写实风格与表现主义手法，对我来说具有与别人不一样的意义和更加具体的要求，我更加专注于在军事历史画的创作中进行尝试。当然，这并不意味着排斥其他的题材和表现主题。

郭：人人希望创新，但是标榜着"新体验""新历史""新视觉"，是否意味着真的有所超越，还是换汤不换药的"新花样"？我们看到一些画家确实拓展了军事历史画的题材，有的从战争场面转向了日常生活的温情，有的把刻画对象从伟大的历史人物转向普通一兵的生存状态,甚至还有的把当代高科技的军事武器也融入画中,但是技术上却仍显捉襟见肘,此外表现手法虽然多样,但历史的厚度却被冲淡了。和平年代的历史画对当代画家而言是更为严峻的考验。

陈:你说的我很赞同。技术生涩,内容与形式格格不入;画面格局狭小,形象单薄,沉浸于个人情绪或自传性;精神软化,弱化崇高感和人格的力量,沦为脂粉气,过于日常化;学养匮乏,美学意义暧昧不清,定位不明确;等等。以上种种都是我在艺术追求中所要警惕的。完成画布上的创造,不是对社会生活的消极反映,它首先是艺术家内心生活的自画像。艺术家内心生活有多么汹涌的波涛,它就有多么强大的冲击力量。

郭:我认为,当今社会似乎缺少一种叫"理想主义"的热情,这种情绪是文化人难得的品格。生存大潮迫使着我们来不及拷问灵魂,很多人轻松地卸掉了道德的束缚,透出内心深处的"小"来。

陈:是的,越是有点名气的画家好像越容易畏首畏尾,不敢失误,不敢画坏。我特别怀念上学时候的创作状态,没有人认识你,没有人关注你,画坏了就扔掉,重来,没有任何思想负担。艺术家要有自己的历史定位、独立的思考,要和世俗保持距离,坚守批判的权利,语言可以不成熟,但是必须用心良苦。画画不单是"手艺活",更是艰辛的精神劳动,是理想的追求过程。

郭:我们一方面要承认外部条件的变化深刻地影响了艺术的生态环境,另一方面也要承认艺术本身应负有无可推卸的责任。事实上,艺术在现实精神上的退化,直接导致了它与现实生活的疏离和隔膜。

陈:艺术家要摆脱口号式的僵化描写。一再强调"现象""原生态""生存本相",仿佛使平凡的日常生活现象获得了独立价值,但这种"新写实"流于琐碎,"新视角"拘于一己之念,就连"自然"也显得缺乏现实感,境界狭窄。"小我"的现实是不是我们要的?答案非常肯定,不是。在"小我"之上还有"大我",军旅艺术家就有这样一个很好的传统,立足于此,意义重大。

郭:对,"现实"不仅仅表现为一种艺术形态,而且是艺术与人类生存之间的永恒关系，信守这份关系是历史画的生命根源。

陈：是的，一切历史都是当代史。历史带给我们的是思考，是对人类本身最根本的关怀。我们可以借用外来文化，我们可以更新原有文化，但要不断反省、爬梳和清理，不要以"纯艺术"的名义与社会渐行渐远。画好历史画是军旅画家的责任，我坚定这样的人生选择，乐此不疲，这也是我人生的意义所在。值得欣慰的是，解放军美术书法创作院已经团结起了一批有"大我"精神的艺术家，长期勤奋创作，他们的献身精神无时不在鼓舞我继续前行。

郭：与您的交谈使我觉得很畅快，很久没有这样集中地思考当下军事历史画的本体问题了。非常感谢您，希望可以看到您更多更好的艺术作品。

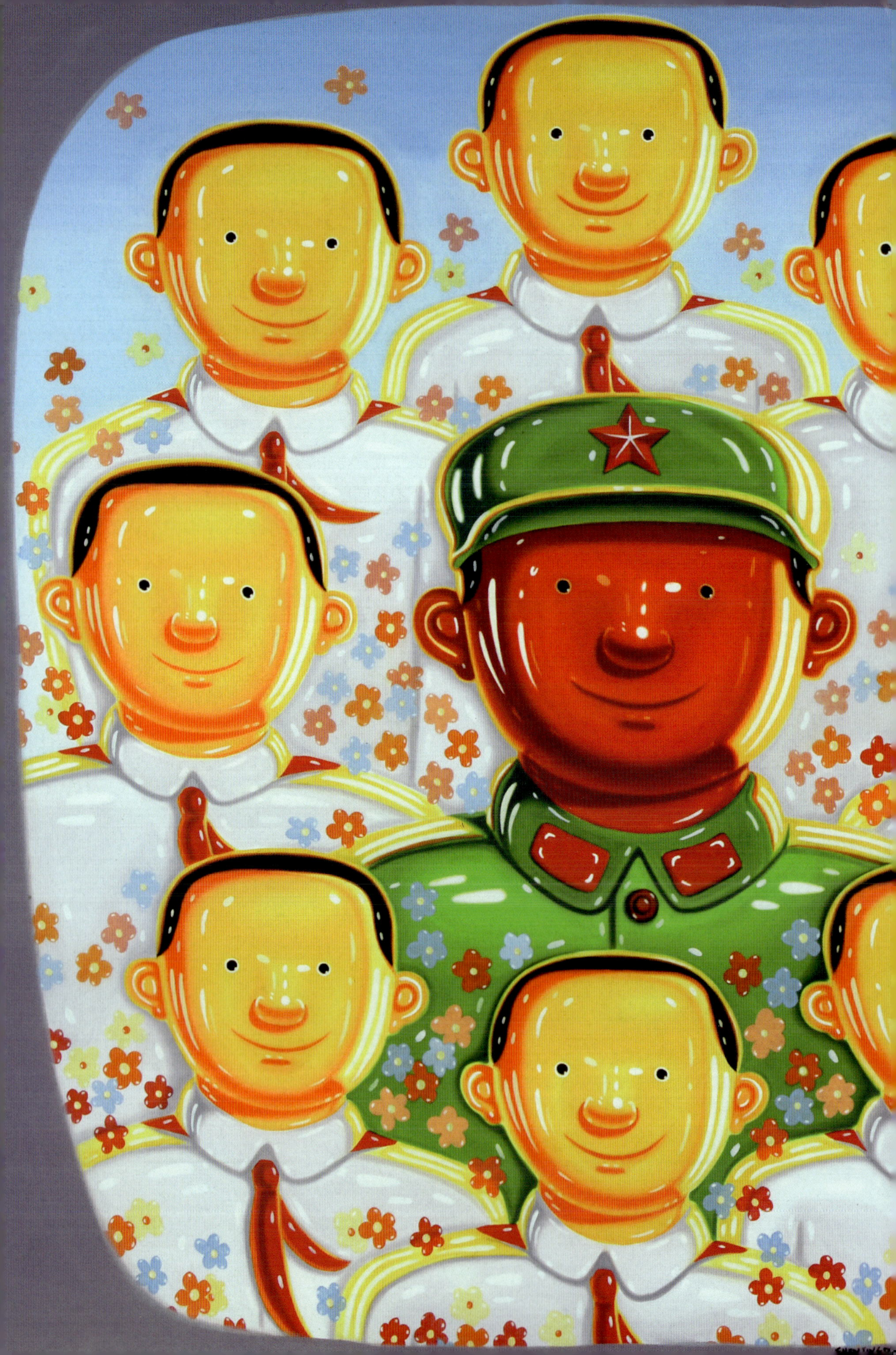

传统与当代：以军旅美术艺术语言的探索为核心
——军旅画家沈敬东访谈录

采访手记：

沈敬东先生是从部队走出来的画家，虽然他已经离开了部队，但他的艺术创作从未离开过军营，尤其是能把军旅情怀和当代艺术有机融合，无疑是一种艺术思想上的突破。

时间：2012年6月12日
地点：宋庄沈敬东工作室

郭兴华（以下简称"郭"）：《艺术家访谈》是我们杂志的一个系列栏目，通过对军内外卓有成就的艺术家特别是探索性艺术家的访问与座谈，以探讨军旅美术发展之路，期望对部队的美术创作有所启迪。此次专访的艺术家沈敬东先生，是一位近年来在国际艺术界颇具影响力的艺术家，当然他也是一位军旅艺术家。虽说这是一个访谈，但也可以说是一个小型研讨会，其目的在于与沈先生共同探讨在当今以消费文化为背景的社会条件下，前卫艺术与我军美术创作存在的可能性关系以及部队美术创作的得失等问题，此外还想请沈先生谈谈他个人的创作体会和经历。

一、情怀与表现

郭：当前，部队中搞前卫艺术的比较少，您对前卫艺术是怎样理解的？当前的艺术界，有些所谓的艺术家以吸引观者的眼球为目的，不惜丑化中国人的形象，他们很少带有社会文化责任感。在您的画作中可以看到一种强烈的军人情结，在这些可爱的人物形象背后，隐约让人感到一种深沉的历史责任感。

沈敬东（以下简称"沈"）：关于"前卫艺术"一词现在提得不多了，学界一般称之为后现代或当代艺术。中国的当代艺术在一定意义上可说是改革开放的产物。由于受到西方文化的撞击，中国的当代艺术迅速发展起来。早期主要是以学习西方为主，但在89美术大展以后，中国当代艺术则又前进了一步，不再是亦步亦趋地学习西方，而是回归到中国的社会本体，开始关注自己的生活，表现自己的生活。您刚才提到的一些现象基本上已经把中国当代艺术的一些特点概括了，比如丑化现象。中国的当代艺术一开始就是以反讽为主，这可能与中国当时的社会背景有关，之后就慢慢地变得多元化了。

郭：的确如此，现在不论是油画还是国画，经过85思潮那一时期的一种狂飙之后，人们的思想开始变得相对冷静了，不再强烈地追西方的意识。但现在我觉得还是有一部分搞当代艺术的，他们把目光更多地投向西方市场，唯西方艺术市场马首是瞻。当然我们不排斥市场，就艺术市场而言，早在宋代中国的书画市场就已初具规模，即我们也需要市场的引领，由市场机制来对艺术品优胜劣汰，这通常也是一个西方艺术家所走之路。然而有些艺术家只把眼光盯在西方市场上，为迎合西方的某些"口味"，而丧失了自己民族的文化独立性。我觉得泱泱中华文明几千年传承不断，有如此深厚的文化积淀难道不足以屹立于世界民族之林吗？特别是改革开放30多年来所取得的举世瞩目的成绩，从中央到地方都开始重视文化。党的十七大报告提出了文化大发展大繁荣的问题，部队中也提出了大力发展军队文艺的要求。作为一个经济快速发展的国家，文化的发展也必须跟上。中国是一个文化大国，但由于历史原因近代的中国经济发展相对滞后，造成了一些不好的文化现象，而现在中国正在向文化强国过渡。

沈：我觉得您刚才说得很好，您把文化提到一个国家责任的高度，使之成为一个国家的发展战略。实际上我们看西方也是这样。以美国为例，第二次世界大战以前文化（艺术）中心在欧洲，第二次世界大战时很多人才如科学家、艺术家等为避战乱或迫害逃到了美国，但当时美国本土没有什么好的艺术。美国有个策略，它是一个经济大国，因此也希望把自己操作成

沈敬东工作室

为一个文化大国，它对当代艺术的投资或推动实际上是一种国家行为，是有谋划的。美国在很短的时间内就推出了抽象表现主义、波普艺术，其实都是国家安全局在操作这些事情的。这完全是一种国家行为，是美国的文化战略。就中国而言，当代艺术大概也就是从2004年到现在这几年才开始发展起来的。一是因为我们国家综合国力的日益强盛；二是我个人觉得，就是西方现代艺术发展这么多年，它自身面临一种艺术语言困境，这时它需要了解周围的艺术发展状况，于是把目光投向其他国家，当然这是有着理论依据的，如比较著名的萨义德的《东方学》。中国艺术形成现在这种状况相对来说比较独特，在西方艺术语言面临困境时，它自然而然地会将目光投向中国。从一个大的角度来讲，国家的介入非常重要。在中国，专门收藏和展示当代艺术作品的美术馆一个都没有，目前可以收藏当代艺术作品的只有中国美术馆。2007年初中国美术馆收藏了一件我的作品，那是我参加今日中国美术大展之后的事，后来听他们讲这可能是第一次收藏中国当代艺术作品。当然还有一个很重要的原因就是，范迪安先生就任中国美术馆馆长以来着力推动了中国当代艺术的发展，做了很多工作。中国一开始就是以传统的官方艺术为主流，当代艺术都是边缘的，不太为人们所承认。

郭：是的，有时这两者之间甚至存在一种矛盾和对立。

沈：当代艺术开始被人们接受的不多，但现在开始多了起来，我觉得一个重要的原因就是现在的中青年一代开始起来了。四五十岁的人基本上可以接受当代艺术，而老一辈的人则不太接受。当前中国这批四五十岁的人有的是 IT 产业的，有的是高级白领，他们有能力欣赏，有能力收藏，这就有可能会促进当代艺术的发展。也就是说，他们可能不喜欢拿一张传统的国画挂在家里，而可能会选择一张现代艺术作品来装饰居室。

郭：您说的这批人，他们属于中国新兴的中产阶层。中产阶层的兴起也正是西方当代艺术产生的根源，即中产阶层的出现为现当代艺术的兴起与发展提供了契机。我以前接触的一些当代艺术有不少给人一种残忍、恐怖的感觉，有的甚至令人作呕，并且这种现象在当代艺术中还比较普遍。但我看您的这些艺术形象都很可爱，给人一种糖果般的甜蜜感，您是如何最终选择这种形式作为您的艺术符号的？在您的艺术历程中是否也有过那种类似"走火入魔"的经历？

沈：我大学毕业后，1991 年被分配到久负盛名的前线话剧团从事舞台美术工作，从此成为一名军人。从那时起我就一直不断地坚持搞艺术创作。当然，就前卫艺术而言我也做过各种各样的尝试，内容或多或少都与部队有关，开始偏写实一点，后来在材料、形式上做了很多探索。但是总体上来说，我没有选择你说的那种残忍、恐怖的表现形式，我觉得这可能与个人的性格等方面相关。我觉得一些怪异的东西，反倒可能会出现在艺术的初级阶段，就像一个人一样，他在一个群体中装腔作势哗众取宠，表演各种动作以吸引人的眼球，但是真正有涵养的人，他只要讲几句话人家就知道这个人肯定读过很多书，根本不需要去装腔作势。

郭：您刚才说，您的这种绘画形式可能与个人性格有关，大家都是当兵的，说话也比较直，我觉得您本人的形象就给人一种很强的亲和力，这跟您的作品给人的感觉颇有相似之处。我想起弗莱的一个观点，他认为，形式结构不是画家的随意选择，而是画家的心理结构在感情上的物化形态。也就是说，画家对视觉材料的吸收和改造都是由他的心理结构决定的。我想这也正是中国人常说的"画如其人"。您是如何想到要以这样的一种可爱的瓷质卡通人物形象作为符号来表现您个人的一种意念？

沈：其实我们60年代出生的人，从小受到的教育就是雷锋式的英雄教育，所以我的作品题目就叫作《英雄》。解放军是最可爱的人，这些人物形象不是也很可爱吗？这都是我们社会主义国家的传统教育，在我们小的时候有一种幸福的感觉，当然这种幸福是一种封闭式的幸福感。您看我这张《虎踞钟山》的剧照，是1997年拍的。当时由于剧情需要就穿着军装拍了几张剧照，拍完放大后我发现挺有意思。军人穿军装拍正规照给人感觉很严肃，但我觉得严肃里面透着幽默，有点像领袖的感觉，过去只有毛主席才能放这么大的照片。这虽然只是个简单摄影，但我把它当成一件作品。后来就开始完全照这方面画一点这样的画，但我觉得如果完全照这样画写实的话还不够，这就要想一点东西。开始我做了一些雕塑，做雕塑之后再回过头来画画，画的时候我追求雕塑的那种瓷的质感，这张照片就成为我以后"英雄系列"的前奏。观念是先有的，手法是后来的。

二、市场与创作

郭：从去年开始的国际金融危机对当代艺术造成很大的冲击，很多画廊要么停业要么倒闭。那么这场危机对您的艺术创作有何影响？

沈：说实话，去年年底，我一点感觉都没有，就是不断有人来要画，我不断创作。今年刚开始，就在前两天香港画廊还来向我订画。我曾经问过他这方面的情况，他受金融危机的冲击很大，但他还是来要我的作品，也有不少人向他的画廊要我的作品。他自己讲，他受到的冲击是他做画廊这行近20年所未曾遇到的。对于我来讲，目前也受到一定的影响，不过也还好，喜欢我画的人比较多，从年轻的到年老的，从国内到国外都有，这个不买那个买。

郭：像方力钧、张晓刚、岳敏君等几个典型的被市场认可的代表人物，您对他们的创作怎么看？

沈：价格那么高，当然是会有很大泡沫在里面，不过其中的原因也很复杂，但我仍然觉得他们的成功不是偶然的，还是有其必然因素。首先他们表达的东西准确，能代表一个时代的情绪或者说最强音。至于市场，这或许也是他们自己所始料不及的。他们中有的人四五年前的画价可能还没有我现在的高，他也没想到他的画能升到这么高的价位。不过我觉得他们几个被写进中国当代美术史应该是没有问题的。

郭：如此高的拍卖价格，其实画家得到的并不多，真正收获最大的当是藏家。

沈：但是我认为这背后的操作也很重要。这也是一种游戏规则，如安迪·沃霍尔的画，安迪·沃霍尔有一个最大的藏家，只要举行拍卖会，这个藏家就会把安迪·沃霍尔的画价举到一定的高度，要么被他买回来，要么其他人也举到同样高度，便宜买不到。

沈敬东工作室

郭：是的，这也可以说是艺术市场的一种潜规则。现在无论是当代艺术也好后现代艺术也好，都面临着洗牌，整个都跟着市场转。您对中国当代艺术是一种什么样的思考？

沈：市场给当代艺术注入了一支强心剂，或者说注入了一种生命力吧。

郭：中国当代艺术现在进入了一个相对冷静的阶段，人们不会再像以前那样对它进行激烈的抨击，而是能够平心静气地去审视它，要么接受要么否定。就部队的美术创作而言，在主旋律创作与当代艺术观念之间存在着一种对立形态，一个要求以写实手法表现文学性的叙事情节，而另一个恰恰是对它的反叛。那么作为一个军人，您对我们部队目前的美术创作格局有什么样的看法？

沈：我大学毕业后从事舞台美术创作，实际上离美术圈子已经比较远了。开始我也希望参加部队的一些美术展览，后来我发现他们有一种模式，这种模式是长期以来中国美术教育下的模式，就是以前受苏联影响的模式。比如表现一个文学性故事的场面，一个历史事件等，都是这样的一套模式。我觉得对艺术家而言，首先还是应该建立一种个人风格，然后再去表达你所要表达的东西；如果没有个人风格，完全按照一个主题去创作的话，那么艺术家失去的就是自己。部队创作了这么多作品，老一辈艺术家的作品还是令人钦佩的。所谓时势造英雄，他们那一代人还是处在一种激情当中，他们的艺术是时代的需要与选择，因此时势也成就了他们的艺术，例如何孔德等老一辈军旅画家。但是当前的一些艺术创作，讲得不客气一点儿，就是越来越假，为了创作而创作，为了参加展览、为了获奖而创作。

郭：您这点说得非常好，似乎正是这只无形的手，桎梏了我们的艺术创作，使之流于表面。还有一点想与您探讨，当今一些前卫艺术家，他们眼光盯住市场，同样带有很强的目的性，是不是也可以说他们是为了市场而创作，那也不是一个艺术家所应有的创作状态。

沈：在我看来，当代艺术中这些卖得好的作品，实际上艺术家一开始并不知道他的作品会卖得好。当他的作品在市场上取得成功之后，那些跟风的人目的性就很强了，看到某种画好卖他就模仿，人家画光头他也画光头，人家画傻笑他也画傻笑。那种人一看就看得出来，他就是奔着卖画去的，虽然形式上有点像，但本质上是两码事。那么前面说到的那些原创的作品，实际上一开始未必有市场，那些艺术家大都经历过十几甚至二十几年的艰苦奋斗。

郭：我觉得当代艺术或前卫艺术，就像美国当代著名批评家T.J.克拉克说的那样，前卫艺术的逻辑不在于形式的创造，而在于"否定性的"实践。这种否定性在本质上是对19世纪占统治地位的古典主义贵族艺术的瓦解。可见古典主义的那套写实传统与现当代艺术根本就是两套评价体系，在创作观念以及对造型的理解上完全是两条路子，以您或方力钧等的作品为例，我们根本无法用古典写实的那套标准来衡量你们的作品。刚才您说得很好，前卫艺术同样也体现了人的整体修养，是一种对时代、对当代艺术的敏锐理解，以及表达自己的内心感受。现在关注"80后"，80年代出生的人与"70后""90后"都不一样。他们之所以成为被关注的焦点，是因为他们经历了一个特殊的时代，很多方面都比较突出。我分析了你们这个年龄段的当代艺术家，如方力钧、张晓刚、王广义等，你们表达的内容也有相近之处，表达的都是五六十年代的人的独特感受。从你们的画面上，我感受到了那种强烈而真实的时代气息。

沈：总体来讲，艺术肯定是要往前发展的，肯定是一代比一代进步。但当代艺术现在面临一种"失语"的困境，因为表现20世纪60年代生活经历、共同记忆的这些东西，实际上已经被人挖掘得差不多了。年轻人没什么经历，他们肯定会另起炉灶去表达他们自己所熟悉的生活，他们的艺术可能会跟电脑、电子游戏密切相关，而那些也是我们不能表达的。从美术史上来讲，当代艺术处于发展中。我觉得艺术像科研一样，它一个时期解决一个问题。文艺复兴时期解决造型问题，当这个问题得到解决后，一部分艺术家就要另辟蹊径，走前人没有走过的路，那么印象派便应运而生；之后又出现凡·高、塞尚、毕加索等，他们都将艺术不断向前推进。当代艺术在中国也是一直向前推进的，而中国的体制内艺术模式也一直在延续着，艺术家拿着工资，不愁吃穿，但这不一定都能画出好作品来。我觉得军旅艺术家是一个特殊的艺术群体。

沈敬东 《兵》 陶瓷装置

郭：通过做这个杂志我发现这样一种现象，过去我们部队的艺术家能否参加展览，能否获奖，都要经过审查。但如今已经不是这样了，领导对艺术的关注已不再像过去那样艺术政治化，现在他们的思想已经逐渐放开，接受一些新的东西。由于惯性思维，部队艺术家容易自己给自己设一个框子，在起草阶段，他就觉得自己这么画不行，审查可能通不过。但这个"不行"并没有别人说，也并不是领导定的框子。对于地方美术家来讲不存在这个问题，但是对于部队美术家来说，这个感觉就很强烈。之所以本刊要拿出一个版块来，对咱们部队中当代艺术做得比较好的艺术家做访谈，就是希望能对大家有个借鉴意义。

沈：我觉得现在我的画若要参加全军美展，可能也不行，人家也不接受。最多也就是允许我参加展览，它还是有个标准的，而这个标准是无形的。

三、传统与当代

郭：英雄形象通常都是比较崇高的，往往给人一种安全感，您画的这些人物则都非常有趣可爱，那么在您的笔下是不是把这种崇高感、安全感给瓦解了？

沈：我作品中的英雄形象，实际上是从画自己开始的。做英雄是我个人的一个理想，我是普通士兵，也是普通人，从童年开始，我的理想就是成为一个英雄。

郭：实际上是对个人英雄主义的一种消解。

沈：对，实际上就是英雄平民化，人人都可以成为自己的英雄。

郭：我感觉您的画基本上到了一个定型期，都是这种卡通化的人物。这种形式持续了大概已经有三四年了吧，您画作的仿品也越来越多，不知您是否思考过下一步将如何发展？

沈：这对我来讲也确实是一个挑战，因为艺术要往前走嘛，今年就是希望自己再往下有一个大的拓展。如果拓展到了山穷水尽的地步，就另辟蹊径重新开始。现在觉得，我到今天在这方面还有发展的余地，还有想表达的东西，我要的高度还没有达到，我希望有更好的归宿。我的画现在还可以吧，在德国由最大的藏家收藏，在美国也被排行前几位的艺术收藏家收藏，在中国美术馆也有收藏，如果有一天我的画可以完全达到由大的美术家收藏或者美术馆收藏的话，我就可以不画这种画了。目前我觉得我自己的"话"还没说完，我还没有达到一定的高度。

郭：您说的"高度"是什么？还没有说完的话又是指什么？

沈：实际上任何一位艺术家都希望美术馆收藏自己的作品，那对于自己的未来是有好处的。而所谓"没说完的话"是指我的这种绘画还可以延续，还有空间，还没有到走不下去硬画的程度，这完全是自我的一种感觉。

郭：就是说每一张画都凝注着您浓厚的兴趣。

沈：其实我是在一边画一边思考的，每一步应当怎么走，我还是有计划的。因为你自己要保持清醒，要设想今年大概要画成什么样子。但是当你画到一定阶段的时候，突然会有新的想法。一个艺术家的思维是有惯性的，不可能今天画这样，明天画那样，否则你给人的感觉肯定是不成熟。另外，你不可能总是停留在一个地方，不向前发展，但是艺术确实就像登山一样，越往上走就越有难度，这就要不断地提升自己。

郭：您的创作是否立足中国民族传统，从中汲取了养分并应用在自己的绘画中，同时也形成了一种自己的语言符号？

沈：对。传统的、民间的东西是我绘画中的一种养料，一个源泉。我不能完全照着一个民间的东西去画，那就成了复制，而不是我的艺术创作了。我吸取它的一些造型手法，将其应用到我的创作中。

郭：看到您的作品让我想到大众文化与前卫艺术的关系，正像克拉克所认为的，现代主义的冒险总是以反叛为先导，以大众文化为归结，否定最终体现为肯定。这一思路可说是一直延续着。在当今的消费社会里，在大众文化的背景下，当代艺术所使用的媒介同样受到大众文化的制约。

沈：现代主义绘画还是属于精英文化范畴，而后现代则应该完全是大众文化了，它完全突破了传统的艺术评审机制，像安迪·沃霍尔他最大的贡献就是把艺术平民化。中产阶级需要一种他能消费得起的文化。作为从事文化创造的艺术家来讲，他仍是文化的精英，他必须在一个高度上来思考问题。

郭：的确如此，这正是当代艺术中一个比较有趣的现象。当代艺术从根本上是反对只为少数人所享有的精英文化的，但艺术家自己偏偏又是文化中的精英，只是他们的作品所面对的观众已经与以往不同。

沈：就我所塑造的形象而言，我只是想创造出一种大家都能接受的形象，让人印象深刻。大概2006年的时候，我的一个比较大的雕塑被放在一家画廊门口，当时开一个什么会的时候，还有人特别提到这个雕塑把军人形象丑化了，以前塑造英雄都是浓眉大眼的，怎么这个眼睛那么小，后来就把我的这件雕塑用布给罩了起来，大概罩了半年。我心想，罩就罩吧，它还正好放在人家画廊门口。我开始画时并不被有些人接受，但实际上这也是一种幽默吧！对于我来讲没有什么明显的反讽问题。

郭：您在形成这种语言形式之前，做了各种尝试，您觉得这些尝试的价值体现在何处？

沈敬东工作室

沈：我现在这种绘画语言的形成，是自己一点点积累、一点点摸索出来的，所以我的这个艺术形象出来以后是比较明确的。有的人则是跟风而来的，他没有这个积累过程，只是觉得这种画好卖就盲从，他并不理解这画的真正含义，让他临摹一张也许还行。那张在墙边放着的画，就是我从潘家园买回来的我画作的仿制品，但若要他真正独立创作，则会出现肤浅的现象。相对来讲，我前面积累得多一点，我的思索也会多一点。

郭：首都师范大学武明中老师也是搞当代艺术的，您和他的作品有点相似之处，都较多地表现这种瓷质或玻璃质地的光感，这是一种巧合，还是有一种相互之间的借鉴？

沈：整个当代艺术有一种集体无意识，比如对一种东西的关注，对一件事物的表达方式，往往会出现某些相似的地方。当然在当代艺术中，大家相互学习、相互借鉴也是一个很自然的过程。2003 年我在南京画民间瓷质小宫人的时候我还不知道武明中是谁，但到北京之后就知道他了。表现这种光感的实际上还不止我们两个，但我是将其结合到自己的军人形象创作中。武明中在当代艺术来的时候转变比较快，他思维敏捷。其实人的观念转变以后，再加上技术过硬的话，还是可以很好表达他想要表达的东西。

四、人性与真诚

郭：您是如何看待咱们军旅画家这个群体的？

沈：我从小时候学画起，就觉得部队画家画得特别好，基本功很扎实，那种大场面、构图画得真好。现在部队年轻的艺术家跟老一辈的比还是差一些。"高大全"时期以及稍后一点的部队画家的作品中也还是有一种"气"在里边，有一种爱国情感，这是时代造成的。像重大题材的创作，如我的《开国大典》，只不过我换了一种方式表达。我觉得作为一个艺术家,不管是在部队还是在地方,没有自己的东西是很悲哀的。还是要落实到自己艺术的本体上,抛开艺术本体,光从主题上来取胜的话,即使成功肯定也是一时的。假如我们去看部队的展览,若把名字遮掉,恐怕有些作品很难分辨作者是谁。我觉得部队艺术家应该把步子迈得更大一些。改革开放这么多年了,现在的画家更不能抱着固有的东西不变,这可能还是体制和思维习惯问题。我觉得有条件的话可以做个交流展,不要局限在某个圈子里,把这个范围扩大一点。

郭:刚才谈到个性化的问题,我很支持您的观点。对一个画家来讲,他必须有一个很强的个性化语言,若千人一面,那也就丧失了艺术存在的价值。纵观中国美术史也会看到,从唐宋到元明清,每个时代的绘画都有那一时期的独特面貌,每个画史留名的画家都有自己独特的艺术风格。对部队画家来讲这种个性化语言尤为重要。在部队常常会出现题材"撞车"的现象,比如两个人若画相同的题材,那么其中一个人就要改换,这充分说明在部队美术创作中同样面临着"失语"的困境。同时在部队美术中也存在着这样的矛盾,部队教育我们要崇尚荣誉,但这不是个人的,而是集体荣誉,这种荣誉感有时无形中给艺术家造成了一种心理压力,与艺术需要"解衣般礴"的状态南辕北辙,解决的方法仍有待探索。但不论怎样,艺术要真诚,也必须真诚,不能欺骗,不能带有一种很强的功利目的,为了体现个人而体现个人。当然,这种个性化语言培养起来绝非易事,像您在艺术创作中就曾经做了很多思索与尝试,经历了很多年的磨砺,最后才形成了自己的语言,我想这对我们的部分美术创作来说也有着非常重要的启发意义。

为中国美术立言
——美术家吴长江访谈录

吴长江 《两位甘德牧人》 国画

采访手记：

中国文化战略正迎来大布局的时代，中国美术家协会肩负着引导主流美术健康发展，推动中国美术事业伟大复兴的重要使命。在全球多样文化并存以及中国美术繁荣发展的今天，中国美术要走向世界，让世界听到来自东方的强音，从战略的高度确保中国的文化自主性，构筑中国当代文化的自身特色，对于中国来讲，既是难得的机遇，又是新的挑战。

时间：2011年12月20日

地点：中国美术家协会吴长江先生办公室

郭兴华（以下简称"郭"）：吴书记，您好，很高兴您在百忙中能够抽出时间接受我们的采访。我们看到这几年美术界蒸蒸日上的发展。在您的带动下，中国美协在很多方面都做了不同的突破和尝试，各式展览、国际交流、学术研讨等非常活跃，这种新的气象让美术家备受鼓舞，我们看到了新的希望和机遇。您肩负着十分繁重的为美术界服务的工作，牺牲了大量个人创作的时间，令人钦佩。但是，您毕竟也是一位艺术家，涉猎广泛，版画、水彩等都有佳作问世，在个人实践中也积累了丰富的经验。我们今天想就这些话题和您聊一聊您的工作和您在艺术上的探索。

吴长江（以下简称"吴"）：我也非常感谢你们专门来这儿采访。谈到中国美协这几年所做的工作，实际上我觉得最重要的还是得益于中央的正确决策和领导。整个国家的发展，特别是党的六中全会提出建设社会主义文化强国，对咱们从事文化艺术的人来说是一个非常重要的机遇期，也令广大艺术家深受鼓舞。

一、主流美术的多元并举

郭：吴书记，近几年在中国美协的带领下，我们美术家能够亲身感受到美术界生机勃勃的气象，目前美术创作也正处于一个多元发展状态，对此您有哪些思考？

吴：美协作为党和国家联系美术家的桥梁纽带，工作范围非常广，作为常务副主席和书记，我最深切的感受就是如履薄冰。我们的每一个举措都很谨慎。希望能够通过我们的工作和努力，对当代中国美术发展有所推进，但是现在这个时期，问题也很多；另外当前又是一种多元的状态，美术的格局也发生了很大变化，所以我们也是在坚持调研的常态化和了解情况的基础上找出解决问题的办法和方式。同时，发挥协会的作用，充分、广泛地调动美术家的积极性，尽可能地团结更多的美术家，共同来推动美术事业的发展。所以，我们也在积极组织各种形式的美术活动。

郭：众所周知，我们正处于一个文化大发展时期，党和国家十分重视文化发展问题，并且提出了"发展具有中国特色、中国风格、中国气派的社会主义文化"，对此美协做了哪些具体的工作？

吴：今天的中国美协，正好赶上了近几年来我们国家文化艺术大发展的契机。改革开放30多年来，奠定了国家综合实力提升的重要基础，所以，中国美协的重要活动首先就是围绕服务党和国家工作的大局来布局、策划、实施的。比如说，结合纪念改革开放30周年、中国共产党成立90周年、纪念西藏民主改革50年、西藏和平解放60年等契机，我们都做了相应的专题展览。其中"灵感高原"大型美术作品展，首次系统地梳理了新中国成立60年来西藏题材的美术创作。通过展览、研讨会等一系列的活动，对所有表现西藏题材的作品做了学术性的归纳，在社会上也收到了比较好的反响。同时，我们和国务院新闻办公室共同主办了第二届西藏发展论坛，在意大利的罗马和米兰分别做了雪域高原的主题展览。我们还组织了部分藏族美术家到意大利，和当地美术界交流，反响非常好。2011年11月还在中国美术馆举办了"天山南北"新疆题材美术作品展，展出了从司徒乔、韩乐然、黄胄一直到今天表现新疆主题的有代表性的美术家的作品，表现了新中国成立以来边疆人民的生

吴长江 《高原之子》 版画

吴长江 《未完成的青年像》 国画

活。这些展览在增进民族了解、加强民族团结及维护祖国统一等方面起到了积极作用。

郭：的确，这些展览都有很好的社会反响，同时在学术的梳理上对美术界也有很大的启发作用。对于中国美术事业的可持续发展，您有哪些思考？

吴：首先，青年是未来的希望。在中国美协新的分党组就任以后，我把主要的精力放在了发展青年力量上。从2008年开始恢复了全国青年美展，到今年已经是第四届了。此外，2009年国家财政支持的中国中青年美术家海外研修项目，明年年初马上又要选派第四批了。今年11月，我们和中央民族大学、首都师范大学等单位合作，启动了中国西部少数民族青年美术家培训计划，组织西部地区的少数民族青年人才到北京来进修。这些项目就是为日后中国美术事业的发展积聚人才和力量搭建平台，培养一大批有水平、有能力、视野开阔的当代青年美术家。所以这是中国美协这几年重点在推进的工作。

其次，现实生活是美术创作的基本源泉。不失时机地组织美术家参加写生、采风等活动，将有效地促进美术事业的发展。比如新疆主题展的时候，我们先后组织了四批五次美术家到边疆少数民族地区写生，共有90多位美术家参与了活动。我们想通过写生活动，呼吁美术家们关注现实，关注我们现在社会的发展，也关注生活在各个阶层的广大人民群众的生活状态、精神风貌。

郭：是的，社会飞速发展，我们周围每时每刻都在发生变化，这也是关注时代前进步伐的有效方式。怎么用我们的画笔表达这种感受？写生就是很好的途径。

吴：写生并不是唯一目的，不仅仅是大家去画画、写生，有点新鲜感，而且是针对现在美术创作上出现的一些问题去寻求解决办法，比如说过度利用照片、图像，画家缺少真实感受。创作需要我们的美术家们真正地走进生活。可能有的人说不用走出去，今天是信息时代，我们可以通过各种形式来了解社会。但是，视觉艺术，特别是造型艺术必须有画家的真实体验，即使有照片作为参照，如果不直接去面对、去接触、去交流，你去画时候，就是隔了一层，而且这一层也是最要害的、最本质的。我想这些在具体的实践中，大家都会有所感悟。不可否认，很多美术家这方面的能力在逐渐退化，应该引起我们的注意。

最后，要与时俱进，通过各项大型展览鼓励学术探索精神。目前，我们组织的大型展览很多，这些展览为美术家们提供了广阔的艺术发展平台，比如五年一届的全国美展、三年一届的青年美展、两年一届的北京国际美术双年展等。在展览组织评选中，我们充分发扬学术民主，完善评选机制，争取让更多有学术探索精神的优秀作品脱颖而出。我想，学术上的积极探索，永远是美术事业可持续发展的根本动因。同时，我们也鼓励尤其是青年美术家探索新的艺术形式，这是美术多元发展的积极因素。

郭：其实，自新文化运动以来一直到"85新潮"时期，中国的美术探索之路一直在中西方文化碰撞与融合之中，如今美术界已经能够十分理智地思考诸多问题了，这也使中国美术发展呈现了前所未有的新局面。当然，我们一直还在呼唤能够体现中国气派的精品力作，这就更需要对学术探索精神的鼓励和支持。

二、艺术探索的思想表达

郭：您为美术界做出的贡献是有目共睹的，同时，您也具有很高的艺术造诣。您早期的作品中，"藏民"系列的版画作品使我印象深刻，它们造型严谨，构图巧妙，表现手法逼真细腻，形象刻画十分深入。我记得当时版画好像粗线条的比较多，而您的作品无论是在人物内心的刻画还是草原意境和形式表现上都有新的突破，请谈谈您的创作感受。

吴：这是石版画。石版画还有很多种类，这是画得比较细腻、比较深入的一种。毕业创作以后，又陆续画了七八张，大家对我的基本认识便是这样一种面貌。毕业以后做助教，做老师，主要教基础课，我又有一个时期画人体的素描。从20世纪80年代初开始跑青海、西藏、四川、云南等一些藏族地区。我对高原的兴趣特别大，直到现在，每年都去，到这些地区已经30多次了。当然，现在作品还不太成形，还是一个积累的过程。因为我现在工作的关系，没有特别充裕的时间，无法对这些资料、感受等零散的东西进行整合，创作出完整、有强烈艺术感染力的作品。

我每次去都有不同的感受，他们的生活也在不断变化。高原上人的生存状态,我认为是人原本的一些面貌,人的纯朴、强悍、血性,很直接,也很强烈,非常感动人。这些同我们的生活状态形成了强烈的反差。具体地说,都市的喧嚣、忙碌的生活、繁杂的社会关系、具体的工作等等,都和草原、高原的宁静、清纯形成一种鲜明的对比。因此,每年抽一点时间去走走看看,很有收获。

郭:每年出去写生是否也有新的收获?

吴:是的,因为每次写生我都被这些人感动。面对活生生的对象,能控制到什么程度,能否把对象的生动性表现出来,古人说入木三分,我们做不到那一点,但是在表现上,我能不能让我的观者也看到这种东西,这是最宝贵的。所以我打算在今后的创作中,无论是多人物还是单个人物,都从这个角度再往下去做。我希望能保持这种状态,就是画出能够打动人、感染人的作品,虽然难度很大,我希望能一直走下去。

郭:吴书记,我非常钦佩您的谦虚。您是一个典型的学者型领导,为中国美术事业的发展牺牲了很多个人创作的时间。我也听得出来,其实您有很多的想法,只是还没有时间去实现。

吴:感情上,我希望能够抽出更多的时间用在美术创作和研究上。目前,在人民大学我马上要带领学生研究文艺复兴时期的绘画。我想,这项研究无论对我个人的创作,还是对当下的人物画创作都有很强的指导意义。20世纪80年代,我曾有机会在西班牙进修了十多个月,后来也在欧洲其他各个国家经常走动,对欧洲的艺术作品,特别是文艺复兴时期的主要绘画发展脉络比较清楚。我认为,它代表了人类进步上升时期的精神层面,代表了人的智慧、创造力和对未来的期待。因此我想通过对文艺复兴的研究,带动一批青年学者,大家共同研究今天美术的问题,然后能够对我们美术的发展有所推进。

谦虚是一种态度。我在艺术创作上追求一种永恒的东西,当然我还没有做到,也没有起到很好的表率作用,只是因为我现在在做美术的组织工作,或许有更多的发言权。我觉得,深入研究文艺复兴时期作品的意义就在于追求这种永恒的东西。美术创作最终还是要有精神的含量,能够把一种境界或者思想,通过作品表达出来,不是用什么办法、用什么形式本身,人家也能够真正有所感受的时候,这种努力就慢慢有成果了。

吴长江 《加觉》 国画

吴长江 《多吉、青措夫妇》 国画

三、国际视野下的中国美术发展

郭：在艺术创作的问题上，您还有哪些思考？

吴：一个画家的成长需要打持久战，当今国民经济快速发展，作为美术家一定要戒骄戒躁，克服浮躁心理，稳扎稳打。

现在有的所谓艺术家很容易就被冠以"著名的"，我说那不是好事。年轻的时候可能有一两张不错的，能不能保持到壮年、老年都有很好的作品出现？像黄胄先生画了那么多作品，都是那么生动，甚至有些给私人送的小作品，画得都很生动、耐看，这个极其不容易，要有厚实的积累。我们现在恰恰缺乏这种积累。

画家从年轻时到鼎盛期，再到晚年，何时能够迸发出创造性，每个人不一样，有的人晚一点，有的人早一点，但是，对艺术的执着追求是一致的，否则也谈不上高度。所以，我想对我来说，我现在只是做了一些积累。

我们培养青年美术家也是一样，通过一次次的展览、活动，慢慢地有些人就会开始显露出来，这样坚持下去，有一批人就会渐渐走出来。

郭：新的时代，新的国际环境，中国美术的发展也在面临各种各样的道路选择，您是如何看待这个问题的？

吴：让中国的绘画创造新的辉煌也同样需要打持久战。我觉得最重要的一点还是要把中国当代美术的精神展现出来，把我们应有的国家文化形象展现出来，这就是中国气派。现在国家综合国力快速提高，中国在国际上的影响力越来越大，但是文化艺术呢？一方面是几千年传统积淀下来的文化艺术，从样式到精神内涵；另一方面是表现今天的艺术样式，比如油画就是西方的品种，中国人把它结合、融合，又有了新的发展。类似这些，我觉得西方还没有真正看到，或者看到的只是边边角角。所以我们常说，我们对西方的了解比西方对我们的了解要多得多，这是现状。

郭：在这种时代背景下，对外的艺术交流是否变得至关重要？

吴：我们对外的推介、宣传十分重要，这也是中国美协服务党和国家大局方面需要做的一些事。目前，中国美协通过对外的大型展览、专题活动，来宣传中国当代美术。近年来做的

吴长江　《弹琴的牧人》　国画

"中国美术世界行"反响都比较好。选择优秀作品到巴黎、法国文化中心、维也纳青年美术馆等地展出，包括配合我国担任主宾国的法兰克福国际书展做了专题展，全国美展赴日本、韩国等地的巡展，小型的绘画、水墨画赴葡萄牙展览，等等。当然，这离国家要求的差距还是很大，我们需要的是真正的中国当代美术在国际上产生影响。实事求是地讲，中国美术对外的影响力和我们整个国情还不太相应，更多的还是零散的、很微小的影响。所以，我觉得我们也肩负责任，把这个工作比较深入地再往前推进，而这也需要我们付出比较大的努力。

中国当代美术的声音需要合力，不是个别的单位做一个展览，或者是文化部系统、文联系统做几个展览的问题，而是大家要形成合力，需要整体的结构调整，拿出真正代表我们这个时期的中国当代美术的好作品（还不能说是精品），这样慢慢西方就会知道我们中国美术的实力所在了。

同时，在各种展览或者拍卖中，一些作品是否能够代表我们的艺术发展现状，也同样是一个需要高度关注的问题。我也感觉到了在这方面工作的压力，我们应该展示的是一种健康的、大气的中国当代艺术，而不是一种丑陋的、简单化的，或者媚俗的、照相式的作品。

郭：的确，作品的质量就是生命，目前在国际拍卖市场上高价拍出的很多作品，并非能够代表中国当代的优秀作品。在这种不太正常的现象下，要让中国的优秀美术作品走出国门，走向世界，打造真正过硬的艺术产品至关重要。

吴：是。所以我刚才说持久战嘛，就是说所有的工程、所有的设想、所有的努力，包括自己艺术上的创作，要按照这样一种方式往前推进。

郭：在美术多元发展的今天，也出现了很多复杂的现象，这是时代发展的必然，其中更多的是积极因素，当然也有不少消极因素，美协作为中国美术发展的官方组织机构有哪些应对措施？

吴：第九届文代会以后，广大美术家对文化艺术的发展有新期待，广大人民群众也对中国美术有很多新的要求，所以我们现在要认真研究在社会发展过程中美术所扮演的角色。青年美术力量、美术产业发展、大量海外美术家回国的组织工作等等，包括社会的多元状态，我们在这些方面都做了很多调研，主要的目的就是，我们要适应发展的形势，适时调整我们的工作重心、力度，还要把这些美术家很好地团结起来。美术家协会要做的工作还有很多，任务还很艰巨，有些方面做得还不够，还需要我们继续努力。

同时，中国美术家协会通过成立专业艺术委员会来推进各个门类的专业化学术研究。新专业，比如实验艺术专业是去年成立的，团结了很多做装置的艺术家。这些举措都有利于动员各个门类的专家、学者参与新时代的美术建设。我们希望在力所能及的范围内，更广泛地推动中国美术事业的发展。

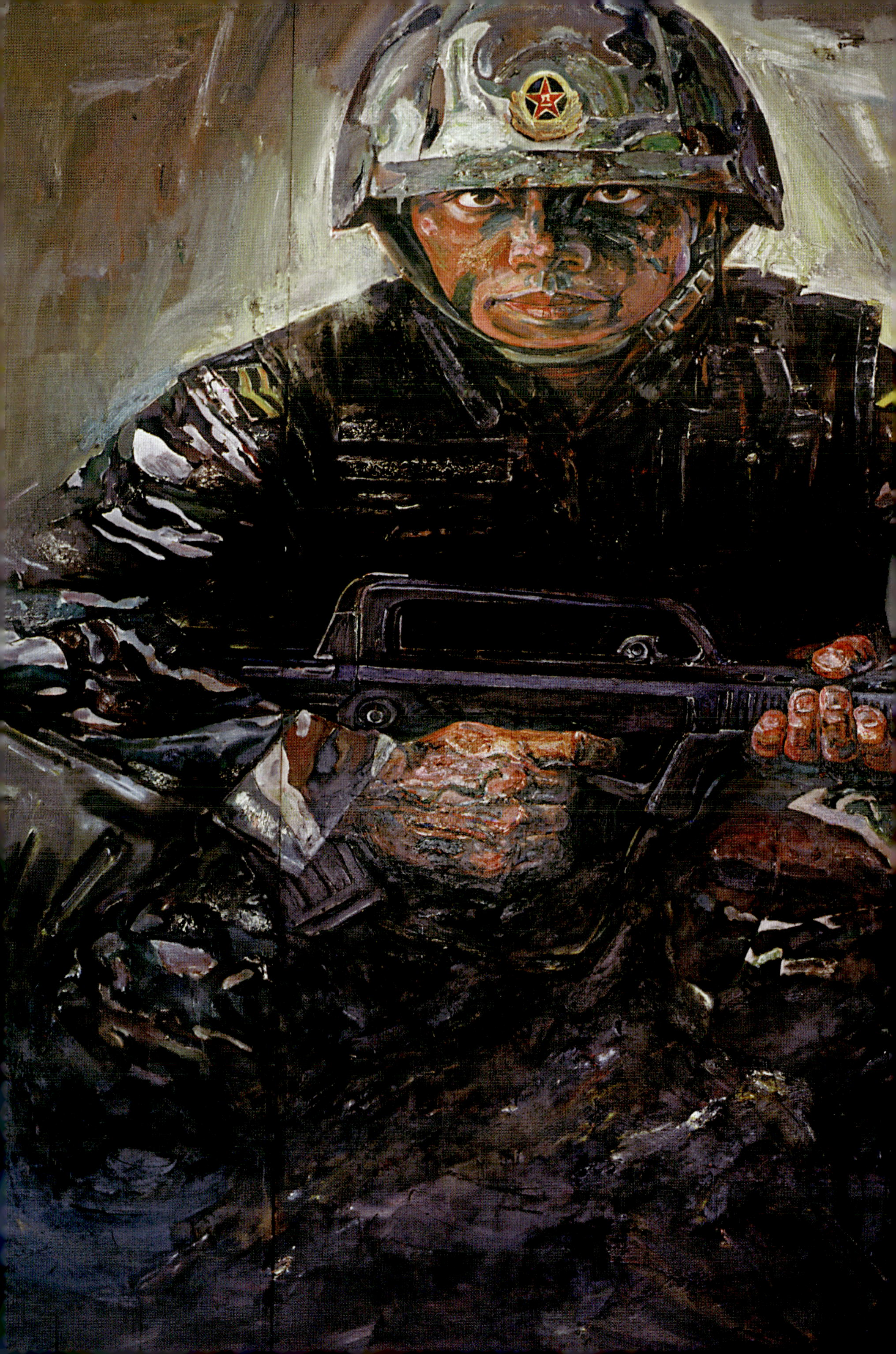

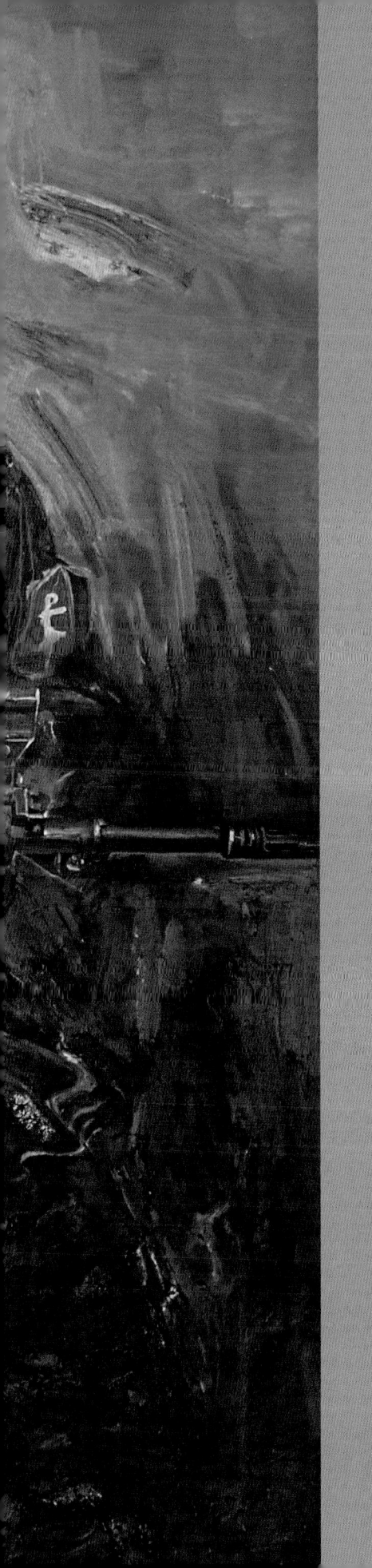

凝结瞬间　封存永恒
——油画家曲直访谈录

采访手记：

曲直是一名十分勤奋的军旅画家，他善于在纷繁芜杂的现象中挖掘足以打动人心的题材进行艺术创作，其绘画语言丰富且不拘一格，作品充满着人文主义情怀，呈现出一种永恒感和纪念碑性。曲直在写实的基础上融入了西方表现主义和中国写意精神，强调与观者的交流和个性精神的传达，由此逐步找寻与自己个性相符的绘画语言和表达语境。

时间：2013年9月20日
地点：曲直工作室

郭兴华（以下简称"郭"）：非常欢迎您来我们的栏目做客。您是全军中青年画家的一个典型代表，一直十分刻苦，同时在语言探索和创作形式上做了大量尝试，有些探索很有启发意义。今天我们想针对您的一些作品和创作心得做一次深入交流，期待读者和我都有所收获。

一、精神的投射

曲直（以下简称"曲"）：入伍以来，部队给予了我很好的条件，我一直没有停止创作，对部队和绘画都有着不可割舍的深厚情感。军人的经历是我取之不竭的精神源泉，而绘画是我表达情感的载体。我曾经创作过主题性静物画、军事题材人物画、渔人风情及各地风景写生等一系列作品。在这个不断变

凝结瞬间　封存永恒——油画家曲直访谈录

曲直　《一九五八年中国人民志愿军回国》　油画

化的过程中，我一直在寻找适合自己的艺术风格和语言。

郭：艺术风格和语言的形成是一个自然而然、渐进的过程，其中离不开素材的收集与艺术修养的积淀。毋庸置疑，始终带着思考进行写生和创作是风格语言形成的重要因素。说到底，写生也好创作也好，永远都不能盲目。从另外一个角度讲，风格也是一个画家独特的表达方式，它承载着一个画家的艺术思考。

曲：每个画家都有个人的创作轨迹，他的作品记录着其对现实生活的深刻分析，其中存储了社会文化的大量信息。体验生活、观察生活，在活生生的素材中需求精神的力量，激发创作的源动力，再以巧妙的方式表达出来，是每一个画家的必经之路。

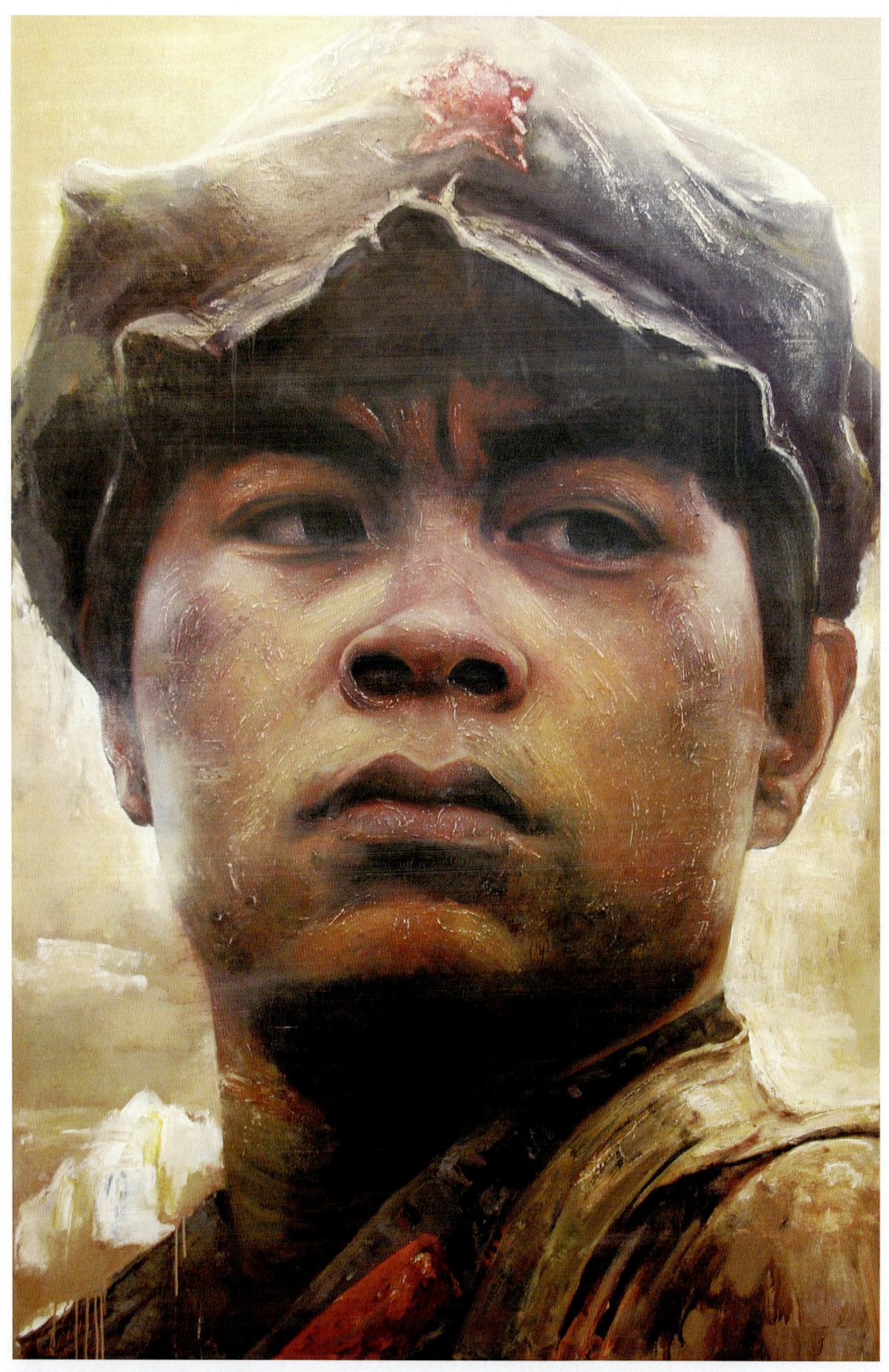

大家论艺——中国 21 世纪艺术名家范例研究

曲直 《重度·记忆》 油画

郭：军人的生活是您最为熟悉的，因此，您有大量的军事题材的作品，在《重度·记忆》《穿越战地的野菊花》《中国人民志愿军回国》等作品中，我看到了您对军人、军队、军旅生活的理解和体悟。

曲：作为一名军人，绘画是我的精神载体，承载了我对军队的深厚感情和执着信仰。在绘制《重度记忆》时，我选择以仰视的角度和数倍于真人体量的尺寸来塑造一名普通的红军战士，他紧锁的眉头凝聚着一种顽强不屈的精神。这些无名的战士或许已经消失在历史的硝烟中，但他们的精神却值得永远铭记。

郭：主题性创作是一个长期的艺术完形过程，这种精神是需要完满且充分的，但是写生创作通常是对瞬息的捕捉，如何迅速凝聚主体精神，避免流于简单的再现性绘画是画家需要克服的难题。

曲：虽说是难题，但写生的魅力也正在于此。2012年底，全军组织去云南写生。旅途中，我时刻关注着当地的文化。通过与当地人的交谈，搜集资料，寻找凝聚在其中的精神内涵。一个房子很简单，但是房子的历史内涵代表着这个民族的文化和精神的沉淀。只有在一种文化情景中，情感的凝聚才是具有力量和底蕴的。

郭：云南少数民族众多，许多与其他地方截然不同的文化现象会让人耳目一新。但很多画家对少数民族的描绘源于一种猎奇心理，而忽略了对其精神内核的挖掘。

曲：所以，仅仅对文化现象的体察是远远不够的。少数民族最吸引我的不是华服和外貌，而是他们单纯的内心、与自然顽强抗争的精神面貌和虔诚的信仰，那是属于人性的美。还有那些守在边防的战士们，当我登上一个个边防哨岗时，体会到他们枯燥的生活方式和与世隔绝的孤独守望，没有顽强的精神和坚定的信仰是绝对熬不过去的。

郭：边防战士的顽强是一种积极向上的精神力量，而在您一系列关于渔民的作品中，又呈现出一种无为自在的精神状态。作品线条狂放，色彩直接、大胆，表现出强烈的情绪和性格，塑造了一个个有血有肉的人物形象，这种中国写意性的笔法运用在油画创作中，不仅对表达情感大有裨益，更从松动的张力中体现出一种精神性内涵。您对渔人的精神是如何理解的？

曲：这种精神是我最了解，也是觉得最亲切的。我自小在海边长大，画中渔民是乡人，也是亲人。创作过程中，我有意地排除戏剧化表达，将主体人物突出而把背景简化，给人一种惬意舒适、似曾相识的真实感，将我所理解的当代渔民质朴、天真的精神状态投射到人物形象之中。码头是人生的驿站，是开始亦是终点。这就像人生，有时要积极进取，就像起航的渔船，怀揣着梦想和希望；但有时也要懂得享受生活的乐趣，满载着收获的喜悦，享受那一份惬意和舒适。

郭：正像您所讲的，在军事题材作品中我们看到了您积极进取的军人精神，在渔人码头系列中则看到了您无为自在的豁达人生观。

曲：不同的身份和体悟使我赋予了作品不同的精神状态。在多年的创作过程中，我始终相信没有精神投射的创作是苍白的，画家只有将自己的精神凝聚在作品之中，才能达到以画感人的目的。

二、静谧的力量

郭：画，以情感人，以形引人，以气撼人。我记得在第十届全军美展上，您的作品《静·物》把一辆坦克以真实的大小予以展现，无论从技法、语言还是主题的表现上都给人以与众不同的体认，给我很大的震撼。尤其是作品所包含的"主题性"，似乎改变了人们对静物画"习作类"的观看方式和欣赏心理，赋予作品一定的文化内涵和象征意义。

曲：在军队宣传科时，我注意到仓库中存放了很多乐器和炮弹箱子，《岁月难封》和《红色的记忆》都是与这些相关的创作。在一步步的探索过程中，我找到了自己的方向。全军美展前，李翔局长的一句话对我启发很大："你要给自己的作品定位，未必是画伟人、群像或是一种场面性的主题。"我认为，主题性静物画是适合我的艺术语言。

郭：《静·物》这幅作品令我记忆犹新，色彩幻化而斑驳，有一种古老而神秘的气息。作品的中心是圆形的炮口，与方形的坦克外形形成对比，就像黑洞洞的眼睛，给人以威慑力。这种冷冰冰的艺术处理效果，使整幅画面呈现一种静谧的力量。

曲：我希望在作品中传达一种静的张力。老子曾言："凡有起于虚，动起于静，故万物虽并动作，卒复归于虚静。"虚静是万物的最终状态，动是暂时的，而静是永恒的。躁动的画面给人以感官的愉悦，而静带给人心灵的回归。整个画面的力量也正是在曾动与即动之间产生。

郭：主题性静物画的精髓就在于对"静"的诠释，"致虚极，守静笃"，饱含着对历史的反思和对当代的思考。您早期作品中出现的冲锋号和炮弹箱都是具有时代印记的物象，关乎岁月和记忆。但它们是红色的象征，记载着一段不能被人遗忘的历史。您的这些作品在唤起记忆的同时，也将我指向了对更深层问题的思索。就像《静·物》中的坦克，以战神般的姿态面对着世人，诠释着战争与和平的意义。

曲：那些战争虽然成为过去，但依然以一种潜流的方式存在着，这也昭示了当代军人的价值。孙子兵法中有"不战而屈人之兵"，这是属于中国人的智慧。在当代，服从谁的军备，优秀的军人和包容的文化震慑企图发起战争之人，才是维持和平的最佳途径。就像作品中的坦克一样，虽是静止的武器，但

曲直　《红色的记忆》　油画

时刻处于一种临界的状态，以一种全方位的威慑力而让敌人不敢越雷池半步。虽然陈旧，斑驳凝重，但以厚积薄发的力量铭刻出"真悲无声而哀，真怒未发而威"的永恒感。

三、心灵的交融

郭：作品永恒感的塑造有赖于艺术家对精神的凝练和哲学的思考，更需要观者的共鸣。真正的艺术需要艺术家与作品的一种沟通和交流。很多当代的作品正是忘记了这种情感的运作，而沦为简单的造势和哗众取宠，在这个背后，艺术家作为人的情感被无情地抹杀，而被所谓的利益和欲望所替代。

曲：没有观者参与的艺术品是不完整的，所谓的永恒感也是一厢情愿的。真正的永恒来源于极致的情感和充分的情感互动，艺术家被生活感动，将精神和情感投射到作品中，进而通过作品感动观者，与观者交流。我希望通过作品让大家看到活生生的曲直，而非油彩和线条的堆砌，更看到我的性格、我的情感和属于我的真实。

郭：在"心系汶川——全国美术作品特展"上，我注意到您的作品《铭记的时刻·家园》，从女孩的眼神中，我看到了您对生命意义的理解和对家园概念的延伸。小女孩是当地灾民吗？

曲：是的，对那个女孩我至今记忆犹新。那时灾民和军人每天都排着队打饭，她当时就站在我旁边，一脸无助。我询问她家中受灾的情况，她只说了一句话："父母都没了。"虽然是简单的五个字，却让我的心情无法平复。父母对于一个人的意义是不言而喻的，当身边最亲的两个人和从小生活的家园瞬间消失和崩塌之时，那种令人窒息的悲痛是常人无法想象的。回京后，女孩的眼神在我的脑海一直无法抹去，她似乎触动了我的灵魂深处。

郭：小女孩眼中饱含了对失去家园和亲人的悲痛，但坚定的神情让我看到了这片土地不仅仅是他们赖以生存的地方，更是他们精神的家园。整个作品里虽然是满目疮痍，但饱含着一种"重建"的决心，悲伤终会过去，希望就在眼前。作品以一个瞬间的眼神，铭刻了精神的永恒。您是以怎样一种心态创作这张作品的？

凝结瞬间　封存永恒——油画家曲直访谈录

曲直　《静·物》　油画

曲：我确实希望为她做些什么。作为一个画家，我所能做的是通过作品以精神交流的方式去传达我对这场灾难的悲痛之情和战胜灾难的决心，进而希望看到这幅作品的人们能被感动，伸出自己的援手，去帮助汶川人民重建家园。

郭：家园的重建是军民一心精神的表现。画面背景中军人救灾的片段和前景小女孩的形象很好地形成了一种动与静、虚与实的关系。

曲：我将背景以松动的笔法绘制，虚化简单的场面性表现，而对女孩的形象，尤其是眼神做了细致的刻画。因为她是一个缩影，以一个瞬间的眼神铭刻了中国人民执着和坚定的精神。实际上，那种执着和顽强的精神不仅仅存在于一个女孩的心中，也承载了千千万万中国军民在这场灾难之后对未来的一份希望。这个女孩是汶川地震的见证者和铭记者。画面右下角以文字书写的时间和前景中小女孩定格的眼神都是在告诉观者，永远不要忘记这场灾难给汶川人民带来的苦难和军民一心抗震救灾的决心，用那种直接性、无遮蔽性和敞开性的眼神直面这场灾难，直视观者的眼睛，直指人们的灵魂。

郭：灵魂是人性最集中的体现，当今艺术领域主张消费和解构，而您依然钟情于对永恒和终极价值的追问，这是难能可贵的。永恒是对瞬间的一种凝结，是对复杂现象的提炼，需要用心去挖掘生活的内核，发现人性的光辉，而非一劳永逸的风格堆砌和意义的重复叠加。

曲：在创作的过程中，我一直在考虑如何忠实客观物象的同时，又对其加以精炼、概括与简化，突出和夸张本质因素，使作品既有强烈的艺术感又不失原有的真实性。永恒感的塑造是链接真实性和艺术性之间的一座桥梁。自古以来，人类都在追寻关于美的本质和永恒，当代艺术虽然对此进行了反驳，但一时的反叛则又是另一个角度的追问。当他们在质疑和困惑永恒是否存在时，我希望用坚定的画笔为永恒着色。

郭：通过这次的采访，我看到了您对艺术的执着、对人性的思索和对生活的体悟。感谢您接受我们的采访，期待您在未来能继续坚持自己的创作道路和创作原则，让更多永恒的画面铭刻于人们的内心。